明清
社會 和 禮儀

科大衛 —— 著
DAVID FAURE

曾憲冠 譯 / 李子歸 陳博翼 校

中 華 書 局

目 錄

從身份到禮儀

後　記

從

禮儀

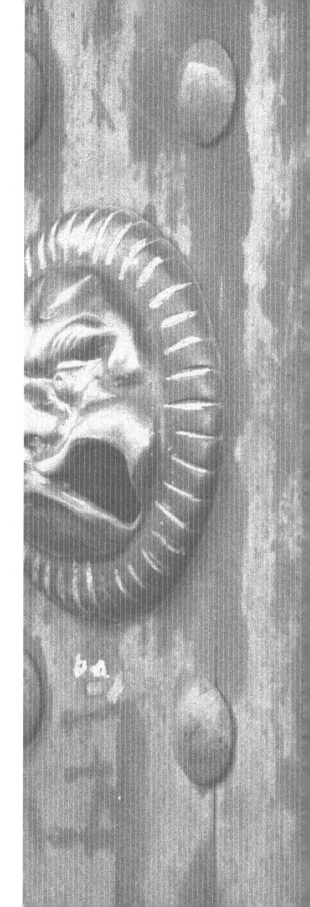

到──
國家

宗族方程式：16世紀的禮儀革命與帝制晚期中國的國家 *

在過去一百年西方與中國的接觸中，西方學者循着三個方向探討中國社會的統一性。第一個方向是自晚清以降持續不衰的管治觀點，認為社會秩序源於政府控制。第二個方向取控制理論而代之，認為考得功名的士紳階層與朝廷聯手，令社會符合國家的要求。近年來的第三個方向，認為「公民社會」嶄露於 16 世紀，並在 19 世紀晚期上海的資本主義共同體中傳播。[1]

這三個方向都有不足之處。控制理論否認社會自主性；假定一個「士紳」階層周旋於政府與社會之間，誇大了以科舉功名或土地所有權支撐的共同政治利益；至於轉向公民社會，則未免偏向把世俗化視為社會組織的基礎。本文認為中國社會的統一性源於共同的禮儀。「公民社會」這個反宗教的概念源自歐洲教會和國家針鋒相對，無從解釋這個現象。16 世紀以來，中國經歷了一場「禮儀革命」，在這個過程中，按社會地位（即所謂里甲）登記的戶口，迅速讓位給明朝法律認可的「祠堂」，即以祭祖活動地點為

* "La solution lignagère: La révolution rituelle du XVIe siècle et l'État impérial chinois, " *Annales: Histoire, Sciences, Sociales* 61.6(2006), pp. 1291-1316.

1 Hsiao Kung-Chuan, *Rural China: Imperial Control in the Nineteenth Century*, Seattle: University of Washington Press, 1960; Franz Michael, *State and society in nineteenth-century China*, " World Politics 7.3(1955), pp. 419-433; Shigeta Atsushi, "The origins and structure of gentry rule, " in Linda Grove and Christian Daniels eds., *State and Society in China, Japanese Perspectives on Ming-Qing Social and Economic History*, Tokyo: University of Tokyo Press, 1984, pp. 335-385; William T. Rowe, "The public sphere in modern China, " *Modern China* 16.3(1990), pp. 309-329; Mary Backus Rankin, "Some observations on a Chinese public sphere, " *Modern China* 19. 2(1993), pp. 158-182.

中心的組織。建立在祭祀禮儀上的社會，必定是宗教性的。明清時期的中國與歐洲不同，不受教會控制，所以，儘管「禮儀革命」涉及信仰更替，卻與政教分離無關。

珠江三角洲的禮儀革命

全中國我最熟悉的地區是廣東的珠江三角洲，在這裏，「禮儀革命」表現得相當清楚確鑿。我的意思是，我們知道那些禮儀是甚麼人和甚麼時候引進的，也有掌握禮儀變遷前後的記載可供比較，而且我們能描述伴隨禮儀變遷而來的社會變遷。要了解某些史料，須具備豐富的地方知識，所以，重要的是把焦點集中在地區內。因此，我將從珠江三角洲的經驗開始，進而及於全中國。

要理解「禮儀革命」對珠江三角洲的影響，便得先指出，直至南宋（1127—1279）那裏的社會風貌仍不過是只有幾座佛寺，周圍是木棚和船隻，居住着當地人。數座有長久地區意義的神龕，供奉着當地的神祇，而城市生活僅限於港口城市 —— 廣州，那裏居住着大量自稱阿拉伯裔的人，並與東南亞和中國沿海的商人往來頻繁。珠江三角洲大部分地區淹在水裏，直至長江下游城市急速發展起來，稻米市場和賦稅之利使得重要的排水工程實施後，才「問海取地」。但是，賦稅是和科舉一同引進的。12 世紀時，政府頒令興建府學，而在新建的學校裏祭孔，便是早期社會所引進的一種重要禮儀。[2]

在這個背景中，朱熹（1130—1200）的理學被引進。朱熹的生平和思想毋庸細表，本文集中在他對珠江三角洲的影響方面。這方面只需提出兩點觀察。第一，理學是西方所謂的新儒學的一個標誌，其道統的傳承有文獻可考。換言之，朱熹的門生十分在意思想的一脈相承，在他們的傳記裏時有所載。思想溯源維繫了

2　有關珠江三角洲所在地廣東的舊貌，參看 Edward H. Schafer, *The Vermilion Bird, T'ang Images of the South*, Berkeley: University of California Press。關於該地區的逐步開發，參看岡田宏二著，趙令志、李德龍譯：《中國華南民族社會史研究》，北京：中華書局，2002 年；1993 年初版。

對道統的信念，雖然所謂道統之學也因時而異。第二，在內容方面，朱熹的學説倡議把家族禮儀而不是祭孔，作為地方禮儀的核心。因此，朱熹的家族禮儀論提倡庶人也可以在家中保留奉祀祖先的神龕，並且把冠、婚、喪、祭之禮劃一。這些禮儀的採納可視為禮儀革命的開始，可是這樣一來便會忽略了革命全面展開後便消失的社會階級因素。[3]

　　階級因素往往隱藏在中國禮儀辯論的復古原則背後。按照古代的禮儀，朱熹及其同時代人所欲復興的一套是合理的。道統的基礎，建立在訴諸自然的信念以及對經書的條分縷析之上，而在道統之中，清楚地表明用於貴族的禮儀與用於庶人的禮儀並不相同。常言道：「禮不下庶人。」而朱熹的修正，是這個原則的拓展，而不是徹底推翻。[4]朱熹認為，由於禮儀界定社會地位，禮儀的規模必須按照執禮者的社會地位來確定。法律規定，皇帝可以擁有特定規模的宗廟和陵寢，貴族的規模次之。朱熹刪繁就簡，以便庶人有準則可循。問題並不出在墳冢：自貴族以至庶人，皆有墳冢，庶人之靈也如貴族之靈一樣，須入土為安，以免擾害生者。很多記載顯示，宋朝時候，平民上墳祭祀，規模之盛大已屢見不鮮。社會的劃分，並非取決於墳冢，而是取決於祠堂裏供奉祖先之靈的祭品。宋朝時候，貴族獲准興建祠堂，庶人則把先靈安放到佛堂（功德祠）。朱熹建議，應該讓庶人在家中設立神壇供奉先靈，他們也有責任在興建居所時，給先靈安排一個安居之所。祭祖應該祭多少代，與祖先靈位的建築格局相配合：太廟裏有多少先祖，皇帝便祭多少先祖；貴族和高官在按法律規定的家廟裏祭祀先祖的數目，根據其品位而遞減；庶人在家中神壇所祭則不過三代。故此，宋朝的禮儀改革，旨在維持社會現狀，而非推動社

3　Patricia Ebrey, *Confucianism and Family Rituals in Imperial China*, Princeton: Princeton University Press, 1991; Thomas A. Wilson, *Genealogy of the Way: The Construction and Uses of the Confucian Tradition in Late Imperial China*, Stanford: Stanford University Press, 1995.

4　Patricia Ebrey 前引書，p. 19 n. 23 指出，這句話並不表示庶人不受禮議約束。宋朝甚具影響力的作家司馬光論庶人的禮儀，説庶人也得守冠、婚、喪、祭、鄉飲酒、相見之禮。參看司馬光：《傳家集》，四庫本，卷25，第13頁上。

會革命。[5]

　　朱熹在身後被譽為哲學家，但他生前是毗鄰廣東的福建和江西兩省的地方官，那裏有他的朋友和支持者。他在世時已有影響，只是在他身後百年裏，廣州出現了一個士大夫階層，其影響才廣為擴展。這個階層的崛起一方面關係到國家的力量延伸至珠江三角洲，另一方面也與其後數百年這個階層深深扎根社會裏有關。在新學說的接受上所出現的決定性變化，可追溯至13世紀。此前，派任廣州的官員通過推動教育幾乎是獨力維持道統的觀念。大約在13世紀的時候，在崔與之（1159—1239）周圍集合了一群廣州士大夫。崔與之是廣州人，一度在朝為官，他曾含糊地表示過自己是朱熹的門生。對於地稅的日益依賴，以及文書的採用，都可能與這個階層的出現有關。但可以肯定的是，這個熱衷官場又愛舞文弄墨的小階層，頗為自覺到自己的新生地位。這種自覺意識的表現，可以見於地方禮儀的制訂和辯論上。我們很幸運地看到1244年，可能是廣州第一次鄉飲酒儀式的記載，其中有規定出席、服飾和禮儀的條文。遠早於這個時間，地方神壇的祭祀在這裏已相當普遍，但是，採用非地方神祇而以遵行朝廷禮儀為中心的士大夫儀式，則是地方領導力量與國家象徵性整合的重要的第一步。1279年，宋朝亡於蒙古，直至1368年元亡明興，這些禮儀才重新恢復。[6]

　　文書的採用是13世紀至15世紀禮儀變革中的一個重要元素，一些情況可以與歷史上重大的轉折對照。禮儀文書在珠江三角洲的出現早於13世紀儒家的到來，當地和外來的「知識分子」從2世紀起已頗有影響，佛教典籍的翻譯自6世紀起也已經出

5　　Patricia Ebrey 前引書，pp. 45-67, 104-109; Patricia Ebrey, *Chu Hsi's Family Rituals, A Twelfth-century Chinese Manual for the Performance of Cappings, Weddings, Funerals, and Ancestral Rites*, Princeton: Princeton University Press, 1991, pp. 6-20.

6　　明以前地方官員的事跡見於黃佐纂修《廣東通志》（1561）列傳部分。有關1244年鄉飲酒儀式的記載及其相關文件，見於吳道鎔：《廣東文徵》，卷55（第4本）第425—426頁和卷81（第6本）第359頁李昂英的多篇文章。一位賓客的傳記見於《廣東通志》（1561），卷57，第25頁。

現。[7] 道士也用禮儀文書,而早至 7 世紀狄仁傑將軍收服地方廟宇神祇的故事,便已顯示道士驅邪儀式的宗教力量乃源於朝廷御旨,並在日後的儀式中保留了這一特點。[8] 文獻之不足徵,無從判斷文書採用的廣泛情況。也許可以假定,文書主導的禮儀與眾多不用文書禮儀的同時並存,而採用文書但不制定文書的禮儀也同樣眾多。歌曲和戲曲表演的流佈也可以用來說明文書的流佈,可是這方面也沒有例子可考。有史可籍的是由地方官員所推動的法律傳統。土地和人口登記的早期嘗試,可能始自南宋。然而,其時的土地契約沒有留存下來,它是文字傳播有限的顯著證據,地權乃是以代代相傳的方式來維持。契約的採用是推動禮儀革命的一個環節,它不會早於 16 世紀。[9]

興建學校,以及在禮儀上、地方政府裏採用文書,似乎都關係到識字率與道統的傳播。如果是這樣的話,那便必須認識到道統怎樣因時而異。直至南宋,道統都不是由地方官員按照朝廷的法典或禮儀操控的,而是掌握在和尚、道士(甚至可能還有回教徒,但無有關記載)等宗教人士手裏,他們在把文書挪用到相關儀式上時,逐漸採用了朝廷的樣式。地方官員的介入,始於宋而盛於 16 世紀,自此以後文書的採用進入了一個新的階段,而這就是禮儀革命的實質。[10]

縣政府逐步建立,文書用於管治及科舉考試授官,是朱熹的著作及其中的禮儀問題引進珠江三角洲的歷史背景。這些趨勢可

---

7   Lo Hsiang-lin, "The southernmost expansion of Chinese civilization and the advancement of learning in Kwangtung Province," 和 G. E. Sargent, "The intellectual atmosphere in Lingnan at the time of the introduction of Buddhism," 分別見於 F. S. Drake ed., *Symposium on Historical, Archaeological and Linguistic Studies on Southern China*, Hong Kong: Hong Kong University Press, 1967, pp. 139-149, 161-171.

8   李昉編纂:《太平廣記》(978),卷 298,第 23 頁下,重印於《筆記小說大觀》,揚州:江蘇廣陵古籍刻印社,1983—1984 年。

9   David Faure, "Contractual arrangements and the emergence of a land market in the Pearl River delta, 1500 to 1800," 載陳秋坤、洪麗編:《契約文書與社會生活 1600—1900》,台北:「中研院台灣史研究所籌備處」,2001 年,第 265—284 頁。

10   科大衛、劉志偉:〈宗族與地方社會的國家認同 —— 明清華南宗族發展的意識形態基礎〉,《歷史研究》2000 年第 3 期,第 3—14 頁。

能始於南宋，但其影響到16世紀才浮現出來。經過元朝的統治，到了明初，這個地方給人的印象，並不是祭祖的儀式已經在很多鄉村建立起來，而是為高門大族所獨專，尤其是那些已經晉升士大夫階層的家族。倘若在1400年來到珠江三角洲，也許仍可看到一些相當顯赫的佛寺，儘管一些佛寺到了明末被明朝皇帝的守護神真武大帝的廟宇所取代。最為常見的宗教儀式是拜祭土地神。明初頒佈的法令，使圍繞地方群體實施的戶口登記成為地方政府的核心，而須反覆強調的是，里甲的戶口登記模式，並不是由上而下強制推行，而是得到以土地神祭祀為中心的地方群體的承認。換言之，有別於以往的觀點對明初歷史的詮釋，里甲的由來並不是法律要求戶口登記為甲或里，而是法律承認了以土地龕為中心的既有群體，而長久以來祭祀的責任在這個群體中輪流負擔，並由此而形成了地方政府的雛形。明初政府，除了把戶口登記系統化之外，試圖以同樣的方式把地方祭祀系統化。把土地神祭祀整合到國家禮儀之中，成為「社稷」，允許定期祭祀。倘無特別原因，地方官員有責任代表皇帝祭祀那些在國家法令中有獨立祭祀規定的神祇。「祀典」實際上是在確認地方保護神，至於其他的神祇，則統稱為「無祀鬼神」。另立特別的規定，每年在城隍之前集體祭祀。朱熹有關祭祖的訓誨，就結合到了這個框架之中。庶人家裏的神壇祭祀三代先靈，而在貴族的「家廟」則祭祀更多。[11]

珠江三角洲一些地區，如佛山一帶，詳盡記載了明朝第一個百年，定期祭祀地方神的地方群體組成了地方聯盟，而這些聯盟

11　關於廣東的里甲制，參看劉志偉：《在國家與社會之間 —— 明清廣東里賦役制度研究》，廣州：中山大學出版社，1997年；宗教方面，參看本書：〈皇帝在村：國家在華南地區的體現〉；以及〈現代中國的國家與禮儀：評「民間社會」論爭〉，原載王秋桂、莊英章、陳中民主編：《社會、民族與文化展演國際研討會論文集》，台北：漢學研究中心，2001年，第509—536頁。關於土地龕的類似祭祀情況，參看Joseph McDermott, "Emperor, elites, and commoners: the community pact ritual of the late Ming," in Joseph McDermott ed., *State and Court Ritual in China*, Cambridge: Cambridge University Press, 1999, pp. 299-351; Kenneth Dean, "Transformation of the she (altars of the soil) in Fujian," *Cahiers d'Extrème-Asie*, 10(1998), pp. 19-75，以及Romeyn Taylor, "Official and popular religion and the political organization of Chinese society in the Ming," in KC Liu ed., *Orthodoxy in Late Imperial China*, Berkeley: University of California Press, 1990, pp. 126-157.

則是以墟市上一定規模的廟宇為中心。這些地方聯盟活動的最佳寫照，莫過於 1449 年「黃蕭養之亂」時廟宇成了防禦活動的場所。那些在抗賊之時不退讓的神祇，在賊退後獲得朝廷嘉獎，而廟宇也成了忠心的象徵。[12]

對於土地龕和廟宇的那些神祇祭祀從未停歇。但是，朱熹倡議的祭祖方式愈發普及，朱熹所劃分的階層卻愈見模糊。不言而喻，採用劃一禮儀的士大夫不滿與庶人同類。儘管我們不曉得那些保持着士大夫地位的家族在元朝短暫統治期間的遭遇，但那些生存下來的家族顯然是有錢的地主。此外，不論他們在元朝有甚麼經歷，到了明初，政府恢復了翰林院，重新依靠科舉考試選拔官員，士大夫的背景，無論是真實還是吹噓，都是社會晉升的墊腳石。大家族因此不滿足只在家中閣室祭祖，於是在不違法的情況下，把那些安放神龕的室堂擴大了，在鄉村建築物中也變得更加醒目，而且不少擁有這些新的身份象徵的家族都聲稱他們並無違法，因為無論他們當前的地位如何，他們都是皇親國戚。

明初的史料充滿了半真半假的有趣記載，這些記載可以輕易追溯到一種禮儀 —— 法律關係。趙姓人士聲稱是宋朝皇帝的後代，但其他姓氏的人卻無法做到，一些人退而求其次，稱自己是趙氏「女眷」的後代。1387 年珠江三角洲唯一的真貴族何真（1324—1388）獲封東莞伯，他興建了一座貴族式祠堂。李昴英（1257 年卒）的後人也可能這樣做過，明朝人說李昴英在宋朝時被封為「開國元勳」，與南宋崔與之亦師亦友。[13] 更多的人不顧違法：新會蘆邊村的盧氏曾在 1487 年、1494 年和 1508 年三度擴建祖先神龕，所以最終他們有了一個「堂」而無須羨慕貴族或高官了。法律規定在當時並非不重要，在他們請求一位文人撰文以紀其功時所得到的回應可見一斑。那位文人說：你們這樣做是違制的，記述這件事情的人表示，儘管他把這件事記錄下來，卻不明

12　參見本書：〈佛山如何成鎮？明清時期中國城鄉身份的演變〉，以及羅一星：《明清佛山經濟發展與社會變遷》，廣州：廣東人民出版社，1991 年。

13　蕭國健：〈宋季名臣李昴英與大嶼山梅窩發現之《李府食邑稅山》界石〉，載林天蔚、蕭國健編：《香港前代史論集》，台北：商務印書館，1985 年。

白祭祀祖先怎麼會是僭妄。[14]

記錄者也許真的不懂，但歷史學家應該明白，在那篇文章撰作的時期，孝道是禮儀革命的一種宣傳。因此文章不但有助於確定法律變化的時間，也有助於確定執法理念變化的時間。在盧氏興建祠堂和那篇文章的撰作之間，禮儀陡然出現了變化，時間可以追溯至 16 世紀 20 年代。

16 世紀 20 年代的禮儀革命與士大夫階層中的一小部分人密切相關，如果不把其中的政治關係弄清楚，那些新標準及其蘊藏的社會背景之間的界線便會模糊起來。1449 年，居住在南海縣新填海地區上的一批人，因抵禦「黃蕭養之亂」[15] 而在珠江三角洲聞名，自那時起朱熹倡議的禮儀開始流佈。1480 年後，一批新會縣幫國家抵禦「猺亂」[16] 的人歸化了新禮儀，代替了前一批人，而他們的思想領袖是理學家陳白沙。應予說明的是，朱熹倡議的禮儀在內容上側重地方神的集體祭祀（一些地方的神龕發展成為廟宇），以及冠、婚、喪、祭之禮。這就是盧氏擴建祠堂的背景。16 世紀 20 年代的禮儀革命吸收了幾乎所有這些規定，表現出兩個重要的方向：第一，與非正統神祇的祭祀相抗衡；第二，把家族祭祀的中心安置在為貴族或至少高官所特有的建築物，即「家廟」之內。換言之，這種新風尚以承認庶人的「家廟」祭祀交換他們的恪守正統。[17]

在珠江三角洲，改革以廣東提學魏校積極消滅那些法規以外的神祇祭祀為先導。這類的神祇也許有很多，儘管他們的名字今已不存。對金花娘娘的打擊是我們所知道的，婦女向這位漂亮的

14　有關記載見於東莞張氏的族譜《東莞張氏如見堂族譜》（1922），並見本書：〈皇帝在村〉一文。

15　本文及全書有關「黃蕭養之亂」的用詞，是古籍原文的表述，並不意味着作者認為其本身是「亂」，望讀者鑒之。

16　本文及全書各處提到的「猺亂」「猺族」「猺民」「化外之民」「叛亂」「平亂」等用詞，都是古籍原文的表述，絕不意味着作者贊同這些立場，望讀者鑒之。

17　見本書：〈皇帝在村〉與〈宗族是一種文化創造——以珠江三角洲為例〉，及〈明中葉的「猺亂」及其對「猺族」的影響〉。

女神求子，雖然她在廣州的廟宇被關閉了，但時至今日鄉間仍在拜祭她。也有一些例子，是當地人反對拆除廟宇的，那些大多數是佛寺，是主要的打擊對象，很多被關閉了，或被剝奪了地權。[18]

但是，更廣泛的禮儀改革卻是由少數人推動的，其中包括方獻夫、霍韜和湛若水，都是當地人。明史學者都知道，這些人在「大禮議」中是支持嘉靖皇帝的；霍韜排佛，而湛若水則自稱是陳白沙的弟子。要理清這些人的生平和功業的共同之處，須從過去廣東人雖有位居高官，卻鮮有甚至沒有幾個對朝政有影響力的背景入手。「大禮議」把這些人推到顯要的地位，並讓他們得以推行他們的儒家主義。「大禮議」起因於 1522 年登基的嘉靖皇帝（並非正德皇帝的兒子），嘉靖堅持他有權祭祀他的生身之父，而朝臣乃至整個朝廷從維護帝統出發，主張他應該被認作正德皇帝的兒子。方獻夫、霍韜和湛若水就是支持嘉靖的五個朝臣中的三人。禮部尚書霍韜打算把北京的著名佛寺關掉，另外 1525 年又在自己的家鄉建了一座「家廟」式的祠堂，這可能是珠江三角洲第一座公開興建的「家廟」式祠堂。[19]

霍韜也倡議聚族而居，而他為此而編纂的指南成了被稱為「家訓」的一種新體裁禮儀文獻的模範。這種「家訓」隨即取代早前有關冠、婚、喪、祭禮儀的手冊，有些單獨刊行，而更多的卻是載在族譜之內。這種新體裁儘管仍與禮儀有關，其重心卻已經向宗族管理轉移，尤其是名義上為營辦祭祀經費而設的宗族財產管

---

18   參見本書：〈皇帝在村：國家在華南地區的體現〉和 Sarah Schneewind, "Competing institutions: community schools and 'improper shrines' in sixteenth century China," *Late Imperial China* 20.1(1999), pp. 85-106.

19   閻愛民：〈《大禮議》之爭與明代的宗法思想〉，《南開史學》1991 年第 1 期，第 33—55 頁；Carney T. Fisher, *The Chosen One, Succession and Adoption in the Court of Ming Shizong*, Sydney: Allen & Unwin, 1990；以及 L. Carrington Goodrich and Fang Zhaoying, *Dictionary of Ming biography, 1368—1644*, New York: Columbia University Press, 1976，霍韜、方獻夫和湛若水的條目。

理制度。[20]

　　在「大禮議」後，庶人的禮儀規定也不得不變。1536 年朝廷准禮部尚書夏言所奏，放寬了僵化的地位劃分；這種劃分一直阻礙了有錢人家在「家廟」式的建築物中祭祖。雖然法律仍然強調只有高官家族才能興建這類建築物，但大多數家族都能探本尋源，找出當過高官的祖先。霍韜之後，有錢人家公然興建「家廟」式祠堂。這些工程，歷明亡清興而未息。

　　事實上，明朝的覆亡奪去了珠江三角洲強大宗族的優越地位，霍韜的家族便是其中一例，而 1646 年至 1650 年間在廣東建立的南明政權，給宗族授予高官，雖然這些高官厚祿從未能到宗族之手，但這推動了社會的向上流動，從而不但在鄉村，在廣州市內也形成了興建祠堂的熱潮。到了 17 世紀，「家廟」式建築已經司空見慣。17 世紀中葉的屈大均記錄了珠江三角洲的情況：

> 　　其土沃而人繁。或一鄉一姓，或一鄉二三姓。自唐宋以來，蟬連而居。安其土，樂其謠俗，鮮有遷徙他邦者。其大小宗祖禰皆有祠。代為堂構，以壯麗相高。每千人之族，祠數十所。小姓單家，族人不滿百者，亦有祠數所。其曰大宗祠者，始祖之廟也。庶人而有始祖之廟，追遠也，收族也。追遠，孝也。收族，仁也。匪譖也，匪諂也。[21]

　　20 世紀的民俗學家也會認同這番描述，然而這卻是 16 世紀20 年代禮儀革命後產生的觀點。

　　還值得一提的是，在 16 世紀受到打壓的佛寺，到了 17 世紀

20　霍韜：《霍渭厓家訓》（1529），《涵芬樓秘笈》手稿複印本，上海：商務印書館，1924 年。霍韜：《霍渭厓家訓》，嘉靖八年 [1529] 刊，載《涵芬樓秘笈》第二集，上海：商務印書館，1916 年據汲古閣精鈔本影印；龐尚鵬：《龐氏家訓》（1571），1848 年《叢書集成》複印本。龐尚鵬：《龐氏家訓》，載《叢書集成初編》，長沙：商務印書館，1939 年據道光二十八年 [1848] 本排印，第 974—977 號。

21　屈大均：《廣東新語》，約康熙三十九年 [1700] 刊，香港：中華書局，1974 年排印，第 464 頁。

捲土重來。1598 年著名的和尚憨山德清被流放到廣東，他與理學家妥協，在廣州領導了佛教的復興運動。[22] 重要的是，鄉村行政的重心向宗族及其「家廟」式祠堂轉移的時候，市場和政府管治同樣具有革命性的轉變，也在進行中。16 世紀，銀首先從日本，然後由美洲進口，開啟了經濟貨幣化的進程。稅收方面，銀的使用日益普遍，產生了「一條鞭法」的稅制，所有稅項折合為一筆總數，以銀計算。由於「一條鞭法」的實施是一個漫長而曲折的過程，試行中又造成了特定地方行政措施的膨脹，結果形成了地方政府的收入日益依賴地稅多於力役的局面，從而地方行政也日益依賴書面記錄。行政改革沒有中心方向，然而，中央政府無法維持明初法規所聲明的做法，反而讓地方官員有了創新的機會。土地丈量、土地記錄以及稅款包收，使地方政府不得不承認地方大族的權威，而這些人日益採納了士大夫的生活方式，使他們的地方影響力合法化。16 世紀的珠江三角洲已大不同於 14 世紀，以「家廟」祭祖作為重要禮儀的鄉村，現在看來類似「宗族村」。[23]

　　白銀的日益通行、社會地位合法性的放寬，是 16 世紀中國的特色，二者給中國帶來了經濟繁榮。宗族成長之處也正是經濟發展扎根之所，即珠江三角洲和長江三角洲下游，並不是偶然的。人類學家弗里德曼（Maurice Freedman）稱這些鄉村為「控產機構」（"corporation"），並為華南社會的研究指引了新方向。他也許不知道，他不但發現了華南鄉村生活的根本結構，也發現了產權維持和資金匯集相結合的原則。[24] 在弗里德曼之前，對中國宗族組織（那時大多稱為「氏族」）的興趣，主要集中在宗族規例之上。而自弗里德曼以來，興趣則集中在以共同世系作為其社

22　Sung-peng Hsu, *A Buddhist Leader in Ming China: the Life and Thought of Han-shan Te-ch'ing*, University Park: Pennsylvania State University Press, 1979.

23　劉志偉《在國家與社會之間》討論里甲的轉變時，聯繫到廣東這方面的趨勢。更詳盡的背景，見梁方仲：《一條鞭法》，以及 John R. Watt, *The District Magistrate in Late Imperial China*, New York: Columbia University Press, 1972.

24　Maurice Freedman, *Chinese Lineage and Society: Fukien and Kwangtung*, London: Athlone Press, 1966; and *Lineage Organization in Southeastern China*, London: Athlone Press, 1958.

會組織基礎的集團之上。弗里德曼正確地指出了這些宗族集團控產機構的特點，特別是它們掌控着共同的產業。但這並非是説共同產業由所有宗族成員均沾，而是宗族之中包含了以祖先名義控產的集團，因此宗族中的男子（不是女子，因為大多數女子沒有繼承權）便成為不同控產集團中的一員。產業登記在祖先名下，里甲制繼之而起，為宗族開了方便之門，讓產權歸在單一姓氏之下，使繼承規例成為分產規例。因此，祖業管理通常的原則，就是各個支派每年輪流擔任管理人，並把財產所賺得的錢用來支付祭祖以及男丁分肉的開銷。管理權和產業利潤均沾權相結合，保證了共同擁有權原則的落實。現在看來，朱熹是中國的曼德維爾（Mandeville），他把歸於祖先而非個人的私人利益，直接與禮儀的維持所帶來的公共利益等同起來。建立祖先的基業，是中國16世紀商業革命期間普遍的觀念。中國歷史學家在20世紀中期把宗族當成是「封建的」，沒有抓住問題的核心，實情是宗族乃16世紀商業時代社會流動的支柱。

　　要避免重複囉唆，概述珠江三角洲一次又一次的禮儀變遷，最好的方法就是在大城鎮的記錄中追本溯源，而其中一些，細節詳備。在龍江，佛教帶動了最初的經濟發展。龍江所在之地，據説是宋朝時捐作興建廣州光孝寺之所。[25] 1449年「黃蕭養之亂」後，這些地區開始實行里甲制。光孝寺內有當地人訂立契約説該寺供奉一個古老的神祇金順侯，但該神歷史隱晦不清，因此一直未獲朝廷認可。[26] 光孝寺在魏校1521年的毀「淫祠」舉措中倖免於難，1833年的地方史指出，那是因為「香煙神祕，遂致無人敢近」。然而，在魏校以前，龍江在1489年順德縣丞吳廷舉治下已取締「淫廟」。吳寫道：「野鬼淫祠，充閭列巷。歲祭時賽，男女混淆。甚至強盜

25　湛若水：《宋貞女吳氏墓表》，吳道鎔：《廣東文徵》，卷5，香港：珠海書院，1978年，第328—329頁。

26　《順德龍江鄉志》（又名《龍江志略》），民國十五年（1926）龍江雙井街明新印務局鉛印本，載《中國地方志集成‧鄉鎮志專輯》，南京：江蘇古籍出版社，1992年影印，第30冊，卷5，第56頁上—第58頁上。

打劫，亦資神以壯膽。刁徒興訟，必許願以見官。」[27]

在「黃蕭養之亂」中保鄉衛家的龍江人，直至 17 世紀初名字才列入金順侯廟的祭典之中。[28]其時，龍江已經建立了里甲組織，也有一批考得功名的文士。追思開基先人，得由這兩種人協力而為。自 1613 年起，龍江的文士開始每年舉行「冠裳會」，祭祀文昌帝和已經作古的文士。[29]我們無法肯定金順侯廟在龍江諸村必定有至高無上的地位，但至 17 世紀初，在文士的撐持之下看來已經被視為地方上慎終追遠的一個中心。此外，廟前的空地在 1752 年根據地方上的契約，變成了一個有三十八家商鋪的市場。[30]在整段時期裏，地位正在上升的文士不斷以「家廟」規制興建宗祠，並以祖先名義積聚財產。金順侯廟提供了一個場合，讓宗族以地域聯盟成員的身份參與祭祀。

「禮儀革命」在中國各地的滲透程度

在把這裏的討論擴大到中國其他地方去之前，首先要注意的是，在談論 16 世紀的明朝中國時，涉及的可能是 1.5 億人，而18 世紀的清代中國，則是 3 億人。[31]在這樣龐大的人口中，巨大的差異是可以預期的，而且也應該預計到盲點，這是由於因應種種差異而對人民大眾所做的研究是如此的少。然而，如果禮儀革命是在一個點發生，但得到經濟變遷的廣泛支持，那麼其影響便不應只局限於珠江三角洲，因而也就值得考慮（倘若是為了引發進一步研究）禮儀變遷可能出現在中國不同地方的問題，而印證了這些禮儀變遷的諸般影響，也一定意味着中國社會史的一種嶄

27　《廣東通志》（1561），卷 50，第 21 頁上。

28　《順德龍江鄉志》（1833），卷 5，第 58 頁下；《順德縣志》（1833），卷 5，第 14頁上—第 15 頁下。

29　《龍江志略》（1926），卷 1，第 16 頁下—第 21 頁下及第 4 頁下、第 6 頁下；鄺露：《鄺露詩選》，廣州：廣東人民出版社，1987 年，第 78 頁。

30　《龍江志略》（1926），卷 1，第 2 頁下—第 4 頁上。

31　Ping-ti Ho, *Studies on the Population of China, 1368—1953*, Cambridge, Mass: Harvard University Press, 1959, pp. 258-270.

新解讀。這裏也值得提醒一下，現在珠江三角洲的大部分地方，到明朝建立時還是沉在水裏的。土地是因應市場的發展，通過填海開墾得來的。禮儀在明朝時期發生了變化，人口之中原來居於水上的逐漸移居陸上，陸上人與水上人的階級劃分，到明末以至於清，日益明顯。在比較中國不同地方的時候，須牢記生態的變化，以作方法上的考慮：水上人的社群除了陸上的神龕之外，沒有任何遺跡留下來。而陸上人的村落，房子用磚石建成，從明朝屹立至今。此外，陸上人廣泛使用文字，並且渴望送子弟應考科舉；水上人則一直是文盲，法律上禁止考科舉。因此，陸上人保存了自己的文字歷史；而有關水上人的僅存的記錄，卻是零星的，而且非水上人所寫。禮儀變遷與珠江三角洲的開墾同步，也就是説，陸上村落大規模吸納人口，因而給人的印象就是這些村落在它們的歷史上首次進入了中央政府認可的禮儀範圍。這個印象也許並不準確，能用以研究的資料不多。[32]

　　文書的傳播在其他地方不一定與禮儀革命同步。福建的莆田地區是中國少數幾個受到與珠江三角洲一樣多研究的地方之一，這裏有關鄉村社區的文字記錄出現得很早。莆田在南宋已開墾作農耕，而從元朝某個時期起，江口鎮的東嶽觀成了治河工程的地區中心。一間寺廟在一個村落群中的佔有中心地位，並不代表與珠江三角洲的模式有別。地域性神龕遍佈當地，是莆田和珠江三角洲鄉村和村際聯盟的標誌。從明朝起，祠堂在這兩個地區日益普遍。莆田也像珠江三角洲一樣，一些祠堂取代了佛寺，成了祖先祭祀的理事人。其中的差異，可以石庭的黃氏宗祠為例。現在的祠堂讓人勾起對1031年的原建築傷感的回憶，但是，埋在院子裏的小石像顯示祠堂所在之處曾是高官的墓地。祖先的墳墓仍在

32　水上人（即「疍」民）的轉化過程，見 Xian'en Ye, "Notes on the territorial connections of the Dan, " in David Faure and Helen F. Siu eds., *Down to Earth, the Territorial Bond in South China*, Stanford: Stanford University Press, 1995, pp. 83-88；以及 Helen F. Siu, "Lineage, Market, Pirate, and Dan Ethnicity in the Pearl River Delta of South China", Pamela Kyle Crossley, Helen Siu and Donald Sutton eds., *Empire at the Margins: Culture, Ethnicity and Frontier in Early Modern China*, Berkeley: University of California Press, 2006.

附近，而步行 15 分鐘，便可到達一個佛寺。[33] 這種模式可以從珠江
三角洲一些自宋朝開始已有人聚居的村落得到印證：祭祀空間建
於墓地（稱為「功德林」）附近，由僧侶照管，並與祠堂（不論是
否以「家廟」規制興建的）分離，而且也是 16 世紀常見的情況，
並不建於村內。[34]

　　既然珠江三角洲大部分地方都是填海所得地，那麼在興建祠
堂之前的任何禮儀做法都不會存在了。如果能夠把莆田與珠江三
角洲作系統比較，當可發現這樣的禮儀更替，在莆田發生得較為
頻繁。這個假設可以在神祇的持久不衰之中得到證實。珠江三角
洲只有幾個神祇倖免於 1520 年魏校的清洗，但莆田自宋以來即已
得到朝廷認可，因而被包括在法律內的廟神沒有受到衝擊。有名
有號的神祇這兩個地區都有，但珠江三角洲的神祇之中，除了南
海神和德慶龍母早在宋朝以前已取得朝廷認可之外，沒幾個有本
地根源。莆田則產生了天后，從 1156 年起已受宋朝皇帝冊封，並
由此而在明朝納入了禮儀的法規之中。[35] 今天來到莆田的人大抵會
聽到人說到祠堂的事情，但更為顯眼的是供奉神祇的廟宇。而來
到南海和順德的人，除了會發現廟宇外，祠堂卻更見突出。採用
朝廷認可禮儀的種種歷史，本身即標誌着與朝廷整合的時間，而
這些歷史也反映到了建築之上。丁荷生（Kenneth Dean）的結論
無疑是正確的，他說莆田的地方禮儀組織自明朝中葉起便已「從

33　鄭振滿：《明清福建家族組織與社會變遷》，長沙：湖南教育出版社，1992 年，第
158—159 頁；鄭振滿：〈神廟祭奠與社區發展模式——莆田江口平原的例證〉，《史林》
1995 年第 1 期；以及 Kenneth Dean, "Transformation of the she (altars of the soil) in
Fujian," *Cahiers d'Extreme-Asie*, 10(1998), pp. 19-75.

34　南海縣沙頭區莫氏是一個非常清楚的例子，見其家譜《巨鹿顯承堂重修家譜》（同治
十二年（1873）據同治八年（1869）重刊本，藏廣東省圖書館，編號 K/0.189/581）。
關於功德林，見竺沙雅章，《宋代墳祠考》，《東洋學報》，卷 611979 年第 1-2 期，第
35—67 頁；宋朝江西省的例子，見 Robert P. Hymes, *Statesmen and Gentlemen: the
Elite of Fu-Chou, Chiang-Hsi, in Northern and Southern Sung*, Cambridge: Cambridge
University Press, 1986.

35　華琛（James L. Watson）：〈神祇標準化——華南沿岸天后地位的提升（960—
1960）〉，載陳慎慶編：《諸神嘉年華：香港宗教研究》，香港：香港牛津大學出版社，
2002 年，第 163—198 頁；以及 Valerie Hansen, *Changing Gods in Medieval China,
1127—1276*, Princeton: Princeton University Press, 1990.

親屬為本、宗族為本的形式，向以地域為界的制度演化」。丁荷生認為，宗族並沒有萎謝，而是變得「不那麼依賴於親屬紐帶，卻更像擁有可分割股份和財產的公共合資控產機構」。莆田的宗族可能從來都不是親屬為本的。管理墓地的社群，像石庭黃氏，向來都是地域社群，而在他們當中立有一個土地神龕，是把佛教結合到地方墓地管理中去的早期禮儀革命所帶來的。「家廟」式的祠堂是 16 世紀禮儀革命的產物，它裝點了這種地域建築，也在地域祭祀的持續不衰之中褪色。

我們也可以探討禮儀革命，對廣東和福建以北客家人的本鄉有別於珠江三角洲的影響。在這個地區，理學早於南宋時期已經與道教閭山派的文書相抗衡。文書的流佈對於地方文化有一種統一效應。一方面，文書讓道士得勢，另一方面，地方禮儀經過重新確定，進入了文書的傳統。閭山派的陳靖姑（臨水夫人）的故事很能說明這樣的過程，這在勞格文（John Lagerwey）和房學嘉對這個高山地區的調查中有清晰的展示。司馬虛（Michel Strickmann）也指出了道教正一派在廣西「猺民」和今日泰國的傳播之中一個幾乎一模一樣的過程。陳永海分析客家族譜中人名的結構，十分有力地顯示了這些人的世系首先是作為「授道」書面記錄下來的。理學家可能由刊行的文書中追溯正統，而禮儀的力量則通過授道儀式和禮儀文書的流傳相結合，在閭山派和正一派中間流傳。由於授道禮儀成了男子人生的必經階段，他們的名字也就往往從父系親屬那一邊獲得禮儀的力量。當宗族在書面上得到確認後，授道記錄也就成為編纂書面族譜的一個便利的基礎。[36] 因此，今天梅縣和嘉應所見的祠堂儘管是以「家廟」形式興建，卻是一如住宅已經把風水龍脈考慮在建築之內。這兩個地方

36　Michel Strickmann, "The Tao among the Yao, Taoism and the sinification of south China, " 載酒井忠夫先生古稀祝賀記念の會編《歷史における民眾と文化 —— 酒井忠夫先生古稀記念論集》，東京：國書刊行會，1982 年，第 23–30 頁；Chan Wing-hoi, "Ordination names in Hakka genealogies: a religious practice and its decline, " in David Faure and Helen F. Siu eds., *Down To Earth*, pp. 65-82; John Lagerwey, "Patterns of religion in west-central Fujian, the local monograph record, "《民俗曲藝》129 (2001) pp. 43-236.

比珠江三角洲其他地方更為常見的情況，是把祖先視同巫覡和神祇。五華鍾氏宗祠的一篇報告，概括了這種聯繫：

> 鐵爐村鍾姓則敬鍾公……所敬鍾公為鍾萬公，其廟建於該村河堤中段，稱為萬公祠……現已 70 多歲的官老太太說，鍾萬公為鍾姓上祖，曾拜雪山仙師學法，學成後廣為民眾驅邪、治病，並受封為鍾萬十三郎。故其神位為：鍾萬十三郎尊神位。世人稱為鍾萬公，鍾姓人則稱其為「叔公太」。萬公祠常有神童。清末及民國的二位神童均為其本村鍾姓人，一名鍾添友，一名鍾阿城，均有「落童」為他人治病、驅邪之能。[37]

另一篇報告是福建西部的，與當中那個祖先巫覡略有不同，在陳靖姑的故事中，他以降伏當地的蛇妖而建立了卓著的功勳。據稱，長汀縣涂坊鄉每年須向妖怪獻祭男女童子各一人，當地兩位開基祖曾到閭山學法收妖。[38] 有些慣例與這些傳說同樣可以注意，這些慣例在珠江三角洲而言，與神龕祭祀的關係較與祠堂祭祀更為密切，那就是神位在參與祭祀的人家之間的通傳，由此而形成一個負責輪流安排祭祀的名冊。[39] 也許可以假設，此等慣例在客家地區所在多有而在珠江三角洲並不多見，與拜祭祖先的理學傳統開始的時間有關，而這個傳統是由士人和官員宣揚開來的，與閭山道宗教禮儀文書的擴展情況不同。問題不在於珠江三角洲並無驅邪儀式比文書的使用出現得早的情況，而在於倘若先前沒有文書傳統，則士人版本的理學禮儀便會取而代之。在士人傳統開始之前已經有文書傳統的客家山地，閭山道摻和進了祖先祭祀中去，正如現在口述訪談所說的那樣。

37　張泉清：〈粵東五華縣華城鎮廟會大觀〉，載房學嘉編：《梅州地區的廟會與宗族》，香港：國際客家學會，1996 年，第 19 頁。

38　楊彥傑：〈閩西客家地區的畬族──以上杭官莊藍姓為例〉，載房學嘉編：《梅州地區的廟會與宗族》，第 193 頁。

39　王心靈：〈粵東梅縣松源鎮郊的宗族與神明崇拜調查〉，載房學嘉編：《梅州地區的廟會與宗族》，第 138 頁。

在遠一點的地方，祖先與地域神祇有其他的結合形式。珠江三角洲以西高州地區的馮氏追溯其世系至唐朝的皇親冼夫人，而佛山冼氏在自明朝起編修的族譜中並未見任何與這位傳奇人物拉上關係的意圖，儘管他們也承認自己是這個區域早期的定居者。地方慣例的歷史和相互比較，可以讓我們對這個模式的演化加深理解。必須記住的是，高州地區是通往湖南的貿易路線，遠早於西江在南宋時期（約13世紀）才成為主要幹道。在這條貿易路線上至少還有兩個例子可能找到一間或多間供奉這種祖先神祇的大廟宇：雷州半島的雷神廟和湖南與貴州交界的多個飛山公廟。這些廟宇像廣州附近的肇慶龍母廟和黃埔南海神廟，都是捐獻不絕的廟宇，而鄰近地區以外的善信均遠道而來，其原因當然是它們早期位處貿易要衝。冼夫人在高州以外的幾間廟宇，都在海南島，位處雷州的宋朝遷移路線之上（不同於與阿拉伯和東南亞貿易有關的沿岸南下路線）。在海南島主要的冼夫人廟和雷州的雷神廟，可以找到土著的石像，他們雙手被反綁起來，跪在地上向神靈求懇。雷神廟內則有兩個神龕，分別代表而且明確來自不同的傳統：側面的神案上供奉着半人半神長着鳥喙的雷公，正掄起斧頭打雷，而主要的神案上則供奉着從卵中孵化出來的陳文玉。廟內的碑石顯示，捐款的村莊大多數姓陳，至少從明朝開始便是這樣。飛山公即唐朝的楊再思，他既是一位先祖，也是一個地域神祇。[40]

我們向來認為，宗族原則對於華北地區的社會組織不甚重要，但現在可以肯定地說這種說法是錯的。山西省有一批「山西

40　關於雷神廟，見宋銳：〈雷公廟及雷祖陳文玉〉，《湛江郊區文史》1986年第5期，第190—197頁；王增權：〈雷州的「儺」考〉，《湛江文史》1997年第16期，第108—118頁。關於飛山公廟，見明澤貴：〈飛山廟〉，《荊州文史資料》1985年第2期，第160—163頁；以及楊文基、楊思藩、龍明躍：〈會同侗族特徵考察〉，《會同文史資料》1988年第3期，第37—41頁。馮氏與冼夫人的關係，見王興瑞：《冼夫人與馮氏家族：隋唐間廣東南部地區社會歷史的初步研究》，北京：中華書局，1984年。關於海南島的冼夫人廟，見符永光：《瓊史尋蹤》，海南：亞洲出版社，1998年，第29—32頁。

銀行家」的文獻，從中顯然可見他們居住在宗族村裏。[41] 一些大宗族留下了宏偉的建築，沿着旅遊路線可以找到很多的例子：山西南部靠近河南的陽城縣的皇城陳氏聚落，或者山西西南部的襄汾縣丁村，這兩處的建築，散發着江南式的優雅。[42] 這兩者都是從明朝綿延至清朝的家業。如果能讀到晚近編寫的鄉村歷史，便可發現一姓村顯而易見是主導。五臺縣槐蔭村的鄉村史記錄了 1919—1925 年間所有村長、副村長和書記；1959—1984 年間所有生產隊領導；以及 1985—1994 年間所有村委會主席的名字。除了三個例外，所有這些人都是同一姓氏。[43] 還有就是從洪洞縣大槐樹遷移過來的著名故事，這是仍少有人探討的華北版遷徙傳奇。[44]

關於宗族建設令人最為印象深刻的記述，見於代縣鹿蹄澗村，這裏是北宋楊家將的家鄉。在村內的楊氏宗祠裏仍立着一塊碑石，上面記錄了 1556 年山西省教育專員來到這個 500 多人的村莊，他說自宋以來村民即已「共族同塋」，他們有族譜和祠堂，並聲稱是楊業的後人。他提到他們元朝先祖的名字，又稱進入明朝之後，他們「遵王道以立訓，明宗法以類族，耕公田以奉祀」。確實，今天我們仍然能夠看到兩塊分別立於 1324 年和 1329 年的、

41　張正明：《晉商興衰史》，太原：山西古籍出版社，1995 年，第 206—246 頁。一姓村之中最有名的祠堂是喬家大院，祠堂照片見佚名：《老房子‧山西民居》，南京：江蘇美術出版社，1995 年，第 8 頁。祠堂位於甬道的盡頭，這可以從第 6 頁的照片中看到。祠堂顯然是在圍牆之內，並非法律所要求的「家廟」那樣的獨立建築。

42　皇城的碑石和銘刻刊印於栗守田編：《皇城石刻文編》（出版機構不詳），1998 年。我沒有見到族譜，但宗族歷史的痕跡可見於樊書堂編：《皇城故事集》（出版機構不詳），1998 年。我在 2000 年夏天到過皇城，圍牆顯然翻新過，幾幢房子也在為發展旅遊業而重建。重修前的照片，見佚名：《老房子‧山西民居》，第 190—203 頁。同書也有其他晚明堡村的照片。我記錄了一塊 1638 年的碑石，上面刻有堡村的地圖。至於丁村及其族譜的記載，見陶海富主編：《平陽民俗叢譚》，太原：山西古籍出版社，1995 年。

43　山西省史志研究院編：《槐蔭村志》，太原：山西古籍出版社，1999 年，第 8—14 頁。三個例外看來出現在三個相當例外的時間：1949 年 1 月至 1952 年 12 月的村長，以及 1965 年 1 月至 1971 年 2 月當生產隊領導、1992 年 1 月至 1994 年 12 月當村委會主席的同一個人。

44　近年興起了一股洪洞遷徙故事熱，參看黃有泉、高勝恩、楚刃：《洪洞大槐樹移民》，太原：山西古籍出版社，1993 年；潘永修、鄭玉琢編著：《根在洪洞》，北京：中國檔案出版社，1998 年；以及鄭守來、黃澤嶺主編：《大槐樹尋根》，北京：華文出版社，1999 年。

記錄世系的碑石，以及一篇也許是1324年的銘文；此文漶漫不清，標題是《（孔子）宣聖十德》，內容為十條修身待人的警句。另外，那位教育專員還提到了一座經過多番重建和復修的祠堂，而碑石還保存在裏面。一塊立於1550年的碑石表示僅在那之前數年，有另一篇由一個進士所寫紀念宗族悠長歷史的文章。這塊碑石由兩個楊姓男子豎立，分別以村父老和驛丞署名。明朝初年，鹿蹄澗楊氏並沒有位居高官，但宗族傳統肯定存在，那是元朝之時 —— 因為族譜並未追溯至宋朝 —— 一些家族成員任職武官功名顯赫的遺跡。[45]

姜士彬（David Johnson）重構了山西潞城縣一個單一村落的一個節慶，這個節慶由當地地域神龕的執事和12個家族（或「宗族」）的代表舉辦。[46]我也根據碑文所載，重構了兩個不同村落的發展。宋朝著名學者兼官員司馬光在夏縣的家族墓地，不但所有人均同意墓地應由宗族來照管，而且當知道宗族已經流散了兩百年，縣丞和地方上的有名人士均同意邀請已經居住在華中地區的族人回鄉。有些人的確回來了，而在這段精彩的歷史裏，記錄了還鄉者須提出宗族證據的情況。證據中不但包括一部重要的族譜，還有司馬光所畫的一卷畫。還鄉者標榜自己的孝心，但論者明確而且毫不含糊地指出，是土地吸引了他們回來。[47]在另一個例子中，潞安府的一塊碑石上記錄了1533年府治的建立，可以追溯到地方紳士家庭後繼者的效忠對象向當地掌權官員轉移的歷史。後繼者現在想以模範宗族的姿態出現，在這種宗族裏，五代同堂不分家，而在1524年理學家呂楠途經此地的時候，他們為他擺了一個二百人的筵席，並尋求他幫助建立該村的宗族威望。[48]

45　我在2001年夏天到訪鹿蹄澗村，並記錄下這些碑文。其中一個碑文包括了一部族譜，刊印在《代縣志》，北京：書目文獻出版社，1988年，第392—398頁。關於楊氏，參看常征：《楊家將史事考》，天津：天津人民出版社，1980年。

46　David Johnson, "Temple festivals in southeastern Shansi: the sai of Nan-she Village and Big West Gate," 《民俗曲藝》91(1994), pp. 641-734.

47　見本書：〈山西夏縣司馬光墓的土地與宗族筆記〉。

48　見本書：〈動亂、官府與地方社會 —— 讀《新開潞安府治記碑》〉。

　　所有這些山西的例子表明，16 世紀的時候他們顯然嘗試過遵循新的禮儀，把祭祖置諸社會組織的中心，但沒有一個例子之中有「家廟」式的建築。[49] 在司馬光墓地的祠堂裏，安放了祖先的塑像，而非靈位。山西的通常做法，即使是富貴人家，也並非在家廟裏祭祀，卻是拜祭一幀顯示所有祖先靈位的畫幅。這幅畫對於某些研究者來說，是一個貼在牆上以供拜祭的族譜、全部的靈位。到了 16 世紀在沒有「家廟」的情況下，畫似乎用來作代替品，而即使在宗族發跡變富或地位顯赫後，仍未棄而不用。[50]

　　除了逸聞逸事之外，現在要來述說中國的地方史，還言之尚早。但是，從禮儀革命的角度思考，可以得出一種述史方式，編寫與國家相關的地方史。我看到，16 世紀 20 年代的禮儀革命在中國不同的地方顯然有種種不同的影響，下文將就此做出說明。

民間社會、禮儀一體

　　從禮儀的本質上看，一個禮儀行為並不是一個任意想法的孤立表達，在其「是甚麼」的背後，是永久的「為甚麼」，把這個禮儀行為與其他的禮儀行為相聯繫。在這個意義上，禮儀行為結合為一體，但這並沒有預設儒者對於教義無爭議，而是可以看到儒者設定了交疊的邊界，把他們自己與佛家和種種籠統地被視作道教或與地域神祇相聯繫的傳統區別開來。「本土」這等字眼，對於描述 16 世紀的情況無多大幫助：儒家禮儀與國家的聯盟，把鄉村習俗貶降為「本土的」，而我們都知道，它們把來自北方、東南亞、佛教、道教，也許還有伊斯蘭教和基督教數百年以來的影響，一爐共冶。「民間社會」的非宗教觀又給這個複雜的情況加入

49　1730—1735 年曾在廣東任官、原籍河北武強縣的張渠，在他的《粵東聞見錄》（1738）第 49 頁中寫道：「吾鄉乃邦畿之地，以卿大夫而有宗祠者尚寥寥無幾。其尊祖睦族之道反不如瘴海蠻鄉，是可慨也。」

50　這些畫卷的例子見於 Myron Cohen, "Lineage organisation in north China," Journal of Asian Studies 49.3(1990), p. 518，以及中生勝美，〈華北農村の社會慣性〉，載三谷孝編：《村から中國を讀む：華北農村五十年史》，東京：青木書店，2000 年，第 221 頁。《老房子‧山西民居》第 15 頁提到喬家大院裏展示了一卷這樣的畫。

了另一種宗教，而倘若它宣揚説在它出現之前並無一個與國家相
對的社會，那麼它只不過證明了它所祭祀的是虛假的神祇。應該
記住，崇信張天師的正一道道士也如「民間社會」的倡導者一樣，
數百年來一直在與鄉村「迷信」鬥爭，就像儒者對於他們和佛教
徒所做的那樣。

　　因此，禮儀變動的長遠觀點所涉及的是在這個變動過程中相
互競爭的正統的構建，是國家與地方社會的互動關係。至於「國
家」，不過是在建立國家與社會關係的漫長理論過程中的一個世俗
觀點而已。

　　然而，甚麼是「國家」？或者，把問題問得確切一些，甚麼是
「中國的國家」？無疑，中國的國家需要以官僚機構、稅收機制、
維持一定程度的法律和秩序，以及軍事組織來建立，但可以肯定
的是，國家既然需要以正統之名取得稅收和服務的合法性，也就
得成為一個信仰。這個信仰可以分為兩個部分：一是相信這個國
家，是同時相信通過奉行國家規定的禮儀成為這個國家的一員。
廣義的禮儀包括禮拜儀式、服式、建築風格，以及不無重要的文
書格調和標準。在這方面，就用西方語言撰寫的有關中國的著述
而言，揭示出詞語翻譯之中所含的假設，對於解讀中國的思想和
制度是必要的。在歐洲，國家締造的形式是由國王建設必須從教
會掌握中解放出來的政府，然後以公共領域之名開始運作。在中
國，皇帝可能建設一個官僚架構，但官僚架構只有在其禮儀整合
到了地方社會中去的情況下才能運作。中國並沒有一個政府要從
中解放出來的教會，有的只是相互競爭的宗教，而在這些宗教中
間，對國家的信仰是至高無上的。[51]

　　當明朝的國家擴展到珠江三角洲很多地區，國家偶然發現
不是祭祀祖先本身在國家認可的禮儀之下可以成為一種政治穩定
的手段，而是祭祀祖先與士大夫地位的結合，讓向上流動得以滿

51　John Lagerwey, *Taoist Rituals in Chinese Society and History*, New York and London: Macmillan and Collier, 1987, p. 259 認為，宋朝茅山道向正一道的轉移把朝廷「從貴族的、退隱的道教變為大眾的、社會的道教」，是朝廷與地方社會的禮儀關係一個非常重大的轉折，而且應當置諸中國國家形成史之中予以充分考慮。

足包括新興地主階級在內的發財階層的政治願望。這個過程在中國因地而異。珠江三角洲在宋朝以前完全處於國家以外,而其在16世紀被吸納進國家,在社會結構上留下的印記至今猶存。在福建,地方社會在宋朝時被更為全面地吸納進國家,明朝的禮儀革命便在宋朝的禮儀基礎上進行,而被正式化了的不是宗族,而是地方神祇被吸納進一個近乎國家神殿的過程。在華南那些戶口登記沒有廣泛實施的地區,如海南島或廣東的雷州,明朝時期久缺社會流動的情況,反映在一些單一姓氏群體的存在之上,這些群體所認同的是那些在廣大地域範圍內受到擁戴的神祇。在客家人中間,宗教領袖為國家準備了條件,祖先的威力尤其得歸功於這些領袖。在華北,正如本文所涉及的山西鄉村,早期對國家的一種強烈認同,在明朝之前瓦解了,明朝的禮儀改革彷彿是在從頭做起。

　　既然中國不同地區是在不同時期整合進國家的,那麼便只應該預期在地方社會的禮儀習慣中所反映出來的,是一次又一次的近乎國家整合的努力。民間社會在這樣的情況下,不能與宗教分離。當世俗的、以城市為本的政治意識形態把王朝時代的民間社會定性為「迷信的」或「封建的」,那便等於否定了王朝時代晚期國家與社會的關係賴以建立的平台。把宗教從宗教話語中分離出來,可以說是一種20世紀的中國經驗,但卻不應將之視作民間社會在王朝時代晚期並不獨立於國家以外的一個標誌。

從

——

社會史

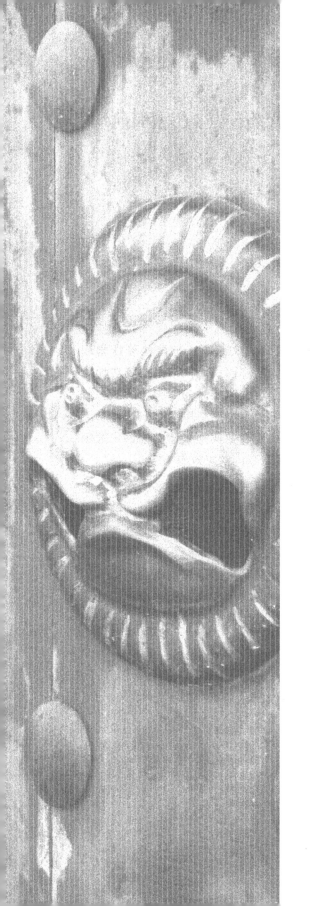

出 發

人類學與中國近代社會史：影響與前景 *

　　第二次世界大戰後，在美國，蕭公權、Franz Michael、何炳棣、張仲禮、瞿同祖各自在社會史領域出版了經典的著作。Michael 在一篇現在已經乏人問津的文章裏，把這些著作聯起來。Michael 在文中問為甚麼龐大的中國長時間來可以成功地以一個整體運作。他的答案就是我們現在都熟悉的鄉紳功能論。就是說，雖然明清時代的中國龐大，但是通過科舉考試、做過官或可以做官的人回到家鄉，從事家鄉建設並與國家建立聯繫，國家重要的政策可以深入民間，人民也可以向國家效忠。[1]

　　在這個問題上，何炳棣著有討論科舉對流動影響的名著；張仲禮討論鄉紳的兩本大作說明了鄉紳的收入和社會結構；蕭公權提出了農村控制論。[2] 這些研究，可以說頗具與當代內地之馬克思主義支配的歷史學打對台的意味：從 20 世紀 50 年代，一直到 70 年代，中國內地的社會史，都是以階級鬥爭的過程為研究主題。農民受租、稅的剝削；地主通過團練的勢力與其對抗；農民通過祕密會社和宗教來維持鬥爭的使命；統治階層也通過宗教來愚弄民

*　　原文為中文，載《東吳歷史學報》，卷 14，2005 年，第 21—36 頁。

1　　Franz Michael, "State and Society in nineteenth-century China", *World Politics* 7. 3(April 1955), pp. 419-433.

2　　Ho Ping-ti, *The Ladder of Success in Imperial China*, New York: Columbia University Press, 1962; Chang Chung-li, *The Chinese Gentry: Studies on Their Role in Nineteenth-century Chinese Society*, Seattle: University of Washington Press, 1955; Chang Chung-li, *The Income of the Chinese Gentry*, Seattle: University of Washington Press, 1962; Hsiao Kung-chuan, *Rural China: Imperial Control in the Nineteenth Century*, Seattle: University of Washington Press, 1960.

眾。大一統的中華帝國，變成一個階級分歧的社會。

何炳棣、張仲禮對鄉紳的興趣也可以追溯到 20 世紀 40 年代中國本土的社會學，甚至更早的清代經世思想。費孝通與吳晗 1949 年著的《皇權與紳權》基本上也提出了鄉紳作為地方與國家中介的觀點。[3] 何炳棣、張仲禮等諸位先生，起碼在一個理論的要點上，比費孝通、吳晗正確：費孝通、吳晗的紳士是指科舉取消後國家與鄉村之間的裂縫裏的人物，他們就是地方上有地位的人士。但是，廢除科舉以前，地方上有地位的人士有紳士與胥吏之分別。鄉紳的地位來源於科舉，所以他們的社會地位，由國家最上層賦予。胥吏的勢力源於在地方衙門有差使，所以他們的地位最大不了出於地方官的委派。清代經世之學常常把兩者對立。廢除了科舉，模糊了鄉紳與胥吏的分別。到了這個時候，任何取得了地方上承認的人（例如，當上地方任何「協會」要職的人。這個背景是，在取消科舉的同一時期，地方上出現了很多教育會、農會、慈善會），都是鄉紳。有關這個模糊地帶的討論出現在費孝通、吳晗的著作中，但是在張仲禮的書中並未涉及。

然而，鄉紳怎樣可以維繫龐大的中華帝國呢？美國 20 世紀 50 年代社會史學的答案來自蕭公權的鄉村控制論。鄉村控制論並不是 50 年代的社會科學，而是經世思想的新瓶舊酒。只要翻一下《皇朝經世文編》，整個理論都可以找到。學校、倉貯、保甲，都是清代經世學派的統治辦法。流氓、匪徒也是他們對動亂的解析。畢仰高（Lucien Bianco）當時對本書的書評，確實是打中要害，即本書沒有階級的分析。把沒有動亂看成是控制的定義，控制就不能為沒有動亂作解析，這是個方法邏輯的問題。[4] 到 20 世紀 60 年代初期，中國歷史學對動亂特別有興趣，原有的 50 年代的中國社會史可以說面臨破產。

3　費孝通、吳晗：《皇權與紳權》，上海：觀察社，1949 年。

4　Lucien Bianco, " 'Classes laborieuses et classes dangereuses'dans la Chine imperiale au XIXe siecle, " *Annales: Economies, Sociétés, Civilisations* 17.6(1962), pp. 1175-1182.

　　在這個困境下，20世紀60年代初期，已經在中國近代社會史研究中處於帶頭地位的美國，出現了一個新的研究範式（paradigm）。思想的主力來自人類學者施堅雅和英國的弗里德曼，立刻將理論運用到實質問題的研究上的有歷史學者魏斐德和孔飛力。要明白施堅雅在新範式上的重要性，需要把他的市場結構理論與當年的階級理論對比。在這方面，重要的出版物是他1964年在 *Journal of Asian Studies* 發表的文章，而不是後來編輯的《中華帝國晚期的城市》。[5] 文章裏，對於農村市場層層的分佈的討論，也並不是新的發現。

　　遠在19世紀末，傳教士對農村社會的描述，已經談到農村市場通過不同時間規範，讓商人和服務者參與鄰近多個市場的活動。[6] 在20世紀60年代初期提出來，這個論點 —— 把鄉村與城市及城市之中的活動，概括為邊緣與核心的關係 —— 讓社會史學者重新注意大家已經遺忘的地域在農村社會的決定性。同時，地域的關係也在弗里德曼1958年第一本探討華南宗族的研究中露出苗頭，儘管整個論點需要等到1966年出版的第二本書才完成。華南宗族也當然不是新的發現。清代官方從18世紀以來已經認為宗族是華南的械鬥來源。[7] 1925年葛學（Daniel Kulp）以宗族為題已經出版了一本宗族田野調查，這可能是第一本用英文寫的宗族田野調查。[8] 1936年，陳翰笙的調查把宗族控產嵌入到地主制度的討

5　　G. William Skinner, "Marketing and social structure in rural China, Parts, II, and III, " *Journal of Asian Studies* 24.I(Nov. 1964), pp. 3-44; 24.2(Feb. 1965), pp. 195-228; 24.3(May 1965), pp. 363-399; G. William Skinner ed., *The City in Late Imperial China*, Stanford: Stanford University Press, 1977，尤其第3—31頁，第253—351頁，第521—553頁。

6　　例如，Arthur Smith, *Village Life in China, A Study in Sociology*, Edinburgh and London: Oliphant, Anderson and Ferrier, 1900, p. 50.

7　　Maurice Freedman, *Lineage Organization in Southeastern China*, London: University of London, Athlone Press, 1958; Maurice Freedman, *Chinese Lineage and Society: Fukien and Kwangtung*, London: Athlone Press, 1966.

8　　Daniel Kulp, *Country Life in South China: The Sociology of Familism*, Vol. 1, Phenix Village, Kwangtung, China, New York: Teachers College, Columbia University, 1925.

論中，從而認為，宗族成為一種剝削農民的工具。[9] 日本、中國、歐美學者都從制度史的角度描述過宗族應用的規則。弗里德曼的成就是，在沒有重複這些著作觀點的前提下，提出一個在中國社會史上全新的看法，而這個看法剛好可以置入 20 世紀 60 年代初期的新範式。

如果説，在弗里德曼之前中國史研究中沒有人類學的痕跡；而在他之後，兩者之間的聯繫已經是不用追問的大前提，相信並沒有言過其實。弗里德曼之前，對宗族的描述建立於一個假設之上 —— 宗族必然是血緣組織。而弗里德曼提出的論點是，宗族其實是鄉村的建構。伊沛霞（Patricia Ebrey）與 James Watson 在這方面大概是講對了：宗族是以共同祖先作為依據的地域群體。因為祖先只是群體的依據，重點放在成員對祖先的認同而不是成員是否與祖先有相同的血緣。[10] 因為成員的概念與認同相聯繫，重點要放在認同的建構（符號、禮儀、權勢、共同利益）而不是預設的權力法則。也因為成員的概念需要分別內外，同樣的內外概念也與別的內外概念有互動。可以説這些思考，有部分可以放到功能架構裏：宗族制度是不是負擔起某些社會功能？

不過，也不一定需要從功能方面來考慮。弗里德曼把宗族控產聯結到 corporation（法人、控產機構）的概念就是其中一個例子。問題不在宗族有沒有控產的功能，而在既然祖先可以控產（是明代法律運作的結果），認同不同祖先的後人就有參佔不同財產的機會。其結果就是在一個有共同分配的思想下，製造出財富不平等的團體。

上面的簡述基本上是弗里德曼 1958 年的專著的結論。1966 年的專著把這個論點推進一步，但是部分讀者沒有看出前後兩本書的分歧。需要問的問題是：在宗族只是地域社會組織根據的條

9　Ch'en Han-sheng, *Agrarian Problems in Southernmost China*, Shanghai: Kelly & Walsh, 1936.

10　Patricia Ebrey, James Watson eds., *Kinship Organization in Late Imperial China, 1000—1940*, Berkeley: University of California Press, 1986, pp. 1-15, "introduction".

件下，為甚麼華南地域社會只會用宗族來做這個根據？所以，弗里德曼 1966 年的書所討論的重點，其實不在宗族，而在鄉村聯盟。在少數單姓的環境下，鄉村聯盟可以用宗族的模式進行；但是大多數鄉村實際的環境是超越單姓範圍的，所以聯盟不能以宗族來進行，而需要在一個以地方神為中心的廟宇來進行。這樣一來，弗里德曼 1966 年的發現推翻了其 1958 年專著的結論：村際聯盟可以以廟宇的地方神來做核心，村落為甚麼不可以？故其 1958 年的出發點，即華南大部分鄉村是單姓鄉村，根本不能成立。

但是，當時的理論需要不在於兩本書之間的分歧而在兩者對地緣關係的重視。20 世紀 60 年代後期，由施堅雅和弗里德曼主持的倫敦 —— 康奈爾計劃打算劃分地域研究中國社會。施堅雅當年對中國研究，可以說不遺餘力：從 *Journal of Asian Studies* 文章出發，編了三大冊的中國社會研究索引，組織了有關中國從歷史到當代的城市社會研討會，研討會的論文集有他自己的長篇介紹。論文集裏，施堅雅的幾篇文章提出的研究提綱，立刻對接下來二三十年的中國社會史區域研究產生了影響。他認為，中國社會太大了，不能把它當成一個整體來研究。比整體研究更合理的方法，就是把它看成由地理劃分的宏觀地域。每一個地區圍繞一個核心城市。由核心城市出發，居民點連同地區市集、中層市集、高等市集形成有層次的分佈。倫敦 —— 康奈爾計劃的分地域研究，大概也受這個概念的影響。還值得一提的，就是 20 世紀 70 年代「中研院」對近代中國現代化問題的分省研究，相信也受到這個概念影響。

分地域研究有其道理，但是在 20 世紀 60 年代，施堅雅和弗里德曼的提議之所以得到支持，與 50 年代農村控制論的弱點有關。把農村動亂解析為政府與鄉紳對農村的失控，暴露了這個論點只能夠說明縣級層面互相維護的關係，而不能引申到縣以下的權力關係。施堅雅的理論把研究的重點放在市場圈內的鄉村，重新清楚地把鄉村作為農村原動力的單位。弗里德曼的宗族理論在這個架構上，便給鄉村作了理論上的定義，鄉村是地域聯盟，以

姓氏來建立的聯盟，就是宗族。

　　能夠把地域放回中國社會理論裏，對施堅雅和弗里德曼等人類學者而言，相信是很重要的。人類學者的田野傳統，必然從地域社會出發，尤其是要小到一個人類學者可以在田野獨立觀察的規模。人類學者的跨地域概念就是在比較不同地域的基礎上發展出來的。施堅雅和弗里德曼的提倡都是符合這方面要求的。

　　鄉村內外的聯盟，為研究 19 世紀動亂的歷史學者帶來描述縣政府以下社會的工具。立刻把宗族的理念運用到動亂研究的，可能是魏斐德有關廣東鴉片戰爭前後的著作。[11] 宗族與鄉紳説明了三元里的反抗，也反映了太平天國初期天地會在廣東的活動。但是，引用這兩個概念最成功的例子，可能是孔飛力對 19 世紀團練的研究。[12] 孔飛力在這本書中，很聰明地比較團練與動亂的結構，發現動亂團體與團練結構基本上是相同的。也就是説，不能把兩者分成紳士與非紳士（或地主與農民）的領導。鄉村聯盟或宗族的概念，在這兩本書裏，都説明除了政府委派的官僚架構，中國農村社會還是有它本身的架構。

　　要明白，孔飛力研究團練的作品所反對的議論，是在 20 世紀 60 年代還盛行的朝代興亡論。有關清代的説法，源於 18 世紀末白蓮教起義後，朝臣借用公羊傳暗示的政治批評。綿延到 20 世紀中，費正清等學者替這個理論找了一個貌似社會科學化的根據，很少有人意識到其實這只是一個贗品。就是説，到了 18 世紀末，中國人口已經到了飽和，而超過了飽和的階段，社會開始不穩定。（誰也不知道需要多少人口才是飽和，中國近代史的粗略統計數字也不見得可以清楚地點出生產效率遞減的時段。儘管如此，時至今天，還有不少學者為這個問題浪費筆墨。）孔飛力以後的研究，還是特別注重清政府從 18 世紀到辛亥革命的思想與制度的

11　Frederic Wakeman, *Strangers at the Gate: Social Disorder in South China, 1839—1861*, Berkeley: University of California Press, 1966.

12　Philip Kuhn, *Rebellion and Its Enemies in Late Imperial China, Militarization and Social Structure, 1796—1864*, Cambridge, Mass: Harvard University Press, 1970.

演變。我們研究農村的人口，在 20 世紀 60 年代是希望脫離官方的觀點來了解中國社會，與孔飛力一直以來的研究形成對比。但是，最後我們還是需要把政府的制度聯繫到中國社會才可以明白其中的演變。

先不提政府制度，在這裏需要先討論 20 世紀五六十年代中國近代社會史忽略的一個問題，就是後來稱為「民間宗教」的群體活動。20 世紀 40 年代的中國社會研究，是沒有包括宗教的；宗教的研究，放到佛教、道教的研究之內，是自成一體的。所以 20 世紀 50 年代美國的幾位學者都沒有談宗教。研究動亂的學者對宗教的興趣，還是圍繞在 19 世紀的概念上，就是民間宗教有沒有產生對皇朝反抗的動力。在這方面寫得最清楚的可能是孫祚民，但是最主要的影響來自李世瑜（李世瑜的影響來自 Willem A. Grootaers，是完全另一個脈絡）。20 世紀 50 年代，因為對義和團的興趣，路遙等在山東大學開展了口述歷史調查，而在 20 世紀 60 年代的台灣地區，翁同文開始注意道教禮儀與天地會的關係。翁同文的觀點透過 20 世紀 70 年代莊吉發的研究得以推廣，而路遙的研究，20 世紀 80 年代在西方才比較容易讀到。[13]

所以，在施堅雅與弗里德曼重組中國近代社會史的時候，大家都沒有把宗教的影響放進去。當年對民間宗教有研究的，都是人類學者在台灣地區做的研究（例如武雅〔Arthur P. Wolf〕、劉枝萬，或在田野有經驗的宗教學者，例如 Kristofer Schipper、Michael Saso）。日後中國近代社會史可以把民間宗教當成一個主要研究題目，有賴於 20 世紀六七十年代這些研究的基礎。

以上是 20 世紀 50 年代至 70 年代西方，尤其是美國的中國近代社會史研究。同時，在中國的研究，當然首先應該談馬克思

13　李世瑜：《現在華北秘密宗教》，成都：華西協合大學中國文化研究所，1948 年；路遙編：《山東義和團調查資料選編》，濟南：齊魯書社，1980 年；《山東大學義和團調查資料彙編》，濟南：山東大學出版社，2000 年；翁同文：《康熙初葉「以萬為姓」集團餘黨建立天地會》，Institute of Humanities and Social Sciences, Nanyang University, Occasional papers series 3, Singapore, 1975；莊吉發：《清代秘密會黨史研究》，台北：文史哲出版社，1994 年；孫祚民：《中國農民戰爭問題探索》，上海：新知識出版社，1956 年。

主義影響下的階層分析。以剝削為主題的研究，有一個很大的弱點，就是因為很片面地把歷史事件分成農民與地主的對立，沒有考慮地域的概念對階級運作的影響。把團練簡單地列為地主勢力就是個很好的例子。但是，可能當時在西方，大家還沒有充分了解，在階級鬥爭的語言下，中國大陸的學者也有很大的分歧。到了 20 世紀 80 年代，因為階級理論本身出現的變化，相比於階級剝削，生產力的發展倒過來佔了主導的地位。在新的環境下，鄉族的觀點開始在中國大陸歷史界有抬頭的機會。

「鄉族」是傅衣凌始用的名詞。以「鄉族」來描述中國農村社會，比「宗族」貼切，也比「宗族」接近弗里德曼的觀點。傅衣凌 1980 年訪問美國時，在座談上對這個概念作如下解析：

> 在地主經濟之下，中央政府不僅通過國家機器如政權、法令等來統治農民，更重要的是，通過地方上的鄉族勢力如大家族或有名望的人物來統治農民。這種鄉族勢力使中國封建社會變得非常堅韌，不易搖動根本。鄉族勢力在地方上辦理義莊、義田、義學，類似現在的慈善事業和社會保障，可以發揮緩和階級分化的作用，使階級矛盾不容易激化。所以，中國封建社會時期的階級關係，不像歐洲中古時期那樣的不可調和。[14]

在其他地方，主要是在 20 世紀 80 年代，傅衣凌也討論過這個論點。他的學生鄭振滿，明顯受到了傅衣凌的影響。但是，應該指出，雖然日後鄭振滿在宗族的研究上，把聯盟（不一定是地域）放到很核心的地位，傅衣凌這個論點，既有像弗里德曼的成分，也有像 40 年代以來鄉紳主導社會的論點的成分。需要了解傅衣凌，可能還是應該回到 40 年代。

傅衣凌談到他的治史態度，說他有一種「史料癖」。他說他在

14　傅衣凌：〈中國封建社會和現代化〉，《抖擻 1980》，收入《傅衣凌治史五十年文編》，廈門：廈門大學出版社，1989 年，第 11 頁。

1939 年，無意中在福建永安縣一間破屋中，發現幾百張明代至民國的地契。這些文獻後來成為他兩篇有關永安縣田土制度很重要的文章的資料。這是個牛頓和蘋果的故事案例，只可能有一半的真實性。田土契約在 1939 年，一定是一種非常容易看到的檔案。我們的鄉土研究者中，家裏有田地的也大有人在，有田地的人大概也有契約。為甚麼大家沒有發現可以利用地契來寫歷史，而需要等到傅衣凌這個意外發現才聯想到歷史來呢？

到 1939 年，將地契運用於中國的研究，已經有近八十年的歷史。一直以來，都是外國人的研究。開始的理由，是因為外國人需要在上海買地產，所以需要了解地契的文字。20 世紀初期，英國人在香港新界舉行田土登記，日本人在台灣也舉行田土登記，兩方面的活動都引起他們留意田土制度。日本人在中國的台灣、華北，做了更詳細的私法研究。這些活動的參與者中，有人成為後來有名的史學家（例如仁井田陞）。20 世紀 30 年代，中國社會史學界論戰中國社會史，大家都沒有找一手的文獻參考，主要將眼光圍於傳統的文獻（官書、文集）。當年的田野調查，除了幾位經濟學者外 [15]，也沒有引用農村所有的文獻材料。傅衣凌碰到這批地契極可能是個意外，但是他之所以有視其為史料的慧眼，相信不是意外，而是和他的日本留學經歷有直接關係。

傅衣凌談到他的學術問題，認為 20 世紀 30 年代時候（他當時剛二十出頭，他是 1911 年出生的），還「尤其是對社會發展諸形態以及亞細亞生產方式等問題，最喜論談」[16]。1939 年，他剛從日本回來，也就是剛從社會史論戰轉到在地方調查的歷史的時候。他開始注意田契、碑記、等地方史材料，也寫了幾篇有關田土、農佃等方面的文章。到 1944 年，從他當時所記，這些文章是

15　例如 T'ien-p'ei Meng 和 Sidney D. Gamble, "Prices, wages and the standard of living in Peking, 1900—1924, " *Chinese Social and Political Science Review*, Special Supp. ement, 1926；張履鸞：〈江蘇武進物價之研究〉，《金陵學報》，三卷，一期，南京：金陵大學學報編輯委員會，1933 年，第 153—216 頁。

16　《我是怎樣研究中國社會經濟史的》，台北：文史哲出版社，1983 年；前引，第 39 頁。

他對社會史論戰的回應。[17] 到 1956 年和 1957 年，出版《明清時代商人及商業資本》和《明代江南市民經濟試探》。除商人和商業資本一章外，都是新中國成立前寫的，所以大概從 1944—1949 年他的主力放在不同地方商人的運作。他用很敏鋭的眼光讀史料，一方面試圖揭示明代商人和商業制度萌芽，另一方面他也認為其未有繼續發展就是因為變成了封建勢力的附庸。這是兩個表面矛盾的方面共同發展。他説：在中國封建社會裏，凡是資本愈發達的地區，鄉族勢力也愈為濃厚。[18] 從而引申，傅衣凌尋找商業資本的來源（例如鄉族），也考慮商業資本應有的限制（例如政府沒有放手讓商人貿易）。

　　這裏之所以用比較長的篇幅來討論傅衣凌的作品，就是希望可以説清楚雖然他曾提出鄉族的重要性，但是因為在他的考慮範圍，鄉族只是鄉村公社的殘存，他的作品沒有任何討論鄉族在明清時期演變的描述。所以，儘管傅衣凌把民間的史料引進社會史，但他寫的主要還是經濟制度史。可以説這是種非常敏鋭的制度史，與很多制度史不一樣，並不假設制度就是法律。但是，他並沒有提出把制度連結到地域。

　　與傅衣凌同時的梁方仲，從寫作風格來説，絕對符合經濟制度史的規格。據湯明檖、黃啟臣合編的傳略，梁方仲在 1934 年（時年 26 歲），與吳晗、湯象龍等創立史學研究會，希望重寫中國歷史。1936 年，梁方仲發表了成名作《一條鞭法》以後，一直研究明代稅收制度的演變。梁方仲的特點是對制度運作的過程研究非常詳細：通過考察戶帖、黃冊、糧長、易知由單等，由元件推敲制度實際的運行。同時，由於稅收演變與明代白銀的使用密切相關，也做了那方面的研究。又因為稅收與人口和田土統計關係緊密，也一直關注歷代人口、田土統計數字。湯明檖、黃啟臣兩

17　《我是怎樣研究中國社會經濟史的》，第 40—41 頁。

18　傅衣凌：《明清時代商人及商業資本》，北京：人民出版社，1956 年，第 84 頁。

位先生，在傳略中已經詳細地討論了梁方仲對經濟史的貢獻。[19]

但是，梁方仲的研究，不只是經濟史。雖然他沒有做地域上的研究，但是他有關明代稅收的研究對地域史卻非常重要。梁方仲的影響，需要配合傅衣凌的理論架構才可以顯現出來。稅收的演變，剛好和宗族的發展相配合。梁方仲大概沒有真正看到這一點，在他的作品裏只是字裏行間表現出來，可能最清楚的是 1956 年對糧長制度的研究。

在明初，糧長負責為朝廷徵解稅收。當時的朝廷位於南京，而糧長的設立，主要設在經濟發展程度高的地方。用梁方仲的話來說，糧長就是個「民徵民解」的稅收制度。因為這是個間接的稅收制度，稅收的中間人——糧長，得到很大的好處：依賴包庇稅收，糧長可以發財。但是，及至明中葉，朝廷設在北京，糧長的作用從解運轉移到徵收，原來的糧長家庭，再不為稅收而煩惱；同時，伴隨科舉制度之重新建立，糧長逃離糧長職責而做紳士去了。隨後，一方面是「糧長的階級分化」，另一方面是通過一條鞭法，「民徵民解」的稅收方式變成了「官收官解」。其中，商業發達以及白銀流通量的增加影響這個過程的發展。這幾句話還不能充分顯示出梁方仲的功力。若深入研讀其《明代糧長制度》一書，就會發現，他是把這個過程聯繫到鄉村裏的變化。從一條鞭法運行開始討論，徭役折銀繳納，原來由地方負責的事務改為以貨幣繳納，一方面減輕地方人員的工作量，另一方面增加了衙門財政。也「由於充當糧長的已經不純粹是少數的真正大戶，它已轉變為全體糧戶的負擔，所以自明代中期，東南諸地紛紛設立『義田』或『役田』，以其收入來補助糧役的費用。」[20] 有些地方，這些「義田」變成把糧戶的負擔轉嫁到佃戶身上的工具。糧長脫離稅收任務變成「大戶」，是明中期短暫的發展。後來，是在稅收增加的情況下，稅糧隨田徵收。這樣一來，整個明代稅收的演

19　湯明檖、黃啟臣：〈梁方仲傳略〉，《梁方仲經濟史論文集集遺》，廣州：廣東人民出版社，1990 年，第 352—373 頁。又，劉志偉編：《梁方仲文集》，廣州：中山大學出版社，2004 年，第 1—28 頁，導言。

20　梁方仲：《明代糧長制度》，上海：上海人民出版社，1957 年，第 96 頁。

變，可以說是從賦役到貨幣，也是從分化到稅收全面增加。

劉志偉敍述梁方仲的治學方法，說：「研究者重視典章制度的考析，重視弄清有關制度的內容和本義，並不意味着只是以釐清制度沿革為研究目標。我們綜覽梁方仲先生的論著，許多都是從制度考析入手，去說明社會現實之情況的。」[21] 他點出了傳統制度史與社會史的分別。社會史的出發點，需要超越典章制度的描述。需要把制度實實在在連貫到地域、時間的應用。也因為制度的應用，永遠不可能生硬配套，而是某個地域、某個時間的特定人群活動的演繹，因此，實際的歷史需要從對不同時期的演變的比較歸納出來。梁方仲描述由糧長變過來的大戶，有很大程度就是傅衣凌的「鄉族」，就是明代中期的宗族的開始，所以也回應了弗里德曼和傅衣凌的論點。明初的里甲，中期的大戶，後期的鄉紳，就是一個這樣的過渡。

20 世紀 50 年代以來的美國中國近代社會史研究、施堅雅和弗里德曼的人類學、中國的傅衣凌與梁方仲，不約而同地在重要論點上的銜接，可以回應中華帝國的大一統的建立與維持，包括地方與中央關係的建立等問題。市場、控產、稅收是地方與中央的重要聯繫。但是法律的應用，尤其是在中國歷史的傳統內，宗教與禮儀的應用，也是地方與中央的重要聯繫。近年來，中國社會史的研究，在方法上與田野經驗配合，作地域性的考察，然後通過地域比較以探求通論，在這方面，與人類學者和與傅衣凌提倡的傳統有共同點。

總之，我們有很多同行還是以為地方史的研究，就是記錄地方風土的演變。其實，地方史很大的部分，是關注地方與外界，尤其是與國家的互動。套用鄭振滿討論華南研究的話：

> 所以我們還要超越「華南研究」，但已有的研究結果已經在一點點、一步步地揭示中國歷史上的「國家 / 社會」有它自身內在的

21　劉志偉，前引文，第 13 頁。

機理和邏輯。在這樣的眼光之下，我們就會看到，可以有西方的城邦國家、代議制國家，可以有巴厘島的劇場國家，也可以有傳統中國的國家。有不同的國家形態，就會有不同的社會形態，「國家 /社會」關係的模式只能由它自身的歷史經驗來解釋。[22]

如果說，長期以來，國家與地方的互動，在很基本的層面，塑造了地方社會的主要形態。那麼，再次引用鄭振滿的話來概括我們的關懷並結束此文應當是十分恰當的：我們最終要問的，不是地方社會性質的問題，而是「宋代的中國是甚麼？明代的中國是甚麼？清代的中國是甚麼？」之類的問題。

22　鄭振滿、黃向春：〈文化、歷史與國家 —— 歷史學與人類學的對話〉，《中國社會歷史評論》第 2 期，北京：中華書局，2004 年。

19世紀的天地會：一個解釋 *

　　清政府在 1792 年的法律中，將天地會定性為動亂組織。[1] 法律並沒有具體說明何謂天地會，但以天地會的獨特儀式來做分辨，已成常例。這些儀式之中包括了一種拜會儀式，會眾滴血起誓，結為兄弟，反覆念誦某些套話，結種種手印。[2] 很多進行這些儀式的組織是否自稱天地會並不重要，因為這個稱號已遭禁用，而天地會會眾試圖以另外的名稱，鑽法律的空子。有些組織很容易就可

*　　原文為："The Heaven and Earth Society in the Nineteenth Century, " in Kwang-Ching Liu and Richard Shek eds., *Heterodoxy in Late Imperial China*, Hawai'i: University of Hawai'i Press, 2004, pp. 365-392.

1　　本文定稿後，關於天地會又出現了兩部著作：David Ownby, *Brotherhoods and Secret Societies in Early and Mid-Qing China*, Stanford: Stanford University Press, 1996; Barend J. ter Haar, *Ritual and Mythology of the Chinese Triads*, Leiden: E. J. Brill, 1998.
有關的法律參看薛允升著：《讀例存疑重刊本》（北京，1905；黃靜嘉編校本 1970 年由台北成文出版社有限公司出版）。1792 年的法律特別針對台灣，1811 年修訂後把廣東和福建涵蓋在內，參看《大清會典事例》，1899 年重印，卷 779，第 18 頁下一第 19 頁上。這些法律改變的歷史回顧，參看 Robert J. Antony, "Brotherhoods, secret societies, and the law in Qing-dynasty China, " in David Ownby and Mary Somers Heidhues eds., *"Secret Societies" Reconsidered*, Armonk, N. Y.：M. E. Sharpe, 1993, pp. 190-211. 有關天地會史學的全面討論，參看 Dian H. Murray (in collaboration with Qin Baoqi), *The Origins of the Tiandihui, The Chinese Triads in Legend and History*, Stanford: Stanford University Press, 1994.

2　　在有關這些儀式的諸多記錄之中，可以特別參看 Gustave Schlegel, *Thian Ti Hwui, The Hung League, A Secret Society with the Chinese in China and India*, Batavia: Lange and Co. , 1866; reprint, Singapore: Government Printer, n. d. ; J. S. M. Ward and W. G. Stirling, *The Hung Society, or The Society of Heaven and Earth*, London: Baskerville Press, 1925—1926；以及蕭一山：《近代秘密社會史料》，北京：北平研究院史學研究會，1935 年；台北：文海出版社，1965 年重印。

以看出是天地會的變種。「添弟會」與「天地會」同音異詞;「父母會」敬拜的天父地母是拜會儀式的一部分;「三點會」的三點是「洪」字的部首,而「洪」是會眾共用的姓氏。其他的名稱如「小刀會」,關係並不太明顯,不過號稱「小刀會」的祕密會社 1853 年在上海發動起義的時候,用的也是天地會的標誌,但其他同名的組織卻不一定是天地會的一部分。[3]

　　這個組織既糾纏不清,歷史中也理不出頭緒。要重構它的歷史,我們得依賴官方的檔案。但是,由於天地會是非法的,這些檔案也就正如所有刑事記錄一樣,帶有強烈的法律偏見,而且往往誇大了犯罪的事實。這些檔案之外,還有兩種資料:一是那些與天地會相關的組織所採用的小冊子,二是海外華僑群體的檔案證據,特別是馬來亞和新加坡的,在那裏,19 世紀中葉的時候,有採用天地會儀式的義興會和海山會,被英國殖民政府視之危害治安,因而收集了大量有關它們的材料。不過,無論海外華僑的這些補充資料多麼有用,必須明白它們是在較晚的時間在中國以外收集得來的,可能不完全對應於 18 世紀和 19 世紀上半葉中國本土上發生的事,而這個時期卻恰恰是天地會在清朝的官方檔案中異常突出的時期。閱讀那些小冊子時,也必須同樣細心。這些小冊子中,除了一本是在 1811 年廣西一個天地會遭突襲期間找到的之外,現存的時間上通通屬太平天國之後,而且大部分是在香港和東南亞發現的。這些小冊子描述的都是天地會的儀式,而非相關的組織活動。因此,我們的材料沒有一件無嚴重的缺陷,而

3　　關於上海小刀會,參看盧耀華:〈上海小刀會的源流〉,《食貨》1973 年 3 卷 5 期,第 207—218 頁,以及上海社會科學院歷史研究所編:《上海小刀會起義史料彙編》,上海:人民出版社,1964 年。

從一開始便應該注意把這些難點考慮在我們的解釋之內。[4]

獨立的組織

現在已經相當清楚，那些所謂與天地會有聯繫的組織，都有自己的頭目和獨立的指揮。然而，所有這些組織到了 1810 年或 1820 年，均服膺一個信念，就是相信它們源於同一個祖先，有共同的反清傳統。這個信念讓這些組織的成員獲得一種歷史使命感，並使他們視自己為一個「大我」中的「小我」，在浩蕩的洪流之中實踐遠大志向的這種信念，表現在天地會的儀式之中，但這是否影響了個別成員的行動，則是另一個問題。

儀式的顯著特點、個別成員的活動，以及組織的結構，均可見諸案例中。以下四個案例儘管不完整，卻是官方檔案中可以找到的最佳案例：

案例一

「嘉慶五年（1800）十二月間，福建同安縣陳姓人到廣東海康地方看相。海康縣人林添申邀陳姓至家看相，陳姓告以入會好處，遇事可互相幫助，傳授暗號開口即說『本』字，以三指取物，並將身帶天地會舊表一紙，交給林添申收存。林添申因貧苦難度，起意自行糾夥結拜。於嘉慶六年（1801）六月內，與方庭相等共七人，

4　1811 年的小冊子已收入中國人民大學清史研究所、中國第一歷史檔案館合編：《天地會》（下稱《天地會》），1（1980—1988），卷 1，第 3—32 頁。其他的小冊子除了已經收入 Schlegel, Thian Ti Hwui、Ward and Stirling, The Hung Society，以及蕭一山：《近代秘密社會史料》之外，最重要的一些見於羅爾綱編著：《天地會文獻錄》（出版日期、出版者不詳，1942 年序；香港：實用書局重印，日期不詳）。有關馬來亞和新加坡的活動，參看 M. L. Wynne, *Triad and Tabut: A Survey of the Origin and Diffusion of Chinese and Mohammedan Secret Societies in the Mala Peninsula A. D. 1800—1935*, Singapore: Government Printing Office, 1941; Leon Comber, *Chinese Secret Societies in Malaya: A Survey of the Triad Society from 1800—1900*, Locust Valley, N. Y.: J. J. Augustin, 1959；以及 W. Blythe, *The Impact of Chinese Secret Societies in Malaya, a Historical Study*, London: Oxford University Press, 1969.

議定每人出錢三百文,交給林添申買備酒肉,於七月初七日在村外僻靜地方結拜。林添申取出表文給眾人閱看,表文內有『復明,萬姓一本,合歸洪宗,同掌山河,共享社稷,一朝鳩集,萬古名揚』等語。」[5]

案例二

「福建漳浦人歐狼……嘉慶十九年(1814)六月間,歐狼因貧難度,稔知添弟會的手訣暗號,乃起意結會,先後糾邀謝乃貴等三十六人入會。六月十五日,在霞浦縣天岐山空廟內結拜,俱拜歐狼為師,取名『父母會』。會黨結盟時拜天為父,拜地為母,父天母地,此即後世『父母會』得名的由來。歐狼傳授三八二十四洪字口號,問從哪裏來哪裏去?答從東邊來西邊去。問從哪裏過?答從橋下過。以及取物吃煙,俱用三指向前等暗號。歐狼被拿獲後,奉旨正法。父母會中所藏小書內有『李朱洪』、『萬和尚』等名。」[6]

案例三

「道光十一年(1831)……貴州開泰縣民人馬紹湯……本年正月間,伊赴廣西懷遠縣古宜地方,在楊萬有家,會遇廣東船戶吳老二,說及廣東舊有添弟會,改名三合會。抄有會本歌訣。如遇會匪搶劫,照依書內,開口不離本,起手不離三,口號手勢。如遇人問姓,先說本姓某,易姓洪,匪徒知係同會之人,可以保全。馬紹湯即向借抄,見會書內載有八角圖形,四面幾層俱有細字。圖內有彪、麤、魗、魁、魁五字,並不認識。及長二三四五房內,有桃必

5　莊吉發:《清代天地會源流考》,台北:「故宮博物院」,1981 年,第 79 頁。莊氏引述的備忘錄,載《天地會》,卷 6,第 424—427 頁。

6　莊吉發:《清代天地會源流考》,第 92—93 頁。《大清歷朝實錄・仁宗實錄》,瀋陽:「滿洲國國務院」,1937 年卷 304,第 24 頁上一第 25 頁下。

達、吳天成等姓名。吳老二當告知廣東係屬二房，名洪太宗，以紅旗為號。其餘各房吳老二亦未知悉。詩內有五房留下一首詩：『身上洪英少人知，有人識得親兄弟，後來相會團圓時』等句。馬紹湯僅摘抄歌句一小本，送給吳老二錢七百文。旋回開泰，起意邀人與會結拜，冀圖劫搶。糾約馬正邦等，共三十二人，並將歌詞傳給蔣倡華抄寫。蔣倡華兩次結會，同夥三十七人。」[7]

案例四

「1854 年，廣東花縣農民湯逢吉與同鄉的六十人參加了拜會儀式。做『老母』（即主禮人）的是一個叫黃裔的人，而做『舅父』（即介紹人）的則叫湯亞二。後來，他加入了佛嶺寺的一個造反組織，並歸湯亞四指揮。他們與官軍數度交戰，然後組織瓦解了。後來，他到了香港，當了一個西方人的廚子。他只當了一年便返回鄉下，糾集自己的組織。」[8]

在這些例子中，反清傳統是顯而易見的，但除了案例四之外，其他的均無煽動叛亂之嫌。無論如何，他們沒有一個足以發動叛亂的持久組織。

從個人層面出發，我們只能猜測這些人參加這些儀式的原因。乍看來，自家人掌握切口和手語，可以免遭土匪劫掠。此外，成員遇到麻煩，可以得到幫助。所需的幫助各有不同。有一個案例，某個添弟會搶掠殺人，但受到一個在衙門當跑腿的成員包庇，免被起訴。另一個案例，廣州府的一個三合會在收割之時，要挾破壞農作物，向地主索取地租的 10%~20% 作保護費。並不是每個地主都自願參與，一位參加了四川一個組織達八個月

7　《大清歷朝實錄・宣宗實錄》，卷 196，第 9 頁上－第 11 頁下。

8　佐佐木正哉：《清末の秘密結社》，東京：近代中國研究委員會，1967 年，第 31—32 頁。

之久的商人，聲稱土匪殺了他的門房，並逼他參加拜會儀式；他後來當上了土匪頭目兒子的老師，並且管理組織成員的紀錄。在江西省，有些會社在收割之時收規，地主有時也參與，以便繳保護費。這些例子之中，沒有任何一個有煽動推翻政府的意圖。案例四是個例外，發生在太平軍已經擾亂了地方政治序之後，很多組織——不論是土匪還是義軍——都刻意用拜會招兵買馬。[9]

禮儀之所宣示的內容十分不同，但案例一至三所見的切口、暗號和拜會，不外三種意思：自命天地會的那些組織及其變種，有同一的根源；它們均銳意恢復明室；維繫持久的關係。因此，一個組織的成員可以合理地預期其他組織的成員施予援手。

已經出版了的小冊子，讓我們對這些禮儀所宣示的東西有更多的了解。幾套在拜會中使用的問答，完整地保留下來，其中一部分見於案例二。案例三的八角圖形是天地會憑證——「腰憑」（繫在腰間的憑證）的一部分，在古斯塔夫·舒勒格（Gustave Schlegel）和蕭一山的書中有錄載。八角圖形裏寫有詩歌和怪字，而在蕭一山的書中，八角圖形上寫上了天地會的不同分堂以及與每個分堂相關的名字。案例三中的馬紹湯很可能翻印了這個腰憑。[10]

同源的故事是拜會儀式的核心，具備不同傳統合流的種種特點。這個故事稱天地會源於若干少林僧人，這些僧人曾幫助康熙皇帝征服了一個名為西魯的國家。但康熙後來背信棄義，攻打少林寺，把寺院燒成平地，除了五個僧人外，統統被殺光。五個僧

---

9   《仁宗實錄》，卷 296，第 21 頁上—第 23 頁上；《宣宗實錄》，卷 158，第 18 頁，卷 168，第 24 頁上—第 26 頁上，卷 280，第 17 頁下—第 19 頁上。比較《仁宗實錄》，卷 176，第 30 頁上—第 31 頁下；《宣宗實錄》，卷 69，第 10 頁下—第 11 頁下，卷 72，第 26 頁下—第 28 頁上。

10   Schlegel, Thian Ti Hwui, pp. 27-31 討論了腰憑的內容。其他的例子見蕭一山：《近代秘密社會史料》，卷 1，第 25 頁上—第 26 頁上，而在上海社會科學院歷史研究所編《上海小刀會起義史料彙編》一書圖版第 5 頁，有上海小刀會腰憑的複製品。至於案例三，參考蕭一山：《近代秘密社會史料》，卷 1，第 26 頁上和 David Faure, "Secret Societies, heretic Sects, and peasant rebellions in nineteenth century China," Journal of the Chinese University of Hong Kong 5.1(1979): 11 的討論。

人逃了出來，遇上了五個反清義士，一起誓言反清復明。於是，五個僧人稱為「前五祖」，其餘五人則稱為「後五祖」。這十個人以及他們後來糾集的人，遇上了陳近南，陳近南為他們引見明朝皇帝的後裔朱洪英。此外，陳近南幫助過鄭成功在台灣抗清。這些不同的故事之間鬆散的聯繫，意味着多個叛逆傳統在天地會的文獻和儀式逐漸成型的過程中合流了。[11]

華德（J. S. M. Ward）和斯特林（W. G. Stirling）的著作 *The Hung Society, or The Society of Heaven and Earth* 一書載有皮格靈（W. A. Pickering）19 世紀晚期在新加坡親睹拜會儀式的記錄，起源的故事在拜會開始的時候重述了一遍。據小冊子所示，在向新人的儀式提問中，多處提到起源的故事。例如，在廣西發現的 1811 年的小冊子裏，有以下的問答：[12]

> 問：爾衫袖然何有大小？
> 答曰：左邊穿袍，右邊穿鉀（甲）。
> 問：爾穿甲去那（哪）裏？
> 答曰：將去與清兵交戰。
> 問：因何事情？
> 答曰：因為江山之事。
> 問：爾勝敗如何？
> 答曰：頭三陣清兵敗走，後三陣失落小主（即朱洪英），特來訪主到兄家。

一直問下去，答案透露參與戰鬥的人數達一百零八人，其中包括小主。這些人便是攻打西魯的少林僧人。

案例三所引的詩，也與起源的故事相關。五祖曾各散東西，

11　這是《西魯書》所描述的版本，也見於蕭一山：《近代秘密社會史料》，卷 2，第 3 頁下—第 7 頁下。不同的版本，見 Murray, *The Origins of the Tiandihui*, pp. 197–228.
12　《天地會》，卷 1，第 15 頁。

後來又聚首一堂。同時,成員貼身藏有「洪英」,這一方面是指朱洪英,另一方面是指腰憑。這種關係持久不變,直至趕走滿人,恢復明室為止。[13]

從上引四個案例看來,每個天地會組織均通過與一個既有組織接觸而成立,但在接觸過後,那個「父母」組織就不再與「子女」組織維持任何關係。不同組織的成員之間沒有互通消息,也沒有協調可言。這樣説來,天地會甚至不是一個「網絡」。「網絡」這個詞語往往用來指個別單位互不從屬,但相互之間卻又並不完全無關。這些組織的統一僅象徵性地存在於傳説的層面;我們甚至無法證明土匪真的放過了懂得切口或手印的人。[14]

因此,把每個天地會都認作一個「香堂」,組織上劃一,包括了「香主」「大佬」「二佬」「紅棍」「櫃匙」「草鞋」等位置,是相當誤導的。儘管舒勒格指出,劃一的組織普遍見於東南亞,而且至少在一部咸豐時期(1851—1861)的回憶錄中提到過,可是有關的描述也許更適用於那些經營可觀生意的組織,這些組織給在東南亞的礦場和農場工作的移民和他們在鄉下的族人提供保護。案例一至四顯示,很多組織在中國本土都是很小的,成員不過從幾個人到六十人。[15] 此外,通過拜會儀式授予的成員資格只是象徵性的:「入」會的新人並不隨之成為特別職務組別的成員,而儀式的主禮人是傳統的執持者,而非特別職務組的領袖。換言之,天

---

13 「洪英」一詞也用以指天地會的成員,Schlegel, Thian Ti Hwui, p. 29 提出了把這個詞解釋成「洪氏英雄」的理由,這顯然是一語多義,既指憑證本身,也指朱洪英,以及那個成員自己。

14 Frederic Wakeman Jr., "The secret societies of Guangdong, 1800—1856, " in Jean Chesneaux ed., *Popular Movements and Secret Societies in China 1840—1950*, Stanford: Stanford University Press, 1972, pp. 29-47 認為那些所謂與天地會相關的組織是獨立的,但承認它們「互通消息和守望相助」(30),但我們沒有這些互惠互利的證據。

15 有關東南亞這些組織一個極佳的描述,見 Mary Somers Heidhues, "Chinese organizations in West Borneo and Bangka: kongsisandhui, " in Ownby and Heidhues eds., *"Secret Societies" Reconsidered*, pp. 68-88.

地會傳播的不是一個劃一的組織，而是一套禮儀和傳統。[16]

半文盲環境中的文字

　　有些影響天地會傳統傳播的因素，存在於個別組織的結構和它們的信念。天地會容許改宗歸服。至於個別成員在遇到困難之時可以得到整體的支援，這樣的信念也自然地具有吸引力。另外，其祕密性質有利於組織團結。天地會的這些方面已有不少論述，但有一個方面還沒有引起很大注意的，那就是書寫被用作組織工具。[17]

　　由於核心教義書寫在腰憑之上，所以書寫有助於向新人傳播天地會傳統。憑證並非天地會的發明，而是衙門替每家每戶所做的保甲登記的一個變種。由於乞丐和運輸工人不在戶口之內，有些官員便發給他們稱為腰牌的個人登記憑證。[18] 因此，歷史學家看來像是「會員證」的東西，對於一個天地會成員來說可能不只是一個登記的記錄。唯其如此，我們才能明白重要的是會員憑證的暗號，而非腰牌的製造。

　　參與拜會儀式的人獲分發腰牌，上書天地會的基本教義。這

16　Fei-ling Davis, *Primitive Revolutionaries of China, A Study of Secret Societies in the Late Nineteenth Century*, Honolulu: University of Hawai'i Press, 1971, pp. 101-125，以及 Jean Chesneaux, *Secret Societies in China in the Nineteenth and Twentieth Centuries*, Gillian Nettle, trans. Ann Arbor: University of Michigan Press, 1971, p. 31 混淆了拜會儀式中的主禮成員和新人應當加入的執事會。這兩部著作所假定的這些執事會的劃一程度，也較見於原始材料的為高。咸豐時期的參考資料是曾望顏 18 世紀 50 年代初期的回憶，收錄於北京大學文科研究所編：《太平天國史料》，北京：開明書店，1950 年，第 523—527 頁。

17　參看 Jean Chesneaux, "Secret societies in China's historical evolution, " in Jean Chesneaux ed., *Popular Movements*, pp. 1-21，以及 Lee Poh-ping, *Chinese Society in Nineteenth Century Singapore*, Kuala Lumpur: Oxford University Press, 1978, pp. 48-58.

18　徐棟：《保甲書輯要》，約成書於 1837 年，輯於 1871 年，台北：成文出版社，1968 年重印，卷 2，第 16 頁下－第 36 頁上。卷 2，第 34 頁上－第 35 頁上討論了乞丐和運輸工人的腰牌。《宣宗實錄》，卷 284，第 20 頁上－第 21 頁上也提到運糧工人的腰牌。

些教義是文件的標準部分，用詩歌和暗語來表達。腰牌有內部性質，儘管其中包含許多漢字，這些字也不是用標準的寫法來寫，卻不難辨認。因此，腰牌可以作為天地會口語傳統的定點參照，以及參與會中祕密的一個標誌。

　　然而，很多參與拜會的新人必定是文盲。那些文字不但向他們傳遞訊息，也宣示權威。腰憑上的詩以及小冊子的問答裏所包含的許多其他的詩，並不是為了說明天地會的歷史而錄載的，而是為了證明不同組織有同一的根源。[19] 由於大多數的參與者都是文盲，於是識字的便得以主導了儀式，並成為腰憑和小冊子的翻譯者。根據華德和斯特林的說法，在拜會儀式上新人無須回答那些問題：問題由主禮人（老母）提出，由引薦人（舅父）代答。[20] 儀式因此有戲劇性質，某些懂得劇本的人，便替不懂的演出。新人當然不是純粹的觀眾，他們既到場並且願意接受儀式，也就參與了傳統的再創造。演員和觀眾的共同參與，在華南地區的鄉村戲劇中相當常見。[21]

　　文字和口語傳統的結合，不限於天地會，白蓮教、武術團體以及地方道教信仰，也是如此。[22]（有關「道教」一詞的使用，見本書第 61 頁注 61）這些文字的使用，雖然不足以說明天地會在 19 世紀的傳播，但卻的確能說明為甚麼不同地方的習慣如此相似。清政府的解釋是「這證明了不同的組織都是隸屬於一個龐大的組織」，但這種解釋沒有考慮到共同文獻的統一作用。

19　參看蕭一山：《近代秘密社會史料》，第 4 章。詩歌通常是以「有何為證？」一問引出，「舅父」便答：「有詩為證……」

20　Ward and Stirling, *The Hung Society*, pp. 53-107.

21　Barbara E. Ward, "Not merely players: drama, art and ritual in traditional China," *Man (new series)* 14(1979), pp. 18-39.

22　這方面的證據見於 Chan Hok-lam, "The White Lotus-Maitreya Doctrine and Popular Uprisings in Ming and Qing China," *Sinologica*10 (1969), pp. 212-233；山東大學歷史系中國近代史教研室編：《山東義和團調查資料選編》，山東：濟南大學出版社，1980 年，特別是第 113—244 頁；以及 Michael Saso, *Daoism and the Rite of Cosmic Renewal*, Pullman: Washington State University, 1972.

反叛的傳統

很多反叛傳統自清初起便已祕密存在，而更多的卻是被冤枉的。例如，珠江三角洲的戲班仍保留了明朝的服式，並在「楊家將」這種廣為人知的戲裏暗藏反清的主題。[23] 1752 年，一個叫馬朝柱的人以恢復明室為口號在湖北發動起義，而這個人在 1814 年成為江西一個天地會的祭祀對象。[24] 義軍的傳奇故事即使在他們失敗之後，仍在農村流傳數十年，而他們也成了天人之間的中介，像那些名將節婦那樣。

然而，清初是否有一個為天地會所獨有的反叛傳統？儘管天地會上溯自己的源頭至康熙時期，可是在當時的材料中，迄今並未發現甚麼宗旨或組織，足以作為 19 世紀天地會特定反叛傳統的先行者。主張天地會反叛傳統始自康熙時期的意見，主要是以起源傳說為證據，而這個證據充其量不過是一種聯想而已。秦寶琦和劉美珍在 20 世紀 80 年代初的文章，以及蔡少卿的早期著作，均認為天地會的起源要遲得多，是在乾隆中葉。莊吉發雖然並不同意，但他也指向一個較晚的源頭，儘管那不是天地會自己的源頭。[25]

嚴煙的供述是天地會源頭爭論的中心。嚴煙因與 1786 年台灣的林爽文叛亂有關而被捕，他承認把天地會的儀式教給了林爽文，他自己則是從陳彪那裏學來的，而陳彪直接或間接學自萬和尚，俗名萬提喜。在 1811 年的小冊子中，萬提喜是天地會創始人萬雲龍的別名。根據嚴煙的供述，天地會出現的時間更早，由兩

23　麥嘯霞：〈廣東戲劇史略〉，廣東文物展覽會編印：《廣東文物》，香港：中國文化協進會，1941，第 8 章；Fredrikke Skinsnes Scollard, "Shiwan pottery explored," *Journal of the Hong Kong Branch of the Royal Asiatic Society* 18(1978), pp. 101-112.

24　鈴木中正：〈乾隆十七年馬朝柱的反清運動〉，《中華文史論叢》1981 年第 2 期，第 125—139 頁；莊吉發：《清代天地會源流考》，第 83 頁。

25　莊吉發：《清代天地會源流考》，第 161—162 頁；比較蕭一山：《近代秘密社會史料》，卷 3，第 13 頁上—14 頁上。

個人創始於四川。[26]

　　四川總督馬上回報說,該省官員曾與嘓嚕匪幫周旋,但對於天地會卻未有所聞。有人根據這個說法,主張天地會可能源於嘓嚕。但是,卻未聞嘓嚕在那個時候有任何反叛傳統,也未見對於這個想當然的聯繫的任何解說。[27] 清官員找到萬提喜的兒子,他供稱父親又名洪二,懂得手語,死於 1779 年。其他的供述也指洪二是天地會的創始人。[28]

　　秦寶琦和劉美珍指出,沒有一個被捕者提到與少林僧人和平定西魯有關的起源傳說。他們更認為,1811 年的小冊子也不過是傳說的一個原型,後來加入了不少東西。他們說,傳說可能大部分來自萬提喜的改宗歸服,而萬提喜是創始人當中唯一確鑿的歷史人物。我們不能肯定林爽文沒有利用起源的傳說:他所使用的祭文提到傳說故事中的一些名字。[29] 但無可否認的是,19 世紀初期並不像後來小冊子裏說的那樣,強調起源的傳說和複雜的儀式。如果這個說法是對的,那麼,天地會基本上發展於 19 世紀。

　　另一方面,莊吉發強調天地會的起源遠早於萬提喜的年代。他同意天地會源於地方武鬥中多姓氏組織聯盟的說法。朱、洪和萬這些杜撰的姓氏,是為了聯盟而採用的。這些聯盟開始於康熙

26　《天地會》,卷 1,第 110—112 頁,第 116—117 頁。David Ownby 晚近認為嚴煙等供述「並沒有揭示出多少林爽文起義期間和前後反清或復明的證據」。參看 David Ownby, "Chinese Hui and the early modern social order: evidence from eighteenth-century Southeast China," in Ownby and Heidhues eds., *"Secret Societies" Reconsidered*, pp. 34-67;引文見第 54 頁。

27　《天地會》,卷 1,第 126—127 頁;胡珠生:〈天地會起源初探〉,《歷史研究》1979 年第 4 期,第 62—76 頁;以及 Shaoqing Cai, "On the origin of the Gelaohui," *Modern China* 10.4(1984): 481-508,並參看 Cheng-yun Liu, "Kuo-lu: A Sworn-Brotherhood Organization in Sichuan," *Late Imperial China* 6.1(June 1985), pp. 56-82.

28　《天地會》,卷 1,第 64—65 頁,第 137—138 頁。

29　《天地會》,卷 1,第 161—162 頁;比較蕭一山:《近代秘密社會史料》,卷 3,第 13 頁上—第 14 頁上。

之前，綿亙康雍乾三朝而歷歷可辨。[30] 可是他們沒有反朝廷的意思。他們採用滴血為盟的儀式，以「劫富濟貧」為號召，但沒有跡象顯示他們意圖「反清復明」。

因此，莊吉發、秦寶琦、劉美珍彼此的側重點或許不同，但莊吉發非但沒有排斥，反而補充了秦寶琦和劉美珍的主張。天地會傳統的不同線索起源，開始於不同時期；多姓氏聯盟始自萬提喜，但大約在他的年代已轉向反朝廷，而也只是在那時，天地會才形成今天的歷史學家所看到的形態。

19 世紀的演化

審訊者問嚴煙，天地會成員可以得到甚麼好處，他答道：

　……要入這會的緣故，原為有婚姻喪葬事情，可以資助錢財；與人打架，可以相幫出力；若遇搶劫，一聞同教暗號，便不相犯；將來傳教與人，又可得人酬謝……[31]

1802 年，清廷從北京委派高官那彥成前往廣東調查博羅縣的一次起義，描述了牽涉其中的添弟會如下：

　添弟會名起源於福建漳泉，粵之惠潮與之接壤，沿習既久，遂成土俗。粵省民人多聚族而居，其客籍寄居者，均係無業遊民，性復獷悍，聚黨成群，遂結拜添弟會，遇事互相幫助。會內亦間有本處之人，而係客籍者十之八九。其土著民人因客籍結會，恐被擾害，又因深山耕牛，難得牛隻，被添弟會偷竊，亦各於鄉內糾眾立會，每戶按年派錢，存為公項使用，名之曰牛頭會。兩會之人彼此

30　參看莊吉發：《清代天地會源流考》，第 12 頁起。這種說法首先是由翁同文提出的：〈康熙初葉「以萬為姓」集團餘黨建立天地會〉，《南洋大學研究院人文與社會科學研究所研究論文》1975 年第 3 期（新加坡）。
31　《天地會》，卷 1，第 111 頁。

爭競，積怨構釁，互為仇敵，已非一日。此次歸善、博羅、永安三
處滋事，歸善添弟會係陳亞本為首，糾黨數百人，欲搶劫牛頭會村
莊，尚未起事，即被……拿獲。[32]

18 世紀末 19 世紀初還有其他相同模式的例子。在這段時
間，很多天地會看來基本上是互助組織，這些組織可以分為兩
類：與林爽文叛亂相關的供詞顯示，他的很多被捕的同夥都身在
地方上的市場網絡之中，嚴煙是賣布的、另一個是賣酒，還有一
個是賣吃的，另外還有幾個在廣東的戲班子工作；博羅的組織是
另一類，是農村中參與械鬥的多姓氏組織。[33]

秦寶琦駕馭北京的資料十分出色，他整理了嘉慶、道光兩朝
（1796—1850）96 個天地會組織領袖關於該會宗旨說法的案例，
發現其中 26 個是為了在遇到困難時尋求協助，15 個說希望撈
錢，39 個想打劫富人，5 個為了拒捕或準備反抗，只有 11 個是想
攻打城市、打出自己的旗號以及造反。[34] 莊吉發詳細討論了嘉慶、
道光兩朝 75 個案例，其中一些顯然具有反朝廷的意識形態，但到
道光末年卻只有幾個積極造反。[35]

從現存檔案中，很難看出這些組織所接受的意識形態與西魯
故事中的起源傳說距離是否很大。但我們確實知道，萬提喜與這
些組織關係密切。在 1806 年發現的一個文本中，他名列土地神，
並與其他神明和天地會創始人一起成為祈福的對象。在莊吉發所
引的幾個例子中，萬提喜的名字均題在靈牌上，並安放在拜會儀

32   那彥成：《那文毅公奏議》，出版日期、出版者不詳，台北：文海出版社，1966 年
重印，卷 5，第 10 頁下—第 11 頁下。
33   比較《天地會》，卷 1，第 70—72 頁，第 162—166 頁和秦寶琦、劉美珍：《試論
天地會》，第 167—168 頁。
34   秦寶琦：《清前期天地會研究》，北京：人民大學出版社，1988 年，第 116 頁。
35   莊吉發：《清代天地會源流考》，第 78—113 頁。

式的神壇。[36] 據悉，這個傳統在更大的地理區域流佈。初時基本上是在福建和與之毗鄰的廣東地區，至嘉慶（1796—1820）初年，廣西、湖南和江西都有天地會的組織。而在廣東，至嘉慶末年，已遍佈整個珠江三角洲。[37]

天地會日益與搶劫和走私等犯罪活動扯上關係。但這種關係不一定是證據充分的，例子不一而足。一份備忘錄指控小刀會、三合會和三點會在廣東打家劫舍，地方官員抗議，說這些名稱在廣東聞所未聞，即使結拜也是一種普通的制度。[38] 把犯禁的組織與犯罪扯上關係，是清朝官員的慣常做法，另一方面，也不能排除是法律讓官員們對天地會產生偏見。

然而，有頗強的證據證明一些偷運鴉片的組織可能採用了天地會的方式。在道光朝（1821—1850）的材料中着重提到的與天地會活動有關的地理區域，就是從廣東和福建到江西的主要內陸路線，也就是由江西的南安和贛州到福建邵武一帶。福建的太平幫和廣東的長生幫，聯合起來成為紅會。有人看見紅會的會眾在這條路線上用竹籃運鴉片。福建人在鈕門上縛上紅絨線，而廣東人則縛上綠絨線。他們說自己是首領，有兩三萬「兄弟」，讓人想起天地會。一個叫林福茂的，因當首領而被捕，他被指散發紅旗和紅衣。[39]

36　前引書，第 88—98 頁；中國人民大學清史研究所、檔案系中國政治制度史教研室編：《康雍乾時期城鄉人民反抗鬥爭資料》，北京：中華書局，1979 年卷 2，第 727—729 頁。

37　《仁宗實錄》，卷 284，第 31 頁下—第 32 頁上；卷 358，第 4 頁下—第 6 頁下；卷 364，第 15 頁；《宣宗實錄》，卷 12，第 16 頁上—17 頁上；卷 26，第 45 頁上；卷 101，第 40 頁上—第 41 頁下；卷 158，第 37 頁下—第 38 頁上；卷 176，第 7 頁上—第 9 頁上；卷 214，第 43 頁下—第 44 頁下；卷 233，第 11 頁上—第 12 頁上；卷 299，第 5 頁上—第 6 頁上；卷 301，第 34 頁上—第 35 頁上。

38　《宣宗實錄》，卷 186，第 8 頁上—第 9 頁下。

39　《宣宗實錄》，卷 335，第 20 頁下—第 21 頁下；卷 337，第 20 頁下—第 22 頁下；卷 338，第 5 頁上—第 6 頁上；卷 339，第 33 頁上—第 35 頁上；卷 340，第 13 頁下—第 14 頁上；卷 346，第 23 頁上—第 24 頁下。

　　有些材料也提到天地會可能參與販運私鹽，但卻沒有提供證據。[40] 鴉片貿易急速擴展時，可觀的收入可以令這些盤踞在重要貿易路線上的組織變得非常強大。叛亂不是這些材料中的一個要素。而那些終於起來造反的組織與這些走私犯沒有關係，進一步證明叛亂和普通犯罪是兩回事。

　　李沅發的案例顯示，造反是地方環境逼迫出來的，並不是任何組織的總體傾向。李沅發 1849 年在湖南新寧發動起義，那裏的天地會組織基本上與地方鬥爭有關。稱為「黑紅會」的組織，在該地已經存在了許多年。1849 年，李沅發成立了把子會，其時他 33 歲，未婚。[41] 根據他的供述，那年的雨水破壞了莊稼，結果穀物漲價。但是，有錢人拒絕低價出售，而縣官也沒有要他們這樣做。賑災的糧食不多，而鄉紳也想在豐收時收取高息。李沅發在這個時候招攬成員，並結拜為兄弟。一個晚上，他糾集了 300 人，進了城，佔領了監獄。到了這個地步，他們除了造反之外，別無選擇。他們迫使很多人入夥，並給每人分派了一塊紅布或藍布作記。據悉，一些與他一起的組織打着寫有萬雲龍（萬提喜的別名）名字的旗幟。天地會被視為策劃造反，但那些叛亂分子只是在亂事發展開來以後才採用天地會的儀式。[42]

　　儀式的作用在太平天國期間有所改變。廣東和廣西幾近是處於無政府狀態，很多類似李沅發的組織公開打鬥，搶掠鄉村。[43] 強大的首領稱為米飯主，理所當然地可以分得到手下搶掠所得的東

40　《宣宗實錄》，卷 158，第 37 頁下—第 38 頁下；卷 176，第 7 頁上—第 9 頁上；卷 269，第 4 頁下—第 6 頁上。

41　「把子」的意思在這裏頗不明確，我把它當作「拜把子」或「拜兄弟」裏的那個意思，見田宗堯編著：《中國古典小說用語辭典》，台北：聯經出版事業公司，1985 年，第 458 頁、第 650 頁。關於李沅發、雷再浩和棒棒會，見 Philip Kuhn, *Rebellion and Its Enemies in Late Imperial China: Militarization and Social Change*, Cambridge, MA. : Harvard University Press, 1970, pp. 107-112.

42　故宮博物院明清檔案部編：《清代檔案史料叢編》1978 年第 2 期，卷 13，第 138—141 頁。

43　鴉片戰爭對廣東地方秩序可能造成的影響，是在 19 世紀 40 年代還是在太平天國期間出現的，還不清楚。Wakeman, "The secret societies" 對廣東 1840—1856 年的情況有出色的描述。

西。並不是所有這些組織都採用天地會的傳統，從有限的資料看來，儘管這些組織都用上了「堂」字，但是否都非常有組織性，卻並不清楚。[44]

洪大全該是天地會的首領，但有關太平天國與天地會關係的傳統史學誇大了他的重要性。由於天地會並不是一個，而是多個獨立的組織，因而不可能由一個單一的首領代表。此外，這些組織與太平天國的關係並不遵循一個固定不變的模式。簡又文指出，他們並不與太平軍拜祭同樣的神明，他們有不同的標準和政治信念。[45]有些組織依附了太平軍，毋庸說羅大綱，洪大全的組織也一定被完全吸納到太平天國。然而，很多其他的組織都沒有加入，有些則仍然建立其天地會王國。不過，大多數並沒有超出它們的地方格局。[46]

廣西的地方傳說提到寧入太平軍不入天地會的理由，其中說三合會是盜賊，但拜上帝的人則是公平的，不搶當地人；又說加入三合會須付錢，但加入拜上帝會則無須。還有，拜上帝會拜的是基督教的上帝，是個男性形象；而三合會拜的則是「母親」，是個女性，而上帝看來一定較強。這最後一點顯然歪曲了天地會的傳統，但卻代表了對待不同信仰的態度。[47]

這些故事表明，民眾在困難時期是有選擇的。廣東祕密社會成員在兩廣總督衙門的供詞（現存放在倫敦的公共檔案館）顯示，

44　「米飯主」的意義，參看蘇鳳文：《黨匪總錄》，出版者不詳，1889 年，重印於古亭書屋「祕密社會叢刊」第 4 輯第 4 卷，台北：祥生出版社，1975 年，卷 9，第 4 頁下。廣西這些組織的例子，見前引書以及蘇鳳文：《股匪總錄》，出版者不詳，1889 年，重印於古亭書屋「祕密社會叢刊」第 3 輯第 1 卷。

45　簡又文：《太平天國全史》，香港：猛進書屋，1962 年卷 1，第 240—242 頁。

46　關於洪大全的文獻相當豐富。C. A. Curwen, "Taiping relations with secret societies and with other rebels," in Jean Chesneaux ed., *Popular Movements*, pp. 65-84 有概括的描述。晚近的討論，見蔡少卿：〈論太平天國與天地會的關係〉，《歷史研究》1978 年卷 6，第 46—61 頁和莊吉發：《清代天地會源流考》，第 114—143 頁。可以特別參看 Elizabeth J. Perry, "Taipings and triads: the role of religion in interrebel relations," in Janos M. Bak and Gerhard Benecke eds., *Religion and Rural Revolt*, Dover, N. H. : Manchester University Press, 1984, pp. 342-353.

47　簡又文：《太平天國全史》，第 245 頁。

拜會儀式實際上是用作招募的方法。上面討論過的案例四就是這樣的供詞,但是,儀式的作用在其他的一些例子中更為清楚,這些例子出自 1853 年廣東附近一個叫陳洸瀧的人的組織。

陳洸瀧一直在李村外面賣白鴿。[48] 他在六月二十一日發動了一次起義,林敬聯參與其事,但不過在前一天才參加了拜會儀式,而且陳洸瀧並不在場。參加儀式的人在二十一日與陳洸瀧會合,儀式中的「母舅」充當「先鋒」,「老母」充當元帥。林敬聯負責指揮一支隊伍,他顯然誇大了這支隊伍的人數,但他每天獲發一筆錢作伙食。林亞聚,六十歲,在陳洸瀧的一隊裏,負責拜祭廟宇,他參加了七月十五日的拜會儀式。林敬聯和林亞聚的組織都是在洪順堂的旗幟下建立的。據林亞聚所述,附近的鄉村在閏七月給義軍送燒豬和其他東西。陳洸瀧和他的一些手下在第一次拜會儀式之後,幾乎馬上到了鄉紳高長年的家,逼他參加拜會儀式,而陳洸瀧在儀式中看來不過是個旁觀者。高長年被迫付給陳洸瀧幾千兩銀子,但他只能用他的當鋪作抵償,陳洸瀧以折扣出售他的貨品。高長年在第一次給官員審問時承認參加過拜會儀式,其後又否認了。他的獲罪顯然是因為他參加過儀式,而那可能就是義軍的其中一個目的。

陳洸瀧的組織在他十二月逝世之前,曾與官軍交戰多次。組織成員向他燒香,讓他的家人把他的財物搬到附近的一個村子,並且接受他的一個族人當首領。同時,官員則下令毀他的祖墳,而當附近的村民這樣做的時候,林姓的人 —— 顯然與陳洸瀧有關係 —— 來到,與他們動起手來。林亞聚和林敬聯在打鬥期間被捕。[49] 如果其他叛亂組織與陳洸瀧的在組織方式上相同,那麼它們看來便是天地會拜會儀式上所募集的一些小組織的集合。必須注意這個募集所含有的強烈宗教意味:拜會儀式所建立的同志關係,凌駕於宗族和鄉村關係之上。

---

48   Ernest John Eitel, *A Chinese Dictionary in the Cantonese Dialect*, London and Hong Kong: Trüber and Lane, Crawford, 1877,第 282 頁把「放白鴿」解作「女子騙婚、拆白」,陳洸瀧的職業由此可以有完全不同的解釋。

49   Sasaki Masaya, Shinmatsu, pp. 39-47.

　　只有在太平天國時期，天地會的傳統才首次廣泛被公開的造反活動採納。這個時期廣東的大多數造反組織都是細小而零散的，現在除了在正式的官方文件內，已經沒有可能逐一追溯它們的歷史。但是，19 世紀以後粵劇戲班仍持續不斷流傳的故事顯示，其中一些組織的影響是久遠的。演員李文茂造反成了粵劇史上一個重要的里程碑。

　　李文茂的造反牽連到粵劇公會佛山瓊花會。佛山是個戲班中心，因為戲班從那裏乘「紅船」出發，前往珠江三角洲各個鄉村演出。[50] 這種做法遠在太平天國之前已經確立。李文茂在 1853 年造反，其時佛山船家陳開已經造反。根據戲班的傳說，李文茂和他的不少手下都是演員，他們在佛山的幾個月都是身穿明服，即戲班的標準服式。李文茂與陳洸瀧會師，但旋遭官軍擊敗，避走廣西，在那裏建立大成國。義軍在廣西佔領了多個縣，直至 1858 年被官軍窮追猛打。李文茂逝世，組織潰散，一些手下加入了太平軍。[51]

　　與天地會相關的西魯故事，記錄在 1811 年廣西發現的小冊子中，顯然早於李文茂造反。因此，粵劇傳統與天地會傳統之間的相似，不是由於共同的根源，便是由於粵劇把人家的傳統借用過來。例如，紅船分為「天船」和「地船」，與天地會相對應，而這可以說就是基於以「天」和「地」命名的常例。[52] 細看共同的根源方面，西魯故事裏的僧人是少林和尚，而在粵劇傳統中，戲台上的武功也是由少林武功而來。粵劇傳統在追述康熙火燒少林寺的時候，把清政府在厲行鎮壓時破壞佛山，當作「火燒瓊花會」。不但天地會成了粵劇傳統的一部分，粵劇傳統也暗地裏滲進了天地

50　Barbara E. Ward, "The red boats of the Canton Delta: chapter in the historical Sociology of Chinese regional drama, " 載於《中央研究院第一屆國際漢學會議論文集：民俗文化組》，台北：「中研院」，1981 年，第 233—257 頁。

51　陸寶千：《論晚清兩廣的天地會政權》，台北：「中研院近代史研究所」，1975 年，第 8—22 頁；太平天國革命時期廣西農民起義資料編輯組：《太平天國革命時期廣西農民起義資料》，北京：中華書局，1978 年，第 505—722 頁。

52　Barbara E. Ward, "The red boats, " p. 4.

會。新人在拜會儀式上被問到他們象徵性地乘坐來參加儀式的是
甚麼船，而他們須說出船上供奉的神明：船頭供奉的是華光，船
尾的是天后，船艙的是關帝。眾所周知，華光是戲行之神，天后
是水上人之神，而關帝則是合道與義的武聖。這個部分的提問未
見於 1811 年的小冊子，而這正可能是由於粵劇傳統之後才融進了
天地會的傳統。[53]

太平天國之後，天地會在廣東、廣西和福建農村地區的影
響，似乎又恢復到了嘉慶、道光時期那樣。但是，在這些省份的
農村以外，其影響則是一個謎。我們必須把貿易路線的變遷、沿
海城市的發展，以及移民情況考慮在內。天地會傳統成了一種有
用的組織工具，只是那些組織的意圖改變了。

根據張之洞的回憶，以及其他材料的確證，後太平天國時期
天地會在廣東、廣西的活動範圍，是由惠州府到珠江三角洲。[54]
其他地方，特別是雷州半島和海南島，也有天地會的零散材料。[55]
由於汽船的出現，沿海交通取代了內陸貿易路線，通往江西和湖
南的路線已不再重要，而貿易中心也轉移到了廣州、香港、廈門
和上海等沿海城市。不斷有組織與地方械鬥和搶掠有關，不斷有
人因謀反而被捕，[56] 海南島的一份材料說明天地會的職稱是「大佬」
「二佬」「紅棍」「櫃匙」「草鞋」等，可與舒勒格稍早於這個時期
之前不久在東南亞收集到的材料互相參證。[57] 除了極少數的例外，
如 1902 年的洪全福，公然造反一如以往絕非這些組織的目的。[58] 然
而，到 1902 年，海外的「祕密社會」逐漸開始有興趣支持革命或

53   麥嘯霞：〈廣東戲劇史略〉；蕭一山：《近代秘密社會史料》，卷 4，第 5 頁下—第 6
頁上。

54   朱壽朋：《十二朝東華錄：光緒朝》，出版日期、出版者不詳；台北：文海出版社，
1963 年影印本，第 2046—2047 頁。

55   前引書，第 2946—2947 頁，第 3461—3464 頁，第 3661—3664 頁。

56   前引書，第 307 頁，第 309 頁。

57   前引書，第 2946—2947 頁。

58   故宮博物院明清檔案部編：《清代檔案史料叢編》，卷 1，第 142—151 頁。

無政府團體。[59]

　　天地會的傳統在海外華僑中間佔主導地位，對於國內的組織也必定有影響，只是具體的證據至今還不多。眾所周知，移民到東南亞、美洲和澳洲的華人，在 19 世紀急速增加。尤其在馬來亞和新加坡，由於當地的影響，天地會的成員和組織也必定發展至一個國內也難以完全了解的地步。不過，我們也不可把馬來亞和新加坡的天地會視為完全是後太平天國的發展。這些組織在 1825 年首次被發現的時候，據稱已經存在了二十年。[60] 1853 年在廈門起事的小刀會似乎是由一個從新加坡返國的本地人創立的。香港的地方傳統也聲稱，香港的黑社會在 1900 年之前是由一個從東南亞回來的潮州人帶領的。洪全福顯然是在香港通過強大的海外關係獲得資助，而這些海外關係了解祕密社會的活動。[61] 海外華人既與祖國保持着強大的聯繫，倘說他們沒有其他的接觸，那是難以想像的。

　　天地會也擴展至中國其他地方。一個明顯的例子是 1853 年在上海的起事基本上是由廣東人組成的小刀會。我們必定會同意哥老會不是天地會的直接延伸，但哥老會的山堂（一種入會儀式）、憑證和旗幟卻比較近似天地會的傳統，反而不像太平天國前的檔案中常有提及的嘓嚕或白蓮教這兩個被認為是哥老會前身的組織。[62] 但我們不能肯定大運河的青幫是否有類似的組織模式，而這

59　John Lust, "Secret societies, popular movements, and the 1911 revolution, " in Jean Chesneaux, ed., *Popular Movements*, pp. 165-200.

60　Wynne, *Triad and Tabut*, p. 74.

61　前引書，pp. 61-64；章盛：《香港黑社會活動真相》，香港：天地圖書公司，1980 年，第 38—43 頁；〈八十年前黑社會源流〉，《新知週刊》，香港：1980 年 6 月 16 日，15。

62　Charlton M. Lewis, "Some notes on the Ko-lao hui in late Qing China, " in Jean Chesneaux, ed., *Popular Movements*, pp. 97-112；朱金甫：〈清代檔案中有關哥老會源流的史料〉，《故宮博物院院刊》1979 年第 2 期，第 65—71 頁；莊吉發：《清代天地會源流考》，第 134—139 頁。

方面可以啟發更多的思考。[63]

　　從 18 世紀末到 20 世紀初,以特有的起源傳説和一套暗語為特徵的天地會傳統,可能是在福建和鄰近的廣東的幾個府的微弱開端發展起來,影響到廣大的地理區域。在這期間,尤其因為在太平天國之時,天地會的傳統為地方組織所接納,因而其信條中的造反因素也加深了。不過,採用這些信條的組織卻不一定與造反活動有關。

正統與異端的分歧

　　戴玄之指出,天地會的不少儀式都是由正統道教而來的。[64] 甚麼才算是道教,從來都是個問題,戴玄之只是粗略地運用這個詞語來指他視為是中國民間宗教的信仰和習慣。參加天地會儀式的人,也像參加鄉村儀式的人一樣,是在尋找一種知覺經驗以及自身行為的宗教認可。在拜會儀式中與天地會創始人同列的神明,也是鄉村道士所接受的,至於那些插在木製米斗中央的燈、劍、鏡、秤、尺、剪刀和算盤,則是道教打醮儀式中具有特殊意義的物品。問答部分是拜會儀式的主體,是天地會獨有的,但符咒和神祕的文書則叫人想起道教的做法。因此,天地會的傳統為何是異端的問題,與道教地位的問題密切相關,尤其因為道教奉行於鄉村,也存在於國家的正統意識形態當中。

　　儘管清政府對於不影響到政治秩序的非儒家信仰一般相當寬鬆,但正統中國信奉的是儒家,而很多鄉村宗教以及為鄉村宗教服務的道教儀式,都是異端。問題在於人與自然的關係。在清王朝的儒家秩序之中,皇帝及其臣僚高居着溝通天人的位置,而道士在其儀式中也扮演着同樣的角色。兩者的分別,不是宇宙論

63　關於青幫,參看 Faure, "Secret societies, ";陳國屏:《清門考源》,上海:1946 年;香港:1965 年重印,David 以及胡珠生:〈青幫史初探〉,《歷史學》1979 年第 3 期,第 102—120 頁。

64　戴玄之:〈天地會與道教〉,《南洋大學學報》1972 年第 6 期,第 156—161 頁。

的分別。清朝末年，道士已經可以接受反映塵世官僚架構的層層神明，然而他是在直接拜祭中向上蒼稟告，而儒家卻是強調皇帝或其主持老百姓祭典的代表的角色。無論清朝官員私下的信仰如何，他們至少在理論上是反對道教在社群中間所舉行的醮會的，因為涉及道教的社群儀式很容易便威脅到國家的象徵性權威。[65]

清代的民間宗教與國家的正統頗不相同，因為民間崇拜較接近道教的，而非儒家的天人觀點。民間宗教突出神明對人類一切活動的認可，所以接近於魔法。個人通過禱告、祭奠，以及運用宗教符咒，感通於天。民間宗教的很多方面，清政府雖無法與之妥協，但也不能視若無睹。捨難取易的辦法，就是只把那些公然宣示造反的教義，或與曾一度造反的組織有關的民間宗教打成亂黨。官員無須深究一個教義是否會煽動造反，因為他們只需看看這些教義是否與法律的定義相符。

本文認為，叛亂的教義不一定是指向造反。然而，天地會的傳統礙於其叛亂的性質，不能整合到官方的宗教系統中。魏斐德指出，天地會成了一個獨立的政治合法性源頭。[66]此外，由於天地會尊崇明朝皇帝，於是便與清政權不兩立：在天地會的參照系統中，清政權是不合法的，而由於天地會是合法的政治秩序的支持者，於是便可標榜得到社會倫理和正統神明的認可。這個信仰系統對於那些自覺是罪犯的人必定相當吸引，因為他們是忠於明室的叛亂分子，遂得以擺脫清政府的宗教壟斷，自行安排神明的庇護。

天地會自我形象中的合法性，當可解釋這個組織為何不與大多數具有合法地位的社會習慣對立起來，卻堅持實行這些社會習慣。天地會的規條並不反對孝親、敬老，更大的忠貞 —— 效忠

65　比較 Stephan D. R. Feuchtwang, "School temple and city god, " in G. William Skinner ed., *The City in Late Imperial China*, Stanford: Stanford University Press, 1977.

66　Wakeman, "The secret societies, " pp. 34-35.

明室，反而是以經過調適的形式遵行這些道德規範。[67] 甚至可以說，成員間的兄弟之誼並不是對三綱的破壞，而是調整；因為一個以天為父以地為母的成員，其對別的成員的關係也一定等同於兄弟的關係。組織的確先於家庭，但經過拜會儀式，組織已形同家庭。就天地會的情形看來，即使是一個異端的思想也不能避開社會的符號結構。正統與異端雖然在當前的目標和重點上並不相同，但在正當性申辯的需要方面，彼此所採用的基本概念 ——「綱常」—— 卻是與中國文化相通的。

67　這些規條部分可見於三十六誓，參看蕭一山：《近代秘密社會史料》，卷 3，第 1 頁上—第 12 頁上。相關的分析見陸寶千：《論晚清兩廣的天地會政權》，尤其是第 50 頁。

從

祖宗

到
──
皇帝

中國皇帝的非正式帝國：明代宗教
與地方社會的整合 *

　　本文旨在思考中國的地方宗教怎樣受地方社會整合到國家的
過程影響。有關南宋時期若干發展情況的文獻，強烈表明地方宗
教受到這個過程的影響，這些發展情況包括：朝廷接受了地方儀
節，肯定了神明的靈驗；獲得朝廷認可的恰當禮儀取而代之；官
員定期祭祀並將之載入清單（認可的神明名錄）；以至供奉那位
神明的廟宇開枝散葉。[1] 這個地方神明獲認可的過程，加上勞格文
（John Lagerwey）有關朝廷從信奉律己修身的茅山派轉而信奉
推己及人的龍虎山派的討論，便可以勾勒出一個總體趨勢 —— 正
如確實見於文獻那樣，即從宋以後中國王朝的「萬神殿」被整理
過了，因而到了 19 世紀給人的印象就是上界諸神乃朝廷官吏的
倒影。[2] 然而，倘要重提這種信仰傳播中的道教角度，那就不得不
把祕傳的朝廷禮儀的普及化，整合進這個總體圖像之中。施舟人
（Kristofer Schipper）描述了台灣道士採用書面「上表科儀」以

＊　　原文為："The Chinese Emperor's Informal Empire: Religion and the
Incorporationof Local Society in the Ming," in Shu-min Huang and Cheng-kuang
Hsu eds., *Imagining China: Regional Division and National Unity*, Taipei: Institute of
Ethnology, Academia Sinica, 1999, pp. 21-41. 感謝 1998 年 3 月 19 至 21 日「中研院
民族學研究所」「中國文化面貌新探 —— 地區分歧與國家整合」（"Imagining China:
Regional Division and National Unity"）國際研討會的與會者給予本文的意見，特別是
本文的評論員 Angela Leong 博士指出了我的某些疏漏之處。

1　　Hansen Valerie, *Changing Gods in Medieval China, 1127—1276*, Princeton:
Princeton University Press, 1990; Kenneth Dean, *Taoist Ritual and Popular Cults of
Southeast China*, Princeton: Princeton University Press, 1993.

2　　John Lagerwey, *Taoist Ritual in Chinese Society and History*, New York: Macmillan,
1987, pp. 255-264.

顯示他們的道教地位，證明道教儀節與朝廷禮儀相關照的情況相當普遍。[3] 因此，從現有文獻所得出的這個關係範式，顯示地方宗教與朝廷禮儀的整合是一個雙重過程，分別在地方神龕和祕傳的道教科儀中進行。

以珠江三角洲為例

我以珠江三角洲的經驗為例，說明代禮儀的傳播。在這個地區，朝廷禮儀被吸納進道教科儀之中，而當明代嘗試把地方祭祀常規化的時候，地方神龕便整合到了官方祭祀中去。這些發展趨勢造就了一種強烈的正統意識，儘管各方面都未必同意其內容。而這樣一種信念的形成雖然有文獻可徵，但其歷史面貌仍然模糊不清。

宗教信徒的正統

朝廷禮儀甚麼時候開始侵入珠江三角洲的道教科儀，難以確定。然而，以下一則有關狄仁傑壓制異端地方禮儀的故事，顯示這種趨勢可能始於唐代：

高宗時，狄仁傑為監察御史。江嶺神祠，焚燒略盡。至端州。有蠻神，仁傑欲燒之。使人入廟者立死。仁傑募能焚之者，賞錢百千。時有二人出應募。仁傑問往復何用，人云：「願得敕牒。」仁傑以牒與之。其人持往，至廟，便云有敕，因開牒以入，宣之。神不復動，遂焚毀之。其後仁傑還至汴州，遇見鬼者曰：「侍御後有一蠻神。云被焚舍，常欲報復。」仁傑問：「事竟如何？」見鬼者云：「侍御方須台輔，還有鬼神二十餘人隨從。彼亦何所能為？

3　Kristofer M. Schipper, "The written memorial in Taoist ceremonies, " in Arthur P. Wolf ed., *Religion and Ritual in Chinese Society*, Stanford: Stanford University Press, 1974, pp. 309-324.

久之，其神還嶺南矣。」[4]

　　這個故事之所以有趣，理由很多，而以其中兩點為突出。第一，鬼魂不敵治鬼者，成了他的僕從，這一點相當清楚。故事裏的解釋是：鬼魂無處容身，也就是說，失去了在凡間的棲身之所。第二，治鬼之法，不能單靠官員授權；鬼魂只會順從代表皇權的白紙黑字。運用皇權，施法「捉」鬼，或將之收為己用，是這個地區的宗教禮儀相當一貫的主旨。

　　這個故事之所以有趣，也是由於另一個不同的原因。訴諸皇權，在故事裏是道士與其指為巫覡的人之間的顯著區別。這方面最為清楚的描述，見諸香港新界正一道道士所保存的一本手冊之中。在一段描述道教流派的文字中，列舉了四種信徒：黃冠羽飾者、禳星告斗之道巫、演法道巫，以及設送邪煞之巫。黃冠羽飾者，即這個文本的作者，聲稱自己傳承自其他先師的正統流派，從老子起，至閭山九郎、陳林李三奶夫人、王太母、天后，等等。這班道士在他們的科儀中用官式禱文，在醮會中演出上表科儀，在宗教儀式上採用官銜，並且以御旨的方式畫符。他們也十分自覺，在這些儀式中進行的是正一道的科儀，往往要穿上不同的服飾，有別於他們所主持的其他儀式。以朝廷模式為本的科儀與以其他儀式為本的科儀，有輕微的差別，而這差別顯然不是由信徒之間的差別，而是由派別的差異所致。正一道直接源自張天師，也就是龍虎山派，而正一道道士在施展張天師所授予的法力時，便把他的肖像掛起。至於以其他儀式為本的科儀，則並不來自同一源頭。[5]

　　口述報告追溯新界道士的歷史，最遠沒有超過 19 世紀晚期。從狄仁傑故事中用於驅邪治鬼的御旨，到新界道士中間司空見慣的朝廷禮儀元素，其間相去何止千年？然而我們無從填補這段空

4　李昉：《太平廣記》，卷 298，第 23 頁下，《廣異記》。

5　見《新界宗教文獻》卷一（手稿，不著出版日期）「道教源流」的「道統永傳」條，藏香港中文大學聯合書院圖書館。

白。尤為重要的是「巫覡」的科儀記錄，而這群人是道士所不欲與之為伍的。屈大均《廣東新語》有一段關於這群人的著名描述，是他 17 世紀時在東莞的一次親身經歷，不久之前的香港新界，仍然能夠看到類似的情況：

> 予至東莞，每夜聞逐鬼者，合吹牛角，嗚嗚達旦作鬼聲。師巫咒水書符，刻無暇晷。其降生神者，迷仙童者，問覡者，婦女奔走，以錢米交錯於道。[6]

屈大均所描述的情況，不但在新界，在很多鄰近地區的實地考察報告中也十分常見。20 世紀 80 年代我在新界做訪問時，很多這些科儀都被視為接近客家派別，多於本地派別。本地人是本土居民，自明代以來已在這裏居住，而客家人則是清朝才從東江遷徙而來的後來者。前引文本所屬的道士，視客家科儀與他們迴異，而客家村民也不像本地人那樣稱他們的專業信徒為喃嘸佬，而稱為法師，顯示他們是在施法，意思近於喃嘸佬所認為的巫術。例如，客家的法師會上劍梯，這對於喃嘸佬來說顯然為外道。勞格文有關廣東、福建和江西客家科儀的記錄，以及丁荷生和鄭振滿有關福建興化客家科儀的記錄，把其中一些科儀與閭山道聯繫起來，而可以注意的是，喃嘸佬認為自己有別於閭山道，儘管他們的文本中也有閭山九郎和陳林李三奶夫人。[7]

應該注意的是，有正統即有源流。而正統按其本義，就是師徒的傳承，而這就把道士與許多鄉村宗教區別開來。其餘的鄉村宗教，儘管在禮儀方面有許多相似之處，但看來也是五花八門。倘若發現過世不久的人身懷法力，充滿迷信的說法便會紛紛

6　屈大均：《廣東新語》，香港：中華書局，1974 年，第 216—217 頁。

7　賴盛庭：〈石城的閭山教〉，載於羅勇、勞格文主編：《贛南地區的廟會與宗族》，香港：國際客家學會、海外華人研究社、法國遠東學院，1997 年，第 174—196 頁。丁荷生、鄭振滿，"Group Initiation and Exorcist Dance in the Xinghua Region,"載於《民俗曲藝》85，1993 年；王秋桂編：《中國儺戲、儺文化國際研討會論文集》，第 105—214 頁。

湧現。在明代初年的廣州，金花娘娘在她的廟裏集合了一批追隨者，因為她的美貌應可誘惑神明。她的追隨者都是婦女，她們在她的神像前跳舞，而施主則獲賜身孕。這是怎麼回事呢？屈大均的評語頗有啟發：「自以身為媚，乃為敬神之至云……人妖淫而神亦爾，尤傷風教。」[8] 屈大均這段文字的意思似乎是指，跳舞的是婦女，不過他在另一處卻說，女巫可能是由男人所扮的美女，「吹牛角鳴鑼而舞，以花竿荷一雞而歌」。此舞稱為「贖魂之舞」，在特別繪製的神像前表演，用來袪除惡疾。[9] 這種舞蹈並沒有確切説明需要師徒相授，但不同於鄉村經常舉行的降神之會，這些舞蹈無論如何需要一些從某個地方學來的特殊技巧，這些技巧的傳授是祕傳儀式的根基。

然而，不少宗教已經四處傳播，村民學習侍奉神明的正確方法，也並非從師，而是從親身的科儀經驗。在數量龐大的科儀中，祕傳的流派不過是一個片段而已。結合了廣泛科儀知識的專業技能，以及個人在神明跟前的誓詞，在醮會那樣的社群儀式中顯而易見。村民在這些社群儀式中自行祭祀神明，而且僱請道士做一些他們也不甚明白的事。[10] 不同派別在這些儀式中混雜在一起，其中道士的祕傳之教是突出的一環。

地域祭祀的整合

需要記住的是，南宋時期的珠江三角洲才剛成為「文明」社會。廣州數百年來是行政中心，但大部分地區仍未圍海造田，而

8　屈大均：《廣東新語》，香港：中華書局，1974 年，第 215 頁。

9　屈大均：《廣東新語》，香港：中華書局，1974 年，第 302—303 頁。

10　我是根據自己在香港新界地區的觀察而這樣説的。參看 David Faure, *The Structure of Chinese Rural Society*, Hong Kong: Oxford University Press, 1986, pp. 80-86. 對醮會的不同看法，可參看 Robert Hymes, "AJiao is aJiao is a？ Thoughts on the meaning of a Ritual," in Theodore Huters, R. Bin Wong, and Pauline Yu eds., *Culture and State in Chinese History, Conventions, Accommodations, and Critique*, Stanford: Stanford University Press, 1997, pp. 129-160.

且大量土地控制在佛寺之手。儘管沿岸土地的開墾在南宋已經展開，卻是要到明代才全面進行。珠江三角洲的文士傳統崛興，蓬勃發展的標誌最早見於元代初年。1304 年，李昴英聚集了孔子的後人，祭祀南宋宰相崔與之。[11] 文士傳統在元代斷絕了，因為科舉考試被廢，經過數代才在明代累積了足夠的功名士子，重建文士傳統。明初除了舉行科舉考試之外，也訂立與國家認可祭祀有關的法律。明太祖頒令，鄉民祭祀社，縣官祭祀法律明文規定的城隍和其他神明，而所有人均按照特殊的規定定期祭祀孤魂。[12] 這些法律往後還規定了哪些才是國家認可的地方祭祀。正如南宋之時一樣，地方神明偶爾也被推薦列入官方的祭祀名單之中，只是程度稍低而已。

　　在明代國家所規定的祭祀當中，道士看來沒有任何參與。儘管也可能請道士來主持一些儀式，但地方神龕和寺廟依然掌握在鄉村領導手裏。從明初以迄 16 世紀，按地方神龕和寺廟建立的情況看，不能說明珠江三角洲的地方神明上升到了朝廷認可的顯赫地位，反而是在其他地方地位顯赫的神明，在相當一定的情況之下被引進來，佔據了區內的主要神龕。在佛山和鹿步這兩個珠江三角洲的重要城市，居於地方祭祀中心的佛寺，為真武廟所取代。[13] 早至 15 世紀，已經開始出現一種情況，即鄉村神明隸屬於墟市的大廟宇之下。從神龕和寺廟舉行的定期節慶，可以看出這種等級之別，而這不但延伸至鄉村本身，也延伸至居住在那裏的氏族。從明到清，官方的公告均反對那些慶典的浪費，但卻沒有禁

11　廣州的孔子後人（即元代登記為孔子後人的戶口）1304 年祭祀崔與之的儀式，記載於《崔清獻公集》，1850 年，不著出版者，1976 年重印，外集後卷第 15 頁上一第 16 頁下的不同文件中。這些文件應該與《大德南海志》（廣州：廣東人民出版社，1991 年重印）第 48 頁同年重建地域祭祀的記載並讀。

12　《大明會典》（1587），卷 94，第 15 頁下一第 20 頁下。

13　見本書：〈佛山何以成鎮？明清時期中國城鄉身份的演變〉。Yixing Luo, "Territorial community at the Town of Lubao, Sanshui County, from the Ming Dynasty," in David Faure and Helen F. Siu eds., *Down to Earth, the Territorial Bond in South China*, Stanford: Stanford University Press, 1995, pp. 44-64.

止這些活動的跡象。至 18 世紀，這些活動已屬司空見慣。

　　經由移民或貿易等實際活動引入的神龕，與當地人所興建的神龕，同樣重要。肇慶的龍母崇拜早至唐代已出現，看來到了明代已傳播至西江其他地方。洪聖在同一時期，從東南部傳來，與天后廟互相競爭。天后廟只是在明代才隨沿海貿易而來，只要一看珠江三角洲的地圖，便可知道晚明最重要的兩座天后廟何以在澳門和赤灣；前者位於珠江三角洲西南路線的起點，後者則位於附近東岸路線的起點。

　　仔細研究此地區的地方政治，當可發現神龕和寺廟的等級總是反映出地方權力的分佈，而朝廷的權威則成為權力鬥爭中的一方或各方的靠山。我在某處寫過其中兩次這樣的權力鬥爭。一次發生在 15 世紀的新會，兩個地方家族支持兩座不同的廟宇，互不相讓。一座廟宇供奉宋代最後一個皇帝殉身的臣子，另一座則供奉皇太后。結果是皇太后的廟宇獲朝廷認可，獲御賜匾額，由此而佔據了臣子的廟宇，臣子的靈位由正殿被移放到偏廳。[14] 另一次權力鬥爭發生在佛山，15 世紀中葉已經出現的真武廟不但是鎮上的重要廟宇，而且是朝廷對鎮領導認可的象徵，而出身自鎮領導的功名士子，從 16 世紀至 18 世紀的三百年間，掌握了廟宇的管理權。這次權鬥發生的時候，向來用於社群宴饗的資金，用途出現了明顯的變化，被轉用到地方學校之上，非科舉出身的領導層被迫撤離真武廟，而科舉出身的領導層則取而代之，這些科舉出身的領導層在真武廟內的偏殿，成了佛山鎮的權力核心。[15]

　　廟宇的禮儀之爭之所以能在地方衝突中產生影響，一大原因必定是等級之別，可以見諸建築形制和社群儀式的參與。而基於同樣的原因，當 16 世紀的官僚集團堅決對付那些未經朝廷認可的廟宇時，地方權力狀況也受到了影響。這些稱為「淫祠」的不法

14　David Faure, "The emperor in the village, representing the State in South China, " in Joseph McDermott ed., *Court Ritual and Politics in China*, Cambridge: Cambridge University Press, 1999, pp. 267-98.

15　見本書:〈佛山何以成鎮？明清時期中國城鄉身份的演變〉。

廟宇，連佛寺也包括在內。其實，也可以從另一個角度看有關的
文獻，那就是把佛寺置於 16 世紀毀「淫祠」之舉的核心，而可以
肯定的是，佛寺喪失了大量自元代至明初至少在名義上負責管理
的田產。排佛的活動直至 16 世紀末才稍緩。廣州佛教復興的契
機，出現在高僧憨山德清之時。憨山德清不但把佛學與當代文士
的理學調和起來，而且解決了粵北著名寺院南華寺的財政問題。
然而，16 世紀 20 年代毀「淫祠」所針對的，無疑是官方祭祀以
外的廟宇和神明。廣東提學魏校之搗毀廣州金花廟，便是一個例
子。魏校之前，順德知縣吳廷舉搗毀了大量廟宇，以至被上司逮
捕，「計竹木斤兩以罪」[16]。吳廷舉尤以封禁順德龍山和龍江兩地的
巫咸廟，以及後來在廣東按察使任上封禁東嶽府君廟而知名。東
嶽府君廟是廣州葬殯者出喪必往止柩停宿之地，16 世紀的《廣東
通志》有「且廣為巫祝，與喪家男女混雜其間」的記載[17]。可以假
定，這些「巫覡」不一定會把自命道士的人排除在外，因為禱文
以至所有文本的使用，強烈體現出喪葬儀式的元素。

　　要了解所有這些針對不法祭祀的行動，便必須明瞭自「土木
之變」（1450 年）至「大禮議」（16 世紀 20 年代）後的數十年，
是一個影響珠江三角洲社會禮儀生活的重要時期。明代初年把元
末堅持反元的地方軍閥搬到珠三角，建立了某種外觀上的秩序。
里甲制的實施又讓無戶籍登記的居民（通稱為「猺民」）搬遷到
這裏，而賦稅之責則與輪番祭祀地方神龕的責任相重合。因此，
明初政府的基調，並不是把一套新的政府架構自上而下的加諸地
方，而是認可既存的狀況。在此基礎上，則經濟發展（尤其是圍
海造田）和科舉考試發揮影響。里甲制之中的地方富戶，子孫參
加科舉考試，取得功名，進而追求與他們的名聲匹配的生活方式
和禮儀。後來，按照國法規定的「家廟」方式興建祠堂，並在這

16　見本書：〈明嘉靖初年廣東提學魏校毀「淫祠」之前因後果及其對珠江三角洲的影響〉
　　引述屈大均《廣東新語》。
17　《廣東通志》（1561），卷 50，第 21 頁上—第 22 頁下。卷 69，第 23 頁下、第 24
　　頁上；葉春及：《惠安政書》，福州：福建人民出版社，重印，1987 年，第 35 頁。

些建築物裏祭祖，便成為珠江三角洲的宗族程式。但無論怎樣，這些發生在 16 世紀的事情，以及祠堂的興建，都與封禁不法廟宇和佛寺的時間一致[18]。

　　直至 1520 年，平民才可以合法興建祠堂，從此祠堂才普遍起來。此前，對於那些鑽國法空子的人來說，這些建築不是為貴族所專享，也是高官所獨有。但是，15 世紀後半葉，「黃蕭養之亂」和兩廣交界的「猺戰」所引致的動亂，使得禮儀基要主義在廣東抬頭，而禮儀基要主義的教授者正是廣東名儒陳白沙。值得注意的是白沙之學，其實也就是以文士的眼光閱讀廣東的文化史：陳白沙在 1480 年以降二十年間官方對珠江三角洲推行的「禮儀正確性」方面，介入甚深。「猺亂」造就了政治時勢，當地人陶魯被推到台前，累遷至廣東按察使。在陶魯的支持下，成立了致力於「教化」的地方學校，此外還實施了例如朱熹所制定的禮儀規條。整整一個世代的廣東高官，在陶魯的時期位居要津，其中就有霍韜和方獻夫，他們在「大禮議」中屬嘉靖帝一方。如無意外，這個事件對於朝廷相當重要：嘉靖繼正德登位，但他卻沒有過繼給正德。嘉靖以孝道之名，宣佈他只會奉祀自己的父母，而不會奉祀正德。對於大多數朝臣來說，這樣的決定形同破壞帝統，然而真正的問題在於官僚機構是否能夠以禮儀之名駕馭皇帝。只有少數朝臣支持嘉靖，而不會令人感到意外的是，霍韜和方獻夫正是最早在自己家鄉興建祠堂的人。孝道在這場朝廷之爭中，蓋過了帝統，但孝道傳揚全國，意味着在新的流行觀念下，禮儀一統可得保存。興建祠堂以供奉被視為高官的祖先，與里甲制的實施，同樣需要地方社群的認可，而當經濟發展起來，科舉又取得功名之後，里甲戶便得以攀上社會上層，源自貴族和高官家庭的禮儀，便向下滲透。國家吸納了嚴守禮儀的地方階層，因為地方宗教顯

18　David Faure, "The lineage as a cultural invention: the case of the Pearl River Delta, " *Modern China* 15.1(1989), pp. 4-36，見本書〈宗族是一種文化創造——以珠江三角洲為例〉。David Faure, "Becoming Cantonese, the Ming Dynasty transition, " in Tao Tao Liu and David Faure eds., *Unity and Diversity: Local Cultures and Identities in China*, Hong Kong: Hong Kong University Press, 1996, pp. 37-50.

示那是王朝的另一個部分 [19]。

珠江三角洲例子的廣泛含義

　　要把地方研究推而廣之，涵蓋至區域範圍以外，往往並不容易。廣東的經驗表明，朝廷的禮儀的確是通過道士和文士下達至鄉村，而這兩種途徑不一定會形成對國家以及對國家與地方社會之間的關係截然不同的看法。但是，對於這兩種在不同時期傳達朝廷權威的不同途徑，地方社會各有所側重，視乎整合到國家的時機而表現也有所不同。珠江三角洲之整合到國家之中，主要是在明代，那時候宗族意識形態向前發展，而鎮壓不法廟宇的舉措消滅了不少仰仗朝廷權威的迷信。別的地方例如福建莆田，整合到國家的時間較早，有的廟宇在宋代時候已獲得認可，因此，即使到了明代，宗族制度向前發展，當地仍保留了比珠江三角洲強大的祭神傳統。

　　這樣說是假定在珠江三角洲所實施的舉措，尤其是 15 世紀後期和 16 世紀初期針對佛寺和不法廟宇的做法，在全國相當普遍。要證明這一點，非本文所能辦到，但有證據顯示，至少福建和杭州的佛寺所受的災劫，一點也不比珠三角所受的輕。[20] 還有，根據丁荷生 [21] 的研究，福建興化南宋時期的碑銘以佛教的為主，至 15

19　Barbara E. Ward, "Varieties of the conscious model, the fishermen of South China, " in M. Banton ed., *The Relevance of Models for Social Anthropology*, London: Tavistock, 1965, pp. 113-137. Myron L. Cohen, "Being Chinese: the Peripheralization of traditional identity, " *Daedelus* 120. 2(1991), pp. 113-134.

20　Tien Ju-k'ang, "The decadence of Buddhist temples in Fu-chien in late Ming and early Ch'ing, " in E. B. Vermeer ed., *Development and Decline of Fukien Province in the17th and 18th Centuries*, Leiden; New York: E. J. Brill, 1990, pp. 83-100. Timothy Brook, *Praying for Power: Buddhism and the Formation of Gentry Society in Late-Ming China*, Cambridge, MA: Council on East Asian Studies, Harvard University and the Yenching Institute, 1993. Susanna Thornton, "Buddhist Monasteriesin Hangzhou in the Ming and Early Qing, " Ph. D. thesis, University of Oxford, 1996.

21　Kenneth Dean, *Taoist Ritual and Popular Cults of Southeast China*, Princeton: Princeton University Press, 1993.

世紀和 16 世紀則尊崇「地方賢哲」者的碑銘數量增多。[22] 丁荷生着眼於江口平原的社會史，此地自南宋起即已發展水利。丁荷生追溯這裏的社會面貌自南宋至清的變化情況，其輪廓大致與我對珠三角的討論吻合。粗略地説，丁荷生認為，在福建平原興修水利的初始階段，宋代政府有賴佛寺產業的支持。書院的勃興，正是此後不久的事，南宋理學因之以傳，但從南宋晚期以至明初，大規模的土地開墾工程展開，社和宗祠逐漸成為明確的地域標誌。丁荷生也提到，宗族後來佔有了佛寺的土地。[23] 丁荷生和鄭振滿都指出，社和寺廟有等級之分，社屬最低級，處於鄉村的「角落」，與自成一脈的閭山道密切相關。[24]

地方信仰演化的比較史，可能是目前了解宋代以降國家與地方社群關係的最有效途徑。由於一些研究珠江三角洲和莆田地方史的人類學家和歷史學家之間的緊密合作，現在不但能看到兩地地方史中之同，也能看到其極大之異。莆田與國家的聯結經過一段較長的時間，結果受到閭山道的影響比珠江三角洲更大。這種地域差異也可見諸香港新界。那裏的閭山道似乎與來自東江的客家人相聯繫；至於那裏的本地人和珠江三角洲其他地方的本地人，則較受明代的正一道影響。

有一點必須要強調的，就是這種差異在書面記錄中不一定顯而易見，而正由於這個原因，我得根據自己的觀察，提出一個例子以表明珠江三角洲與莆田之間差異的重要性。這個例子就是莆田石庭巷的黃氏宗祠，我曾在丁荷生和鄭振滿慷慨相助下往訪。書面材料顯示，這座祠堂與其他祠堂無異，都是用來供奉主要的先人，而由於是在南宋之時興建，因此可以視為莆田農村非常早期的祠堂的一個例子。今天所見，這座建築物是開放式的，只有

22　Kenneth Dean, "Transformation of the She (altars of the soil) in Fujian" (working papers).

23　Kenneth Dean, "State ritual and local responses: further notes on the transformation of the She (altars of the soil) in Fujian" (working papers).

24　鄭振滿：〈莆田江口平原的神廟祭典與社區歷史〉，載於漢學研究中心編：《寺廟與民間文化研討會論文集》，台北：文化建設委員會，1995 年，第 579—598 頁。

一進。正中央是晚近重新安設的靈位，供奉的是唐代的先人，被
視為莆田的開基祖。旁邊的一個靈位，寫有其妻子的名字。在這
兩個靈位之外，有一個宋代的靈位，和一個元代的石庭巷一世祖
靈位，此外就是明代的石庭巷二、三、四世祖的靈位。因此，在
唐代的開基祖與元代以降連續的世系之間有一大鴻溝。宋代的靈
位供奉的是另一個地方東里的先人，這顯示靈位的設置乃是要表
示石庭的前四代先人、莆田的第一代先人，也許還有在前來石庭
途中逗留在某處的第一代先人。而這就與明清兩朝的宗族故事吻
合了。

　　然而，祠堂的歷史痕跡也相當明顯，那就是祠堂一邊的兩
尊僧人塑像以及祠堂的方位；祠堂與莆田開基的祖墳塋相距只有
十五分鐘腳程，而與附近的國歡寺距離也不遠。在一座宗族祠堂
裏發現兩尊僧人塑像，自然顯得格格不入，但那卻正好是宗族記
錄中可能漏掉的一些相關資料。這兩個僧人是唐代一位先人的兒
子，而根據碑銘所載，國歡寺的所在地正是他們父親房子的舊
址。但是，據寺內一塊萬曆三十八年（1610 年）的碑銘稱，這
間寺廟雖曾毀於倭寇之亂，後由一名黃姓官員修復。[25] 兩行動物石
雕和祭文以及石碑，明確無誤地顯示該處在明代曾是一個宗族墓
地。因此，這裏的明代大宅，可能更接近南宋宗族的慣例，即以
寺院名義擁有田產，並把先人安葬於祠堂附近的墓地，而不是供
奉在村民居所附近安置先人靈位的明式「家廟」之中。儘管其中
有一塊朱熹撰於 1196 年的碑銘，記錄了祠堂乃是在 1031 年以家
廟形式（「前堂後寢」）興建，但從佈局看來，這間宋代或者也許
還要更早的祠堂不是一間明式家廟，而不過是逐漸演變成為明式
家廟而已。[26]

25　鄭振滿、丁荷生編：《福建宗教碑銘彙編：興化府分冊》，第 90—91 頁。
26　鄭振滿、丁荷生編：《福建宗教碑銘彙編：興化府分冊》，第 30—31 頁。碑文所
述與碑文拓片目前所在的祠堂大宅之間格格不入，可能的解釋就是碑文所述的不是這個
祠堂。就此，應注意鄭振滿、丁荷生編：《福建宗教碑銘彙編：興化府分冊》，第 140—
141 頁所載錄的一個不同的碑銘，這個 1515 年的碑銘表明同村同一黃氏的一間祠堂乃是
按明代的規定而建。

　　看到像黃氏祠堂這樣的大宅、墳墓和寺廟，我們是否就應該滿意於宗族出現於宋代的通常說法？毫無疑問，由於文獻之不足徵，有關宋代地方信仰整合到官方宗教的研究所不曾處理的一個大問題，正是這個問題與地方權力的問題完全割離。在我所找到的文獻當中，只有韓明士（Robert Hymes）的宋代撫州（江西）研究，認識到地方神明獲朝廷認可對地方的意義。韓明士在序中說他所發現的一宗事件時指出，祭祀地方神明的記錄，傳留下來的是何其少。大多數的文士看來都參與這些祭祀，可是卻羞於承認。但他發現，南豐縣一個名叫曾布的，不但建了一個奉祀軍山的神龕，也為其效驗取得了朝廷的表揚，而他在一篇記載朝廷嘉獎的文章中提到，「聖旨方下，縣民即科款協力，擴充修繕神龕」，而工程完竣後，且託兄弟紀其事。礙於文獻闕如，韓明士猜測，官方認可地方神明的多起事件很可能得力於文士的推動，而地方顯要為爭取他們的神明獲得認可，也有若干競爭。而且，神明獲得認可，以及隨後的廟宇興建工作，都必定是與官方有聯繫的權力的公開展示。倘若我們也可以如韓明士那樣，說國家可以鼓勵，也可以貶抑地方信仰，那麼情況就是官方干預最終必定與地方權力的聯盟有關，而國家權威與地方權力的接觸，必定出現在神明認可的問題上。[27]

　　朱熹和其他宋代學者的著作從南宋到明日趨重要，這一點沒人會有異議，但也不能就此以為明代社會是宋代社會的延續。明代一個十分重要的變化，也許就是宗族禮儀的傳播，這在廣東以祠堂為中心，而在北方，則往往是畫着同樣的祠堂的畫像。信仰祖先和祖傳禮儀應該如祭祀神明一樣被視為「民間宗教」的一部分，如果說這種觀點不過是一種假設，那麼在比較宋明兩代的國家與社群關係之時，對於宋代的地方神明認可轉向以祭祀祖先作為國家與地方禮儀的接觸點，便須多加注意。南宋時期，儘管官

27　Robert Hymes, *Statesmen and Gentlemen, The Elite of Fu-chou, Chiang-his, in Northern and Southern Song*, Cambridge: Cambridge University Press, 1986, p. 185.

僚集團已經察覺到其利益並不依存於讓皇帝當神仙的道教，而是
依存於以皇帝權威之名實施禮儀秩序的儒家，然而看來只是到了
明代，由於禮儀的傳播，官僚集團才不但得以在祭祀祖先，而且
也在據此原則建立地方社會方面，把授權他們維持禮儀以實施所
有人間秩序的意識形態付諸實現。

戴樂（Romeyn Taylor）在一篇說明官方禮儀與民間信仰相
互關係的文章中指出：

> 官方宗教並不是一種制度，而是種種經典的、偽經典的、民間
> 的，以及道教的信仰，複雜、互相矛盾，而且不穩定的集合。這是
> 經典傳統的嚴格與相對的理性主義標準，與民間宗教色彩繽紛而直
> 率的風格的角力場所。官方宗教在內容和風格上，是皇帝、儒家的
> 禮法者、地方精英，以及道士之間利益衝突的產物。[28]

在這點上必須加上柳存仁對高級官僚崇奉道教的觀察，這包
括他們為了討皇帝歡心而為皇帝寫經，私下修煉氣功，並且相信
風水[29]。不過，高官們雖然努力嘗試，卻不一定總能把皇帝的私慾
與公職分開。因此，我們把「有關朝廷的比喻」借用在地方宗教
上，[30]究竟對於我們理解地方宗教有多大作用呢？對此，我們應該
謹慎思考。很多人都可能相信有所謂「正統」，但「正統」這個神
話是沒有多少內涵的，因為宣稱奉行「正統」的人，不一定都同
意一些基本信條。雖然如此，在地方社會，集團與集團之間，家

28　Romeyn Taylor, "Official and popular religion and the political organization of Chinese Society in the Ming, " in Kwang-ching Liu ed., *Orthodoxy in Late Imperial China*, Berkeley: University of California Press, 1990, p. 157.

29　Liu Ts'un-yan, "The penetration of Taoism into the Ming Neo-Confucianist elite, " *T'oung Pao* 57.1(1971), pp. 31-102. 感謝周紹民博士（Dr. Joseph McDermott）指點給我這篇非常重要的文章。

30　這自然是借用了 Stephan Feuchtwang 的用語，*The Imperial Metaphor: Popular Religion in China*, London: Routledge, 1992.

族與家族之間，恐怕還是要通過朝廷的權威來一較高下，因為地方上各種禮儀標記之設立與否、對於地方神明之敕封與否、對於祖宗之嘉獎與否，都體現出朝廷的權威。禮儀成了國家與社會之間的共同語言，成了國家與社會協商權力的基本遊戲規則。明朝能夠維持大一統，是因為朝廷承認地方制度的自主，但在禮儀層面上統而一之。宋怡明 [31] 指出，就地方神明的崇拜而言，這種大一統不過有名無實而已。當然，地方層面的宗教與社會動態，是多面性的。

31　Michael Szonyi, "The illusion of standardizing the gods: the Cult of Five Emperors in late imperial China, " *Journal of Asian Studies* 56.1(1997), pp. 113-35.

明嘉靖初年廣東提學魏校毀「淫祠」之前因後果及其對珠江三角洲的影響 *

明嘉靖元年（1522），廣東提學魏校下令毀「淫祠」，興社學，對珠江三角洲有很大影響，有關此事，嘉靖四十年（1561）黃佐《廣東通志》作以下的記錄：

> 吾粵之俗，昔作淳樸。淳樸之過而弊流焉。故敬鬼神，則受巫覡之欺……然提學得一魏校，而巫鬼頓革。

又同書魏校傳：

> 魏校，字子材。崑山人。弘治乙丑進士，正德末來為廣桌提學副使，教士以德行為先。不事考較文藝，輒行絀陟。首禁火葬。令民興孝，乃大毀寺觀淫祠，或改公署及書院，餘蓋建社學教童生。雖以經書然，三時分肄歌詩，習禮演樂。自洪武中歸併叢林，為豪氓所匿者，悉毀無遺。僧尼亦多還俗，巫覡不復祠鬼。男子皆編為渡夫，風俗為之丕變。其崇正辟邪之功，前此未有也。

這兩段的記錄，不相同之處，部分出在「淫祠」的定義上。首段的重心放在巫覡的宗教活動上，次段包括了佛寺和僧尼的活動，明代的反宗教活動，往往牽涉地方廟宇和佛寺兩方面，魏校

* 原文為中文，載周天游編：《地域社會與傳統中國》，西安：西北大學出版社，1995年，第 129—134 頁。

這一次亦相同。

然而，明代的官吏，並不是反對所有的宗教。從這兩段資料亦可以看出禁止巫覡是全面性的，反佛教是局部性的政策。關於這一點還有其他資料說明。

首先可以考慮的是明代的法律。《大明會典》祭祀項指：除社稷山川風雨雷神，帝王忠臣烈士「載在祀典應合致祭神祇」，官吏都要安排致祭外，祭祀「其不安奉祀之神」者，杖八十。

巫覡奉祀的神祇，很多都沒有包括在祀典之內，而祭祀的儀式，亦往往為明清士人不能接受。黃佐前引「吾粵之俗，昔作淳樸，淳樸之過而流弊焉」，作為奉巫覡的解釋，其實很奇怪。「淫」，帶有「浪費」的意思。後來收錄在黃佐《泰泉鄉禮》（辟異端以崇正道）段里魏校禁風俗的行為對巫覡和僧道儀式維持了一定的分別：

> 禁止師巫邪術，律有明條。今有等愚民，自稱師長、火居道士及師公、師婆、聖子之類，大開壇場，假畫地獄，私造科書，偽傳佛曲，搖惑四民，交通婦女，或燒香而施茶，或降神而跳鬼。修齋則動費銀錢，設醮必喧騰閭巷，暗損民財，明違國法。甚至妖言怪術，蠱毒採生，興鬼道以亂皇風，奪民心以妨正教，弊故成於舊習，法實在所難容。爾等愚昧小民，不知死生有命，富貴在天，且如師巫之家，亦有災禍病死，既是敬奉鬼神，何以不能救護。士夫之家，不祀外鬼邪神，多有富貴福壽。若說求神可以祈福免禍，則貧者盡死，富者長生。此理甚明，人所易曉。今我皇上，一新正化，大啟文風，淫祠既毀，邪術當除。汝四民合行遵守，庶人祭先祖之禮，毋得因仍弊習，取罪招刑。

由此段資料看來，修齋、建醮都是浪費，「興鬼道」乃是「亂皇風」。當然，鄉間佛教、道教和所謂邪術有很多重疊的地方，但是，從這一段來看，反巫覡活動和建立正統是有關係的。

其次，需要考慮、魏校到廣東以前反巫覡歷史。

　　比魏校早有規模地反對巫覡的官員是吳廷舉。吳廷舉，弘治二年（1489）順德縣知縣，亦曾就毀「淫祠」事刊出《禁淫祠條約》。黃佐《廣東通志》吳廷舉傳有錄如下：

　　本職近因賑濟，親到所屬龍江、龍山二堡地方，循行郊野，見有五嶽神廟，塑立神像。戴冕凝旒，執圭稱帝。割生醴酒，費出上民。主祭司香，權歸巫祝，諂諛又甚，褻瀆尤多。殊不知五嶽惟五方諸侯得以祭之。其法則除地為壇。削木為主，祭以二仲，號以本山，有事則天子遣官以炷香，無事則守臣封局而致祭。其禮至重，其分至嚴。今每鄉數廟，每廟五神，是庶人而僭諸侯之禮，是以三公而擬天子之稱。廟宇幽沉，失立壇之義。儀容儷雅，又乖作主之規。臧氏之蔡不足以盡其過，季氏之旅不足以比其罪。及照本堡及大良等堡，野鬼淫祠，克閭列巷，歲時祭賽，男女混淆，甚至強盜打劫，亦資神以壯膽。刁徒興訟，必許願以見官。似此乖違，俱當究問。本欲施行於既往，庶幾懲戒於方來。念小民之無知，由長官之無道。若非教而後毀，終至毀而復興。非徒壞我民心，仰且傷我民力，合應禁毀以正幽明。今備榜曉諭通縣百姓，各宜孝順父母，恭敬長上，和睦鄉里，教訓子孫，士農工商，各專一業，錢糧稅課，不失其期。四時八節，各祭宗祖，春秋祈報，共祭上穀。毋教唆詞訟，毋搶割田禾。毋害眾成家，毋欺公玩法。毋學賭博，賭博必傾家。毋學爭訟，爭訟必破產。毋學散仔，散仔必喪心。毋學盜賊，盜賊必喪命。凡其遷善去惡之路，是皆消災獲福之門，不須分外之神祇，費囊中之金帛。各逆邪心，毋貽後悔。通縣計去淫祠二百二十五所。遺下地段，改作社學、鄉社學，鄉屬以訓誨子弟，示教鄉民。

　　萬曆十三年（1585）《順德縣志》編纂者葉春及記錄此事時加了幾句，他描述歲時伏臘之習俗，用以下的字眼來形容：「椎牛擊鼓，戲倡舞像，男女雜遝，忽祖稱為出門之祭。」清初屈大均在《廣東新語》引用了這一段記錄來解析「五帝」。吳廷舉原文，葉春及則用到他的《惠安政書》去了。比較清楚的記錄，還是黃佐

《廣東通志》雜事編「東嶽府君」條：

> 廣州北城有東嶽府君廟，每出喪，葬殯者必往祀焉，且廣為醮事巫祝與喪家男女混雜其間，或止柩請信，宿乃行者。

吳廷舉派人搗毀了東嶽府君廟部分，搗毀後竟無恙，「乃盡毀之」。

吳廷舉在順德的年代，廣東正處於非正常的動盪之中。「黃蕭養亂」後（1450），珠江三角洲一帶長期面臨「猺亂」。成化元年（1465）朝廷命令僉都御史韓雍討廣西「猺」，韓雍重用廣西人陶魯，明政府應付廣東、廣西一帶的「猺亂」，才有一套比較完整的辦法。陶魯在「黃蕭養亂」後任新會縣縣丞，升知縣、按察僉事、按察使至湖廣左布政使兼廣東按察副使。至於其應付「猺亂」的辦法，霍韜《三廣公傳》[1]記錄如下：

> 魯恆言，除寇賊化之為先，殺之不得已也。故古賢之除寇賊也，先除戎器，以戒不虞。乃修比閭族黨，以正民紀。乃修庠序學校，以崇民化。古賢之以安莫天下也，凡以格民也，故魯平陽江縣賊，即修陽江縣學。平恩平縣賊，即修恩平縣。徙電白縣，曰避寇也，即修電白縣學。平寇而修學，避寇而建學，吏治所云迂也。魯曰：吾以廣化也，又曰表忠烈，以勸為臣也，亦化頑也。乃修之三忠祠，復修新會之忠勇祠。又曰禮賢，儒所以勸也。示民以有趨也。

霍韜《三廣公傳》談到陶魯和陳白沙的關係，對維護正統的發展，也很有作用。崖山三忠祠的創建和陳白沙支持有很大的連貫性。陳白沙在江門講學的年代，知縣丁積（1479—1487 間任新會知縣）「申明洪武禮制，參之文公冠婚喪祭之儀，節為《禮式》

1　見《文敏公全集》。

一書，使民有所據」。[2] 明顯與建立正統思想很有關係。但是，陳白沙亦記錄丁積對民間宗族的政策，同吳廷舉一樣，「民所敬事者，惟修復里社一壇而已，其不載祀典之祠，無大小咸毀之」。（同上）由此可見，反「淫祠」一事，在魏校以前，已經有很明確的方案。

魏校前後反地方宗教影響，最清楚的記錄，在廣州金花廟和巫覡活動的發展。關於廣州金花廟，黃佐《廣東通志》在雜事編有以下的記錄：

> 舊志靈應祠在廣州仙湖之西，故老相傳神廣，之金氏女也。少為巫，姿容極美，時稱為金花小娘，後沒於仙湖之水，數日屍不壞，且有異香，里人陳觀，見而異之，偕眾舉殮，得香木如人形。因刻像立祠，祈嗣往往有應。祠毀，成化五年，巡撫都御史陳濂重建，稱為金花土主惠福夫人。張詡提詩：「玉顏當日睹金花，化作仙湖水面霞，霞本無心還片片，晚風吹落萬人家。」嘉靖初，提學魏校毀其祠，焚其像，然廣人篤信於今，立金花會。

金花廟在廣州得到很多人供奉，是毫無疑問的事情。值得注意的是，在成化年間，官僚階層還未有把金花廟當為「淫祠」，巡撫陳濂把金花廟重建，陳白沙的學生張詡為它題詩。魏校禁金花廟以後的情況，可以從屈大均《廣東新語》略看一二：

> 廣州多有金花夫人祠，夫人字金華，少為女巫不嫁，善能調媚鬼神。其後溺死湖中，數日不壞，有異香，即有一黃沉女像容貌絕類夫人者浮出，人以為水仙，取祠之。因名其地曰仙湖。祈子往往有驗。婦女有謠云：祈子金華，多得白花；三年兩朵，離離成果。越俗今無女巫，惟陽春有之，然亦自為女巫，不為人作女巫也。蓋婦女病輒跳神，愈則以身為賽，垂盛色，纏結非常，頭戴鳥毛之冠，綴以瓔珞，一舞一歌，迴環宛轉，觀者無不稱豔。蓋自為身為

2　《丁知縣行狀》，見《陳獻章集》。

媚，乃為敬神之至云。女巫瓊州特重。每神會，必擇女巫之姣少者，唱蠻祠，吹黎笙以為樂。人妖淫而神亦爾。尤傷風教。

　　細讀這一段，有幾點很值得注意。金花是一個漂亮的少女，以後女巫跳神，其實在扮演金花，目的就是「以身為賽」，也就是獻給神的意思。女身獻給了神，就可以求到子女。這一類的法術，士人看起來，當然大傷風化。不過，屈大均說得很清楚，這一類的女巫，雖然在廣州一帶禁絕了，在廣東其他地方仍然很普遍。不過，職業性的女巫，屈大均相信已經減少了，還留下的女巫，主要是為信仰而做的。這裏說得很清楚，反地方宗教是有作用的。但是沒有禁止廟宇的發展，只是修改了廟宇裏面的活動。

　　至於是次反地方宗教活動有關佛教的方面，黃佐父親黃瑜《雙槐歲鈔》有兩段很值得注意的資料，「禱神弭寇」條：

　　　　正統末，吾邑多鬼物，有白晝見形、拋磚弄瓦者。予先府君禱諸城隍，夢神云，時方大亂，可誦妙法蓮華經，抉而飯僧，先府君因諳誦焉。景泰改元，寇果至，先府君在外，於啟神櫝，抱主避之。而寇去，先府君歸，日益諷誦，以函盛經，供奉嚴潔。

又「妖僧搧亂」條：

　　　　羅浮有景泰禪師卓錫泉，宋唐庚作記可考也。少監阮能，鎮守吾廣，信妖僧德存，創寺於白雲山半永泰泉上，指為卓錫泉。景帝改元詔至，即稱禪師出世，偽立寺額。遇聖節，輒為賽會，立天龍八部，統領村民，將欲謀逆，人不敢言。及能取回德存就擒，禍變乃息。

　　「黃蕭養亂」前後，民間宗教因時世莫測而得到一時之支持，是可以理解的事實。黃瑜這兩段記錄把信奉宗教分成了幾方面。私下誦經乃士人可以接受的行為，到廟宇燒香不在這段資料討論

之內，宗教領袖迎神賽會就帶有政治性的色彩，黃佐《泰泉集》中《泰泉書院興作記》對這件事的發展有詳細的記錄：

> 弘治初，大父雙槐府君上壽藏於泉之西南聚龍岡，而德存之徒賽會喧囂猶故也。正德戊寅，僧戒德容，廣決澗，水南趨，阻以石防，時放水燈。巡按山陰毛公鳳登白雲，經其地，顧淫潦湧崖善崩，歎曰：山川之道，與政通矣。水性逆而敗山，猶民性逆而敗國也。今峒寇披猖，盃肆不軌，無乃是乎。下令番禺［禹］尹王君澄執孽黨及其僕羅表，道浚而通之。僧詭投武帥，咀躁丞相庵，留石防以漁。嘉靖改元，臬副崑山魏公校以董學至，大毀寺觀。用復洪武彝憲，檄郡守簡侯布，率耆民躬往視之。顧泉上，浮屠之宇，蔽虧成□。當方春伐木，斧斤錚相聞。眾謂：經弗正，山弗寧。於是言於部使者暨藩臬。區群，厥居，使降岡，不宜莫厥山。泉激於石，潦漂及郊，民苦無定棲，而墓隴就齒。眾謂：流弗順，川弗寧。又言於部使者暨藩臬，去其漁防，為長渠，俾循聚龍岡而南與北坳之水，會注於東，莫厥川。徵諸舊志，復名其山曰棲霞，水曰泰泉。已乃召永寺基，予以先塋，伊買於官用。直三十鎰。遂建泰泉書院與子弟講學。左祀先師，右祀祖考。維山崇崇，衛我宮、昌吾道於無窮。伊侯之功，維水淋淋，維東是循，維潤澤吾民。諸侯之仁，維侯與作，崇正屏異，生我禾黍，淑我髦士，甲申孟冬，載筆以紀，勒於貞，詔後之人，俾毋忘其始。[3]

查嘉靖甲申乃是嘉靖三年（1524），所以這一段文字就是在時間上最接近在廣東反「淫祠」的活動的記錄，也是把反「淫祀」的觀念弄得最清楚的記錄，從這段資料來看，白雲山上的民間宗教，維持了七十多年，而官僚反對的一個大理由，其實是風水。

當然，反民間宗教重要的一環和建立正統很有關係，黃佐這段資料已說明。關於這一點還有清初屈大均的記錄：

3　引自黃培芳《黃氏家乘》，卷51，第82頁下—第83頁上。

白雲之山有三寺，中曰白雲，左月溪，右景泰，蓋山中之三生勝夜也。嘉靖間，三寺既毀，於是泰泉黃公，以景泰為泰泉書院。鐵橋黃公，以月溪為鐵橋精舍。甘泉湛公，以白雲為甘泉書院。自作白雲記，謂仙變釋，釋變儒。王青蘿讀而嘉曰：其變之終於正矣乎。遂書白雲之變扁而揭焉。[4]

反佛教活動並非全面的。萬曆三十七年（1609）《新會縣志》有詳細的寺觀田土記錄。可見時至萬曆，新會縣的佛寺基本上沒有被毀，但是：

各寺田嘉靖二十二年（1543）皆以奉詔變賣。每寺田或留少許，以供香燈，或盡賣之。所全者，惟光孝西禪二寺之田而已。今按光孝之田，萬曆元年（1573）築外城，僧送出變賣。後城工完，有未秤價而白食其田，上不納糧，下不輸租，寺僧屢以為言，竟委之而已。此不可不清理也[5]。

官僚大族私買被清理的佛寺田產，最明顯的例子是霍韜《石頭霍氏族譜》記：

大宗祠地原係淫祠，嘉靖初年，奉勘合拆毀。發賣時，文敏公（即霍韜 —— 引者）承買建祠。嘉靖初年，又奉勘合拆毀寺觀，簡村堡排年呈首西樵寶山峰寺僧姦淫不法事，准拆寺賣田。時文敏公家居。承買寺田三百畝，作大宗蒸嘗。

反佛寺活動，有名的粵北南華寺也不能免。南華田產的問題，日後憨山德清在他的《夢遊記》有記錄。南華寺不在珠江三

4　《廣東新語》。
5　萬曆《新會縣志》，卷2，第23頁下。括號內公元紀年為引者注，以便讀者理解。本書引文此類標注不再一一說明。

角洲之內，故本文不談。但是，道光十六年（1836）《重修曹溪通志》引康熙丁未（1667）舊志留下一段有關魏校的故事：

> 嶺南僧寺，嘉靖初年，提學副使魏校移文拆去者多。鄉邑有社學是其所毀寺改置，出巡韶郡，欲入南華山拆六祖寺，時得郡守周厚山解，乃罷。在郡庠中，碎其衣缽。翁源太平寺亦在毀中，住持真廣赴京奏辯。乃覆奏中亦言其毀寺衣缽。校後起北祭酒。時世宗再幸太學，校以侍講言動失禮，調太常寺少卿，致仕，家富。惟一子，已愛而夭，無嗣聞其後也有悔於心云。

此段文字除趣味外，亦可見民間對魏校毀「淫祠」的觀感。

皇帝在村：國家在華南地區的體現*

　　珠江三角洲千百年來都是位處王朝東南隅的一個偏遠地區，其中心城市廣州可能在唐宋時期已經發展成為一個繁榮的轉口港，但誇張點說，當時這個繁忙的港口周圍依然荒涼。珠江三角洲一帶人口稀疏，直至 16 世紀初到 18 世紀末大規模開墾土地，才把這裏變成一個人口稠密，而且生產力強大的地區。

　　按照中國政治的常規，沒有皇帝會老遠從北方的京城跑到這個兩千里外的邊遠地區來。即使在明清兩代，皇帝及其管治與這個地區的直接關係，也只是通過地方官員，而更多的時候是通過官員的下屬體現出來的。王朝的管治看來不過是間接的，且往往是全然不見蹤影，而法律則掌握在地方宗族和鄉村手中。

　　直至晚近，華琛（James Watson）才根據他在 20 世紀六七十年代從珠三角的香港新界地區聽來的故事提醒我們，鄉民的看法不是這樣的。[1] 華琛認為（而我也同意的是），鄉村的傳說歌頌皇帝的權力和朝廷的顯赫，因此村民是自覺到王朝存在於他們生活之中的，儘管「龍」的行為變幻莫測，讓他們相信最好還是敬而遠之。

---

* 原文為：“The Emperor in the Village: Representing the State in South China,” in Joseph P. McDermott ed., *State and Court Ritual in China*, Cambridge, U. K. ; New York: Cambridge University Press, 1999, pp. 267-298.

1　James L. Watson, “Waking the dragon: visions of the Chinese imperial state in local myth, ” in Hugh D. R. Baker and Stephan Feuchtwang eds., *An Old State in New Settings, Studies in the Social Anthropology of China in Memory of Maurice Freedman*, Oxford: JASO, 1991, pp. 162-177.

我希望在本文的第一部分了解皇帝 —— 一個人、一種制度，以及朝廷的措施 —— 在甚麼樣的背景之下出現於村民的心目中，藉以探討王朝的存在，一如我 20 世紀 80 年代在香港新界所做的研究。問題的答案我已經在別的地方說過了，是與鄉村生活整合到國家文化 —— 歷史、傳說、禮儀，以及朝廷和官僚集團的語言中去有關。[2] 由於喃嘸佬和儒士兩個看來對立的傳統，其傳說和禮儀均讓村民自覺到王權的存在，所以我將對它們格外注意。傳說和禮儀無疑是文化整合過程中僅有的渠道，而這個過程則可能涉及戲劇、風水、建築風格、市場行為，以至更多數之不盡的地方文化。我之所以舉出喃嘸佬和士大夫，而不是其他文化傳統的負載者，是基於我對他們的掌握。然而，從這兩個傳統中可以發現到一些變化，能表明在文化整合過程中起着作用的更為廣泛的趨勢。

本文第二部分將追尋國家文化整合進鄉村社會的歷史背景。為此，我把焦點從新界轉移到整個珠江三角洲。這個寬闊的視野，讓我得以追溯到宗族這個 16 世紀至 18 世紀地方組織核心的興起。珠三角社會格局的這個驚人變化，逐漸浮現成為祠堂制度和族譜編纂。而這也就是宗族意識形態得以補充鄉村意識形態、以界定鄉村與國家關係的背後原因。宗族禮儀在 16 世紀的普及，及其與鄉村禮儀的並存，因而可以說對於社會士紳化的過程和朝廷管治之進入鄉村有關鍵作用。

香港新界的傳說和禮儀

（一）王朝的傳說

在這山高皇帝遠的地方竟然有王朝的蹤影，即使疑心最重的研究者也不免感到驚訝。皇帝治理京城，而地方管治則交由官僚集團辦理，這樣的常軌不一定與事實相符。而皇帝的一次駕幸，無論其多短暫，卻足以支撐起民眾千百年的想像。

2　David Faure, *The Structure of Chinese Rural Society, Lineage and Village in the Eastern new Territories of Hong Kong*, Hong Kong: Oxford University Press, 1986.

那一次駕幸香港新界的,並非一位活生生的皇帝,而是已經駕崩的宋帝昺(生於 1271 年,在位年份為 1278—1279)。傳說他被蒙古人追捕,死於海中,屍體被沖上新界以北的岸上赤灣天后廟之處。廟祝獲上天告知皇帝駕到,他發現了皇帝的屍身,並將之葬在廟後山坡上的一個墓地(儘管廟宇所在地已經建成軍營,但墓地仍然可見)。其後,墳墓顯然是由當地一個與宋室同宗的趙氏宗族打理。新會三江村的一個趙氏支脈,自明代起已經自稱為宋室後裔,他們很可能負起了定期祭掃之責,以顯示身份。[3]

明朝時候定居於新界的幾個鄉村,流傳着小皇帝的傳說,其中有他與鄉村關係的細節。沙田大圍村的村民還記得他們的車公曾給小皇帝治病,而車公廟在 19 世紀時成了包括大圍在內的鄉村聯盟的中心。泰坑和新田的文氏村民均自稱是宋代著名忠臣文天祥(1236—1283)一位兄弟的後裔。[4]在北九龍還可以找到若干與那位蒙塵的小皇帝有關的遺跡。[5]

另一個與朝廷有關的傳說則非常不同,出自新界鄧氏。鄧氏自稱其先祖曾與宋代宗室結姻,而他們因此擁有新界的一半土地。宋宗室女生下四個兒子,長子的後裔定居龍躍頭。族譜記載,宗族的財產曾於元末明初為一無名宗族奪去,後來取回。這番失而復得,與錦田一脈的開基傳說有關。錦田的先祖鄧洪贄因受叛國罪牽連而被判發配,其兄弟鄧洪儀代刑。新界唯一的進士就是他的後人,而錦田一脈在清代掌控着新界最重要的市場——

---

3   我只是從《趙氏族譜》(1937)中才得知這個故事。我在新界常聽說赤灣天后廟,這顯然是該地一個重要的廟宇,然而卻沒有聽說過廟後的墓地。林天蔚:〈關於赤灣宋帝陵問題〉,《寶安商會七十周年紀念特刊》,香港:寶安商會,1984 年,第 167—170 頁,討論到祭掃在 1949 年後經過長久荒廢後在 20 世紀 80 年代重新恢復。

4   關於新田文氏,可參看華琛(James L. Watson)有關該村的多種著作,尤其是 Emigration and the Chinese Lineage, Berkeley: University of California Press, 1975.

5   《新安縣志》(1688),卷 3,第 27 頁下,提到皇帝建於官富(今九龍)的宮殿時,說「原址尚存」,顯示為地方所知悉。據《新安縣志》(1819),第 18 頁下(1981 年香港私人重印版第 146 頁)載,在相若位置上,「地基與支柱尚存,居民已在其上蓋建北帝廟」。同書又加入了宋王臺一條。根據該條,此臺乃一巨石,「昔日鎸有『宋』、『王』、『臺』三字」。有此三字的巨石部分,仍在其原來位置附近。宋帝駕臨的傳說在清代仍然流傳,看來應無異議,只是沒有確鑿的證據證明這些傳說在更早的時間已經存在。

元朗。[6]

　　自稱是宋宗室女後裔的人，在珠江三角洲所在多有，有族譜可稽的至少有四個例子。這種自我聲明可能不外是娶了一位趙姓女子，這女子來自三江之類的鄉村，據稱是宋朝皇帝的後人。這些女子之中，有的備有大量田地做嫁妝，這在沾皇帝的光之外，是錦上添花。

　　但是，並非所有的皇親國戚都蒙受皇恩。華琛在錦田附近的廈村收集到一個皇帝屠村的故事。這個故事頗為可信。附近一個村的某人獲得明太祖（生於 1328 年，在位年份為 1368—1398）的召見，1387 年封為東莞伯，其子及其大多數子孫則為太祖所誅。[7] 此人名叫何真（1322—1388），是元朝末年的地方豪強，在珠江三角洲下游領導一個鬆散的地方同盟。他奪取了廣州，又投降並把廣州交予進逼的明軍，獲授高官。他在地方上勢力驚人。他擁有當時東莞和惠州一帶（可能包括了整個新界）的大量土地，而至少在其中一些土地上有佃戶給他打工。他是第一個在這個地區，或者在珠三角地區，興建祠堂和制定宗族規條的人。然而，這一番皇族淵源卻只落得一個悲慘的收場。何真的兒子牽連在 1393 年的藍玉案之中，太祖下令何氏一家誅九族。後來頒令大赦，逃亡在外的家人返回故里，但產業已大非昔比。[8]

　　新界村民口中有關何真的傳說，述及某人曾經在朝廷上見過

6　鄧氏的歷史，可參看 David Faure, "The Tangs of Kam Tin-a hypothesis on the rise of a gentry family, " in David Faure, James Hayes and Alan Birch eds., *From Village to City, Studies in the Traditional Roots of Hong Kong Society*, Centre of Asian Studies, Hong Kong: University of Hong Kong, 1984, pp. 24-42; Faure, *The Structure of Chinese Rural Society*, pp. 149-165; Rubie Watson, "The creation of a Chinese lineage: the Teng of Ha Tsuen, 1669-1751, " *Modern Asian Studies* 16(1981), pp. 69-100，和她的 *Inequality Among Brothers: Class and Kinship in South China*, MA: Cambridge University Press, 1985；以及 Chan Wing-hoi, "The Dangs of Kam Tin and their Jiu Festival, " *Journal of the Hong Kong Branch of Royal Asiatic Society* 29(1989), pp. 302-375.

7　David Faure, *The Structure of Chinese Rural Society*, pp. 149-151.

8　何崇祖：《盧江郡何氏家記》（1434 年序），收於《玄覽堂叢書續集》，台北：「圖書館」，1974 年，卷 4。

皇帝的面，後來則被殺頭：

> 這位姓何的，是個大官，住在京師。可是，當何大人不在家的
> 時候，何夫人卻懷孕了。何大人的母親因此起了疑心。後來，何大
> 人母親知道原來何大人每晚都坐飛馬溜回家，感到妒忌，就對他的
> 飛馬做了些手腳。於是，翌日，何大人上朝就遲到了。皇上說，本
> 來要砍何大人的頭，但是，如果何大人能說出一百樣砍頭之後又能
> 長出原樣的東西，就饒何大人一命。何大人一邊回家一邊數，數了
> 九十九個這類東西（包括番薯）。他到家時，看到母親正在殺雞來
> 準備孫子的滿月宴，就問母親：雞沒了頭還能活嗎？（當然活不成
> 啊。）母親說不能，何大人的頭就立即斷了。

這故事還有後話：

> 何大人死後，他墳上長出三棵竹子。有人說：在竹子長滿一百
> 天之前，不要砍伐。但是，這建議不獲遵守，這三棵竹子還沒長滿
> 一百天就被砍下了。因此，這三棵竹子雖然飛進京師，卻無法刺中
> 皇帝。（假如三棵竹子長滿一百天，就能夠刺中皇帝。）

　　講述這個故事的村民稱這個官員做何左丞，而這正是何真
的官銜之一。這個村民在海邊的一個村居住，知道何真的墓地在
近岸處。這樣的故事在新界並非人人知道，在我做實地考察的範
圍內，我只是在幾個村裏聽說過，其中兩個村屬新界東部的「大
姓」。而正是這些村落，在何氏的衰亡之中坐享其成。[9]

　　因此，新界的一些村民的確有關於皇帝顯現的故事和記憶。
這些故事在某種意義上呈現出截然相反的形象：宋帝昺是宋朝的

9　David Faure, "The man the emperor decapitated," *Journal of the Hong Kong
Branch of Royal Asiatic Society* 28(1989), pp. 198-203，引文見第 198 頁；以及 P. H.
Hase, "More on the man the emperor decapitated," *Journal of the Hong Kong Branch
of Royal Asiatic Society* 29(1989), pp. 388-389.

流亡皇帝，受地方人民崇敬，而明朝皇帝則是一個可怕的懦夫。村民既明瞭個別皇帝的性格差異，對於朝廷政治的現實和王朝的命運也往往不是全無所知。其實，他們冷峻而不無恐怖的幽默，在這些故事中滲進了世故的睿智，與慣常所見政治幼稚的看法並不相同。此外，村民所述的故事與地方政治和宗族居地密切相關。這些故事不同於講明早期根源的故事，意在表明真有其事。這些故事所說的是中程的歷史：不是遙遠的唐朝和更早的過去，也不是晚近的清朝。這段中程歷史起自宋末，迄於明初，一方面王朝的顯現在這段時期原本就事關重要，而另一方面這段重要的時期一直綿延至今。

（二）王權的禮儀

皇帝的傳說可能是以史實為據，然而，這些傳說卻更常見於宗教儀式之中。諸如此類的王權標誌，表現在種種不同方面，例如神明獲正式賜封，從中顯出王權之尊。[10] 這些標誌也可以在禮儀中找到，王者的造像在這些禮儀中分明居中擺放。

首先應注意的是，村民並不祭祀皇帝，無論是活着的還是已死的。在鄉村禮儀中，與皇帝最接近的就是玉皇大帝。在新界，只有在喃嘸佬主持的特別儀式中，才會把玉皇大帝當作皇帝來祭祀。在這些把玉皇大帝請來做主神舉行醮會的儀式中，最值得注意的是「迎聖」。[11]

醮會是眾多儀式的大匯聚，其中包括了「迎聖」。鄉村定期（約十年一度）舉行醮會，由村民籌辦和出資，用來酬謝庇佑他們的神明，並且藉此祛邪。我們可以從醮會中領略到某種鬼神

10　新界的例子可參看華琛：〈神祇標準化 —— 華南沿岸天后地位的提升（960—1960）〉，陳慎慶編：《諸神嘉年華 —— 香港宗教研究》，香港：牛津大學出版社，2002年，第 163—198 頁。

11　有關「迎聖」的描述，參看田仲一成：《中国の宗族と演劇》，東京：東京大學出版會，1985 年，第 425—434 頁，第 662—666 頁。John Lagerwey, *Taoist Ritual in Chinese Society and History*, London: Collier Macmillan, 1987, pp. 202-215 討論到「放赦馬」時描述了一個類似的儀式，但這個儀式與「迎聖」不同，乃是由三清放給地府的陰魂。

信仰，在這種信仰中，鬼神並不是存在於另外一個不同的世界，
而是存在於活人中間。這種信仰也可以與三清的宇宙秩序觀念相
結合，三清由不同層級組成，玉皇大帝在其中一級施行其管治。
村民聘請喃嘸佬主持其中一些儀式，因為他們得藉助喃嘸佬的法
力。喃嘸佬按照其道法的規定，根據其典籍所載為村民施行一套
儀式。就見於文字的道法而言，喃嘸佬所施行的不少來自正一
道。而無論是對於他們的口述傳統還是文字本子，儘管相當部分
是從佛教儀式中借來，他們卻都刻意詆毀。

香港新界打醮中的喃嘸佬

正如其他許多鄉村儀式一樣，醮會的特色就是把喃嘸佬與鄉村的儀式、國家與地方的禮儀糅合起來，但醮會在很多方面也是皇帝與子民之間關係的禮儀法規。在新界典型的三天醮會中，喃嘸佬會帶領村民進行包括開幕慶典在內的一系列儀式，例如上表、啟壇、分燈、禮鬥，以及迎聖。完成了所有這些儀式後，村民在喃嘸佬的若干幫助之下，自行走赦書、啟榜，然後祭祀孤魂。無論是喃嘸佬還是村民，都不懂得解釋儀式的先後次序，但旁觀者可以從中看出各個環節之間鬆散但連貫。村民把他們要酬謝的神明拿出來。喃嘸佬從三清獲得力量，帶領村民進行眾多的儀式，祈求添丁添壽添福。村民在天賜的金榜上寫上自己的名字，是福澤綿長的一種表示。村民獲得上天的力量後，便給孤魂野鬼施食，鬼魂吃飽後便離去。

向天上的神明祈願；喃嘸佬把朝廷禮儀移用於上表之中；請玉皇大帝到會；以及玉皇大帝頒下赦書、顯示朝廷為地方的福祉而插手干預，凡此種種，皆是王權在村民中間的顯現。但是，在這些儀式中也可以看到明朝禮儀與法律的結合。[12] 再明顯不過的是《明會典》中有所規定而由縣令主持的「祭厲」，與醮會尾聲的祭祀孤魂相一致。法律規定，每年祭祀城隍三次。今天的新界村民通常不祭祀城隍，為了滿足這個要求，他們就向喃嘸佬在儀式中所放的一個紙紮城隍像獻祭。此外，喃嘸佬暗地裏重複這個朝廷所規定的庇佑儀式，在醮會中加入了向佛教神明的類似祈求。「大祭」與「小祭」不同，在喃嘸佬的滑稽故事聲中祭祀城隍，謂之「小祭」。「大祭」則莊嚴肅穆，在一個佛像（大士）跟前進行，佛像代表觀音，往往有兩個人的高度。國家與鄉村的儀式結合是隱而不顯的。當法律的要求與鄉村的儀式融合無間，國家便退居幕後：村民忘記了是禮代替了法，否則法便可能強行實施，而村民已經把禮認定為他們自身傳統的表達。

12　說明本文所提到的許多儀式的醮會文獻越來越多，其中最可以用來與新界作比較研究的是 Lagerwey, Taoist Ritual in Chinese Society and History。也可參看 Kristofer Schipper, "The written memorial in Taoist ceremonies," in Arthur Wolf ed., Religion and Ritual in Chinese Society, Standford: Stanford University Press, 1974, pp. 309-324.

　　但是，喃嘸佬和村民並非是出於對王法的尊重而在儀式中走在一起的。喃嘸佬和村民宗教傳統的共同點，在於他們對人鬼兩界合一的確信。他們對鬼界的信仰，以及調和人鬼之間關係的眾多手段，都遠遠超出了天師道的戒條。新界喃嘸佬超出天師道戒條的儀式，恐怕就是所謂「調鬼」的祛邪法事，據説是閭山九郎及其弟子所傳。「調鬼」與醮會的祛邪不同，並不試圖給無主孤魂施食或超度，而是求助於神力以抵抗侵犯。但其他的儀式通常不是由專門人員，而是由村中的「老婦」主持，包括「喊驚」和婚喪中的庇佑儀式。[13] 鄉村宗教活動有不同的層面；喃嘸佬以天師道的儀式接收了縣令的儀式，在地方神明與天上神明之間居中協調，正如縣令在地方政治與國家之間居中協調。經過官方改進的儀式，地位較為有利，因為村民認識到，代表官方的儀式適合於神明：官方儀式引進了鄉村，正如神明的力量在喃嘸佬的儀式中降落了凡間。[14]

（三）士大夫的世系及其地位象徵

　　士大夫也和喃嘸佬一樣，地位直逼官員。他們在祠堂祭祖的儀式中，演示其特權地位。

　　東莞伯何真早於 1372 年已在廣東惠州興建祠堂，但新界第一間祠堂卻建於 1525 年，為龍躍頭鄧氏所建，是他們接收何真產業之後不久的事。由於明初法律規定，只准許有官銜的男丁另建房舍作祖先神龕，所以鄧氏宗祠是一間非常早的庶民家庭祠堂。然而必須記住，鄧氏自謂不比一般庶民——他們自誇是宋室公主的後人。而新界的其他祠堂，則遲至 17 世紀末或 18 世紀初才興建。

13　喃嘸書《道教源流》把喃嘸佬與巫師區別開來，把後者分為四類：演法道巫、黃冠羽士、禳星告斗之道巫、設送邪煞之道巫。此書認為喃嘸佬有其他的師承，集合各家，其中包括老子、閭山九郎、陳林李三奶夫人、王太母、天后，等等。「老婦」一詞不見於書中，而是喃嘸佬口頭所説。《道教源流》影印本（手稿，不著日期）收入《新界宗教文獻》卷一，《新界宗教文獻》則為《新界歷史文獻》（香港中文大學聯合書院有藏）的一部分。

14　Emily M. Ahern, *Chinese Rituals and Politics*, Cambridge: Cambridge University Press, 1981 一書中提出過類似的主張。

　　要明白新界興建祠堂的意義，便必須了解 16 世紀至 18 世紀新界宗族所出現的社會和政治變化。龍躍頭鄧氏的祠堂興建於 16 世紀，其時他們控制了新界大部分地方。在早期，即使是與龍躍頭鄧氏共同致力於宗族建設的近親錦田鄧氏，也無法興建祠堂。錦田鄧氏反而在宗族捐建的凌雲靜室安放了種種祖先靈位。18 世紀時，龍躍頭鄧氏衰落，新界大部分地方不再歸單一宗族所有，「大姓」的特權和地位遂由一個約有十二個宗族團體組成的廟宇聯盟來維持。

　　宗族擁有獨立祠堂與否，差異巨大。大多數庶民的子孫，從而新界的大部分家族，都是在遠為簡陋的神龕和墓地拜祭祖先的。祠堂建得美輪美奐，象徵宗族的統一，而墓地和神龕的祭祀則否。祠堂的祭祖，所祭的是同宗各支脈的先人，多少則視乎後人所許可而定。至於墓地和神龕的祭祀，則是為個別先人，或充其量是為單一支脈的始祖而設。不同的祭祀產生不同的宗族傳說。祠堂的集體祭祀產生宗族由崛起以至興盛的傳說，祠堂的建成是其明證；相反，墓地和神龕的祭祀只是產生出宗族在某村定居，而在不同地區開枝散葉的傳說。

　　一方面是祠堂數目激增，另一方面則是族譜編修的盛行。編修族譜與興建祠堂不同，並不局限於自稱書香門第的家庭。但是，即便如此，仍有跡象顯示編修族譜的工作在明朝經歷過一次與士大夫傳統的興起有關的轉型。任何熟悉新界族譜的人都會注意到，這些族譜有一個共同點，那就是開篇之際錄有一長串開基祖以前的先人名字。陳永海在晚近的論文中認為，這些名字源於廬山道的授籙科儀。陳永海根據他對華南土著「猺民」入教儀式的觀察，以及散見於客家歷史文獻的資料，說明按照廬山道的傳統，男子（偶有女子）在成人儀式中獲授神力並取籙名。這些名字會被記錄下來，因為到了須藉助神力之時，將要列出先人的整個名單。這些名單可以視作族譜，但其所追溯的不是父系親屬，而是袪邪法力的轉移。這是把族譜用來作為先人力量的傳承，以進行袪邪法事，士大夫則是把族譜作為整理世系之用，以確定祖先靈位放置恰當，而且香火不絕，二者大不相同。因此，新界宗

族明末清初的族譜把這些籙名載入，所顯示的不是當地傳統的延續，而是士大夫編修方法的轉型。[15]

與祠堂激增和族譜編修密切聯繫的，是士大夫所定禮儀的流行。明朝以來，這些禮儀的標準典籍恐怕便是大儒朱熹（1130—1200）所撰的《家禮》。《家禮》中的不少規條仍可在新界找到。不但婚喪禮儀與書中所言一致，就連許多祠堂中靈位的樣式也遵循書中的細節。

但是，誰也別以為可以在新界找到《家禮》所規定的婚喪儀式：正如醮會的情況一樣，鄉村並不嚴格跟隨書中所載行事，而是把書中規條與源自不同傳統的儀式相結合。儘管這會讓人覺得是選擇性的遵循，但比遵循本身更重要的是對這遵循的信念，而這信念不但是由禮儀合度，也是由文本的廣泛使用支撐起來的。然而，我在新界並未見到過任何《家禮》。就我和其他人所見，常用的是一些鄉村手冊，幾乎都是手寫本，裏面備有婚喪禮儀、土地買賣、信札，以及其他鄉村活動的標準文件。一般相信，這些手冊所載者即為這些文件的「帖式」。儀式中可能記錄和使用過標準文本，而村民對此的信念表現在他們對所獲得的文字記錄的尊崇。文本的廣泛使用向村民表明，鄉村儀式只不過是祖傳典籍中適用於所有中國人的儀式的若干變種。[16]

祠堂、族譜和禮儀文本把士大夫推高到社會秩序的上層，並且以王權界定這個社會秩序。祠堂和族譜充滿了官僚的印記。功名取得者在族譜中佔有顯著位置；祠堂裏設有一個偏廳用來安放族中功名取得者的靈位；牆上掛滿了功名牌匾；功名取得者和嫁到族裏的新娘（相信她腹中懷有未來的功名取得者）才可經由中

15　Chan Wing-hoi, "Ordination names in Hakka genealogies: a religion practice and its decline, " in Helen F. Siu and David Faure eds., *Down to Earth: The Territorial Bond in South China*, Standford: Stanford University Press, 1995, pp. 65-82.

16　有關鄉村書面材料的討論，參看 James Hayes, "Specialists and written materials in the village world, " in David Johnson, Andrew J. Nathan and Evelyn S. Rawski eds., *Popular Culture in Late Imperial China*, Berkeley: University of California Press, 1985, pp. 75-111.

門進入祠堂。村民不但明白書香門第的排場，也試圖附庸風雅，攀附於祠堂的集體祭祀。結果，祭祖禮儀被視為鄉村生活的一部分。直至沒有獨立祠堂的村民把依附於他們的住宅用來作祭祀之用的建築物稱為祠堂，而且喃嘸佬也按照士大夫禮儀文件的樣式撰文禱告上蒼，轉型才最後完成。顯而易見，無祠堂者，無以顯達，而不標準的文本也不會見用於科儀。

喃嘸佬存在於鄉村以及士大夫成為地方文化的中心，是同一個社會分化過程的不同方面。時至今天，擁有獨立華美的祠堂的大姓與沒有祠堂的宗族，在村民的日常談話中仍然有明確的界線。所有的村民都請喃嘸佬或客家喃嘸佬辦事。所有的人 —— 居於水上的絕對外人除外 —— 都有族譜，或以為有族譜。擁有獨立祠堂的宗族，幾乎所有都屬本地人，即清初（1662—1669）遷界之前已定居於此的原住民。

這個社會分化過程是否反映了國家向鄉村的滲透？問題不易回答，因為國家措施和制度林林總總，國家措施和制度的知識進入鄉村的渠道也是林林總總。例如，廣東省官方在明朝末年和清朝時期可能建立了鄉約，作為籌辦儀式的組織，當地人包括村民在內須在儀式中反覆向朝廷表忠。但可以理解的是，新界大部分地區與縣府之間的距離均超過一天的行程，我在研究中找不到任何證據，顯示頒令的鄉約曾經執行過。其他研究者和我所發現到的，是鄉村儀式的大雜燴，其中可能抄襲過國家禮儀，但卻不是按頒令的方式進行。鄉村在其禮儀中總是不按法律本子辦事，而不過是利用這些規定以表達自己想要達到的目的。

總而言之，神明被整合為一體，而皇帝則高踞其上，宗教專門人員成了王權的展示者，而士大夫則領導起一個號稱忠君孝親的組織結構。皇帝不是非親身出現於鄉村不可，有代表王權的東西便已足夠。就此而言，宋朝的小皇帝是一次破格。何真的故事關係到鄧氏和其他大姓宗族的建立，而皇帝表現為儀式上的一個抽象人物，則讓虛設的王權足以取信於民。但是，與小皇帝的聯繫究竟作用何在卻不明顯，除非把鄉村傳說的演變置諸廣闊的珠三角來觀察。以下將就此展開討論。

珠江三角洲的歷史演變

　　文字材料是文化變遷的產物，但卻不是文化變遷的客觀記錄。但是，我無法在珠江三角洲進行任何與我在新界所做一樣的採訪。我只得依賴文字材料來研究這個地區的歷史，由此看到我們對國家的擴張所帶來的複雜變化所知是何等有限。[17] 在鄉村禮儀當中，這些變化同樣有跡可循，因為禮儀變化的核心正是種種創造王權形象的社會趨勢，而王權形象則是禮儀所必須朝向的。因此，我將首先敘述廟宇興建和宗教儀式之中所見的禮儀變化，並把這些變化的確立和傳佈聯繫到明初至 16 世紀中葉的某些政治事件。簡言之，我的看法是，明朝形成了這樣一種社會，其組織重心乃是建立在祠堂祭祖之上的宗族。我認為，這個過程是由種種讓國家得以向鄉村滲透的事件直接造成的。

（一）地方信仰之認受

　　祠堂祭祖的做法只是從 16 世紀中期開始才在珠江三角洲普及起來。此前，地方組織的重心是佛寺，或拜祭不同神明的神龕和廟宇。朝廷的認可通常不是這些地方或拜祭演變的一個因素，但是，朝廷和官方對這個或那個神明的態度，或禁止某種信仰或儀式，卻會影響到不同拜祭場所的盛衰。由於文獻之不足徵，尤其是南宋（1127—1279）以前的，我們只好依靠這些變遷來重新梳理地方社會與國家的關係。

　　現存最早關於珠江三角洲宗教儀式的記載，見於道教典籍之中，而這些典籍與王權的發展同步。珠三角最早在道教中佔有一席位，要數晉朝道士葛洪（約 283—363）羅浮山煉丹的故事。葛洪並未留下任何儀式，但對地名卻有影響；其妻鮑姑成為廣州三

17　不過，蕭鳳霞、劉志偉等在珠江三角洲做了出色的實地考察，而蔡志祥、陳春聲、丁荷生（Kenneth Dean）和鄭振滿在廣東汕頭和福建也做了相當的研究。

元宮的主要神明；其弟子黃野人也常現身於羅浮山。[18]

　　唐朝出現了其他的宗教地標及其記載：越城龍母廟、黃埔洪聖廟（當時稱扶胥），以及與禪宗六祖惠能（638—713）有關的大佛寺——光孝寺和南華寺。[19]南漢（907—971）以廣州為首都，南漢君主是佛寺的捐獻者，除了贊助南華寺和光孝寺，他們也在羅浮山附近建立了其他的佛寺如資福寺，這所佛寺後來與嫁給了新界鄧氏的宋宗室女有密切關係。[20]

　　宋朝時，佛寺在珠江三角洲的地位也許比後來重要得多，而這不僅僅是由於很多佛寺都得到大量財產資助。[21]這個重要地位的喪失可能始於14世紀和15世紀，而有些情況是源於偶爾對佛教的敵視。佛山鎮顧名思義，就是「佛家之山」，原本為一間佛寺的所在地，這間佛寺在1391年遭到毀壞。後來在原址上重建了一間北帝廟，15世紀時那裏成了佛山鎮的中心。北帝是玄武在廣東的俗稱，元朝和明初曾在湖北武當山給這位神明修建嶄新的

18　屈大均：《廣東新語》，香港：中華書局，1974年，第729—730頁簡略提到過葛洪和黃野人。至於三元宮和鮑姑的關係，則見於仇池石：《羊城古鈔》（1806年序），卷3，第46頁下；以及廣州市文物志編委會編：《廣州市文物志》，廣州：嶺南美術出版社，1990年，第190—191頁。與葛洪有關的地名，見《廣東省佛山市地名志》，廣州：廣東科技出版社，1991年，第105頁丹灶和仙崗條，以及119頁葛岸條。

19　關於龍母廟的早期資料，參看《太平廣記》，北京：文友堂，1934年；據1566年版本重印，卷458，第3頁下—第4頁上所引唐朝的資料。關於洪聖廟，參看曾一民：《隋唐廣州南海神廟之探索》，台中：東魯書室，1991年；關於光孝寺，參看羅香林：《唐代廣州光孝寺與中印交通之關係》，香港：中國學社，1960年；關於南華寺，參看Bernard Faure, "Relics of flesh bodies: the creation of Ch'an pilgrimage sites, " in Susan Naquin and Chün-fang Yüeds., *Pilgrims and Sacred Sites in China*, Berkeley: University of California Press, 1992, pp. 150-189.

20　《廣東通志》（1561），卷65，第6頁下—第7頁下；Michael J. E. Palmer, "The surface-subsoil form of divided ownership in late imperial China: some examples from the New Territories of Hong Kong, " *Modern Asian Studies* 21.1(1987),pp. 33-36有關於新界鄧氏與資福寺關係的討論。

21　一些例子見於《光孝寺志》（1769年，1935年重印），卷8；《龍江鄉志》（1935）；廣東省圖書館所藏手稿，無頁碼，寺觀章國名寺條；《龍山鄉志》（1930）；廣東省圖書館所藏手稿，無頁碼，卷5，「積善莊條」。

宮觀。[22] 從佛寺變成祠堂是另一種轉型過程。我只能在一個案例中確鑿地證明這一點。晚清時期，南海縣一間為唐朝狀元莫宣卿而建的祠堂，取代了莫氏宗族在宋朝時為貯存祖先靈位而建的佛寺。[23] 還有另一種轉型過程，地方上的權力爭奪與效忠王權的表現相結合，遠近聞名的廟宇由此而建立。這種情況最為顯著的例子，就是以效忠一朝之名建於新會的一間供奉宋帝昺母親的廟宇。

　　大忠祠 1460 年左右建於新會縣望海的岬角之上，原為紀念宋室忠臣文天祥、張世傑（1236─1279）和陸秀夫（1238─1279）而建。大忠祠旋即於 1476 年獲得朝廷認可，其後不久擴建，並於 1480 年左右取得 300 畝被沒收的寺院土地，供祭祀三位宋室忠臣之用。所有這些做法都是由地方官員推動和施行的，但這間廟宇主要仍然控制在也許是新會最有錢的宗族之一伍氏的手裏。然而，新會力圖加強與宋室的關係，使這個局面有所改變：1491年，廣東提學可能在廣東大儒陳白沙（1428─1500）的提點之下，獲得朝廷批准在廟宇所在地另建一廟，祭祀宋帝昺的母親楊太后（終於 1279 年）。所需費用由一名趙氏宗族的成員負擔，趙氏是富裕的地方宗族，可與伍氏匹敵。趙氏號稱是宋室後人，乘廟宇興建之便，不但清楚申明了他們的皇族淵源，也加深了他們與伍氏在地權糾紛上的積怨。1501 年，他們的努力得到了實質的回報：趙氏子孫得以豁免差役，並或保送書院，穿戴衣冠，參與祭祀。[24]

　　15 世紀的地方社群以不同方式積極爭取朝廷認可地方信仰的

22　佛山博物館仍保存著一塊刻有「佛山」和 628 年的石板，該年佛寺所在地的山上發現了三尊青銅佛像。這件事在《佛山忠義鄉志》（1923），卷 8，「祠寺」，卷 2，第 23 頁下有記載，也可參看本書：《佛山何以成鎮？明清時期中國城鄉身份的演變》。

23　《巨鹿顯承堂重修家譜》（1869），廣州廣東省圖書館藏。

24　《新會縣志》（1609），卷 3，第 20 頁下─第 22 頁下，卷 4，第 48 頁（引文見卷 3，第 22 頁上）；《趙氏族譜》，卷 2，第 10 頁開基祖崇業的傳記，以及卷 2，第 19 頁上思仁的傳記；黎貞：《孝思堂記》，載《嶺南伍氏合族宗譜》（1933），卷 8，第 3 頁下─第 4 頁上；陳白沙：《陳獻章集》，北京：中華書局，1987 年，第 10─11 頁、第 47─48 頁和第 49─51 頁；Wolfram Eberhard, *Social Mobility in Traditional China*, Leiden: E. J. Brill, 1962, p. 2.

情況，比比皆是。北帝在佛山等地方地位突出，可能就是這個過程的結果。自從永樂皇帝（1360—1424；1403—1424 年在位）把自己奪得帝位歸功於玄武有求必應，北帝在朝廷眾神之中一直居於上位。北帝是從珠江三角洲以外移入的，證據見於佛山附近的蘆苞，那裏流傳的故事說北帝神像是由一位活在 1465—1521 年的村民從武當山帶回的。[25] 新會潮連郊區有一間洪聖廟，據廟內一塊 1784 年的牌匾所載，洪聖像乃是從明朝皇帝的故鄉安徽鳳陽帶到那裏去的。[26] 由於洪聖一直以來都是廣東的地方神明，這個故事並不可靠。不過，潮連村民既然把自己的神明歸結到一個北方的源頭，那麼，神明移入的故事在 18 世紀末以前必定已經十分流行。朝廷的權威無須轉換成為一種信仰：為皇帝和朝廷服務的神明本身已有充分的理由受到廣泛尊崇。

無論如何，我們還可以從法律層面看。載錄於法典裏並且擁有政府許可牌匾的廟宇和佛寺，與其他所有的廟宇和佛寺不同。法律嚴格要求僧尼註冊，並遵守僧綱司的規定。但是，法律一般不曾執行。[27] 1521 年，廣東提學魏校（1483—1543）着手貫徹執行這些規定。

魏校於 1521 年所寫的一則通告引錄如下：

照得廣城淫祠所在佈列，煽惑民俗，耗盡民財，莫斯為盛。社學教化首務也，久廢不修，無以培養人材，表正風俗。當職怵然於衷，擬合就行。仰廣州府抄案委官親詣各坊巷，凡神祠佛宇，不載於祀典，不關於風教及原無勅額者，盡數拆除，擇其寬廠者改建

25　Yixing Luo, "Territories community at the town of Lubao, Sanshui county, from the Ming dynasty, " in Helen F. Siu and David Faure eds., *Down to Earth*. 蘆苞的北帝廟也正如佛山的北帝廟一樣，原址是一間佛寺，該佛寺毀於明初。

26　蕭鳳霞和劉志偉 1991 年夏天在潮連進行實地考察，其時廣州市博物館正在拓印此牌匾。

27　有關的法律，參看《大明會典》，1587 年版；台北：文海出版社，1964 年重印，卷 104，第 2 頁下—第 6 頁下；另有摘要，參看 Chün-fang Yü, *The Renewal of Buddhism in China, Chu-hung and the Late Ming Synthesis*, New York: Columbia Press, 1981, pp. 138-170.

東、西、南、北、中、東南、西南社學七區。[28]

　　魏校着重的是道德。他試圖以學校取代沒有註冊的廟宇和佛寺，但他在別的地方詳列了政策的細節，顯示了一種排佛的傾向。他在 1521 年的《諭民文》中禁止火化，取締巫覡的法術，把他們遣返原鄉，並且主張廣東人在家裏僅安放祖先靈位，不放神像。[29] 1522 年，他以歷代官員對佛教數之不盡的抨擊為由，下令沒收廟宇和佛寺的土地，撥作學校之用：「各處廢額寺觀及淫祠有田非出僧道自創置也，皆由愚民舍施，遂使無父無君之人不耕而食，坐而延禍於無窮。」[30]

　　官方清算佛寺的時間究竟受到甚麼因素影響，往往不清楚。回看起來，魏校在廣東的排佛是全國多個地方推行排佛政策的先聲。就其廣闊的背景而言，嘉靖帝（1507—1566；1522—1566 年在位）的性格和思想可能在 16 世紀二三十年代的排佛活動背後起作用。[31] 據説，魏校與張璁（1475—1539）和桂萼（卒於 1531）有密切關係；這兩位朝中大臣在 16 世紀 20 年代的「大禮議」中幫助魏校在卸任廣東之後榮升高職。與張璁和桂萼關係密切的尚有霍韜（1487—1540），他原籍佛山附近的石頭鄉，官居高位。他在 1537 年的《正風俗書》中重申魏校的主張。霍韜 1527 年造訪魏校，仰慕其學問，二人即成為好友。16 世紀 30 年代，霍韜積極參與打擊南京和北京佛寺的活動。[32]

28　魏校：《莊渠先生遺書》，手稿，不著日期，台北：「圖書館」館藏珍本顯微膠捲，卷 9，第 6 頁。

29　前引書，卷 9，第 16 頁上—第 24 頁上。

30　前引書，卷 9，第 15 頁。

31　Thomas Shiyu Li and Susan Naquin, "The Baoming temple: religion and the throne in Ming and Qing China," *Harvard Journal of Asiatic Studies* 48.1(1988), pp. 131-188.

32　霍韜：《霍文敏公全集》（1862），卷 4，第 30 頁上—第 32 頁下，第 68 頁上—第 70 頁上；沈德符：《萬曆野獲編》，北京：中華書局，1980 年；據 1959 年版重印，第 195 頁。

　　珠江三角洲與 16 世紀二三十年代的排佛有明顯的牽連。魏校的措施是某位官員鎮壓了一個佛教派系之後三年的事，該派系聚眾於廣州白雲山，其儀軌可上溯至 15 世紀中葉。按照黃瑜在《雙槐歲鈔》一書的說法，這件事背後似乎有一個從廣東一直延伸到朝廷的關係網絡在起作用。他把佛教儀式的傳佈歸因於宦官的支持，又推崇理學家吳與弼（1392—1469），借他指出唯有把宦官和佛徒驅逐，始能匡正世道。[33] 吳與弼是陳白沙的老師，陳白沙是湛若水（1466—1560）的老師，而霍韜則與湛若水一夥，二人在「大禮議」中站在張璁與桂萼一邊。

　　廣東打擊佛寺的活動受諸如此類的排佛言論推動，致使佛教的寺院和土地遭士大夫大幅沒收。已於 1518 年關閉的白雲山三大寺，都讓士大夫接收了。湛若水把其中一間改為甘泉書院，寫道：「仙變佛，佛變釋。」[34] 南海縣的福慶寺 1522 年遭魏校飭令拆毀，改為墓地。[35] 1523 年，魏校下令拆毀新會的佛寺，無量寺的青銅佛像也和佛寺一道被毀。1533 年，聚寶庵的產業被縣丞沒收，撥作紀念陳白沙之用。[36] 結果，1543 年，新會「詔賣各寺觀田地」。這乍看也許並不怎樣令人吃驚，因為《新會縣志》接着有以下一段說明：[37]

　　　　邑僧田，民已先自出錢兌買，畝上銀肆兩、中三兩、下貳兩。原有僧者，僧收其稅；寺廢僧亡者，里豪爭收其稅。至是議賣。知縣何廷仁定價太重，民破產鬻子不能償。

33　黃瑜：《雙槐歲鈔》，長沙，1939 年重印，第 138—139 頁。

34　屈大均：《廣東新語》，第 465 頁。

35　《南海九江鄉志》（1657），卷 2，第 2 頁下。

36　《廣州府志》（1879），卷 89，第 11 頁下和第 12 頁下。

37　《新會縣志》（1609），卷 1，第 27 頁下—第 28 頁上。標題為「寺觀」，即既是佛寺，也是道觀，但就這段文字的內容而論，看來無法證明與道教有關。康熙版《新會縣志》有關此事的用詞略有不同，可以證明我對這段文字的理解。參看《新會縣志》（1690），卷 3，第 17 頁和卷 9，第 21 頁。

　　由於佛寺的產業已經落入私人之手，政府勒令變賣意味着那些土地的賦稅登記有所變化。這或許可以說明為甚麼這道命令所引起的抗議，並非來自佛寺，而是來自埋怨價錢定得太高的私人地主。

　　理學所討伐的不局限於佛寺。1523 年，魏校裁定供奉地方女巫金花夫人的廟宇為「淫祠」，下令關閉，並將其小神像焚毀。據當地傳說，金花夫人少為巫，姿容極美，溺死湖中，數日屍不壞，且有異香。1469 年，當地人在巡撫陳濂（1370—1454）許可下，重建其廟，供奉一木塑神像，吸引祈子婦女到來參拜。[38] 以下一段出自 17 世紀的記述表明金花夫人的信仰在那時仍然興旺，此廟之所以成為「淫祠」，從中可見一斑：

　　　　少為女巫不嫁，善能調媚鬼神。其後溺死湖中，數日不壞，有異香。即有一黃沉女像容貌絕類夫人者浮出。人以為水仙，取祠之。因名其地曰仙湖。祈子往往有驗。婦女有謠云：祈子金華，多得白花，三年兩朵，離離成果。

接着又謂女巫活躍於廣東其他地方：

　　　　越俗今無女巫，惟陽春有之，然亦自為女巫，不為人作女巫也。蓋婦女病輒跳神，愈則以身為賽，垂盛色，纏結非常。頭戴鳥毛之冠，綴之瓔珞，一舞一歌，迴環宛轉。觀者無不稱豔。蓋自以身為媚，乃為敬神之至云。女巫瓊州特重，每神會，必擇女巫之姣少者，唱蠻詞，吹黎笙以為樂。人妖淫以神亦爾，尤傷風教。[39]

　　金花夫人的特點和這些儀式賦予了女巫的祈子禱告強烈的性

38　陳濂，東莞人，《廣東通志》（1561），卷 69，第 24 頁稱其為廣東按察副使，但他的名字並不見於廣東官員的名錄之中。《明人傳記資料索引》，台北：「圖書館」，1965 年，第 600 頁有關他的條目，提到他身居高位，曾向皇帝陳情鎮壓「黃蕭養之亂」。

39　屈大均：《廣東新語》，第 215 頁。

意味，所以不難明白為何在魏校之類嚴格的士大夫眼中金花夫人看來就像是「妖」。

諸如魏校一般壓制這些信仰和女巫的舉措，最後似乎並未見效。魏校篤信理學，即使在其時，也不曾在官員和士大夫中間贏得普遍支持。有些士大夫也看到理學受佛學影響，甚至是受霍韜所指摘的經文影響。[40] 一些士大夫佈施憨山德清（1546—1623），在 17 世紀初恢復了珠江三角洲地區對佛寺的尊崇。另一些士大夫則以佛寺作為明末政治或文學會社的避難所，或遺民的避秦之地。[41] 而恰恰是受過魏校壓制的民間信仰，有明顯的恢復。至 1800 年，廣州、河南已經建了一間香火鼎盛的金花夫人祠，每年夏天在此舉行長達一個月的節慶，吸引不少善信。[42] 其實，屈大均（1630—1696）在 17 世紀提到的女巫祛病歌舞，新界的客家人 20 世紀 80 年代仍在使用。金花夫人被抹掉了祛邪的元素，在今天的喃嘸經中以一個神明的姿態出現，能指使花公、花母，以及照顧生育的十二奶娘。[43] 理學把宗教儀式重塑成為國家認可的正統，這種措施遇到了巨大的而又根深蒂固、持久不衰的阻力。

不過，魏校和其他人的工作也至少有一個深遠的影響。很多土地不再受佛寺控制，落入了士大夫和地方組織之手。宋以來的佛寺勢力減弱了。這種轉型情況的出現，純粹由於本地人摸清了朝廷意圖，適時參與到席捲全國的地方政治意識形態浪潮中。1450—1550 年是這個發展關鍵的一百年：本地人無法壓制地方宗教，卻能把佛寺的地位貶低。至 16 世紀，佛寺開始成為國家所接受的祠堂和廟宇的附屬物。因此，宗教記錄相當清楚地說明了朝廷和官方權力進入珠江三角洲的過程。然而，還必須談談那些把這種權力帶進來的本地人。禮儀記錄遠非祭祀之事那麼簡單，而是按其權力分配的概念引進了一個新的社會秩序。

40　《文裕公年譜》，第 22 頁上，載黃培芳編：《黃氏家乘》（1905）。

41　關於此點的若干證據，參看汪宗衍：《天然和尚年譜》，澳門：於今書屋，無出版日期。

42　仇池石，卷 3，第 15 頁。

43　《道教源流》「金花聖主記」條。

（二）政治和社會士紳化

珠江三角洲的不少本地人一方面與高級官員關係密切，一方面累積了土地財富，這個階層的興起開啟了一般人心目中的「士紳社會」。以祠堂為中心的士紳社會，在珠江三角洲居顯要地位。這個特點廣見於 19 世紀和 20 世紀的文獻：鄉村聚居着單一姓氏或幾個姓氏的鄉民、同姓中人源於一個共同的祖先、定期在祠堂和墓地祭祀主要的先人。[44]那些文獻卻沒有表明珠江三角洲社會一向如此。如果有人在宋朝時遊歷珠三角，他可能要在沼澤中穿行，可能在水邊看到散落的住宅，得知土地為佛寺所有，而且遠處可以望見寺院的輪廓。至於地裏是否有僧侶在幹活，也不能斷定：他也許會遇到地方上有勢力的人，但只有一兩個地方的人會說他們有功名，而且他們也許就是少數幾個納稅人。從 16 世紀起才認真進行的開墾活動，是這片區域向士紳社會轉型的其中一個原因，另一原因是政治。

四個事件左右了明朝珠江三角洲社會的形成：明初實施的里甲制度、1449 年的「黃蕭養之亂」、此後十年對「猺民」之戰，以及 1520 年的「大禮議」。這些事件不但是國家之手遠遠伸延到廣東的鄉郊，也建立起了一種意識形態，以宗族為地方社群與國家關係的核心。這種持久的傾向往往被誤認為純然自相矛盾，其實在地方社會與國家的聯繫上可謂攸關重要。

里甲登記制度的影響在南海、順德兩縣流行的一個傳說中顯而易見。據悉，那裏不同世系的先人在明朝初年獲得縣丞的批准後，離開粵北的南雄珠璣巷，來到珠江三角洲，到達後重新登記。遷移則註銷戶口、定居則登記戶口的要求，是里甲制的規定程序。戶口一旦按此規定登記，便有根據其法律地位負擔力役的義務，及有參加科舉考試的權利。南海、順德兩縣有相當多的族譜加入了這個移民故事也不足為怪，因為由此可以顯示他們乃是

44　Maurice Freedman, *Lineage Organization in Southeastern China*, London: Athlone Press, 1958 and *Chinese Lineage and Society: Fukien and Kwangtung*, London: Athlone Press, 1966.

以民戶的身份到來，至明末攀上了官戶的地位。[45]

里甲制對某些戶口有吸引力，但這無法解答里甲制何時引進珠江三角洲的問題。里甲制早於 1369 年已由皇帝頒令全國推行，但是，以為珠三角就是在那個時候推行里甲制，或明初的大部分里甲戶口都是庶民，卻不合理。這個地區的族譜無疑讓人誤以為，明初有子弟參加科舉考試的家庭都極力嘗試不服里甲戶的兵役和力役。[46]直至 1504 年，有個叫何融川的人被人問到為甚麼到廣州考科舉，他回答説他家的戶役已經服完。[47]簡言之，我們大概可以得出這樣的結論，即里甲制至 15 世紀初已經局部建立起來。但是，要弄清楚王權與地方權力結構的關係，還須提到 1449 年的「黃蕭養之亂」。

「黃蕭養之亂」是不少珠江三角洲社群歷史重建過程的一個里程碑。亂事考驗了他們對明朝的忠心，而最終他們也被收歸朝廷王權之內。黃蕭養的生平不詳，只知他生而貧窮，是「潘村小民」，給人當僱工謀生，後來淪為盜賊。先以殺人罪入獄，後又以海盜服刑，1449 年越獄，並放走其他囚犯，奪去牢房武庫的兵器，搶去幾艘「住家艇」，重做海盜。回到潘村後，造了更多的船，同夥也增至過萬。

黃蕭養遇到的阻力甚小，迅速在桂洲、逢簡、大良和馬齊的鄉村地區建立起勢力。初時只有龍江一地抗拒，龍江人相信，「欲徵繕以固吾群，非請命上台則眾志不一，非矢諸神明則約法不行」，他們從廣東都督撫院那裏取得黃旗和榜文貼在村裏。他們先把自己組織成十個埔（一個有地域意味的詞語），隸屬於十個甲長，然後與北村、沙頭、龍山、九江和大同地區的鄉村聯合起

45　關於珠璣巷的傳説和宗族轉型的其他例子，參見本書：〈宗族是一種文化創造 ——以珠江三角洲為例〉、〈成文的和不成文的：成文族譜的政治議程〉。

46　何真負責的徵兵相當清楚的顯示，明朝洪武年間不是按系統的登記制度分配兵役的，而是透過配額編派給地方上志願當兵的壯丁。參看何崇祖，第 51 頁下和第 66 頁。

47　霍化騰（1570—1634）：〈溶川公實錄〉，《上園霍氏族譜》（1868），卷 1，第 19頁上一第 20 頁上。另一個例子，見〈少尹世紀〉，《新會蔡氏族譜》（1878），卷 3，第27 頁下。

來，一起抵禦盜賊。[48]

1451 年，「黃蕭養之亂」平，珠江三角洲地區與明朝王權的關係更加密切。佛山鎮也曾與龍江一樣組織起來，也許與龍江一樣對抗過叛亂，獲朝廷賜封「忠義鄉」。[49]順德於 1450 年建縣，這顯然是應控制這裏的宗族所請，而此時里甲制看來已經全面實施。後來有關里甲的記載，不斷提到此時確定下來的制度。在龍江、佛山、九江和龍山，原為地域組織核心的神龕得到朝廷認可，而照管這些神龕，並且自稱忠於朝廷的宗族，則上升到精英的地位。在另一些地方例如新建的順德縣，支持過朝廷的地方家族獲賜封，而且其後的一兩代人在科舉考試中取得功名。因此，里甲不是自上而下強加於地方的，而是朝廷自上而下認可地方權力結構的顯現。

珠江三角洲社會與明朝國家整合的下一個階段就在「黃蕭養之亂」平息後不久，其時珠三角正處於對「猺民」的戰爭之中。這些戰爭的重要性不但與種族衝突有關，與牽涉其中的人物也很有關。從鎮壓「猺民」可見，國家有需要推廣一種提倡正統理學價值觀的文化，並且贏得這些非漢族子民的效忠。要達到這些目的，便須建立學校，灌輸理學的價值觀，以及由此而建立的士大夫所界定的鄉村政府。這套做法是明朝法律所具載的管治哲學的一部分，體現了國家對地方權力結構的認可，而條件是遵守法律規定的地方禮儀。在珠江三角洲，這套做法與陳白沙密切相關，他的著作和思想開啟了珠三角士大夫獨特的思想傳統。

要理解陳白沙突出地位背後錯綜複雜的關係，便必須説明「猺戰」時的情勢。陳白沙居住和工作的新會縣，1462 年遭到「猺民」攻擊。[50]新會縣丞陶魯（1434—1498）組織地方家族防禦，隨即聲名鵲起，並且迅速獲得受朝廷委派經略戰事的韓雍（1422—

48　鄧愛山：〈平寇略〉，《龍江縣志》。鄧説自己是「里人」。
49　見本書：〈佛山何以成鎮？明清時期中國城鄉身份的演變〉。
50　葉盛：《葉文莊公兩廣奏草》（1551 年序），第 136 頁上—第 7 頁下。

1478）拔擢。[51] 韓雍 1465 年在廣西大藤峽大破「猺民」，1474 年離開廣東。[52] 三年後，陶魯官拜廣東按察司副使。陶魯對「猺」作戰的方針是討伐與教化兼施；與陳白沙所説韓雍「陰慘」的作戰策略不同，陶魯在各個收復的縣開設學校。[53] 前面提到過的紀念宋亡三傑的大忠祠，即得其贊助於 1476 年在新會設立，也可以説是措施之一。

文獻中的陳白沙被塑造成一位學者，不為高官厚祿所動。事實上，他曾兩試科舉不第。他跑到北京，朝中的廣東高官丘濬（1420—1495）據説阻撓他仕進。陳白沙是教師，在地方上享負盛名，與在任和退休官員均過從甚密。1479 年，他與新會縣縣丞丁積成為好友。丁積在新會的施政可能與陶魯的文化政策一脈相承，深得陳白沙的讚許。[54]

據陳白沙説，丁積與地方父老定期祭祀官方認可的神明，派人守護墓地和廟宇，並且撥出田地以維持定期祭祀之用。他也為大忠祠的祭祠捐出田地。陳白沙説，「民所敬事者，惟修復里社一壇而已，其不載祀典之祠，無大小咸毀之」。[55] 此外，他實施了明太祖公佈的官方禮儀，尤其是冠、婚、葬和祭。陳白沙後來提到一部已經散佚的簡明手冊 ——《禮式》：

> 擇立鄉老各數人使統之。俗淫於侈靡，富者殫財，貧者鬻產。上無以為教，下無以為守，俗由是益壞。鄉都老以禮正之。[56]

51　陶魯的生平，參看吳道鎔編：《廣東文徵》，香港：珠海書院，1973 年，卷 5，第 419—421 頁，第 427—428 頁。

52　韓雍的生平，參看《廣東通志》（1561），卷 50，第 1 頁上—第 3 頁上。大藤峽之役，參看黃朝中、劉耀荃編：《廣東瑤族歷史資料》，南寧：廣西民族出版社，1984 年，第 293—295 頁。

53　陳白沙：《陳獻章集》，第 108 頁。

54　黃瑜：《雙槐歲鈔》，第 183 頁。簡又文：《白沙子研究》，香港：簡氏猛進書屋，1970 年，第 26—59 頁。

55　陳白沙：《陳獻章集》，第 102 頁。

56　陳白沙：《陳獻章集》，第 34 頁。

這些禮儀顯然與家庭有關，但其意義則在家庭以外 —— 只須把南海一個叫唐豫的人數十年前寫進鄉約裏的某些禮儀拿來比較一下便可明白。[57] 丁積書中的所有禮儀 —— 冠、婚、葬和祭 —— 都仿效朱熹的《家禮》，而唐豫則只是冠禮才參照這部明朝理學正統文本。事實上，《禮式》是廣東第一部全面為朱熹的禮儀形式制定程序、使之可行而有序的書。這些條文及其後來諸如新會人黃佐（1490—1566）的《泰泉鄉禮》號稱很全面，而朝廷急於鞏固其對登記戶口的管治，這些條文也試圖沿此路線把鄉村儀式劃一。[58] 這些東西逐漸演變為「治術」。[59] 撇開士大夫倡議者所設想的方式不談，這個發展趨勢影響深遠。

這種影響明顯見諸 16 世紀初廣東儒家正統地位的提升。這種轉變的一個簡單而明確的標誌，就是珠江三角洲的不少族譜都加入了方孝儒（1357—1402）所寫的序。這個浙江人指責永樂皇帝篡奪帝位，被殺了頭，過了二百年朝廷才寬免了他的罪。但在朝廷以外，他是正直儒官的楷模，提倡一種遵守禮法以國為本的思想，廣受全國愛戴。[60] 方孝儒地位的提升代表了對禮法的重視，王陽明（1472—1529）學派卻與之相抗衡。王陽明的思想在 16 世紀吸引了越來越多的士大夫，即使是陳白沙的弟子湛若水，也把

57　唐豫的生平和他所寫關於鄉約的文章見於《廣東通志》（1560），卷 59，第 47 頁下一第 49 頁上。他的生卒年不詳，但在他的生平中提到他的父親死於明初，是受藍玉案株連。注意《廣東通志》（1609）把他的生平置諸其父之下的微妙改變，與他在鄉約條文中所確立父權的主旨相符。唐豫的鄉約也許是在在「黃蕭養之亂」期間給他的兒子鄧壁（璧？）帶進佛山以後，才有名起來的。屈大均：《廣東新語》，第 289—290 頁也有《唐氏鄉約》條。

58　《泰泉鄉禮》在 18 世紀時收入了《四庫全書》，這必定是由於纂輯者看到此書是當時所存最為全面的社群禮儀文本之一。黃佐是本文所引《雙槐歲鈔》一書作者黃瑜的孫兒。

59　Hung-lam Chu, "Changing intellectual trends in the fifteenth century" (paper presented to the Association of Asian Studies Conference, Boston, 11 April 1987).

60　參看 L. Carrington Goodrich and Chaoying Fang eds., *Dictionary of Ming Biography*, New York: Columbia University Press, 1976, pp. 426-433 由年復禮（F. W. Mote）撰寫的關於方孝儒的條目。

王陽明與自己的老師同等看待。[61] 這是由於兩個學派均重視人的自覺，而且吸引了為數不少的弟子。兩個學派一個側重禮法一個側重自覺，二者看來格格不入，實則可以相容，只要禮儀所要求的道德主張是不言而喻的便可；孝親忠君兩項，情況正是如此。

這兩種價值觀的結合，離不開「大禮議」。[62] 事實上，皇帝意旨與百姓感受相一致的事情沒有幾件。事源正德皇帝（1491—1521；1506—1521 年在位）身後無嗣，繼位的嘉靖皇帝自稱盡孝，堅持為生身之父而非正德皇帝盡孝子之責。大多數官員非議他的想法，認為這樣會斷絕了正統世系。皇帝堅持己見，一小撮官員出言支持。這些人由魏校的兩個後台張璁和桂萼，還有霍韜和方獻夫（1485—1544）兩個廣東人帶頭，主張皇帝的想法有歷史先例可援。湛若水搖擺不定，終於則向皇帝一方靠攏。

這是明朝史上最為意氣用事的一次爭議，皇帝為了打破僵局，把一些批評他最強烈的人收監拷打。這些事情廣東（以至其他省）都注意到了，而這並不僅僅是由於若干受罰的乃至被毒打至死的官員來自順德。[63] 在朝廷的一片爭吵聲中，不只發生了前面提到過的魏校肅清廣東的不正之風，祠堂的建築也起了根本的變化。

如果朱熹的《家禮》也建議即使是庶民也應闢一「寢室」以安放四代先人的靈位，那麼興建祠堂本身便不成為一個問題。但是，祠堂的建築風格又是另一回事。朱熹和他的主要論者忽略了這一點。然而，明朝的法律清楚而嚴格地列明：只有貴族家庭才可建「家廟」——「家廟」有一種獨特的形制，石階、平台上的柱

61　王陽明於 1526 年至 1527 年任都察院左都御史提督廣東軍務，這也是強調其思想聯繫的另一原因。

62　關於這場爭議的政治問題，參看 Carney T. Fisher, *The Chosen One, Succession and Adoption in the Court of Ming Shizong*, Sydney: Allen & Unwin, 1990, pp. 45-106。關於湛若水的部分，參看 Ann-ping Chin Woo, "Chan Kan-ch'uan and the Continuing Neo-Confucian Discourse on Mind and Principle, " Ph. D. dissertation, Columbia University, 1984, pp. 25-30.

63　羅天尺：《五山志林》，1761 年序；順德大良：順德縣志辦公室，1986 年重印，第 6 頁。

廊和四柱、中門、獨特的拱形屋脊、連最深處的寢室在內的三進
建築。至於祭祀的時間和可以祭祀多少代先人，也有法律規定，
並受到法律地位限制。[64]

　　法律在 1529 年有所轉變，容許特別等級的士大夫興建家廟
式的祠堂，1535 年他們又獲准舉行冬至祭祖。然而，在 1525 年
這些法律修改之前，原籍佛山的高官霍韜已經在石頭鄉興建了家
廟式的祠堂，祭祀其宗族的開基祖。[65] 有關的記載並未顯示這個祠
堂違反了當時的法律，但是，也許是因為我們很難從文字記載中
掌握一座建築的真正形制。不過，這個祠堂興建於祠堂的建築風
格日益受到關注的時期看來則是顯而易見的，這種風格與祠堂所
安放的祖先靈位數目密切相關，而霍韜的祠堂可能只是觸發了轉
變，使這種建築風格在珠江三角洲的平民中間流行起來。

　　霍韜的祠堂絕非珠江三角洲第一間祠堂，如前所述，何真的
私人住宅於 1372 年轉變為祠堂，即在他獲封東莞伯之前。其他的
祠堂則鑽法律的空子。陳白沙為一間祠堂寫過一篇紀念文章，這
個祠堂顯然由南海一個平民家庭所建，儘管其中只有四代先人的
靈位，但卻有三間「祠屋」。[66] 東莞張氏以一廳一室擴建成一間類似
「家廟」的建築，而 1491 年一篇紀念三進式建築的文章，是尤其
突出朱熹規定卻不無怪異之處的解釋：「朱子以廟非賜不得立，遂
定為祠堂之制，於是人皆得建祠堂以申其報本之敬矣。」[67] 在祠堂
不斷被誇大的氛圍中，這些家庭這樣的理解，忽視了朱熹的規定
所包含的限制含義。但顯而易見，他那形同王法的《家禮》可能

64　王圻纂：《續文獻通考》，1784 年版；上海：商務印書館，1936 年重印，第
3558—3589 頁。這些法律一再見於多個族譜的序言，可見是廣為人所理解的。《順德
龍山鄉鄧氏族譜》，手稿，不著日期，第 2 頁下—第 3 頁上一篇 1602 年的序言，提到
1504 年版的條目，説「禮曰：王者祫宗廟，士大夫祭家廟、影堂。朱晦菴先生改為祠
堂。庶人無廟，祀祖於正寢」。

65　《石頭霍氏族譜》（1902），卷 1 祠記，第 1 頁下。

66　陳白沙：《陳獻章集》，第 42 頁。

67　《東莞張氏族譜》（1922），卷 31，第 1 頁上—第 4 頁上。張氏聲稱是唐朝相張九
齡的後人。可與順德逢簡劉氏的例子比較，參見本書：〈成文的和不成文的：成文族譜的
政治議程〉。

已為地方所接受。

然而，潮連蘆鞭盧氏的例子最能說明一些家庭對祠堂建築風格合法與否的疑慮：

> 成化丁未臘月，四翁督工，建一正寢祠焉。為問者三，崇有一丈九尺，廣與崇方，則倍其數。爰及弘治甲寅，九世孫宗弘者、璧者，慨未如禮。又購地建三間焉，廣亦如之，外設中屏，東西兩階。自正德戊辰，十世孫協者，又鑿山建一後寢焉，廣方與正寢稍狹，階級之登，崇於正寢八尺有奇，廚兩間，東西餘地若干。
>
> 其董治之勞，輟家事、冒寒暑。旦夕弗離。經晝忘疲，且費無靳色。若七翁者，不可謂不重本也。麟幼學於給事中余石龍先生之門，議及初祖之祠，請撰一記。先生曰：庶人此舉僭也。弗許可。[68]

尺寸一絲不苟、名目字斟句酌、盡心盡力為家，無不意在表明違法之合理。這些人想避開法律，但更想興建一間更大更堂皇，表面上「合乎禮法」的祠堂。

霍韜在石頭鄉的祠堂，從佛山步行可至，這間祠堂須按他在佛山當地社會的地位觀之。佛山在 16 世紀開始繁盛起來，鐵廠主、窰主，以至雲集的商人，佔了主要地位。鎮上的父老以他們與北帝廟的關係，建立起權威。毗鄰北帝廟的一間神龕安放了「黃蕭養之亂」中保衛佛山的二十二位義士的靈位，這間神龕大概曾經是佛山世家大族的集體祠堂。然而，霍韜的先人並不在這些義士之中。霍韜是個暴發戶，曾祖父在市集上賣鴨蛋，祖父是個酒鬼。這些之所以為人所知，是因為霍韜相當不避諱於他的出身；他甚至把這些事寫進他為族譜所作的序之內。不過，佛山的父老儘管有地位，卻沒有霍韜的官位。而正是這個在佛山以外的政治成就，讓霍韜得以在佛山外圍興建起一間「家廟」式的祠堂。這是一座豐碑，顯示了他的政治成就和個人膽識，以及社會地位超

68　《新會潮連蘆鞭盧氏族譜》（1937），第 2 頁、第 25 頁上。

越了地方精英的虛榮。[69]

　　這間祠堂也有實用的一面。魏校飭令關閉西樵山的一間佛寺，霍韜取得之，將之變成宗族財產，而由這間祠堂來持有。[70] 16 世紀 20 年代廣東的佛寺遭到打擊，大量田地重新分配。像霍韜那樣的祠堂似乎成為獲益者，只要看看這個時期廣東有關家訓內容變化的文獻便可知道。這些家訓，尤其是霍韜和另一位南海士大夫龐尚鵬（1524—約 1581）的，較之一些較古老的家訓特別是朱熹的《家禮》和其他的禮儀和祭祀手冊，其不同不在形式上而在內容上。[71] 這些新的家訓是管理宗族地產基金的手冊，即使在東南部地區不算新，對於珠江三角洲來說則是新事物。這些手冊在提到禮儀時，直截了當地指恰當執行禮儀的責任在祠堂，而不言而喻地也就是在管理祠堂的宗族委員會。《霍渭厓家訓》賦予宗族非凡的權力，指示族內家庭不應分開居住，而男與女則應住在嚴格劃分的區域。這樣的嚴格規定對宗族成員的吸引力，不及中央政府的里甲制，但是，以祠堂為中心的宗族這個更為一般的概念，無須推動也已在整個珠三角成熟起來。

　　事後看來，明朝是廣東社會演化的一個關鍵時期。可以說，廣東社會秩序的主要元素在 14 世紀和 15 世紀已經具備，清朝時不過擴散開來而已。珠江三角洲 —— 我不敢斷然推而廣之到全廣東 —— 的宗族結構，源於里甲制，源於正統的提倡，也源於「大禮議」。宗族在土地經營上具彈性和效率，因而日益發展起來。珠三角的這種情形也可見於新界。那裏的第一間祠堂建於 1525 年，即霍韜興建石頭鄉祠堂的同一年。龍躍頭鄧氏仿效何真的貴族傳統，興建祠堂並自稱是宋室公主之後，而且接受了他在新界的幾乎所有產業。18 世紀興建的祠堂再也不需披上貴族的外衣，然而，所不可少的，有時還得盡力而為的，就是指出祖上曾經有人

69　《石頭霍氏族譜》，卷一，〈原序〉、〈又序〉。

70　《石頭霍氏族譜》，卷一祠記，第 1 頁。

71　霍韜：《霍渭厓家訓》（1529 年序），重刊於《涵芬樓秘笈》，上海：商務印書館，1924 年；龐尚鵬：《龐氏家訓》，1571 年序，載《叢書集成初編》，長沙：商務印書館，1939 年據道光二十八年，1848 年本排印，第 974—977 號。

當過官。至於這個官是不是清朝的，則不成問題，如果一直往回追溯，總有些先人有官銜，無論是真的也好，傳説的也好。

結語：鄉村與國家

有關中國的人類學文獻中一個揮之不去的主題，就是鄉村宗教中的王權至今仍可觀察得到。此一觀察乃是基於一個有名的假設，那就是中國的宗教觀體現於中國一元的世界觀，即鬼神世界是人類社會的反映。本文嘗試在這個深刻的理解之上指出，王者顯現的傳説和王權在宗教儀式中的顯現，反映了國家權力擴展和國家信仰建立的歷史現實。

在這個論點中，時間至關重要。市場的擴展、識字能力的提高和文本的傳播，與明朝國家的擴張同步。經濟發展，然後是科舉制度，造就了新的精英，他們不是把自己視為經濟上處於相同地位的一個階級，而是一個與國家和地方社群均有特殊關係的等級集團。問題的關鍵在於里甲制，此一制度絕非把王權加諸地方社群，而是把國家的認可體現於既存的地方社會組織之中。宗族意識形態的興起，以及國家對宗族以之為中心的祠堂的承認准許，皆出現於官僚權威從以神明為中心的制度向以祖先為中心的制度轉移的大環境中。同時，官方認可的禮儀經宗族採納而傳播，與道教官僚傳統的借用同步。道士也反對他們認為是異端的東西，雖然道士們本身也被士大夫所猜忌。

在這個過程中，正如在傳説、道教科儀、祭祀地點和宗族禮儀中所見，國家對於村民至關重要。但並不是説要把皇帝其人，或是他的官員，結合到地方文化之中，而僅僅是把某些官員的某種代表納入其中而已。宋帝昺的傳説是個例外，這個故事從與他有淵源的趙氏那裏發展出來，也得力於陳白沙早在祠堂及其意識形態興起之前數十年便已建立了的集體祭祀。在鄉村禮儀中，玉皇大帝是皇帝的替身，道士通過儀式、士大夫以忠臣後裔的身份，表達對於朝廷的忠誠，這就足夠了。治國需要手腕，國家禮儀則僅需默許。更為重要的是，國家意識形態提供了一個佈置地

方社會的模式。結果，庶民與充滿了官階爵祿的姓氏集團結合。
地方社會心中有數，知道中央權力可以為地方所用，於是屈從於
中央。不是皇帝施展他的手腕，而是地方社會給他的地位以應有
的尊敬，並且將之整合到禮儀之中。王權必須觸手可及，是這個
過程要達至的一個目標。但是，這個目標本身卻正是王權顯現（不
論其為真實或想像）的結果，而且讓鄉村成為王朝不可分割的、
有自尊的一部分。

從
——
明代

到──

民國

成文的和不成文的：成文族譜的政治議程 *

　　明朝理學家陳白沙（1428—1500）在他為某鄧氏的族譜所撰
的序文中，講到一個故事，一個婦人拯救了他夫家的族譜。根據
陳白沙的説法，1449 年秋「寇盜」黃蕭養蹂躪南海縣，鄧氏族人
逃命，那位婦人對丈夫説，「賊且至矣，他物易得耳，譜亡，文獻
無徵」。婦人隨即帶着族譜逃到縣城附近的某個村莊。據陳白沙
説，幸得這婦人，族譜才得以保存下來。[1]

　　15 世紀 40 年代是祠堂和成文族譜在珠江三角洲盛行起來的
前夕。陳白沙是這個地區倡議編修族譜的先驅，而他之所以如此
的原因，不但見於他為不同族譜所撰的序文，也必定見於他贊成
宗族建立集體拜祭祖先的制度。他的朋友新會知縣丁積編印了他
守冠、婚、喪、祭「四禮」的訓誡。祭禮遵照《朱子家禮》而行，
而根據他的解釋，乃是要求富裕人家在特別興建的祠堂裏拜祭祖
先。陳白沙為不少祠堂的落成撰寫過文章，他把以祠堂為中心的
宗族視作一個有共同意志的社群，也是相當清楚的。「宗廟之禮，
所以序昭穆也。」[2] 行祭祀之禮，必須分清祭祀者的尊卑等級，但他
知道族譜常常不準確，他在為上文鄧氏族譜所寫的序文中強調，

*　　原文為："The Written and the Unwritten: the Political Agenda of the Written
Genealogy"，載「中研院近代史研究所」編：《近世家族與政治比較歷史論文集》，台北：
中研院近代史研究所，1992，上冊，第 261—296 頁。

1　　《陳獻章集》，北京：中華書局，1987 年重印，第 15 頁，陳白沙為南海縣某鄧氏所
撰的序文。

2　　前引書，第 43 頁，《增城劉氏宗祠記》（1493）。

記錄必須準確。他建議：「自吾之世推而上之，缺其不可知者，存其可知者，良譜也。」[3] 換言之，成文記錄不保證準確，但當然應該儘量準確。這看來的確是其後編修族譜的態度。成文應該成為一種記錄，以便流傳下去，也應該信實可靠，儘管偶然出錯在所難免。

判斷族譜應該根據其準確程度，是研究成文族譜的學者通常視作理所當然的立場，而弗里德曼也許比大多數族譜學者更明白深藏在這個立場中的謬誤。他在 1966 年的一部著作中指出：

> 少數從事研究這些材料的人，傾向於僅僅把族譜視作人口、制度和傳記的資料來源 —— 簡言之，視作社會史的文本。但一如所見，族譜遠不止於此。族譜就是一整套關於源頭與關係的聲明、一份約章、一個開枝散葉圖、一個廣泛的社會組織的框架、一個行動藍本。族譜是一種政治陳述 —— 因而是人類學的上佳課題。[4]

歷史人口學家自己也十分清楚，為了撈取政治利益而加進成文族譜中去的虛假權利，抵銷了這些重要統計數據的準確性，只是還是得一再重申弗里德曼在 20 世紀 70 年代的主張，那就是儘管族譜對人口分析有用處，而人口學家又缺乏中國人口流動的數據，也一定不能把成文族譜當成是婚姻生死登記冊，而只能當成是族人資格登記冊。本文把族譜當作族人的記錄看待。族人的資格怎樣與宗族建立的重要過程聯繫起來，是一個有待探討的問題。[5]

3　前引書，第 14 頁。

4　Maurice Freedman, *Chinese Lineage and Society: Fukien and Kwangtung*, London, Athlone Press, 1966; *Lineage Organization in Southeastern China*, London, Athlone Press, 1966, p. 31. 不過，他補充道：「我原有的印象仍揮之不去，那就是一個地方宗族的成文族譜（而不是高級宗族或氏族）大抵是不會瞎編的。成文族譜可能犯下了不少塗抹之罪（把為眾所不齒者湮沒掉），但明目張膽的以假為真卻是不容許的。」（p. 42）

5　Steven Harrell, "On the holes in Chinese genealogies, " *Late Imperial China* 8.2(1987), pp. 53-79，也是這個方面的一次大膽嘗試。

識字文化的群體資格

　　把族譜筆之於書的原因之一，必定是明朝以降成文文書日益重要。眾所周知，文字在明清兩代因其可用作法律證據而受到重視。只要一看明朝以降成文合約的使用日多，以及這些文書在訴訟中所起的作用，便可了然。不少族譜也可能是由於有族人獲得了高官的頭銜才編印的。此外，也不應忽略顯而易見的原因，即成文族譜保存並且傳遞了信息。許舒指出，明清兩代種種不同的文書，錄載了不少鄉村生活不可或缺的知識，而族譜與各式各樣的文書（宗族規章、地權記錄、先人遺址的指引等）則補充了其他鄉村文書的不足。[6]

　　在鄉村文書的傳統裏，鄉村的族譜手稿有的是散頁，有的是裝訂成冊，更像是一種檔案而不是書。但即使是刊行了，族譜按其性質而言，也是未完成的：刊行僅僅是形式上的完成和統一。成文族譜的存在，不論其是否刊行，也予人宗族紐帶依然維持的寬慰之感。這也可能就是為甚麼連從未見族譜的人通常也假定族譜存在。我所收集的深層口頭傳統資料，主要是香港新界的，我的印象是儘管只有一些村民擁有他們稱為族譜的成文記錄，但所有村民均相信這些族譜廣泛流傳，並且存放在族人中間。而只要族譜存在，便總有辦法可以把沒有記錄的子孫和漏掉的先人加進去。

　　只要人們相信族譜為眾人所持有，那麼，不管訂立了甚麼規條，也不可能控制族譜的內容。添枝加葉既不受控也不可控，結果形成所謂的偽造宗族關係，而以偽造宗族關係來提高地位，在明清兩代見怪不怪。篇幅所限，不容細論，但有幾個例子可以顯示族譜編修者很清楚這些問題。

　　在《佛山霍氏族譜》中，1776 年所定的規條指編修者不得添加不屬其支派者的姓名，也不得添上沒有出生的子孫的名字，以

6　James Hayes, "Specialists and written materials in the village world," in David Johnson, Andrew J. Nathan, and Evelyn S. Rawski eds., *Popular Culture in Late Imperial China*, Berkeley: University of California Press, 1985, pp. 75-111.

免這些名字為外人所冒用。[7]在潘思濂所編的一部有趣的族譜裏，有一篇題為《代三水金竹鄉陸姓作修譜略》的文章，其中詳述了追查某人身世的經過，此人的父親曾被當作奴僕賣出去。族譜編修者考慮到當事人參與了宗族慶典（允許在新年時行禮，但不許到祖墳致祭），成文記錄的存在，和此人的同姓鄉居的口供，都確立了直接的宗族聯繫。[8]就準確性而言，大概可以認為成文族譜編修謹慎，然而，卻不可忽略何以需要編修謹慎，那是因為族人的資格往往是甚具爭議的事情。

族譜是協約文書

明清士大夫文化所提倡的宗族意識形態，基本上是一個禮法概念。加入或脫離宗族（禮法體系）難保哪一樣有利，因為實際後果視乎宗族資格而定。不詳細討論宗族史，難以說明傳說和史實怎樣結合起來形成協約安排的框架。因此，本節將把討論範圍縮窄，限制在順德劉氏《逢簡南鄉劉追遠堂族譜》（抄本，不著日期）裏豐富而詳盡的早期記述。[9]

追遠堂是劉氏宗族的中心祠堂，以下有關追遠堂興建的記述可以說明協約安排的概念。追遠堂建於 1621 年，這篇記述可能即撰寫於這一年：

> 當公之刺雄州也，正宋季多事之秋，知大勢之不可為，遂飄然而去，家於南海之逢簡焉。故逢以南，世為劉氏宗也，公之設也。後松溪公祠其堂曰影堂而光大之，用以妥神靈而永孝思，綿綿世世，賴以不朽。夫非尊祖敬宗之第一義哉。歷六世七世，而至十三四世，年逾三百，瓦垣不且老乎。期將治而輯之，並治門樓之未治也。我先君蘭谷公實有志焉而未之逮，歲天啟元辛酉，余方別

7　《佛山霍氏族譜》（1848），卷 2，第 1 頁下一第 2 頁上。

8　《思園祖遺稿》（1880），第 75 頁上一第 76 頁下。

9　抄本，作者藏。

業禺山，與吳郡盧太史輩共結訶林舊社，至秋買航而返，適叔兄弟
侄二十餘人集俗之老少倡議任事，於時堂壁重新，樓門繼起，鳩工
庀材，耗費二倍，不越四月而告成。[10]

　　逢簡劉氏與珠江三角洲很多其他姓氏一樣，在 14 世紀至 16
世紀經歷了轉型。這段時間，他們以家居神龕作為宗族組織的中
心，並且根據法律規定建了一座彰顯地位的「家廟」。劉氏由此無
須取得功名而顯貴，也從此成為望族。

　　禮法概念的核心是某個叫作應莘（1251—1324）的開基祖。
他曾在南雄的轄區雄州任官，「王妃胡氏風（瘋）癲逃出南雄，沉
死。行文查訪⋯⋯」，應氏棄官而去。這裏所說的即是很多珠三
角宗族以為自身本源的南雄珠璣巷故事。編修族譜的應莘後人大
概都認為他的官銜是虛構的，因為他們沒有把他放入族譜開頭幾
頁有官位的族人之列。我們把不同宗族的本源故事拿來比較，便
可知道明朝珠三角的宗族自稱名人之後的不在少數，而那些追溯
到珠璣巷的，反而強調自己出身自卑微的衙門中人，因而有賦稅
之責。但珠璣巷的故事流傳於明朝，卻是相當肯定的。提及應莘
雄州任官的幾篇族譜序文，最早的寫於 1484 年。[11]

　　據族譜所載，應莘有兩子，宗族遂分成兩宗，同樣定居於
逢簡，應莘因而成為這兩宗的紐帶。傳至第三代，已經是明朝初
年，但要到 1381 年，第四代的兩宗才登記為平民。

　　到了第五代，族譜中有大量證據，顯示他們開始建立宗族，
而其中的關鍵人物是松溪（1377—1450），他在 1621 年的記述
中是興建「影堂」的人。

　　松溪在宗族上有重要的地位。他是應莘兩宗的大宗唯一的後
人，因為他的兄長終年 32 歲，無後嗣，而他的父親、祖父、曾祖

10　《逢簡南鄉劉追遠堂族譜》，第 4 頁。

11　有關的背景，參見本書：〈宗族是一種文化創造 —— 以珠江三角洲為例〉。

父，都是獨子。族譜記載，他似乎為了傳宗接代的理想而希望把次子過繼給兄長，但次子拒絕了。根據明朝初年日漸抬頭的宗族理論，他應該辦理他上四代先人的祭祀。他的族譜顯示，他遵照了這個要求。

松溪死於 1450 年，那是「黃蕭養之亂」後，而這次亂事是南海、順德一帶很多宗族歷史的分水嶺。此次亂事影響眾多，其中之一就是順德縣的建立，而逢簡即包括在其中。根據松溪後人於 1566 年所作的一篇記述，由於黃蕭養所向披靡，很多村民要麼棄村而逃，要麼俯首稱降，松溪是少數能夠成功抗賊的。然而，據族譜所載，黃蕭養有一份被他強迫入夥之人的名單，而經這個記述的作者仔細查察，其中包括了離家外出「打工賺錢」的人。官軍知道後，兵行據稱有人曾經入夥的鄉村。松溪最終不是死於賊寇之手，卻是死於入村算賬的官兵之手。作者説松溪本可逃跑，但他相信官兵不會冤枉無辜。另一篇文章則記述他病了，一個兒媳留下來照顧他，兩人一同被殺。兒媳的孝道後來在順德的歷史上獲得嘉許。

松溪所建的祠堂應該稱為「影堂」，也是要注意的一點。祖先之靈應安置於畫像之上，還是寫在他們名字的木製靈牌之中，在宋朝的禮儀專家中間引起爭議，但明朝日漸抬頭的正統則主張用木製靈牌。正統日漸廣被，不但木製靈牌取代了畫像，獨立的祠堂（有別於在一排住宅中闢出一室）也按照規定的樣式興建起來，而且成了地位的象徵。這種官方樣式的其中一個特色就是設有「外門」，後面一個露天院子，有兩幢階台階通往放置祖先靈位的地方。我們可以根據族譜裏的記錄，證明逢簡劉氏相當嚴格地採用了正統的禮儀。到了松溪之後三代的瑛（1446—1534），祠堂用的是木製靈牌，因為他的第六子早夭無嗣，他要求把他的名字附在自己日後的靈牌之上。1621 年祠堂重建的時候，舊樓沒有「門樓」成了一個獨特之處，故而主張新樓應加上「門樓」。有一點也是可以注意的，那就是宗族故事中不斷提到祖先畫像。1484 年的一篇族譜序文説，早前的一部成文族譜在「黃蕭養之亂」中毀壞了，祖先畫像則保留了下來。瑛在他的遺囑中提到他留給後人的

畫像，但那些畫像顯然不是祭祀的中心。

珠江三角洲的許多宗族從 15 世紀末到 16 世初以祠堂為宗族組織的核心，逢簡劉氏也差不多在這個時期發跡。瑛是松溪的曾孫，是宗族之中第一個獲得封號的。其後，他獲授鄉飲之禮的冠帶鄉飲官之銜，但這對於提高他在地方上的聲望沒有多大幫助，只是在順德建縣之初，這個頭銜顯示了知縣試圖籠絡地方以支持新政府。然而，其試圖加上某種士大夫色彩，也是無疑的。1484年，瑛的父親頤庵慶祝六十大壽，一位廣州高官寫了一篇賀詞，稱頌他「有子孫以承宗祀」，「常坐靜室，焚香煮茗，怡然自得」。作者所描繪的並非士紳的生活方式，他心目中大概記住了其時日漸流行的陳白沙思想。這位官員也寫了第一篇族譜序文，其中指出是瑛而不是他的父親，推動了族譜的編修。根據序文，這個階段的族譜涵蓋了第一至九代的先人，即至瑛的兒子一代。這篇序文最早提到開基祖應莘的進士銜，而且記述了時間，這也表示這個宗族至遲是在這個時間求取官銜的。

宗族的建立，至目前為止，似乎也是一種公共事務。族譜和祠堂突出了宗族對國家的依附關係，因為明朝的一大成就便是為鄉村整合到國家的意識形態和管治機構設定了框架。開基祖的官銜和註冊證明可能是表達宗族政治聯繫的一個非常有效的途徑。

但是，宗族又是怎樣處理私人事務的呢？

第一個獲賜封號的族人瑛，看來不大熱衷於服務宗族以外的社群。一位高官於 1537 年為他寫的一篇悼文中，稱讚他為自己的宗族建立了祠堂，資助族外人的殯葬費並接濟友人，而且幫助蒙受不白之冤的村民獲釋。他在 1524 年的遺囑中，叮囑子孫遇上荒年時，不要帶頭賑災，因為倘若做官的決定攤派賑款，宗族可能吃不消。他的做法似乎與他弟弟珙（1468—1531）不同。珙也和他一樣獲賜封號。南海縣進士梁廷振（1523 年進士，官至浙江右布政使）在 1544 年為他寫的悼文中，指他每遇饑荒即獻糧、捐出棺木，而且帶領地方設立糧倉。而根據另一篇悼文，他死時，墟市停市哀悼。他的建樹受到充分表揚：1544 年的悼文由方獻夫手書；方出身南海順德的上層社會，是廣東級別最高的官員之一。

瑛的曾孫在族譜裏全數列了出來，在那以後則斷絕了，除了其中一脈可以追溯至包括編修者在內的第十八代。1566 年，松溪的後人為他立了一個新的墓碑，上面有 35 個後人的名字，其中一個僅稱為「枋來孫」。1621 年祠堂重建之時，大致的情況應該是，完整的族人名單並不具備，宗族已經擴展至人際直接接觸不足以維繫關係的地步，而有些支派搬出了村，開基祖應萃另一個兒子的子孫（非瑛的後人）看來已經很疏遠了。在瑛的時候記錄下來的三四代人，以及祠堂裏可能是由瑛豎立的靈牌，便成為日後宗族關係的依據。

劉氏宗族在明初不止一次派出子弟當兵。第一次是在 1384 年，長房的第三子派出一個「義孫」前往廣州當兵。但在成文族譜的子孫記錄中，沒有提到三奴這個義孫。第二次是在 1394 年，二房的第三子把他的孫兒太奴貼給同「圖」的簡姓，並派往廣州當兵。族譜記載太奴生了兩個兒子，一無子，一有子，但早夭；兩個兒媳後來改嫁。換言之，太奴沒有後人。而族譜也提到，二房從第三代開始登記為一個獨立的賦稅戶口。

對於宗族來說，最為便利的做法，莫過於派沒有後嗣的人到衛所去服兵役。兵役在明初並不是全民的義務，那些軍戶才要服兵役。派兩個人出去，一個「民戶」（實際上是一個宗族支派）派出一人，無疑是把兵役甩掉的一種做法。不過，政府看來並不滿意那兩個替身。松溪（第五代）得撥出 160 畝地作為卸脫兵役之資，又須撥出 50 畝地作為每個民戶均要負擔的十年一度的「排年」。因此，族人由此團體所獲得的好處，首先是稅務管理。

篇幅所限，無法詳論劉氏宗族與其地權的關係。如果說，劉氏定居和崛興的過程，影響了劉氏譜系的記錄，這必然是因為，明清時期劉氏掌握士大夫文化，有意識地建立宗族（方式是編纂族譜、修建祠堂）。宗族結構早在這些事情之前已經存在於傳說和禮儀之中，現在是系統化、具體化了。支派之間和支派內部的競爭，意味着情況不一定是穩定的。無論如何，權力的行使由此須考慮到已經建立起來的禮法框架。

內化了的宗族

在宗族成為社群綿延不絕的大背景下，如果說成文族譜並不是記錄世代關係的唯一手段，這一點也未言過其實。需要強調的是，歷史學家在各大圖書館裏找到的成文族譜不但不是宗族成員手上唯一的族譜，即使宗族成員承認為族譜的文書也不是宗族世系唯一的記錄。不少宗族歷史基本上保存在禮儀、口頭承傳，以及一個融進了社會生活的動態詮釋過程中。這是囿於成書材料的歷史學家尚未充分開發的一個宗族社會領域。篇幅所限，無法詳盡討論這個「活的」宗族傳統在歷史文獻中的諸多表現，但我將引用兩個非常不同的例子，以顯示為甚麼不應把記錄在成文族譜中的宗族視為唯一社群的宗族。

我發現香港新界著錄支派的一個方法就是把它們與鄉村地理，特別是鄉村房舍的佈局聯繫在一起。我在新會某宋氏的族譜（1943 年油印本）中找到確證。各個段落不能盡錄，但從以下一段可見一斑：

> 緣俊祖生於明永樂間，與文俊公同時由正岡遷居谷嶺。文俊居北，緣俊居南，今之緣俊祖祠，即初遷時之住屋也。

作者接着描述祠堂，斷言先人在那裏居住了五代，才分支出去。然後，又詳細描述了村裏的佔地，清楚顯示宗族支派怎樣劃分土地，而在他自己支派的佔地裏，再分支的支派又怎樣劃分土地。地理對於禮儀也有積極作用：先人來到那裏時所開的井，是嫁入村來的新娘下轎和嫁出村去的新娘上轎的地點，也是在民國前的新年時，村北的居民一起懸掛燈籠而村南的居民也一起懸掛燈籠、至民國時期則是共同懸掛燈籠的地方。村前的魚塘是其中一個支派挖掘的，魚塘挖出來的泥用來種了樹林，稱為「眾人林」。一個宗族村的每個部分看來是在宗族的所有權和社會活動中聯繫起來的。[12]

12　《平岡宋氏緣俊祖房家譜》，1943 年油印本，廣東省圖書館。

　　地理表現受到如此重視，以至興建新房子或遷往新的村址，就像一個支派首次取得正式認可一樣，都會被視作宗族開基的地標。潘斯濂所編的族譜，就是一部宗族開創初期所編修的族譜，是一個特別有趣的例子。這些族譜不一定是印刷的，但必定相當常見，而且必定是目前已經成為宗族研究主要證據的印刷族譜所常引用的「早期版本」之一。

　　《潘氏家譜》（1880）[13] 由潘斯濂編修，記錄了他祖父潘思園（1788—1837）以來的各個支派。這部族譜分為五個部分：族譜本身、祠堂、家規、家訓，以及潘思園的文章。族譜記錄了編修者上四代的先人，並且以很多族譜常見的方式，列載了祖父的所有兄弟、所有兒子，以及編修者的所有親兄弟和堂兄弟。祠堂一章記述了 1877 年建成的祠堂，又有一幅有趣的地圖，但呈現的是房舍的面積和佈局，而非祠堂，從中可見祖父思園四個兒子四宅的房舍分配情況。家規的部分包括了思園訂立的家規，以及其下四房所做的修訂，是這份文書的協約部分。家教實際上是思園所寫的信札，題材廣泛。最後，潘思園的文章基本上是他的公函、公共事務之議，以及種種因人所求而寫的半法律文件（包括行商伍浩官［Howqua］的遺囑）。

　　凡此種種，皆讓我們對一個家庭的演變，以及建成宗族的過程有所理解。

　　這個家庭定居於南海，潘思園的祖父一度當過衙門差役，父親必定相當富有，因為他把財產分給了四個兒子之後，還在 1804 年設立了一筆祖嘗，包括每年繳納三石租穀的農田、三間商店，以及一口魚塘。四個兒子之中，一個死於 1806 年，而父親也於同年死去，母親則死於 1808 年。從那時起，三個尚在世的兒子便分了家。思園非常熱衷於公務和生意，他有小小的功名，但從未當過官。他在給兒子的一封信中解釋過他拒絕買官的理由。但是，他在道光年間與眾多政府官員和廣東最資深的紳士合作無間。他積

13　廣東省圖書館和廣州中山大學圖書館藏。

極投入鄰近地區的公共工程，其中最重要的就是維修南海與順德之間一系列有名的堤圍——桑園圍。尤其重要的是，他在鹽業和土地開發方面的生意，總數達數萬兩，所以必定是長袖善舞的。他對建立宗族自然感興趣，除了制定家規和管理祖嘗外，他還買地建祠堂，供奉父親和祖父的靈牌，儘管祠堂在他身後才建成。

讓人奇怪的是，這樣的家庭要是想編修族譜，何以不遠溯至五代以上。族譜的序文說，族譜遺失了，但是，族譜內的一篇文章卻顯示，這個家庭依然能夠與宗族其他支派保持聯繫。相當明顯的反而是潘思園在這個聚居地的範圍裏，在自己的兩個兒子也許還有兩個侄兒的幫助下，把他父親留下的財產當作家族企業那樣來管理。他有一封信，吩咐在艱難時期把糧食分派給他兄弟的家庭，從中可見他的直系家庭是一個關係十分緊密的集體，而在這個家庭以外有他所謂的七「灶」。思園的家庭顯然與其直系親屬頗不相同，興建祠堂的時候，這個家庭的利益表露無遺。思園規定祖嘗應該由他那一代尚存的三個支派（即他自己的和他兩個幼弟的後人）所共有，而按照這新的規定，祖嘗的收入須分作 11 份，其中一份作祭祖之用，思園的四房人每房一份，其餘 6 份分給族中的男丁。思園兄弟的後人是否也在這些男丁之內，並沒有清楚說明，但有關的規定無論如何也會剝奪他們對大部分祖嘗的繼承權。因此，這個例子相當清楚地表明，宗族集體與族譜集體不一定是同一回事，而以正式的方式建立宗族的期望，是一種政治行為，編修族譜是其中的一部分。

宗族形成後的世系記錄

如果以上的觀點正確，那麼很多族譜所表現出來的便正是支派之間的協約安排。但這個觀點讓支派內部的紛爭把族譜掩蓋了。[14] 有見及此，對宗族結構有興趣的學者，不但會想根據為整個

14　《逢簡南鄉劉追遠堂族譜》的確有一些支派內部紛爭的例子，但這些紛爭的記錄卻不多。

宗族而編修的族譜重建宗族歷史，也會想把各支派各自的族譜考慮在內。當然，不幸的是任何族譜都是可遇而不可求，而支派的族譜與宗族的族譜能夠互為補充的情況亦屬罕見。既無可以補充的記錄，學者便唯有在宗族的族譜裏想辦法取得支派的資料。

追溯宗族政治的一個有用的起點，是郝瑞（Stevan Harrell）有關財富和地位之於生育影響的研究。[15] 郝瑞採用歷史人口學的方法，顯示出在他所研究的宗族那裏，如果按照財富和地位的劃分，把宗族分割開來，那麼，這些小宗族便會有不同的發展速度。他總結說：「大多數情況顯示，在較為富有的支派，族人結婚較早，所娶的女子較年輕，納妾也較多，妻妾的生育能力也較強。」[16] 我們有充分的理由接受這個概括，因為瓜瓞延綿無疑是宗族競爭中十分受重視的價值，而生兒育女也會受資源充裕與否的影響。然而，這樣的概括也應該有兩點限制。首先，只要接受宗族內可以出現結構分化，那麼便沒有理由假設支派內的差異必定不比支派之間的差異嚴重。其次，儘管確鑿的證據薄弱，但婚姻和生育 —— 甚至在某種程度上領養的決定，看來並不是由任何支派而是由家庭所做出的。由這兩點看去，就是把瓜瓞延綿視為支派內部的集體在宗族環境之中出人頭地的標誌。如果可以為此而整理出某種分析人物生平的方法，那麼便可以有大量數據用作分析。

必須承認，我在試圖重複郝瑞的研究時所用的數據，迫使我修正他的結論。我選擇作分析的數據，源自《泰寧李氏族譜》（約 1914 年），因其非常詳盡、條理分明，而且幾乎沒有附載的文書，可以免受額外的資料遮蔽。李氏是小欖的三大姓之一，小

15　Stevan Harrell, "The rich get children: segmentation, stratification, and populationin three Chekiang lineages, 1550—1850," in Arthur P. Wolf and Susan B. Hanley eds., *Family and Population in East Asian History*, Stanford: Stanford University Press, 1985, pp. 81-109.

16　郝瑞（Harrell），前引書，第 108 頁。

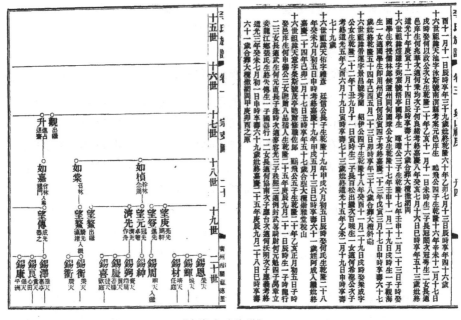

《泰寧李氏族譜》

欖位處珠江三角洲邊緣的沙田，[17] 而李氏認為泰寧是他們早期的根源。李氏在明清兩代功名顯赫，地位大為提升。時間所限，我無法討論整部族譜，而本文的數值不過是從一個支派的 1407 個條目計算出來而已。族譜的一條規則是不准加入 16 歲以下的男丁，而儘管有例外，但不多。我在分析時，給每個條目一個編碼，表示一個獨特的宗族地位、生卒日期、妻妾子女的數目，以及這個族人是過繼來的，還是過繼了別人。出生日期有早至 16 世紀的，也有晚至 20 世紀的，而在這段時間，這個支派繁衍了 15 代。

　　我選擇作分析的支派又包含了多個以一間祠堂為中心的分

17　小欖就是蕭鳳霞做研究的地方，見其 "Recycling tradition: culture, history and political economy in the Chrysanthemum Festival of Xiaolan," *Comparative Studies in Society and History* 32.4(1990), pp. 765-794 和 "Where were the women？ Rethinking marriage resistance and regional culture in south China," *Late Imperial China* 11.2(1990), pp. 32-62.

支，而這間祠堂乃是為祭祀一位死於 1553 年的先人而建。這位先人留下了五個兒子，其中一個過繼給別人，剩下的四個又再形成了當時人（至少是 1910 年編修族譜時的人）所確認的分支。在這位先人的後人所確認的 10 個分支中，7 個是其次子的後人，而在這 7 個分支中，又有 4 個出自其曾孫孫宸（1576—1634）；孫宸是 1612 年進士，官至戶部和禮部尚書。孫宸的生平記述裏說，身居高位並未讓他發大財，但他在自己的支派裏無疑留下了聲名。為了便於比較，我把他的所有後人都放在一起作為一個分支，但除此以外，我原初的比較乃是以族譜中的分支為依據。

　　表一和表二並沒有令人十分驚喜的結果，除了支派 1212 [18] 之外，每個分支的整體平均值，約摸等於每個記錄在內的族人有 1 個男丁活到 16 歲，而經過檢視，那些平均值看來與娶進分支裏的妻妾的平均數並不十分一致。由於很多其他因素影響到支派的絕續，組別之間的微小差異不大值得深入分析（例如，找出這些差異與分支內持官銜者數目多寡之間的關聯）。

表一　每個族人的妻妾平均數（支派 1，泰寧李，小欖）

＊世代

	1211	1212	1220	1230	1300	1400	1500
2	—	—	—	—	2.00	2.00	1.00
3	—	—	2.00	3.00	1.00	1.00	1.50
4	2.00	1.00	1.67	1.25	1.50	1.57	1.00
5	2.00	1.25	1.44	1.00	3.00	1.88	1.17
6	1.50	2.17	0.94	0.89	1.33	1.00	0.86
7	1.75	0.82	0.50	1.25	1.33	0.95	0.86
8	1.04	0.18	0.75	1.00	1.00	0.77	1.50
9	1.18	0.80	0.80	1.00	1.00	0.92	1.04
10	1.25	0.67	1.30	0.50	1.00	0.97	0.72
11	0.95	0.80	0.63	1.33	1.00	0.86	0.78
12	0.91	0.20	0.90	0.33	1.00	0.77	0.42

18　編碼中的各個數字的值代表排行，各個數字所在的位置代表世代，例如，121 就是長子的次子的長子。

（續上表）

	1211	1212	1220	1230	1300	1400	1500
13	0.92	—	0.87	—	0.20	0.28	—
14	0.32	—	0.57	—	0.50		
15	—		0.16	—	—	—	—
平均	1.256	0.877	0.964	1.155	1.220	1.081	0.986

表二　每個族人的兒子平均數（支派 1，泰寧李，小欖）

＊世代

	1211	1212	1220	1230	1300	1400	1500
2	—	—	—	—	2.00	2.00	4.00
3	—	—	3.00	4.00	1.00	3.50	4.00
4	3.00	4.00	2.67	1.50	1.00	1.14	0.50
5	2.00	1.50	1.67	1.80	1.50	2.25	1.00
6	1.75	2.83	1.06	0.44	0.67	0.94	0.86
7	3.25	0.53	1.06	0.50	—	1.26	2.29
8	1.16	0.27	0.81	1.00	2.00	0.92	1.63
9	1.42	1.00	1.20	0.50	1.00	1.56	1.00
10	4.56	0.67	1.90	2.00	1.50	1.36	1.21
11	1.53	1.10	0.98	1.17	1.67	0.96	0.91
12	0.97	0.40	1.22	0.17	1.00	0.65	0.38
13	0.70	—	0.92	—	0.40	0.13	—
14	0.23	—	0.43	—	—	—	—
15	—	—	—	—	—	—	—
平均	1.870	1.367	1.410	1.308	1.249	1.389	1.616

　　每個族人所生男丁的數目在分支之間鮮有差異，一個原因當然是由於婚姻和生育的決定並非由分支做出，而是由家庭做出的。不過，要探討這個可能性，便須能夠描述出研究樣本中的家庭，以及比較從中收集得的統計數字。譬如說，這樣做的一個方法就是以父子關係作為家庭關係的中心，並且比較有功名與沒有功名的父親妻妾和男丁的平均數。反對把家庭聯繫的遺傳界定得如此緊密的意見認為，這會忽略了直系親屬的分量；有人疑心這

在宗族社會是相當重要的。[19] 最後，需要對財政單位做出一番較好的描述，而這也正是那些族譜通常有意無意之間會含混過去的。

　　按照孔邁隆（Myron L. Cohen）的著作，尤其是有關家庭財政單位與家重疊一致的部分，[20] 我懷疑有關「家」的結構的決定是由一些單位做出的，這些單位以一位仍在世的家長為中心，或者，如果那位家長不在世的話，便以其直系後人之間維繫群體的協議為中心。在這樣的理解之上，可以獲得至少一個有限度的操作定義，這是由於儘管不能確定那些群體在家長死後未曾分家，但因為大多數族人的出生日子和略少半數族人的死亡日子都在族譜之中，那麼，也至少可以描述出特定年份的源自於一個在世家長的在世者群體。但這是極為吃力的工作，而我只能做到一個分支（1211）。結果列於表三，而一年的分析則見圖一。

表三　以每 50 年為間隔的家庭情況（分支 1，泰寧李，小欖）

年份	有科舉功名的家庭				無科舉功名的家庭			
	男丁數目	結婚比率	男丁平均娶妻妾數目	男丁平均生兒子數目	男丁數目	結婚比率	男丁平均娶妻妾數目	男丁平均生兒子數目
1650	5	100	2	2	0	—	—	—
1700	9	89	1.44	2.44	8	88	1.13	1.63
1750	15	100	1.53	2.53	30	100	1.2	0.87
1800	45	98	1.36	2	29	90	1.21	0.42
1850	51	90	1.2	1.98	78	83	1.06	1.06
1900A	2	100	1.5	2	10	90	1.4	1.5
1900B	3	0.0	—	—	42	36	—	—

A=45 歲或以上

B=16~45 歲

19　參看 Denis Twitchett, "A critique of some recent studies on modern Chinese social history, " in *Transactions of the International Conference of Orientalists in Japan*, vol. 10, Tokyo: Toho gakkai, 1965, pp. 28-41. 該文的論點從 20 世紀 60 年代初的社會流動研究中產生，但至今仍有意義。

20　Myron L. Cohen, *House United, House Divided, The Chinese Family in Taiwan*, New York: Columbia University Press, 1976.

　　表三顯示，由一位在世家長及其在世後人組成的群體，其中最少有一名成員有功名的，與那些沒有成員有功名的，在選定的時期裏有顯著的不同。例如這些群體中的個人壽命，男丁活到 16 歲或以上的前者至少多出三成（不一定是在研究的年份），同時平均而言每名成員的結婚率略高，妻妾的數目也略多。「1211 以後的世系」圖也顯示了家庭模式一些可能的差異。以個人 1211231 為首的群體，看來無疑可以通過其成員的士大夫地位發揮大的影響。那位家長和他五個兒子中四個在世的都有功名，而後來所有的孫兒都有功名。我從那裏開始畫出世系，因而可以指出那之後的一代也能夠取得功名，但 24 個孫兒之中只有 11 個取得功名。這個比例在再下一代進一步下降，顯示地位分化再度出現。

　　功名集中在關係緊密的家庭群體之中的情況，隨世代遷移而改變。121121221 和 121121441 的後人第十七至十九代均有可觀的成就。這兩個群體中的第一個的後人在 1843 年建立了他們自己分支的祠堂，由此確立了自己的身份。

　　討論至此所涉及的，僅是每個族人報稱的男丁數目。一個支派的延續也與過繼和存活的情況有關。在 16 歲以下的存活情況方面，族譜並無資料可供概括。但是，任何對 16 歲以上存活情況的概括，均須分析出生和死亡日期，這是一項困難的工作，因為記錄的情況參差，這在下面還將討論到。過繼的情況方面，宗族慣例要求年長的後人延續下去，以維持祭祀，因此，排行次序對後人的效應，屬測試範圍之內，而結果顯示有正效應。表四比較了長子所生男丁與庶子所生男丁的數目，以及這個支派中長子親生或過繼的男丁的條目與庶子親生或過繼的男丁的條目。數字看來有點混亂，但應該記住那些數據是由族譜中的生平記述得來的，每個條目都包括了有關記述的族人所生的男丁數目。由於我是把數據整理出來以見血脈的延續，而非出生的情況，因此，第 1、2 兩行的數字是由點算有關條目得出來的，而第 3、4 兩行的數字則是把同一世代的每一個生平記述所報稱的男丁數目相加得來的。所以，兩個因素影響到這兩組數字的差異，而 16 歲前死亡的人數並不是其中之一，因為沒有活下來的人要麼差不多都沒有記錄在

所生男丁之內，要麼沒有獨立的生平記述。造成不一致的原因，恐怕就是過繼和宗族記錄的遺漏。無論是哪一種情況，這種不一致都反映出族中男性延續血脈的機會。表四清楚顯示，在第二代以後的每一代，直接出自一個長子的男丁數目，以獨立的生平記述記錄下來的，即真實的族人，超過記錄中他們所生的男丁數目，而庶子所生的男丁數目，則低於他們報稱的所生男丁數目。

表四　支派 1 的登記和報稱男丁

	登記的長子	登記的庶子	報稱的長子	報稱的庶子
1	1	0	1	4
2	0	4	4	7
3	4	7	10	16
4	11	15	17	18
5	24	13	28	35
6	33	31	31	40
7	41	35	39	57
8	45	52	54	45
9	66	42	67	71
10	76	70	90	122
11	109	112	107	152
12	119	130	103	108
13	121	90	62	67
14	70	52	20	16
15	20	14	0	0
―	登記總數 =1407		報稱總數 =1391	

表五　支派 1 長庶子的後人，小欖泰寧李氏

世代	長子而有嗣者	子嗣數目	庶子而有嗣者	子嗣數目
1	1	0	0	0
2	0	0	4	0
3	4	0	7	0
4	10	1	14	1
5	23	1	12	1
6	26	7	19	12

（續上表）

世代	長子而有嗣者	子嗣數目	庶子而有嗣者	子嗣數目
7	29	12	19	16
8	35	10	31	21
9	54	12	26	16
10	61	15	47	23
11	71	38	50	61
12	61	58	62	68
13	44	77	32	58
14	13	57	8	44
15	0	20	0	14
—	432	308	331	335
總數				1406

再看圖「1211 以後的世系」。圖中明確顯示出一個維持長房血脈的例子。長房 1211 的血脈由一代一代的後人延續着。到了第十二代，四個後人是過繼回來的（其中兩個見於圖中）。就我們所知，長房子孫不多乃屬巧合，但是，19 世紀時這一脈一位繼承人的生平記述中有這樣一條附注：

> 娶何氏，生二子二女，全家出外未回。本生胞兄德廷公子三子剛正入嗣。道光二十二年，在省城四牌樓錢銀生理，店號安盛，後往瓊州府感恩縣收賬款因留感恩，攜眷往居。咸豐五年，父普方公病，回家三月。同治年間，每歲回家一次，七年後未復回來。其生終子女無從詳載。[21]

我們無從得知過繼子希望甩開家庭的情況有多普遍，但這個附注讓人覺得宗族內的家庭群體積極維持長子一脈的香火。

因此，每個庶子至少有一個後人，比起他們能有多少個男丁重要。表五列出了這些數字。長子有後的佔六成，而庶子有後的則佔五成。兩者的相差雖不算懸殊，但仍清晰可見。

21　《泰寧李氏族譜》，卷5，第93頁下。

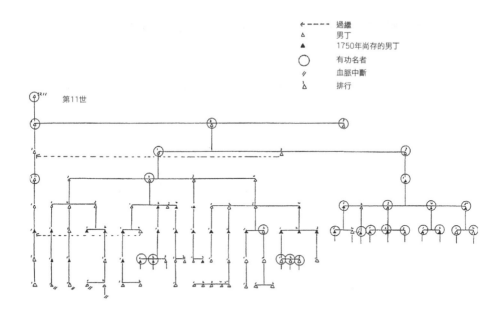

←- - - -	過繼
△	男丁
▲	1750年尚存的男丁
◯	有功名者
⁄	血脈中斷
△	排行

第11世

1211 以後的世系

　　已經有人注意到是否有可能根據報稱的出生死亡年份研究存活及與其相關的問題。這個方面已不能再拖，必須考慮。基本上，這是一個困難的課題，因為報稱的資料不完整，但這是歷史人口學家十分關注的一個題目。[22] 遺漏的情況有兩種：第一種是族譜中的資料不完整，第二種是完全沒有資料。然而，人口學家更願意看到第一種，即不完整的資料。不過，在我看來，由於寫入族譜這種事情是非常政治化的，因此也就必定是有選擇的，完全漏掉的情況應該相當常見。其實，只要研究一下資料遺漏的模態，如表六所示，那是不難看出來的。

22　Ts'ui-jung Liu（劉翠溶），Ted Telford 和郝瑞（Stevan Harrell）的論文是明顯的例子。

表六 《泰寧李氏族譜》內的人物傳記資料（支派 1，泰寧李，小欖）

（甲）有關兒子者：

	提及兒子出生年份	提及兒子逝世年份	合計
提及有兒子	600	458	633
沒有提及兒子	570	258	774

（乙）有關妻妾、兒女者：

	提及兒子出生年份	提及兒子逝世年份	合計
提及有妻妾、兒女	866	643	927
沒有提及有妻妾、兒女	304	73	480

（丙）有關科舉功名者（以第 1211 支派為限）：

	只有出生年份	有生卒年份	提及妻妾兒女者	信息缺失
擁有科舉功名者	91	83	91	1
沒有科舉功名者	367	199	248	37

注：有科舉功名者的總數 =92

　　無科舉功名者的總數 =404

　　從表六（甲）部清晰可見，633 個報稱有至少一個男丁的條目中，600 個有出生年份，458 個有死亡年份；而 774 個報稱沒有男丁的條目中，只有 570 個有出生年份，258 個有死亡年份。（乙）部探討相同的情況，把報稱的男丁作為生平記述的一個項目來處理，而這個生平記述則又在一個由婚姻記錄構成的群體之內。相同的模態依然可見：927 各有若干婚姻記錄的個案中，866 個有出生年份，643 個有死亡年份；而 480 個缺婚姻記錄的個案中，304 個有出生年份，73 個有死亡年份。（丙）部僅局限於支派 1211，探討的是有無功名與生平記述是否完整有沒有關係。表中可見，92 個有功名者的出生、死亡和婚姻資料，比 408 個無功名者的資料豐富。記載的資料數量肯定經過選擇。

　　族譜時常提及整個記錄的遺失。在本文所研究的《泰寧李氏族譜》的有關部分中，有四個案例提到有關的條目乃取自祠堂裏

的靈牌，但並不知道有關的族人屬哪一支派。此外，從世系圖中大概也可以洞悉一二。倘若再看一下圖1，便可知道1211211三個支派的突然中斷，教人疑惑。

　　問題並不在於不應該把族譜用於人口學分析。把人口趨勢重新整理出來，看來肯定對了解宗族政治有莫大的關係，而族譜可以成為研究這方面關係的資源。不過，我們須時常記住，族譜是一種在競爭宗族資格過程中所採用的工具，我們應該期望任何倚重於成文族譜的研究，也可從其他資源中獲得證據。

結語

　　摩爾頓・弗萊德（Morton Fried）在其有關部落與宗族的著名文章中，指出單線世系群體使用不同的策略調控成員的資格：

　　　　正是因為在某些情況下，單線世系群體組織產生出一筆不俗的財產，以致第二個條件就極為重要了。這個條件就是有否子孫。有否子孫，成為限制宗族成員獲取稀缺資源的簡單而非常有效的手段。這些資源一般是經濟資源，但可以隨時延伸為任何其他的權利或特權。子孫這項條件，又演化出兩種自相矛盾的模式：一是實證，要求出具恰當的、現在的、族譜的身份；一是指派（stipulation），資格不難取得，往往是因為同一姓氏，並追溯出虛構的或傳說的共同祖先，取得宗族成員資格之後，才把譜系世代編造好。[23]

　　弗萊德根據這個標準總結說，部落與宗族在中國應該是有所區別的。

23　Morton H. Fried, "Clans and lineages: how to tell them apart and why-with special reference to Chinese society, " *Bulletin of the Institute of Ethnology, Academia Sinica* 29(1970), pp. 11-36. 引文見第 26 頁。

　　我在有關香港新界的著作 [24] 中反對這個觀點。我並不清楚，族譜一旦成文，或者説即使並非成文也被假設是成文的，則規定的與實證的子孫是否就可以區別開來。如果是這樣的話，那麼，我認為不同種類宗族的區別，也就是界定成員資格的不同目的之間的區別，勿論這些目的是爭取居住權、持有公家財產、聯盟成員資格，或者攀附官宦之家。我認為，要問的問題不是為甚麼中國社會這樣突出子孫，而是中國社會怎樣在社會和文化變遷亦即制度和思想框架創設的過程中產生，而祠堂和成文族譜便是這些變遷的其中一些工具。我在珠江三角洲看到不少這些過程的證據，印證了我在新界的觀察。

　　把成文族譜聯繫到一個社群（往往是地域社群）來解釋，是必須面對的困難。族譜重在準確和完整，讓人感覺在其界定的範圍之內是全面的。歷史學家須在字裏行間，看出族譜認受選定的社群成員的子孫資格。成文族譜不過是幾種宗族成員資格表示之中的一種 —— 其他的是參與祭祀，或居住於鄉村，姓名記錄的多變和隨意，是可想而知的。有人會問，文盲的人怎樣做到記錄妥善？弗萊德最初的問題因而非常重要。我們須從族譜的編修之中了解為甚麼採用了這樣或那樣的標準，就是為了明白資格意味着甚麼，尤其是在共有資源的分配方面。在弗里德曼之後，研究宗族的歷史學家對於公家群體的宗族概念，已不感陌生。重要的是，這個觀點並不是指每個族譜都代表一個統一的組織，或者宗族群體必定是一個統一的法人組織。

24　David Faure, *The Structure of Chinese Rural Society: Lineage and Village in the Eastern New Territories*, Hong Kong: Oxford University Press, 1986.

佛山何以成鎮？
明清時期中國城鄉身份的演變 *

　　按照當下的中國社會經濟史文獻，城和鎮出現於四個相關但不相同的情景。第一，城和鎮是「中心地點」，是貿易網絡的交匯點，引申出來的問題是那些貨物和資訊交流的網絡有多開放或封閉。[1] 第二，城和鎮是城市中心，以空間範圍觀之，至少有可能產生特定的生活方式，引申出來的問題是中國城市究竟是農村生活的對立，還是延續。[2] 第三，城和鎮是商人活動的聚焦點，以市場與國家互動之點觀之。引申出來的根本問題就是商人這個群體究竟能否勇於面對官方商業規條中的干預。[3] 第四，城和鎮關係到 19 世紀和 20 世紀資產階級的崛起，我們要問的問題是，城市經濟儘管早在幾百年前已經茁壯發展，但為甚麼中國在西方思想流行之前

*　　原文為："What Made Foshan a Town ? The Evolution of Rural-Urban Identities in Ming-Qing China, " *Late Imperial China* 11.2(December 1990), pp. 1-31. 本文最先發表於 1989 年 3 月 17 — 19 日在華盛頓舉行的亞洲研究協會年會。筆者感謝蕭鳳霞、魏斐德 (Frederic Wakeman) 和華若璧 (Rubie Watson) 給予的意見。

1　　G. William Skinner, "Marketing and social structure in rural China, " *Journal of Asian Studies* 24.1(1964), pp. 3-43, 2(1965), pp. 195-228, 3(1965), pp. 363-399；"Chinese Peasants and the Closed Community: An Open and Shut Case, " *Comparative Studies in Society and History* 13.3(1971), pp. 270-281.

2　　G. William Skinner, "Cities and the hierarchy of local systems, " in Skinner ed., *The City in Late Imperial China*, Stanford: Stanford University Press, pp. 275-351; F. W. Mote, "The transformation of Nanking, 1350 — 1400, " in *the City in Late Imperial China*, pp. 101-154; William T. Rowe, Hankow, *Commerce and Society in a Chinese City, 1796—1889*, Stanford: Stanford University Press, 1989.

3　　Susan Mann, *Local Merchants and the Chinese Bureaucracy, 1750—1950*, Stanford: Stanford University Press, 1987. Rowe, Hankow, *Conflict and Community in a Chinese City, 1796—1895*, Stanford: Stanford University Press, 1989.

沒有誕生自己的資產階級？這是一個涉及政治意識形態和城市居民自我形象的問題。[4] 本文基本上是處理這四個問題。這裏對於把鎮當作商業中心、鎮居民可能會發展出新的生活方式、商人可能會勇於面對官僚，不持異議。我關注的問題是，鎮的領導者會怎樣思考鎮和他們自己的地位。我的看法是，明清時期，鎮的領導者認識到他們鎮的繁榮植根於經濟，然而，他們發現披上紳士的外衣，對他們有利。換言之，中國的鎮的資產階級雖則是資產階級，卻並不衝擊國家的政治意識形態，並且這種政治意識形態是可能給予他們認可的。而在這個時期興起的商業主義所打上的身份烙印正是紳士文化。因此，我們在論證鎮領導者的自我理解時便可看到，儘管商人恐怕失去他們的地方自主，他們對政治意識形態卻力不從心。

對佛山的兩種看法

　　本文討論明清時期中國「四大鎮」之一 —— 佛山的社群組織。[5] 佛山在清朝末年，常以「鎮」為名。「鎮」之名，在唐宋時期有軍事意味，但在明清時期乃指以工商業著名的人口中心。像佛山那樣的鎮的歷史之所以對中國城市變遷的研究特別有意思，是因為鎮與官署所在的城明顯有別。佛山保持着鎮而不是縣城的性格，從未興建城牆，終明一代，未曾是任何衙門的所在地；負責治理佛山的五斗口司位於鄰近的平洲。[6] 我們可能會以為像佛山那樣的鎮有相對自主和發達貿易的誘因，會在明清時期中國演變中的政治結構上留下痕跡，然而，也需看看鎮領導者怎樣述說他們的

4　Fernand Braudel, *The Mediterranean and the Mediterranean World in the Age of Philip II*, Sian Reynolds trans., Glasgow: Fontana/Collins, 1973. 特別是 p. 23, Marianne Bastid-Bruguiere, "Currents of Social Change, " in John K. Fairbank and Kwang-ching Liu eds., *The Cambridge History of China*, Cambridge: Cambridge University Press, 1980, vol. 11, pp. 535-602, 特別是 pp. 560-571.

5　劉獻廷：《廣陽雜記》（17 世紀），北京 1957 年重印，第 193 頁。

6　《佛山忠義鄉志》，乾隆十七年（1752），卷 2，第 5 頁下引述縣史，説五斗口司 1452 年設於佛山，但又説這個説法查無實據。卷 3，第 7 頁下則提到五斗口司負責治理佛山，原位於平洲，1664 年才遷至佛山。

地位。

　　對佛山地位的一種重要看法，見諸陳炎宗[7]所編的乾隆版《佛山忠義鄉志》。書中有一篇由他所寫題為《佛山鎮論》的文章，他在文中提出：問題不是佛山何以成鎮，而在於佛山何以在南海縣各地中間脫穎而出。他認為，佛山的地位頭等重要肯定不是因為它是各地之中最富庶的；不是因為它位處西江與北江匯流之處，讓它成為一個大都會；也不是因為商賈雲集，儘管這也使它與河南朱仙、湖北漢口和江西吳城齊名。讓佛山脫穎而出的原因，是佛山乃「忠義」之鄉：

> 忠義著而貨貝萃焉，天之所以報也，貨貝萃而義不失焉，地之所以饒也；生近市而文行興焉，不因利而移其性也，居接市而科甲峙焉，忘乎利而顯其學也。[8]

　　陳炎宗十分明白佛山之所以成鎮是因為那裏有貿易，而之所以有貿易是因為那裏位處兩江匯流之處。他要說的只是佛山的名聲不能單純建立在這樣的東西之上。沒有一個自尊自重的讀書人如陳炎宗，會認同一個僅為貿易中心的鎮。陳的家庭自明初已經在佛山居住，以佛山為豪，因為此地弘揚忠義、推崇藝文、培育科舉人才。陳炎宗的文章包含了兩個觀念，一是把佛山視作一個貿易中心，二是把它視作一個紳士所表揚的地方，而他顯然喜歡佛山的紳士外衣。

忠與義

　　「佛山忠義鄉」的「忠義」乃是明朝皇帝 1452 年所賜，用以

7　陳炎宗（1709—1778）是 1741 年的舉人，是佛山最老的宗族之一金魚堂陳氏的一員。他的行狀見《佛山忠義鄉志》（1830），卷 9，第 18 頁。陳氏族譜《金魚堂陳氏族譜》，佛山博物館有存本。

8　《佛山忠義鄉志》（1752），卷首，第 24 頁。

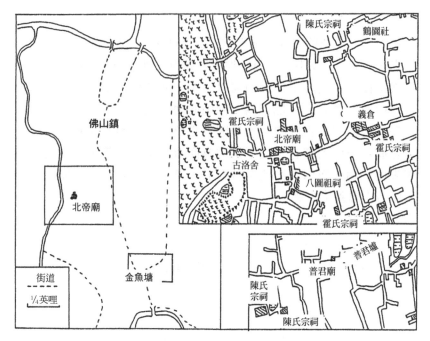

佛山鎮圖

表揚該鎮在 1449 年「黃蕭養之亂」時起而抗賊。從那時起,「黃
蕭養之亂」便成為佛山歷史的一道分水嶺。北帝廟供奉的北帝,
即明朝官方所稱的真武帝,在「黃蕭養之亂」期間保護佛山,其
廟也獲封為靈應祠,而在 16 世紀,又興建了一座流芳祠,用來放
置 22 位抗賊有功的父老的靈牌。據我們所知,流芳祠早在 1513
年已被視為北帝廟的一部分。[9]

9　佛山的歷史,參看黃建新、羅一星:〈論明清時期佛山城市經濟的發展〉,《明清廣
東省社會經濟研究》,1987 年,第 26—56 頁。霍球〈靈應祠田地渡額事記〉一文最早
提到 1513 年靈應祠的「修繕」,見《佛山忠義鄉志》(1752),卷 10,第 23 頁下一第
27 頁下。靈應祠在該文中不稱為祠而稱為堂,因而靈牌究竟是否放在那裏並不清楚。盧
夢陽〈世濟忠義記〉一文最早提到定期祭祀抗賊義士,見《佛山忠義鄉志》(1752),
卷 10,第 19 頁上一第 23 頁上。霍球是正德中葉(約 1510 年)的舉人,而盧夢陽則是
1538 年的進士。霍球的生平見《佛山忠義鄉志》(1752),卷 8,第 8 頁上,盧夢陽的生
平見《廣東通志》(1822),卷 69,第 1164 頁。

　　以祠堂為中心的宗族 15 世紀時在珠江三角洲還沒有佔主導地位。[10] 佛山在「黃蕭養之亂」期間儘管已經公認是一個人口稠密的貿易和工業中心，但也不過被視為九社、八圖，或二十四鋪，完全沒有任何鎮的意味。[11] 社是指土地龕周邊的社群，圖是明初里甲制的一個單位，而鋪則是「黃蕭養之亂」期間所建立的地方防衛組織的一個單位，後來用以指佛山的一個區。「黃蕭養之亂」後，總稱為八圖的里甲登記戶被人視為佛山的領導者，並且負責管理北帝廟。里甲制與地方信仰結合的方程式，是整個珠江三角洲村際管理的特色，與城市無涉。

　　可以肯定的是，八圖的範圍大於九社。「古九社」所指的範圍甚至連佛山一些最古老的社也不包括在內，例如北帝廟後的鶴園社，或可能是佛山最古老的墟市普君墟附近的兩個社。[12] 也可以肯定的是，九社總是按照一定的次序排列。古洛社居首，這裏建有

10　見本書：〈宗族是一種文化創造——以珠江三角洲為例〉。

11　我們對佛山直至「黃蕭養之亂」期間的了解，除了來自族譜外，主要來自收在《佛山忠義鄉志》各個版本中的五篇文章。其中唐璧的《重建祖廟記》和無名氏的《慶真堂重修記》，分別載於《佛山忠義鄉志》（1752），第 14 頁下—第 16 頁上和第 16 頁上—第 19 頁上，都寫於「黃蕭養之亂」前。陳贄的〈祖廟靈應記〉，載於《佛山忠義鄉志》（1752），第 11 頁下—第 14 頁下，寫於 1450 年緊接着「黃蕭養之亂」平定之後。陳贄是廣東參議屬下一名官員，「黃蕭養之亂」後巡檢佛山地區，並親自視察佛山的防衛工事。揭稽按照陳贄的文章寫了〈奏請檄勸忠義疏〉，收於《佛山忠義鄉志》（1752），卷 10，第 1 頁下—第 3 頁上，而這個奏疏則引出禮部 1453 年的一份報告，載於《佛山忠義鄉志》（1923），卷 8，第 4 頁上—第 5 頁下。陳贄稱佛山的防衛組織為「鋪」，揭稽則稱佛山忠義父老「所領八圖之民」為「鋪」。揭稽的奏疏說得很清楚，那就是向皇帝請求准予定期祭祀北帝、維修北帝廟，以及賜封佛山忠義父老和寬免他們家庭的力役。禮部文書中有一道諭旨，准予正式祭祀北帝，卻未提嘉獎忠義父老。這些父老在亂事之後仍然健在，顯然沒有理由馬上就祭祀他們，但陳贄的文章也提到要把他們的名字鑄刻在碑文之上。《佛山忠義鄉志》（1923），卷 8，第 19 頁下—第 20 頁下，收入了載有那些父老名字的碑文，然而只從 1623 年起。「社」沒有在任何文件中出現過。但是，《佛山忠義鄉志》（1752），卷 1，第 7 頁和《南海佛山霍氏族譜》提到過古九社的崇高地位。《霍氏族譜》提到古九社之一的富里社之上有一個龕，所署年份為 1488 年。族譜卷 1，第 33 頁上—第 34 頁下也討論到九社。

12　鶴園冼氏是佛山最古老的姓氏之一。參看《嶺南冼氏宗譜》（1910），卷 3/6，第 1 頁下—第 2 頁下，卷 3/17，第 1 頁下。普君墟原名塔坡墟，《佛山忠義鄉志》（1752），卷 3，第 20 頁上，而塔坡寺則是佛山的原址。普君墟屬金魚堂陳氏所有。《金魚堂陳氏族譜》，卷 10 下，第 10 頁下—第 11 頁下。

冶鐵爐，佛山由此成為冶鐵工業的集中地，而鐵廠則掌握在霍氏中人手裏。八圖涵蓋了所有這些社的戶口。然而，圖這個里甲單位並不是由地域單位組成，而是由戶口組成。社與圖互相交叉，但我們懷疑，圖的輪番賦稅之責，與社的輪番祭祀之責，在很多方面是互相支持的。

里甲制在佛山推行，以及當地獲「忠義」的封號，是明朝初年國家向地方社群擴展的一些側面。伴隨此等發展的，是北帝的地位由一個普通神明提升至佛山的主要神明。[13] 北帝的突出地位早見於 1449 年以前，一篇寫於「黃蕭養之亂」以前的文章提到，商業糾紛尤賴北帝排解。1429 年，兩個當地人在北帝廟發現了一些惡兆，迫使他們捐錢買入毗鄰的土地捐給廟宇，土地上建有冶鐵爐，所以須把鐵匠逐走。[14] 除了明初的君主對北帝的敬畏之外，北帝顯靈庇佑佛山免受賊兵蹂躪，也使北帝廟在佛山諸神中間脫穎而出。[15] 記載北帝獲賜封號的文件不厭其煩地指出，佛山成為「忠義」之鄉正是北帝之功。從北帝廟的堂皇建築及其在當地文獻中的形象，都可見此廟在佛山社會生活中佔有的重要地位。在《佛山忠義鄉志》的地圖中，北帝廟居於顯眼的位置，並且位列「官署」之下，其他廟宇則歸入「寺觀」。1830 年出版的導遊手冊《佛山街略》，迎面便是一幅北帝廟的圖畫和簡史。[16] 陳炎宗的文章指出，北帝廟讓佛山成為北帝之鄉，而佛山在神明顯靈抗賊的傳說中，也成了忠於皇帝義於鄉黨之地。這是國家對地方神明搶佔先手的做法，在明清時期的鎮或鄉郊殆無二致。

13　《重建祖廟記》稱北帝廟為「祖廟」，並説該廟之所以得此名稱，乃是因為人皆視之為佛山的主要廟宇。北帝（在《重建祖廟記》中以其正式名稱「真武」稱之）在眾多神明中脫穎而出，是因為它靈驗。

14　《重建祖廟記》和其中一人的族譜中有記載此事。有關族譜所記，參看黃建新、羅一星：〈論明清時期佛山城市經濟的發展〉，載《明清廣東社會經濟研究》，廣州：廣東人民出版社，1987 年，第 30 頁。

15　華琛：〈神祇標準化 —— 華南沿岸天后地位的提升（960—1960）〉，載陳慎慶編：《諸神嘉年華 —— 香港宗教研究》，香港：牛津大學出版社，2002 年，第 163—198 頁。

16　《佛山街略》，1830 年。

《佛山街略》（道光十年刻）

鎮的治理：鋪與圖

鋪由防衛單位演變為鎮的地理劃分，是佛山形成初始城市特色的先兆。我們須看看明時期鄉村聚落的面貌：每建一間新房子，街巷也就越深入，越狹窄。標準的防禦工事就是街巷組成一個羅網，晚上關起堅固的木柵保護自己。陳贇在 1450 年的記載寫道：

> 為逆者聲言欲攻佛山，父老赴祖廟叩之於神以卜來否，神謂賊必來，宜蚤為備。於是耆民聚其鄉人子弟，自相團結，選壯勇，治器械，浚築壕塹，豎木柵，周十許里，沿柵置鋪，凡三十有五，每鋪立長一人，統三百餘眾，刑牲歃血誓於神曰，苟有臨敵退縮，懷二心者，神必殛之。[17]

17　陳贇：《祖廟靈應記》，《佛山忠義鄉志》（1752），卷 10，第 12 頁上。

　　1449 年的鋪看來顯然是這樣一種街區防衛設施。

　　問題在於，陳贄文章現存的兩個版本一個説是 25 個鋪，一個説是 35 個鋪，都不是説 24 個。我不認為這是傳抄的錯誤。1752 年版的《佛山忠義鄉志》強調原來只有 24 個鋪，該書付梓時則增至 25 個。[18] 因此，1752 年的鋪便不是 1449 年的鋪。但畢竟，沒有理由假定北帝廟周遭的鄉村都曾參與抗賊，或因此而受過表揚。例如，柵下鋪的兩個社一直至清朝仍自行祭祀一位 1449 年的烈士，這位烈士卻不在 22 位父老之列。[19] 此外，有關柵下的資料顯示，事後的解説模糊了大眾的記憶：1752 年版的《佛山忠義鄉志》沒有把庇民社包括在原來的九社之內，而 1923 年的版本則將之包括在內。[20] 除了在北帝廟以外自備防禦的社群之外，我們還必須思考有些社群可能在亂事中顛沛流離，有些則可能降賊。如果對 1449 年的佛山地理沒有若干認識，則任何有關鋪的組織範圍的討論都必屬空談，不過，文獻中的差異卻不容把前後不同的鋪混為一談。

　　更為有力的説明是，在 1795 年各鋪參與建立義倉之前，沒有成文記載表明它們之間合作治理過佛山。[21] 整個明朝都沒有官員或軍隊派駐佛山，防務的協調看來並非常制。1553 年饑荒之時，紳士冼桂奇捐糧做粥，分派給飢民，此例一開，「二十四鋪之有恆產者亦各煮粥以周其鄰近」。他又「遣人分護穀船米市以通交易」。此舉意義重大，在同年一篇紀念此次義舉的文章中，我們不但有了佛山米市的最早記載，也看到了鋪在危機之時全給貶降至一個被動的地位，儘管記事的碑刻乃是由「仕民」以「佛山二十四鋪」的身份聯署。[22]

　　另一次建立共同防衛組織的嘗試是在 1614 年，由另一位紳

18　《佛山忠義鄉志》1752 年版所收的陳贄文章，説的是 35 個鋪，而 1830 年和 1923 年版所收的文章，説的則是 25 個。

19　《佛山忠義鄉志》（1752），卷 3，第 14 頁。

20　《佛山忠義鄉志》（1752），卷 1，第 7 頁；（1923）卷 8，第 20 頁上。

21　《明清佛山碑刻》，第 119—124 頁。

22　盧夢陽：〈世濟忠義記〉，《佛山忠義鄉志》（1752），卷 10，第 19 頁上—第 23 頁上。

士李待問主持，李氏也和冼桂奇一樣出身明初的佛山家庭。李氏組成的佛山忠義團，是整個佛山的地方防衛隊，斷斷續續的一直維持至 19 世紀中葉。那些年間，他還積極投入其他的官方修繕工程，其中有 1623 年的公益橋、1634 年通往廣州的大路、1641 年北帝廟的「照壁」，以及 1642 年的文昌書院。該書院在 1645 年李待問死後不久供奉了他的肖像。根據地方文獻，鋪的團練是直到 1628 年得到朝廷批准才出現的，與我們向來的看法（即那時是許可而不是創始）並不相同。1647 年，佛山終於有了駐軍。[23]

　　本地人當上了高官，又回鄉參與鎮裏的事務，這方面須詳加討論。但是，在討論之前須指出的是，在直至明末都沒有其他治理方式的情況下，里甲組織即八圖，代表了佛山的制度。這一點對於了解佛山是否可能有過公司性質極為重要，是我們先要處理的問題。

　　八圖的主要成員陳氏宗族與北帝關係特別。「（二月）十五日諭祭靈應祠北帝，先一日，紳耆列儀仗，飾彩童，迎神於金魚塘，陳祠二鼓，還靈應祠至子刻。」之後，當地官員和鄉紳父老拜祭北帝，然後，「神復出祠」。[24] 應該注意的是，金魚堂陳氏宗祠屬 1752 年版《佛山忠義鄉志》的編者陳炎宗的宗族所有。此外，這裏所說的程序並無爭論。附錄於《鶴園陳氏族譜》的八圖規條明確指出，二月十四日北帝會被接往金魚堂陳氏宗祠，然後又會被護送返廟，而當晚將遵照諭旨舉行祭祀，祭祀和聚會上均會派發餅食。[25]

佛山祖廟北帝像

23　李待問 1604 年中進士，官至戶部右侍郎總督漕運。他可能死於 1642 年或稍後，生平見《佛山忠義鄉志》（1752），卷 8，第 6 頁上—第 7 頁下，其中提到他死於卸任返鄉的那一年。他對佛山的貢獻，見《佛山忠義鄉志》（1752），第 3 頁下—第 6 頁上。

24　《佛山忠義鄉志》（1752），卷 6，第 3 頁下—第 4 頁上。

25　《南海鶴園陳氏族譜》，卷 4，第 43 頁上。

另一個特別祭祀北帝的日子就是北帝的生日。1752 年版《佛山忠義鄉志》的記載予人一種社群之感：

> 鄉人士赴靈應祠肅拜，各坊結彩演劇曰重三會，鼓吹數十部，喧騰十餘里。神晝夜遊歷，無晷刻寧，雖隘巷卑室亦攀緣以入，識者謂其瀆，實甚殊失。事神之道，乃沿襲既久，神若安之，而不以為罪。蓋神於天神為最尊，而在佛山則不啻親也。鄉人目靈應祠為祖堂，是直以神為大父母也。夫人情於孫曾見其跳躍蝶嬝，不惟不怒，且喜動顏色⋯⋯神之視吾鄉人也，將毋同。[26]

這段記載接着說，北帝像翌日將由北帝廟的一個偏殿會真堂護送返回廟內，並在那裏更衣。然而，在《鶴園陳氏族譜》中的「八圖現年事物日期」附錄中，對該祭祀還有後續記錄，因為北帝像被送回會真堂以後，八圖的代表便會將其送往以北帝廟名義舉行的醮會。為此，代表便得「會真堂接神至水便，陳大宗下馬」。[27] 這天將會派發餅食，亦會開醮會齋宴，每家一人赴宴。北帝於三月三十日返回北帝廟。[28]

在以上兩個場合，八圖尤其是陳氏，都享有比其他鎮民更高的地位。須要明白的是，這些廟會使八圖對於北帝廟的利益關係相當清晰可見。佛山也有其他廟會，特別是柵下天后廟和龍母廟，但沒有一個比得上北帝廟的重要。佛山的北帝像和八圖接北帝的特權，確定了它們的權力地位。

八圖對於北帝廟的掌管 —— 象徵其對於佛山的支配權，也見於 1739 年兩篇紀念贊翼堂即八圖祖祠落成的文章當中。其中由

26　《佛山忠義鄉志》（1752），卷 6，第 3 頁下—第 4 頁下。

27　《南海鶴園陳氏族譜》，卷 4，第 43 頁，稱這個祠堂為水邊陳大宗，看來似乎就是卷 1，第 53 頁上提到的風水河邊西便巷屬佛山全部陳氏宗族所有的那個祠堂，也就不同於二月十四日北帝駕臨的那個金魚堂陳氏宗祠。如果這個說法對的話，那就意味着佛山兩大陳氏宗族鶴園陳氏和金魚堂陳氏皆聲稱自己與北帝有關。

28　《南海鶴園陳氏族譜》，卷 4，第 43 頁上。

南海縣丞魏縉所撰的一篇，為重印於佛山的地方史。另一篇是碑文，由於陳氏與北帝廟的特殊關係，恰如其分地被收錄在《鶴園陳氏族譜》之中。[29] 魏縉從賦稅方面看待這種關係。他把里甲制比作古時的井田制，並把佛山的源頭追溯至八圖戶口的先人的戶籍登記。[30] 碑文則更為詳盡。鎮的組織建基於「黃蕭養之亂」時佛山登記為總數達 80 家的八圖。八圖始終沒有官署的好處，而官署之所以需要，乃基於兩個理由。第一，必須有一筆共同資金資助八圖的廟會活動、法律許可的鄉飲之禮，以及支付賦稅所需的費用。第二，必須在鎮內舉行集體祭祀，正如宗族在其祠堂所舉行的那樣。[31] 碑文說，八圖先人的靈牌安放在八圖祖祠裏。這表示，直至 1739 年，八圖仍舊維持着其於北帝廟廟會禮儀上的支配地位，而且與供奉 22 位父老的流芳祠劃清界限。生活在里甲制之下的後人明白到他們對於 1449 年的父老所建立起來的領導權不一定擁有優先的權利，他們於是另外設立了一個追思先人的地點。

　　這些敘述也許看來相當冗長乏味，但是，對於八圖參與佛山事務方面，必須說得十分細緻，以便掌握 1700 年八圖與紳士之間緊張關係的潛在意義。衝突表面上出於八圖管理北帝廟資金的手法，尤其是在吃喝的揮霍上。有趣的是，顯然站在紳士一面的陳炎宗，選擇捍衛北帝出巡的地方風俗。爭執之點不在於北帝是否滿意，而在於紳士與八圖在權力和在做法上的衝突，而結果就是要決定究竟佛山這個鎮是否可以有一種政治性格。

29　鶴園是北帝廟附近的一個鋪。

30　「開圖建籍，直省皆然，惟粵東廣州郡屬南海縣內佛山鄉為特異。佛山一鄉內開八圖，編八十甲，稅富丁多，里皆仁厚，兼以地勢坤，龍盤虎踞，水繞峰回，元魁迭出，又成一名鎮。四方商賈，舟車輻輳，皆由開圖建籍，得地得時所致也。」魏縉：〈贊翼堂記〉，《佛山忠義鄉志》（1752），卷 11，第 12 頁上—第 13 頁上。把聚居地的成就歸因於先人擇得風水之地，是珠江三角洲開村故事最常見的模式。這種故事突出了先人對後人的恩澤，從而使後人對先人的利益關係有了合理的基礎。

31　〈鼎建公館鋪舍碑文〉，《南海鶴園氏族譜》，卷 4，第 38 頁。

社會分界：佛山的新來者

陳炎宗在《佛山鎮論》中對朱仙、漢口和吳城的說法可以概括如下：「其遠近商販摩肩接踵，率與佛山同。」[32] 遐邇商賈雲集與佛山的根本在貿易，是相符的。但佛山之樂於接受外來人，卻與鄉村居住權的限制，形成強烈的對比。接納外來人進入鄉村，讓其享有村民的所有權利，便涉及讓其享用共同資源（宅地、墓地、燃料等）。一個鎮不會受到外來人進入的威脅，只要原居民對共同資源的控制權為全部成員所攤薄，儘管我們可以看到可能還有其他原因維持原居民與新來者之間的劃分。

佛山的確有外來人到來定居。1752年版的《佛山忠義鄉志》估計佛山的人口達30000戶，這個數字肯定超乎想像，除非編者把外來人也計算在內。[33] 可是，並非所有外來移民都把自己當作佛山居民。先看一些生平記述：「梁俊偉……順德水藤鄉人，康熙間來佛，創立機房名梁偉號，因家焉。」[34] 鄰近（準確地點不詳）某個胡氏的族譜指出：「從明朝到清朝順治年間，該派子孫從未僑寓他鄉。康熙三年，本地所有人口被迫遷移，可是，當遷海令取消之後，所有人都出於懷鄉之情而回歸原住地。該派的十一世祖金曾則定居於佛山的民豐里，這一支如今只有四人了。」[35] 這段文字並無日期，但它接着討論了直至第十六代不同族人的經歷，故可以由此理解，這個宗族的某些群體在佛山住了五六代。

我們也可以看看當時的一些說法。1752年版的《佛山忠義鄉志》指出：

> 粵地多以族望自豪，新徙者每不安其處，鄉獨無此澆習。名家巨族與畸畛之戶、驟遷之客，都和好無猜，故氏族至繁而門第

32　《佛山忠義鄉志》（1752），卷首，第24頁上。

33　《佛山忠義鄉志》（1752），卷3，第28頁下。

34　《佛山忠義鄉志》（1926），卷14，人物六「義行」，第41頁。

35　《胡氏四房譜》，不署日期。按：譯者未能找到原文，茲根據英文譯為白話文。

自別。[36]

不過，以下《佛鎮義倉總錄》（18 世紀晚期）的一段文字顯示外來人的確與原居民有距離：

但本鎮五方雜處，所有順德等處富戶來此開設貨店，自己攜帶小眷數口，閉門過活，向不與本鎮紳士往來，俱畏人知其為富。故本鎮紳士從未與外來富戶交談共事。[37]

接着看看制度安排。里甲對於外來人的登記有所規定。標準的做法，佛山也遵行，那就是把新的「子戶」附加到已經登記的「總戶」之上。這些附加部分除了新來者之外，當然也包括從總戶分裂出來的子戶。我見過的唯一一份戶口名單，是大概在 19 世紀晚期登記在鶴園陳氏總戶之下的一份，為數 26 戶，14 戶為陳氏，其中只有一戶是早年登記的「總戶」。[38]

地方史的編纂體例也須注意。1752 年版的《佛山忠義鄉志》一開頭便說，在生平行述的選取上，「僑」與「土」不分軒輊，也規定外來戶須注明原籍。[39] 此外，該書也涵蓋了八個在里甲中登記為總戶的姓氏（全數 21 個）的祠堂，這表示某些外來戶儘管原來沒有在里甲中登記，也被視為社群的一部分。還有，民國版的《佛山忠義鄉志》也可用來補充佛山的居住史。該版連同重複舊版已

36　《佛山忠義鄉志》（1752），卷 6，第 9 頁上。

37　《明清佛山碑刻》，引《佛鎮義倉總錄》，卷二。這裏所説的紳士是否有功名，並不清楚。但就 18 世紀的佛山而言，可以假設其為有；至於其他鄉村，則未必。紳士一詞的用法，參看 David Faure, *The Structure of Rural Chinese Society: Lineage and Village in the Eastern New Territories*, Hong Kong: Oxford University Press, 1986, pp. 221-222.

38　《南海鶴園陳氏族譜》，卷 4，第 45 頁下—第 46 頁上，載有一份不署日期的鶴園陳氏戶口名單，而卷 4，第 38 頁下—第 42 頁上，則載有一份佛山八圖戶口的完整名單，可資比較。

39　《佛山忠義鄉志》（1752），卷首，第 4 頁上。

有的一些姓氏之外,總共為舊版增加了 24 個姓氏。與這裏的討論相關的是一個補充的部分,記錄了這些宗族的原籍和他們移居佛山的情況:「黃氏系出江夏,康熙間由陳村遷佛山。」[40] 而重要的是,每個宗族均提到他們出了一些做官的子弟。[41]

和其他地方一樣,18 世紀之時,佛山的外來人也是以他們的會館來保持自己的身份的。道光版《佛山忠義鄉志》的會館名單,包括了福建、山西和陝西、湖南、湖北,以及江西的會館。書中特別提到,福建會館乃是由紙商創建。一個紀念參藥會館修繕竣工的碑文清楚顯示,六個負責修繕工作的人之中只有一個是外來人,[42] 至於其他的一些會館,也可能有不少外來人,儘管他們的原籍不一定相同。這個碑文又提到,參藥會館創建於乾隆中葉,而山西、陝西會館 1812 年的修繕碑文也有這樣的説法。[43]

當地戶和外來戶的差異在書院中形式化了。1641 年,李待問興建了文昌書院,當地紳士每年二月初三祭祀文昌帝。1672 年,外來紳士興建了佛山第二間文昌書院,而祭祀日則在二月初二。[44]

在一個地方定居,意味着家族的遷徙、戶口登記、興建祠堂、也許還有放棄原籍,而除了社會參與之外,也不難看到外來人的整合有多個方面。有些外來人整合了,其他的則僅居住下來,很多並沒有打算在佛山落地生根,這些都應在意料之中。不過,當大量移民可以成為佛山居民,儘管他們並未整合進里甲之中,八圖的地位也顯然會受到影響。

---

40   《佛山忠義鄉志》(1926),卷 9,第 6 頁上。

41   並非名單中的所有名字都見於這部地方史的紳士一章中,也並非紳士一章的所有姓氏均見於這個名單。這個差異意味着一些功名是佛山以外的宗族所取得的。

42   第六個人是南海五斗口某個地方的人,但文字漫漶不辨。由於佛山也屬五斗口,所以不能排除這個人的原籍也是佛山。參看《明清佛山碑刻》,第 143 頁。

43   《明清佛山碑刻》,第 126 頁。

44   《佛山忠義鄉志》(1923),卷 3,第 6 頁上,第 7 頁下;兩批紳士的分歧可能正顯示外來人是在南海縣以外取得功名的。

異議者：八圖與士紳

八圖在 16 世紀中葉是佛山唯一獲認可的集體組織，到了 18 世紀中葉，降而為一個純禮儀組織。這個轉變應放在佛山的發展和眾多外來人的融合（其中只有一些附加在里甲登記之中成為「子戶」）這兩條線索中理解。八圖基本上不能擺脫其建基於土地和戶口賦稅的形象。這樣的話，八圖與佛山的貿易面向關係不大。在有需要的時候，或抗賊抗官之時，能夠提供幫助的是士紳，這些士紳中，部分是八圖的後人。1752 年版的《佛山忠義鄉志》編修之時，佛山的領導權已顯然轉移給了士大夫，而這部書記錄了一段歷程，從中可以看到士大夫透過由個別成員所出力的社會服務得以從 16 世紀中葉延續下來。

李待問所處的晚明時期是佛山確定其歷史性格的關鍵時刻，而到了陳炎宗所處的 18 世紀，士大夫的介入已然底定。在冼桂奇賑濟 1553 年的饑荒與李待問 1604 年中進士之間，地方史所提到的重大公共服務只有 1559 年霍與瑕和 1568 年其子的修繕公益橋。[45] 記載之所以絕無僅有，一個理由當然是重大事件缺少紀念文章，毋怪李待問在一篇紀念文章中提到該橋之前的多次修繕。但是，不能忽略的是，撰寫紀念文章是文人的習慣。在 16 世紀中葉以前和以降，不少橋經過修繕。[46] 這些都沒有記錄下來，不見於地方史之中。

然而，橋樑修繕不只是一項社會貢獻。霍與瑕是朝廷命官佛山人霍韜（1487—1540）的兒子。霍氏的祠堂在鄰近的石頭鄉，霍氏對貿易和房產的生意均甚感興趣。[47] 話說霍韜十分敬重梁焯，每過其墓，必拜祭之。[48] 霍與瑕和冼桂奇是同時代人，都是湛若水的學生，而湛若水則是陳白沙的學生；湛的地位與霍韜同時代的

45　《佛山忠義鄉志》（1752），卷 3，第 3 頁下—第 4 頁上。

46　其他存在於 18 世紀中葉的橋，參看《佛山忠義鄉志》（1752），卷 3，第 17 頁下，其中一些的興建必定早得多。

47　見本書：〈宗族是一種文化創造 —— 以珠江三角洲為例〉。

48　《佛山忠義鄉志》（1752），卷 8，第 5 頁上。

佛人龐嵩不相上下。[49] 由此可見，道統的承傳是 16 世紀第一代紳士的特點，而從霍與瑕成為一個人物，載入地方史，因為從他開始，參與公共事務開始當成是對鄉梓的貢獻。陳炎宗強調，他的地方史不是佛山第一部而是第二部地方史，第一部由李待問的一位親人所編修，得李氏認可。[50] 我們也可以從霍韜的例子中看到，外來家庭如何在不能以里甲登記的情況下，突出其士大夫的出身，以躋身佛山的領導層。

因此，也就可以明白為甚麼陳炎宗的佛山宗族名單以李氏（李待問）開頭，繼之以陳氏（陳炎宗）、梁氏（有佛山第一個進士梁焯在內的梁氏；明朝時勢力極大，清朝時大為衰退）、冼氏（冼桂奇），然後是霍氏（沒有霍韜的親人）和其他。[51] 這個排序與明朝時的排序大不相同。這些宗族的特點就是他們均是佛山早期在位者的後人。

在 17 世紀，這樣的士大夫記錄在形成佛山領導層形象的地方史中日見重要。相反，八圖由於無助於與官員周旋，名聲受損，而即使在其權限之內的地稅交涉，也是無能為力。1581 年，南海縣實施「定弓」，但 1616 年的豁免賦稅卻要歸功於李待問（李是進士、高官，也編修了當地的《賦役全書》）。[52] 八圖之不濟，見於 18 世紀的多次賦稅交涉之中：1777—1786 年間，三個圖各自與南海縣交涉，要求縣丞不得給圖添加新的戶口，以免增加圖的總體賦稅配額，並且如鄰鄉一樣，固定縣職能的收費。[53] 民國版

49　《佛山忠義鄉志》（1752），卷 7 上，第 3 頁下—第 4 頁上，以及卷 8，第 8 頁上—第 9 頁上冼桂奇的生平。

50　《佛山忠義鄉志》（1752），卷首，第 8 頁上—第 13 頁下，並參看卷 8，第 11 頁上—第 13 頁上出版此書的捐資者之一龐景忠的生平。

51　《佛山忠義鄉志》（1752），卷 6，第 9 頁上—第 12 頁下；卷 4，第 1 頁下列出梁焯（1514 年進士）是佛山第二個進士，在冼光（1496 年進士）之後，但卷 8，第 1 頁下—第 2 頁下冼的生平中則説其祖父已由佛山遷往順德。1910 年版的《冼氏家譜》由居於佛山鶴園鋪的冼氏編修，冼桂奇等人包括在內，明言（卷 1，第 2 頁）冼光的曾祖父已定居順德，其分支另立一族譜。

52　《佛山忠義鄉志》（1752），卷 3，第 3 頁下；卷 8，第 7 頁下。

53　片山剛：〈清末廣東珠江三角洲地區圖甲制的矛盾及其改革（南海縣）〉，明清廣東省社會經濟研究會編：《明清廣東社會經濟研究》，1987 年，第 341—369 頁。

《佛山忠義鄉志》提到，八圖在 1860 年仍保有其收稅職能，但只及於里甲範圍的那些部分。[54]

　　儘管八圖的成員戶口也從事貿易和工業，但八圖這個組織看來與商業稅收事宜均沾不上邊。例如，鐵稅至少從 1519 年起開始徵收，冶鐵爐也須政府牌照。[55] 一起商業糾紛的案例發生在明朝，時維 1635 年，涉及一宗政府交易中的勒索。[56] 清初，廣州仍在藩的控制之下，商業稅飆升。藩把賦稅權包給私人，其中便有佛山冶鐵業的「牙行」，他們則向鐵匠索錢。根據 1693 年一起糾紛的記載，削藩後牙行遭取締，但後來「非法牙行」重施勒索故技。[57] 在這兩例中，重要的是內含行業分工的冶鐵爐直接提起訴訟。1635 年一案，14 個自稱「鐵絲鐵鎖戶」的戶口以他們自己的名義向南海縣請願，並說明他們是兩個不同的「行」。他們指鐵釘行的敗類勒索，而在廣東布政司回覆此案的通告中，還提到鐵鑊匠、鐵灶匠和熟鐵匠等「行」。1693 年一案，請願者是「鐵鑊匠李、陳和霍」。李、陳和霍是佛山有權有勢的宗族，[58] 李待問和陳炎宗即屬其中。顯而易見，行業分工劃分了佛山工匠的共同利益，而重要的是，在這些請願中他們直接現身，而不是委託宗族的士大夫，也不是附從於八圖。

　　廣東布政司 1659 年的一份通告也頗有意思，這份通告回覆了各個窯戶和里保禁止石灣陶器私人徵費的要求。請願者並非由士大夫帶頭。布政司的回覆是給窯戶、里排主管和所有石灣鄉民的，由一群人在一名舉人領銜之下刻在石上。在這個例子中，士大夫儘管沒有參加請願行列，卻也居於傳達王命的崇高地位，或

54　《佛山忠義鄉志》（1923），卷 4，第 3 頁上—第 5 頁上。

55　關於佛山冶鐵業，羅一星：〈明清時期佛山冶鐵業研究〉，廣東歷史學會：《明清廣東社會經濟形態研究》，廣州：廣東人民出版社，1985 年。曹騰騑、譚棣華：〈關於明清廣東冶鐵業的幾個問題〉，《廣東歷史學會》，1985 年，第 117—131 頁。

56　《明清佛山碑刻》，第 13—15 頁。

57　羅一星：〈清初兩藩踞粵的橫徵暴斂及對社會經濟的影響〉，《嶺南文史》，1985 年第 1 期，第 75—81 頁。

58　道光年間佛山鑄造的幾門大炮上鐫有「李、陳和霍」字樣，見《明清佛山碑刻》，第 508—509 頁。李氏在此也當包括李待問一族。

是鎮民行為的擔保人。[59] 兩個冶鐵業的例子均表明，17 世紀佛山的生意人自行與官員交涉，而石灣的這個例子則顯示，有些官員已經讓士大夫廁身其間。

士大夫在社群政策上的興起，始自 18 世紀，而且可以在若干受到政府注意的問題之中尋繹出線索。1731 年，有人向南海縣請願，投訴霍氏（霍韜的後人）控制了佛山的主要渡頭。請願書由整個佛山鎮的士大夫領袖聯名。[60] 那個主要渡頭風水碼頭被視為全佛山的公家財產，士大夫領袖也就因此而插手了。不過，攸關社群利益的問題與那些只關係某些商人群體利益的問題，兩者之間還是有區別的。1739 年發生了一起類似的請願事件，事涉一個由店主和商人建立的渡頭；請願書由兩個商人聯名。[61] 1779 年佛山棉販向廣東布政司請願，也是用自己的名義。[62] 1784 年，佛山社群聯合起來向省城官方請願，要求取締柵下的硝石廠。此事顯然是由一名舉人發動的，他的請願書不厭其煩地分析了硝石廠給佛山帶來的禍害。事發翌月，一名里甲中人也提出同樣的要求，請願者自稱「里民」。又過了十天，白蠟行、紙行和鐵鑊行分別請願，指硝石廠損害生意。這些代表了鎮上不同利益的請願事件，很能代表所謂社群觀點。[63]

另一次頗能說明問題的請願，由上述的同一名舉人和 21 名士大夫，以及四位「父老」推動，他們的目的在搬遷通往風水碼頭路上的小商店，以改善道路交通。店主抗議，縣丞站在士大夫一邊，在 1787 年甚至批准立碑確定有關土地的公家地位。重要的是，1787 年的決定清楚表明，與廟宇管理有關的事情、聘任人員、疏浚河道，以及風水碼頭的租金，都屬北帝廟管理人及其所選出之人的權力範圍。因此，這些例子十分明確的顯示，18 世紀

---

59 《明清佛山碑刻》，第 20—22 頁。但也應注意，石灣歸黃鼎司管轄，不屬佛山。

60 《明清佛山碑刻》，第 36—38 頁。

61 《明清佛山碑刻》，第 38—40 頁。

62 《明清佛山碑刻》，第 343 頁。

63 《明清佛山碑刻》，第 83—86 頁。

之時，乃是以掌管北帝廟來掌管佛山的資源，而士大夫在這些問題上有重要的地位。[64]

1790 年和 1833 年的兩個文件所載佛山米商的經驗，可以用來作為士大夫影響日常的例子。1795 年，在這兩個文件涉及的事情中間，士大夫領袖建立了佛山義倉，由此佛山的米價便與他們息息相關，[65] 而他們完全沒參與 1790 年的事，卻在 1833 年時代表米商而強硬行動起來，也就並非偶然了。

1790 年，三名店主代表「佛山鎮七市」的所有米商，就可允許的存米量向廣州知府請願。麻煩源於黃鼎司的官員向米商收取儲藏費。米商提出，而知府也同意，米店允許儲藏不多於 200 石穀物。沒有士大夫領袖參與其中。[66]

1833 年，米商與士大夫領袖之間在向政府上報米價的問題上發生糾紛。顯而易見，佛山米商的報價被用作廣東的標準價。慣常做法是米商按低於市價 10~20 兩報價。1831 年，百物騰貴，米價低報了 30~40 兩。負責報價的商人聲稱，他們受衙門人員指示這樣做。可是，「佛鎮紳耆」在一份給米商的通告中向他們指出，佛山的米價是按銀元上報的，而銀元的匯兌價其實高於官方的庫平銀，他們完全沒有低報的藉口。通告要求米商日後上報確實的佛山市價，建議「如衙書吏有甚別議，即通知大魁堂司事傳闔鎮紳士與他理論」。1833 年，士大夫領袖建立佛山義倉，他們不但在米商與衙門之間斡旋，而且堅持米價是他們的關注重點。[67]

問題不在於士大夫領袖對訴訟或請願有獨特的影響，而在於他們在整個 18 世紀地位日益突出。一個原因是功名士子與時俱增，而在此以外，18 世紀的鎮領導已不再被人視作里甲戶。士大

64　《明清佛山碑刻》，第 86—89 頁，引《佛山鎮義倉總錄》。風水碼頭 1790 年的租金達 217 兩，金額不菲。該年的賬目見《明清佛山碑刻》，第 93—95 頁所載的碑文，其中並無北帝廟的開支。那些開支大抵來自廟宇相當可觀的資產收入。

65　義倉的建立，參看《明清佛山碑刻》，第 96—100 頁。

66　《明清佛山碑刻》，第 90—92 頁。

67　《明清佛山碑刻》，第 343—344 頁；佛山市博物館 1981：第 49 頁說米倉所在的太平沙屬黃鼎司的管轄範圍。

夫與里甲之間在掌管北帝廟資金問題上的糾紛，相當明確無誤地顯示轉變已經出現。

這場糾紛大致是這樣的，早於 1627 年，士大夫已經認為他們需要一間會館，而此前他們一直是在北帝廟聚會，也沒有提出要有一個永久的組織。於是他們募捐興建會館，取名嘉會堂。[68] 會館就位於北帝廟「右方」。[69]

我們應該記得，1513 年以來，北帝廟的另一邊已經有一間紀念 22 位抗賊父老的流芳祠。還有，嘉會堂的所在地原來是一間觀音廟，1522 年起轉而用做社學。1624 年，學校募款重建，而支持是項活動的正是三年之後在學校內建立嘉會堂的同一班人。因此，嘉會堂的建立是對北帝廟權利的展示，而重要的是，根據紀念社學重修的那篇文章所載，北帝廟之後、兩百年前拆遷冶鐵爐後空出來的土地，也是嘉會堂的資產。土地屬北帝廟所有，因而倘若八圖仍有管理權，大概也歸由八圖掌管。在這些安排之下，糾紛已是呼之欲出。[70]

其後數十年，特別是在 1641 年和 1685 年，士大夫都參與了北帝廟的修繕。然而，他們在 1720 年抨擊八圖對北帝廟的管理工作。他們在那年向南海縣丞請願，要求歸還被資產管理人盜用了的各項資產。縣丞准其所求。1728 年，某個自謂是流芳祠 22 位父老子孫的人，無疑是針對此一裁定，向南海縣丞請願。他要求得到一間已經歸還給北帝廟的店鋪，以供祭祀先人的開銷。重要的是，縣丞隨即召集了士大夫領袖開會，而根據記錄，在縣丞裁定之前，士大夫領袖已經接受了那個請求。1738 年，南海縣丞接到一宗案件，案中指里甲管理人在 1726 年至 1735 年間偽造開支賬目。縣丞在回覆時要求不要把廟宇的錢浪費在吃喝之上，而應用於一所義學。1739 年，八圖在北帝廟對面建起了自己的祠堂贊

68　會館在清朝時稱為大魁堂，「魁」字含有科舉高中之意。

69　嘉會堂的興建情況，見於龐景忠：〈鄉仕會館記〉，《佛山忠義鄉志》（1752），卷 10，第 41 頁上—第 42 頁下。

70　關於社學的重建，參看霍從龍：〈修崇正社學記〉，《佛山忠義鄉志》（1752），卷 10，第 28 頁下—第 29 頁下。

翼堂。他們這樣實際上就是讓出了他們對流芳祠的特權。最後一次衝擊發生在 1757 年，五斗口的司常裁定北帝廟的錢不用作八圖的經常飲宴。主管人據説是一位士大夫領袖，廟宇的錢倘若繼續這樣亂花，便將由此人接管，因為正如官員所指，北帝廟到底不只是八圖的祖廟，也是全佛山的祖廟。[71]

　　1795 年，士大夫領袖建立佛山義倉，此舉顯示他們直接參與了佛山的福利，而義倉正好具備這種象徵意義。義倉原是為補社倉的不足而建，但在饑荒之年卻可以提供差不多是社倉十倍的賑餉。義倉的龐大資產包括佛山主要渡頭附近的土地、店鋪和農地，全歸 24 個鋪的士大夫領袖輪流管理。這些士大夫領袖斷不會自限於義倉的管理：1790 年籌設義倉之時，他們建立了拾嬰會；1841 年，他們用義倉的錢建了一個軍械庫。[72] 義倉不過是士大夫權威彰顯的一個歷史高潮。

結語：佛山如何成鎮

　　士大夫逐漸興起成為佛山的主導力量，可以有種種理解。在 19 世紀和 20 世紀，政府文件和士大夫著作中的一個常見的主題就是里甲的長官既不學無術，又貪污腐敗。他們向當地人民需索無厭，而且挪用公款。不過，我認為佛山的歷史與此有點不同。士大夫興起成為佛山社會的領袖，關係到權力衝突，也關係到文化衝突。他們來自里甲登記戶，但到了 18 世紀已經擺脫了他們低微的出身。里甲在晚明和清初為只有少數人可以躋身的上流所藐視。乾隆版的《佛山忠義鄉志》是一部新文化的記錄。此書在士大夫與八圖的糾紛中編定，表達了士大夫的觀點。因此，佛山不僅是一個經商買賣的世俗之地，也是士大夫靈感的來源地。

71　有關這些事件的各種記錄，見於《佛山忠義鄉志》（1752），卷 10，第 45 頁上—第 46 頁下、第 60 頁上—第 62 頁上。卷 11，第 4 頁上—第 6 頁上、第 8 頁上—第 12 頁上、第 12 頁上—第 13 頁上；《佛山忠義鄉志》（1830），卷 13，第 16 頁下—第 18 頁上；以及《明清佛山碑刻》，第 33—36 頁。

72　《明清佛山碑刻》，第 96—100 頁，第 390—441 頁。

　　這樣，問題就應該是，究竟引進到佛山的士大夫文化是否反映出士大夫的性格。不少士大夫均與佛山的商人有關，有些士大夫甚至自己就是商人，而商人能夠自立門戶，但這些都無關宏旨，因為這不是一個誰統治誰的問題。進入佛山的文化不是一種純然的城市文化，而是一種籠罩於宗族和科舉考試的文化。佛山是鄉，它的組織是一間廟宇，後來是一個義倉。有人可能會誇大了這種情況，認為佛山連勉勉強強的城市文化也沒有出現過（這是另一篇論文的題目了），但那種政治文化並未使佛山與整個社會脫離，而商人也沒有通過佛山在全國政治中取得一席之地。如果佛山曾經有過一個資產階級，那麼，套用布羅代爾（Fernand Braudel）的說法，這個資產階級常常向士大夫「投誠」，正如西歐的資產階級向貴族投誠一樣。[73] 因此，佛山在商業上是一鎮，在政治上是一個鄉、一個行政單位，正如中國其他地方在 18 世紀和 19 世紀的行政單位一樣。

73　Fernand Braudel, trans. Sian Reynolds, *The Mediterranean and the Mediterranean World in the Age of Philip II*, Glasgow: Fontana/Collins, 1973, pp. 725-734.

宗族是一種文化創造 —— 以珠江三角洲為例 *

以祠堂為中心的村落社群和以宗族組織為外觀的村際聯盟，在 19 世紀的珠江三角洲比比皆是，以至在清朝時期，這個地區的村鬥與族鬥聯繫在一起，而在近年，擁有自己祠堂的單一姓氏村落已經成為村落組織的標準。我在香港新界做實地考察，重建明初以來該地的村落和鄉村聯盟的歷史，發現宗族這種鄉村組織形式的突出地位在這珠三角的小角落從 15 世紀綿延至 18 世紀。這是明朝政府的土地人口登記、墾荒、組織地方防衛的需要、文書及文化的傳播，以及教化下層人民的理想所造成的結果。我對於新界的總結，與晚近相關的研究（尤其是關於理學普及的研究以及台灣和安徽徽州宗族的研究）結果大致相同。如果這個結論正確，那麼我們初步可以說中國農村社會在明朝時期經歷了大轉型，而明朝國家政權的龐大結構正是建立在此一轉型的基礎之上。這個過程與明朝中葉至清初急速的貿易和工業發展相疊合，而且不難看出這可能與土地開墾、書寫普及，以及宗族的組織結構有關。要驗證這個複雜的結論，須研究宗族在不同情況之下的

* 　原文為：“The Lineage as a Cultural Invention: the Case of the Pearl River Delta, ” *Modern China* 15.1(1989), pp.4-36. 作者按：感謝蕭鳳霞和華琛（James Watson）兩位對本文在加州大學伯克利分校、加州大學洛杉磯分校、耶魯大學和匹茲堡大學宣讀時的最初幾稿時所做的評論，以及提出的修改建議；蒙香港共濟會東亞研究基金撥款促成該項研究，在此一併致謝。

發展，以及做大量的地方史研究。懷着這個目的，我跨過了香港新界，進入珠江三角洲。本文是一些初步研究成果。

宗族的語言

本文將繞過人類學家目前有關「宗族理論」的爭議，基本上用「宗族」一詞指稱以子孫後代自命的群體。我認為，這個意思與珠江三角洲本土文獻中常見的「族」或「房」等詞的含義相當接近。與宗族相關的本土觀念把焦點放在父系的子孫之上，而就本文的目的而言，需要指出的只是那些自認為是族或房的成員的人，可能視族或房為他們之間的基本紐帶，而無須明言這些人在其他方面並無關係，或子孫關係比其他關係更重要。但對於我的結論來說不可或缺的一點，則是宗族的概念往往隱含在以宗族方式來表達的目的追求之中。

這個結論或可以鄉村居住權的追溯這個對理解華南鄉村社會至關重要的課題來解釋。鄉村居住權是鄉民在其認定的社群領域內開發天然資源的一些權利，這些權利的有無區分了鄉民和外人。這些權利包括在村內或村附近建屋、在山邊砍柴，以及在非私人土地上開墾農地。由於這些權利是由遷入或繼承而取得，而遷出則中止，所以，防止其居住權為外人所佔的社群必定有他們的歷史和族譜。例如，這些社群的成員必能說出自己是同樣幾個先人的子孫，也能分得出那些說出差不多的話的人中間，哪些是已經遷了出去的子孫。我發現香港新界的許多鄉民都能這樣表述他們村和宗族的歷史。

然而，倘若居住權乃是以宗族作認可，則宗族的創立與賡續便非依賴於出生或禮儀，而是依賴於對宗族歷史的大體認同。對宗族歷史的認同，在某種意義上成了對族人資格規章的接受，在鄉村、地域聯盟、祭祀組織等方面莫不如此。為宗族歷史而建立或重建的族譜無須是成文的。其實，儘管自明朝開始，成文族譜日增，大多數族譜必定是口耳相傳的。口述族譜可能與家族習慣密切相關，也可能與祭祖的核心例如家居神龕和祖墳的維修密切

相關。鄉村世界仍大體保持着口述傳統，但歷史學家一清二楚，在這些傳統中書寫的文書極受尊崇，對成文族譜的接受本身就是一個文化交流的例子，顯示出書寫文化與非文字文化的接觸。[1]

文字傳統與植根於非文字社會的風俗相結合，並重新呈現為一個統一的文化，是書寫傳播最為深遠的影響之一。眾所周知，這個轉變過程也許把很多土著村落吸收到漢族社會之中。[2]但這裏單說這個過程的兩個結果，因為它們影響了宗族的形式。

首先，文字傳統滋養了一個與官方文化高度一致而且被奉為標準的正統。這個傳統的多個方面在不少鄉村風俗中顯而易見，包括在祭祖時朗讀傳統文本，以及按預制的字輩給男丁命名。[3]就本文的目的而言，重要的是特別指出在文字傳統的衝擊下，擁有祠堂以彰顯官位，以及編纂成文族譜以追溯至某個位居高官的先人，成了宗族建築的標準。彰顯官位的祠堂，在明朝的文獻中稱為「家廟」，乃按照理學正統和明朝政府的法規而建。初時，只有那些有族人當上了品官[4]的宗族，才有資格興建這種家廟。後來，宗族繞過了法規，把他們的世系追溯至一個在明朝以前做官的或

1　對於這個問題較為全面的討論，參看 David Johnson, Andrew J. Nathan, and Evelyn R. Rawski eds., *Popular Culture in Late Imperial China*, Berkeley: University of California Press, 1985. 一書所收的文章。

2　Herold J. Wiens, Han Chinese Expansion in South China, Hamden, CT: Shoestring Press, 1967. Eberhard, Wolfram, *The Local Cultures of South and East China*, Leiden: E. J. Brill, 1968.

3　P. Ebrey and James L. Watson eds., *Kinship Organization in Late Imperial China, 1000—1940*, Berkeley: University of California Press, 1986, pp. 45-46 和 J. L. Watson, "Anthropological overview: the development of Chinese descent groups," pp. 247-292, in Ebrey and Watson, 1986, pp. 287-288 均討論了字輩的使用。Ebrey 指出這種風俗可能自南北朝（221—589）時期。

4　有關品官的扼要説明，參看 H. S. Brunnert, and V. V. Hagelstrom(1912), *Present Day Political Organization of China*, Shanghai: Kelly and Walsh; Taibei rep. 1971, p. 507.

真實或虛構的先人。這種建築在香港新界屹立至今，族譜裏也可找到這種建築的繪圖。我們從族譜中所能看到的最明確的宗族建設標誌之一，就是興建這樣的祠堂；地位由此而劃分，儘管族中有時並沒有考取功名而有權興建此等祠堂的子弟。

其次，保存成文族譜的風俗越發流行，除追溯居住權以外，還為宗族建設賦予意義。[5] 由於成文族譜無法隨時修訂，也由於文字有認受權威，成文族譜也就如官式祠堂一樣，把宗族歷史化為客觀現實。結果，成文族譜成了子孫身份的便利「證據」。族譜不只為了同樣享有居住權的人，也為了那些只有在定期禮儀中才走在一起的人而編纂。貧窮的鄉民沒有自己的祠堂，對官方的做法所知不多，又從未考過科舉，卻也能感覺到自己受文人和官方傳統的束縛，成文族譜的編纂就是明證。[6] 此外，由於可以假定成文的記錄在未加編整之前已經存在，因此，一個鄉民不妨假定，族譜中有證據證明他的關係，這些證據可以是任何鄉民也未嘗寓目的。書寫照例製造出一個偽裝的社會：官式祠堂和成文族譜使很多中國人相信宗族是他們社會的「構成」（fabric）（借用摩頓‧弗里德〔Morton Fried〕的話）。[7]

風俗因地而異，禮儀尤其如此，然而到了清朝，一種與宗族習慣有關的共同禮儀語言形成了，這套語言通行全國，且不局限

5　文字對非文字社會的衝擊，參看 Walterong, *Orality and Literary: the Technologizmg of the word*, London: Methuen, 1982 十分重要的觀察。

6　J. L. Watson, "Anthropological overview: the development of Chinese descent groups," pp. 247-292, in Ebrey and Watson, 1986, p. 286 也指出了成文族譜的這樣一些效果。

7　這一節主要概括自拙作 David Faure, *The Structure of Chinese Rural Society: Lineage and Village in the Eastern New Territories*, Hong Kong, Hong Kong: Oxford University Press, 1986.

於任何一個階層。[8]

明朝的文化轉型：兩個例子

（一）珠璣巷傳說

　　由於大多數的族譜的編纂不早於明朝，此前或明初的宗族歷史也就必須在神話和傳說中尋找，而其中卻只有少數被寫下來，珠璣巷的傳說就是其中之一，基本上見於珠三角宗族族譜的開首。[9]

8　應該指出，K. Hazelton, "Patrilines and the development of localized lineages: the Wu of Hsiu-ning City, Hui-chou, to 1528," in Ebrey and Watson, 1986, pp. 137-169. 其中第 166—167 頁誇大了徽州的宗族與廣東的宗族的差異。就 Hazelton 所指徽州宗族的三個特點來說，香港的研究 Rubie S. Watson, *Inequality Among Brothers, Class and Kinship in South China*, Cambridge: Cambridge University Press, 1985; David Faure, "The Tangs of Kam Tin-a hypothesis on the rise of a gentry family,", 1984, pp. 24-42, in David Faure, James Hayes, Alan Birch eds., *From Village to City: Studies in the Traditional Roots of Hong Kong Society*, Hong Kong: University of Hong Kong, Centre of Asian Studies, 1984, pp. 24-42. David Faure, *The Structure of Chinese Rural Society: Lineage and Village in the Eastern New Territories*, Hong Kong, Hong Kong: Oxford University Press, 1986. 香港新界也如徽州一樣，以官式祠堂為中心的宗族建設總是由宗族裏渴望取得官位而有時也得到了官位的少數人所推動，而這些地方也往往視宗族為涵蓋了不居住在一起之人的群體，這是我們可以預期的衍生自居住權追溯的問題，卻又不為其所局限的一種做法。Hazelton 指出的第三個特點，即徽州的宗族可能僅收到足夠的租以敷禮儀開銷之用，而廣東的宗族則擁有大量公產，我認為這個差異可以用史料多寡來解釋。Hazelton 引用來論證廣東宗族的新界研究，是實地考察所得，而且運用了香港政府編製的詳盡土地註冊資料。徽州研究的土地所有權資料只比成文族譜記錄的多一點，儘管據我的了解，有些賬目資料仍然存在。族譜似乎不但記錄確實的耕地數目，也記錄了祖嘗司理所負責的耕地數目。此外，香港政府也以祖嘗的名義註冊了一些公家地（村裏的魚塘和空地）。在英國法律實施之前，這些土地很多都可能沒有註冊。我認為廣東的宗族決不異於徽州的宗族，就以我們略知其詳的幾個新界例子而言，在外觀上卻極為相似。Hazelton 的說法所顯示的，是我們在沒有現代土地記錄和實地考察支持的情況下從成文族譜研究宗族歷史時的一個切入點。這個切入點也應該用到香港以外的珠江三角洲地區的研究（包括我自己的）之上。

9　黃慈博 1957 年收集了這個傳說的不同版本。有關這個傳說的研究，有羅香林：《中國族譜研究》，香港：中國學社，1971 年，第 180—183 頁，第 194—197 頁、陳樂素：〈珠璣巷史事〉，《學術研究》，1982 年，卷 6，第 71—77 頁、Taga(1981)，第 455—456 頁，以及牧野巽：〈中国の移住伝説 —— 特にその祖先同郷伝説お中心として〉，《牧野巽著作集》，東京：御茶の水書房，1985 年，第 5 卷，第 54—83 頁。

　　這個傳説在不同的資料來源中有些微的差異，但主要內容則一致。話説宋朝時候，有個王妃逃出王宮，嫁了粵北南雄州珠璣巷的一個商人。珠璣巷的居民唯恐惹來兵災，便移居珠江三角洲，在那兒落地生根。他們請求南雄州知州讓他們離開；抵達後來的定居之地後，便向當地的縣丞登記。南雄州發出的官方文件往往收錄在這些記述之中。[10]

　　漢學家都熟悉這個傳説，並且嘗試確立其歷史特性，但不大成功。歷史學家的研究則似乎太老實。這個傳説所説的是來自粵北的多個移民潮。如果説移民不一定是從南雄出發，而是從江西或更北的地方過來，也非無道理。移民潮可能與 12 世紀宋室的南遷，或 13 世紀蒙古人的進軍有關。也許，這些移民潮的確是珠璣巷傳説的靈感來源，但他們並沒有解釋這個傳説為甚麼在族譜中或以這種形式保存下來。

　　解釋族譜中保存着珠璣巷傳説的第一個線索，就是這個傳説現有的形式必須追溯至明朝，而不是宋朝。這個傳説現有的最早成文記錄出於明朝 [11]，儘管這個傳説看來在口耳相傳後不久便已寫下來了。此外，其中所涉及的制度是明朝的，不是宋朝的。明朝建立的正是里甲登記制度，而我們從地方史和族譜的記錄中知道，這個制度自 14 世紀以來順利在廣東廣大地區實施。

　　第二個線索就是這個傳説與宗族的基礎有關，但是，首先必須指出本文的解釋與牧野巽的解釋之間的差異，後者認為這個傳説的出現反映了定居於毗鄰範圍的多姓氏群體尋找共同祖先的願望 [12]。

　　差異在於理解這個傳説的側重點之不同。牧野巽的解釋要成立的話，前提就是尋找多姓氏共同源頭的願望須有意義，也須假

10　牧野巽，〈中国の移住伝説 —— 特にその祖先同郷伝説お中心として〉，《牧野巽著作集》，東京：御茶の水書房，1985 年，第 5 卷，第 58—62 頁和黃慈博：《珠璣巷民族南遷記》，廣州：中山圖書館，1957 年。重印了某些文件。

11　例如，見於《石頭霍氏族譜》（1902），原序第 1 頁上一第 2 頁下。

12　牧野巽：〈中国の移住伝説 —— 特にその祖先同郷伝説お中心として〉，《牧野巽著作集》，東京：御茶の水書房，1985 年，第 5 卷，第 54—83 頁。

設居住在一起的多姓氏群體中間已經形成了安土重遷或其他的性格，把他們至少結成了鬆散的聯盟。然而，根據那個傳説，這可能是個涵蓋了超過 30 個姓氏的聯盟。還有，這個聯盟也可能有某種形式的宗教表達作為重心；但是，在現有的珠璣巷傳説中，沒有一個版本有宗教元素。相反，這個傳説是宗族歷史的一部分，記錄在族譜之中，突出的是逃離南雄的理由、准許遷移和定居的文件，以及與其他姓氏的共同經驗而不是相互的責任。由於多姓氏聯盟不在少數，所以建基於不同姓氏之間的共同經驗的傳説也就可能變得可以接受，但是，與其他姓氏的共同經驗並不是把這個傳説記錄下來的基本原因。

我認為，可以把珠璣巷傳説歸類為宗族開基的傳説。族譜裏多有宗族開基的傳説。這些傳説通常包含了有關宗族起源的記述，把宗族的起源上溯至中國歷史的早期，然後就是不同支派的先人定居於不同地方的情況。這些記述加起來形成了宗族從一個共同源頭開枝散葉的歷史。[13]

開基傳説有種種不同的作用，其中最重要的就是權利的分配。所有的開基傳説都分配祠堂、神龕，或祖墳的祭祀權。然而，劃分居住權的卻是居住記錄。某先人在某地安家，他的後人也就有在該地居住的權利，而他離去的話，權利也就喪失。以此觀之，族譜把珠璣巷傳説記錄下來之時，不在於突出多姓氏的共同源頭，而在於居住的歷史。從同一個地方逃來的先人沒有居住權留給後人；只有定居下來的人才有。但是，這個解釋肯定有問題：如果珠璣巷傳説的重點不在於多姓氏的共同源頭，那麼，為甚麼傳説中的這個部分在族譜中如此重要？

要回答這個問題，拿珠江三角洲其他地方的開基傳説來與珠璣巷傳説作對比，可能會有些意思。例如，其他傳説的共同主題是把崇高的地位歸因於與宗室的姻親關係。新會三江趙氏是大地主，稱是宋帝之後（《趙氏族譜》1937），而東莞鄧氏是香港新界

13　E. Ahern, "Segmentation in Chinese lineage, a view through written genealogies," American Ethnologists3(1976), pp. 1-16. 也有類似的觀察。

的大地主，聲稱一位先人娶了宋宗室女[14]。鄧氏並不是唯一聲稱膺此殊榮的宗族：南海三山鄉冼氏和東莞河田鄉方氏也有這樣的說法。[15] 更多的宗族聲稱與高層官員有關係。南海沙頭崔氏聲稱是南宋宰相崔與之之後，而沙頭附近的大老村莫氏則聲稱有一位先人是唐朝的狀元。[16] 相比之下，珠璣巷的先人並不出眾，其中一些人在定居下來之後取得官銜，但在定居之時他們不過平民而已。

另外，拿這個傳說與「猺民」的傳說[17]來作比較，也是有意思的。「猺民」在明朝時期居住在華南數省的山區。在廣東，他們居住在粵北 —— 其中一些地方鄰近南雄。

有一點必須清楚，「猺民」的「猺」是漢人對這些人的稱呼。此詞來自「莫猺」，意即「免徭役」。[18] 這個地位為「猺民」所接受，而且至今刊行過的超過一百個開基傳說的成文版本，均突出強調這個地位，以下一段文字就是其中之一：

> 南京平王敕下古榜文一道，牒落天下一十三省。各治山頭，猺人收執為憑。九嶷崗山無糧地，趕牛不上，打馬不行，捕水不上三尺之處，係是良猺祖業。[19]

---

14 David Faure, "The Tangs of Kam Tin-a hypothesis on the rise of a gentry family," in David Faure, James Hayes, Alan Birch eds., *From Village to City, Studies in the Traditional Roots of Hong Kong Society*, Hong Kong: University of Hong Kong, Centre of Asian Studies, 1984, pp. 24-42.

15 《嶺南冼氏宗譜》（1910），卷3，第1頁；《東莞方氏族譜》（1965），第66頁。

16 《南海沙頭》（1895），卷1，第6頁上 — 第7頁上；《巨鹿顯承堂重修家譜》（1869），卷1，第1頁上。

17 有關「猺民」的文獻如雨後春筍，我的主要資料來源是《過山榜》編輯組：《瑤族〈過山榜〉選編》長沙：湖南人民出版社，1984年和廣西壯族自治區編輯組：《廣西瑤族社會歷史調查》，第八冊，南寧：廣西民族出版社，1985年。「猺民」融入漢族的事例，參看 S. L. Wong, "In search of a forgotten tribe—the Yao people of the mountains", Lingnan Science Journal17.3(1938), pp. 477-481.

18 參看李默、劉耀荃、黃朝中編：《廣東瑤族歷史資料》，南寧：廣西民族出版社，1984年，第48頁，引《增城縣志》（1921）第一章。

19 《過山榜》編輯組（1984），第2頁。

　　「先有猺民，後有朝廷」是這段文字的前提，而凡是有違平王旨意，向「猺民」徵稅或侵擾「猺民」財產者，皆可能被捕，並送漢官究治。

　　「猺民」的開基傳說與珠璣巷傳說有明顯雷同之處。官方的授權文件在「猺民」的傳說中，也如在珠璣巷傳說中那樣，有重要地位。珠璣巷的文件證明先人獲官方批准遷徙，而且已經向新的定居之地的縣丞登記。隨之而來的大概就是這些先人要負起里甲登記戶口的賦稅和徭役之責。「猺民」的傳說要申明的就是他們的先人得到朝廷一份文件，只要他們一天住在山裏，一天便可豁免賦稅。換言之，定居於珠江三角洲，要負起賦役之責的漢人，保存着一個傳說，説明賦役之責，而「猺民」也保存着一個傳說，説明這個豁免。

　　考察一下「猺民」開基傳說中的其他元素，當還有雷同之處。「猺民」的傳說也如漢人的傳說那樣，由一個早期起源的部分和種種居住記錄構成。「猺民」傳說中早期起源的部分是眾所周知的。[20]話說「猺民」的祖先盤瓠是一匹狗頭怪物，曾侍奉平王，其女因而獲賜婚，並獲豁免賦稅。[21] 這個傳說在文獻中包含着三個片斷。第一個片斷敍述「猺民」從一個叫作「千家洞」的地方開始流浪，直至定居下來；[22] 第二個片斷，他們幫助漢人對抗亂臣賊子；第三個片斷，他們與漢人「山主」訂立成文協議。「猺民」的族譜顯然是根據他們與這些「山主」所訂的協議撰寫的。[23] 根據一個記述，明朝時期居住在一起的七個姓氏的「猺民」，受李姓「山主」的招引，在某處定居開墾。這個記述詳載了李氏與這些他姓所制定的安排，注明每一姓所得地域的界限，以及繳納給李氏的租稅。制

20　有關「猺民」開基傳說中起源部分的各個版本，參看《過山榜》編輯組（1984），第 117—127 頁。

21　不應假設成文記錄與口述版本一致，可注意《過山榜》中的這個故事，與 C. B. Lee, "Local history, social organization and warfare", Lingnan Science Journal 18.3(1939), pp. 357-369 的口述版本之間的差異。

22　《過山榜》編輯組（1984），第 114—116 頁。

23　《過山榜》編輯組（1984），第 31—33 頁，第 47—60 頁，第 81—83 頁。

定這些安排的協議全文具載，並且包括了一個獲得授地的家族的族譜，一份他們被迫離開前居地前因後果的記錄，以及他們所得土地的界限。[24] 換言之，成文記錄是定居過程的需要而書寫留下的。

這些記述表明，「猺民」和漢人一樣，清楚知道與定居過程相聯繫的權利與義務。所不同的，漢人並非與一個平民「山主」協議而獲得權利，卻是直接與明朝政府打交道。里甲制即平民登記制度造就了這種關係，而這就是珠璣巷移民的平民地位之所以被突出的原因。因此，珠璣巷傳說中多姓氏群體的共同源頭，與這些姓氏群體之間的相互責任無關，但卻關乎一個共同的社會背景，以及確立居住權的需要。很多漢人宗族之所以從明初開始記述他們定居的第一代，就是因為他們最初乃由於賦稅登記而與官員打交道，而里甲的記錄，書面和正式的支持，授予他們居住權。[25]

（二）佛山鎮

佛山在廣州市外 15 公里，那裏冶鐵、絲綢和陶瓷工業雲集，是珠江三角洲的商業中心；佛山的歷史是賦稅登記的宗族把他們的世系書寫下來，並且興建祠堂以彰顯官位的一個過程。這個過程也展現了隨宗族發展而來的政治轉型。

佛山成為一個商業中心是在明朝，儘管冶鐵業較早時已有所發展。[26] 最早出現在佛山這個地方的可能是建在一座山丘上的一間佛寺，此寺毀於 1391 年一次針對佛寺的舉措之中。佛山意即「佛陀的山」，這間佛寺可能就是佛山得名的由來。鄰近有一間北帝

24　《過山榜》編輯組（1984），第 34—36 頁。

25　比較 Jack Goody, *The Logic of Writing and the Organization of Society*, Cambridge: Cambridge University Press, 1986, pp. 154-159.

26　廣東的歷史學家對於佛山成為冶鐵業中心的由來，尚存爭議。羅一星：《明清佛山經濟發展與社會變遷》，廣州：廣東人民出版社，1985 年，第 111 頁認為源於明朝，但唯一的證據只是元朝此地的地方志《大德南海志》，並無提及佛山是一個墟市。然而，《大德南海志》確有提及佛山的擺渡，只是沒有關於墟市的部分。佛山博物館館長陳智亮（不署日期）則主張源於宋朝，其根據是鎮上的冶鐵廠遺跡。不過，還有待遺跡完全出土後，才能確定。

廟，北帝與民間信仰的神明有關。[27] 元朝時候，北帝廟每年均舉行廟會，善信遠道而來參加。元朝末年，此廟為「盜賊」所毀，他們賄賂知事僧把神像污損，但在 1372 年明朝建立不久，此廟即重建。後來，此廟成為鎮政府的所在地。[28]

佛山早期歷史的宗教性是顯著的。在宗族發展起來之前，即大多數成文記錄無從追溯的時代，佛山是一個地方宗教中心。其時珠江三角洲或其附近有幾個地方宗教中心，例如廣州以東的洪聖廟、肇慶附近的龍母廟、南頭附近的赤灣天后廟，以及廣州市內非常有名的光孝寺。[29] 其中一些寺廟可能是地方組織的中心，擁有大量土地。打擊佛山佛寺的舉措和對北帝的崇奉，是改朝換代權力重組的標誌。然而，到了明朝，零零星星由官員在不同時期推動針對所謂「淫祀」宗教機構的舉措此起彼落。[30] 有些與官員有關係的宗族取得了宗教組織被迫放棄的土地也不足為奇。[31]

14 世紀末至 15 世紀初必定是佛山經濟高速發展的時期。現存關於早期冶鐵爐的文獻，出自永樂（1403—1424）和宣德（1426—1435）兩朝。冶鐵爐就在北帝廟前，可見北帝廟與冶鐵業的密切關係。然而，其時的佛山由鄉村聚落構成，而其後數百年仍多少保持着這種格局。這些村落稱為社，以村民定期祭祀的地方神明為中心組成。明初，這些村落就成了里甲單位。[32] 我們

27　此即北方真武玄天上帝。關於明朝政府對北帝的尊崇，參看《明史》，第 1308—1309 頁（第五十章）。

28　《佛山忠義鄉志》（1752），卷 10，第 19 頁上—第 161 頁。

29　崔弼：《光孝寺志》（1791），〔不署日期〕；《越城龍母廟志》（1851）；科大衛（1986），第 184—185 頁，n. 12。

30　《廣東通志》（1561），卷 50，第 14 頁，第 21 頁上—第 22 頁下，第 42 頁下—第 43 頁上，第 50 頁下—第 51 頁上吳廷舉、丁積、邱道隆，以及魏校的行述。針對「淫」寺廟的舉措並不局限於廣東。佛山人霍韜 1537 年在南京施行的一次，可參看 Chaoying Fang, " Huo Tao, " in L. Carrington Goodrich and Chaoying Fang(eds.), *Dictionary of Ming Biography, 1368—1644*, New York: Columbia University Press, 1976, p. 682.

31　《石頭霍氏族譜》（1902），卷 1，〈祠記〉，第 1 頁上。

32　關於社及其祭祀活動的討論，參看 David Faure, *The Structure of Rural Chinese Society: Lineage and Village in the Eastern New Territories*, Hong Kong: Oxford University Press, 1986, pp. 70-80. 關於以土地龕為中心的鄉村聚落與里甲的關係，參看栗林宣夫，《里甲制の研究》，東京：文理書院，1971 年，第 5—10 頁。

不知道 15 世紀的佛山有多少個社，但一篇寫於 18 世紀的文章指出，佛山一直以來分為 9 個社。[33] 1522 年，廣東提學在 4 個社設立了學校，從廟宇沒收回來的財產用作辦學經費。這些學校顯然沒有辦得很成功，僅僅 20 年便已衰落，後來須重新整頓。[34]

不妨假設，北帝廟附近一帶日益興旺起來，定居地之間的接觸也相當頻繁。廟宇管理的正式安排形成於 15 世紀中葉，這項安排大抵建基於心照不宣的共識，而這種共識則源自風俗習慣，也源自反覆摸索。後來的文獻把這個發展歸因於 1449 年的「黃蕭養之亂」。此次事件不但影響到佛山，也波及鄰近的龍江、龍山和其他地方。根據記載，賊寇圍攻佛山，但 22 名佛山父老得北帝庇佑，把他們擊退了。為了表揚這些父老的忠義，朝廷於 1452 年下旨賜封北帝廟為靈應祠，賜封佛山為忠義鄉。[35]

其中一些父老來自佛山根基深厚的宗族，但後來與官位相連的宗族結構當時還沒有建立起來。[36] 這些宗族是否控制了佛山，並不清楚，因為佛山的統治階層不久即擴大至包括商人和手工藝人的家庭在內，而原來隱含在鄉村組織中的社，則歸入了 24 鋪（店鋪，或店鋪組織）。新整合起來的權力結構確認了當權者的名望，因為在 1553 年饑荒之年，祭祀 1449 年的忠義父老成為定制。某個叫冼桂奇的，來自佛山一個最古老的宗族，在他主理下，佛山的大宗族與鋪內的社群一起賑濟饑荒。而賑災之事應以尊崇忠義父老（其中一人為冼桂奇的先人）來紀念，表明當權者在新整合的領導層中佔有核心地位。[37]

佛山的宗族在 16 世紀初取得官位，其時鎮政府已經建立。一個例子就是佛山以南石頭鄉霍氏的士大夫模式宗族組織：這個發

33　《南海佛山霍氏族譜》〔不署日期〕，卷 11，第 33 頁上—第 34 頁下。

34　《佛山忠義鄉志》（1752），卷 10，第 27 頁下—第 28 頁下。

35　《佛山忠義鄉志》（1752），卷 3，第 2 頁下。

36　《南海佛山霍氏族譜》〔不署日期〕：卷 9，第 11 頁下—第 16 頁下；《南海鶴園冼氏家譜》（1910），卷 7，第 25 頁。

37　《佛山忠義鄉志》（1752），卷 3，第 3 頁下。卷 10，第 19 頁上—第 23 頁上；《嶺南冼氏族譜》（1910），卷 4/1，第 14 頁上—第 16 頁上。

展肇始自霍韜（1487—1540）1514 年進士及第。[38] 霍韜考中進士後，編修族譜（當然是成文的）、建立祖嘗和規條，而且於 1525 年興建了一間祠堂。[39] 下文將會説明，這些事情給佛山社會帶來相當顯著的變化。

　　石頭鄉霍氏宗族聲稱由元朝起已在那裏定居，至霍韜已是第六代。霍韜在族譜的序文中聲言，霍氏乃是漢朝以前的北方貴族之後，宋朝時從珠璣巷遷移至珠江三角洲。[40] 然而，他的先人地位寒微。開基祖只帶着一根扁擔過來。元朝時期，定居於石頭鄉的第一個先人以運糧為生，卻翻船遇溺。第二個先人生於明初，賣鴨蛋為生，但顯然攢了點錢。第三個先人（霍韜的曾祖父）由於嗜酒而早喪。他的祖父讀過一點書，但在佛山顯然無權無勢。在 1449 年的亂事中，他的房子被劫掠，他離開了佛山，回來時一窮二白。他日間在市集上賣布，晚上造扇子賣錢。霍韜之父所業大概也不怎樣光彩，他説得不多：族譜裏僅提到他父憑子貴，獲賜封號。[41] 因此，霍韜的先人可能是市集中人，隨佛山的興旺而富起來。如果宗族的規條是一些訓示，那麼族人便是一直在市集上做生意直至清代。[42]

　　在佛山，霍韜的宗族被視為暴發戶，佛山世家大族對於霍韜宗族的鄙夷，相當明顯。佛山以南的上園霍氏，與霍韜無關，上園霍氏的族譜中，有一篇 1534 年的序言，其中説道：

38　霍韜、方獻夫（1485—1544）和湛若水（1466—1560）都是廣東人，是在「大禮議」（1521—1524）中站在嘉靖帝一邊的少數幾個官員，而祠堂的興建也與他有關。湛若水以理學名家，是陳白沙（1428—1500）的弟子，為後代的廣東學人（包括霍韜之子在內）所崇重，並曾為多部族譜寫序。由此觀之，佛山祠堂建築的理學元素與個別人的趣味密切相關。關於霍韜、方獻夫和湛若水在「大禮議」中的作為，參看 Woo（1984），第 1—34 頁。

39　《石頭霍氏族譜》（1902），卷 1，〈祠記〉，第 1 頁。

40　《石頭霍氏族譜》（1902），卷 1，〈原序〉，第 1 頁上—第 2 頁下。

41　《石頭霍氏族譜》（1902），卷 1，〈原序〉，第 1 頁上—第 4 頁上。

42　葉顯恩、譚棣華：《論珠江三角洲的族田》，廣東歷史學會（1985），1985 年，第 147、154 頁。

族之有譜，所以記世系、別異同而傳久遠也……然亦有……妄自攀援顯貴以相矜誇而駭庸俗者……

序言這樣總結：

余太原霍氏之譜，傳自先世，蓋由始祖子中公自宋熙寧間來於南雄珠璣里，傳於侗之輩，已十有四世矣。雖無盛名偉績，然衣冠相傳，恆產相守，今昔不替，夫豈無所自哉！[43]

這段序言恐怕不只是含蓄地影射霍韜的宗族建設。序言作者似乎想說：霍韜竟敢聲稱自己是珠璣巷的後人，你們在佛山還不過六代而已！

然而，上園霍氏族譜前言的作者也明白到官銜的重要。他到底只是個監生，地位並不高於一個縣丞。他唯有提起宗族的光榮事跡，儘量把自己的宗族拉上當官的邊緣。第七代的一位先人有一篇碑文，為宋朝進士李昴英於 1320 年所撰。另一位先人（1321年生）是元朝末年一位地方官，明初「此人被召往京師，幾度被委任為廣州地區的官員」。1426 年，為這位先人泐石立碑。上園霍氏先有祖墳，後有成文族譜，但還沒有祠堂。祠堂到 1588 年才建成。[44]

明朝時期，尚有其他霍氏得以把自己組織成以官式祠堂為核心的宗族。這些人之中包括了 22 位忠義父老其中三位的後人，以及一位忠烈之後。這位忠烈被供奉在他所倒下之處的一間小屋子裏。這些群體追溯與定居社群的宗族關係，其中一些與佛山的關係密不可分。在這些群體中間大概產生了一種同根同源的理解，因而於 1686 年編修起族譜來。還沒有弄清楚，他們是否為了公祭而興建祠堂，但即使族譜中所載的那一間祠堂是為宗族聯盟而不

---

43 《上園霍氏族譜》〔不署日期〕，卷1，第1頁上─第2頁下。

44 《上園霍氏族譜》〔不署日期〕，卷1，第10頁上─第11頁上，第12頁。

是為宗族分支而建，一些大宗族也用了差不多二百年才掌握宗族組織的士大夫模式。[45]

霍氏的經驗為冼氏所效法。冼桂奇於 1535 年中進士，1553年重新舉行忠義父老的祭祀，而佛山的祠堂剛於 1552 年才建成。一個宗族聯盟也像佛山霍氏那樣發展起來，1622 年 28 個散居在珠江三角洲各處的分支在廣州興建了一間祠堂。[46]另一個例子是李氏宗族。李氏是明初的佛山鐵匠，後來逐漸富裕起來。他們也出了一位進士李待問（1582 年生，1604 年進士），李編修了族譜，並興建了官式祠堂[47]。第三個例子是佛山金魚堂陳氏宗族，明朝時期族中無人曾任高官，但族中於 1589 年編修族譜並在差不多同一時間建了一間祠堂，上溯至元朝的一位開基祖，這位先人是一舉人，也曾經當過官。不過，陳氏宗族顯然有相當的影響力：他們擁有佛山的其中一個墟市，一名女兒嫁給霍韜的兒子，而 1628 年的一篇族譜前言則由李待問以一位陳氏族人弟子的身份署名。從這些例子看來，官位在 16 世紀和 17 世紀的地方社會成了地位的標誌，有別於以往的習慣，而官式祠堂則是共同提升地位的一種工具。

社會地位的變化影響了佛山的管治。廣東社會科學院專門研究佛山歷史的歷史學家羅一星指出，由於佛山商業發達，很多人從鄰近的順德和香山來到佛山定居。羅一星引述清末佛山人冼寶榦寫的《重修佛山堡八圖祖祠碑記》云：「（佛山）自前明設鎮後，四方輻輳，附圖佔籍者幾倍於土著」。[48]此外，儘管佛山在明朝時期沒有派任官員，清朝時卻先有一名五斗口司巡檢，後有一名廣州府佛山海防捕務同知，設立於雍正朝。原來稱為八圖的登記戶口（登記為八圖，每圖十家），認為他們有權管理北帝廟的錢

45　《南海佛山霍氏族譜》〔不署日期〕，卷 11，第 12 頁上—第 13 頁上。

46　《南海鶴園冼氏族譜》（1910），卷 3，第 1 頁下—第 2 頁上。

47　《李氏族譜》〔不署日期〕，卷 5，第 1 頁下《廣成公傳》；卷 5，第 4 頁上—第 5 頁上《祖考同野以傳》；卷七《祠墓誌》。

48　羅一星：《明清佛山經濟發展與社會變遷》，廣州：廣東人民出版社，1994 年，第299 頁。

財，與官紳在北帝廟非正式會面交涉，而自 1628 年起，正式在一個名叫嘉會堂的地方開會。八圖的官員因為源於里甲制，故稱里排，他們一直負責舉行祭祀，每年給八圖中人分豬肉。此項安排於 1739 年以北帝廟外一個名為贊翼堂的集體祠堂的名義，正式建立起來。[49] 然而，在這個過程中，勝出的是文士官員。1757 年，佛山五斗口司巡檢禁止用廟宇的錢來分肉，他提出的理由相當重要：

> 謂廟為合鎮之祖廟也可，即謂廟為天下商民之祖廟也亦無不可。區區里排，寧足盡其遠宗近祖之義也哉！體此而如以福胙當頒，則凡闔鎮紳耆士庶，遠商近賈，誰其不應？[50]

里排的代表權遭到鎮領導層的挑戰。官方模式的宗族已經抬頭，而從這時起，掌權的組織已是北帝廟的文人學士。

宗族壯大與經濟發展

我們不禁會把佛山的霍氏、冼氏和陳氏當作是中國的市民。但這樣的類比不一定合理。與早期的歐洲不同，廣東不是從貴族統治中擺脫出來，而其下的鎮也沒有豁免權，可以置身於王法之外，不受封建羈絆。佛山發展起來的制度，是當時在鄉間發展起來的制度，而宗族的歷史除了須當作是一個城市現象，也須當作一個農村現象來看待。

需要強調的一點就是宗族制度的彈性，而沒有甚麼比土地和人口登記的手法更能清楚顯示出這一點。例如，明朝政府要求某些戶口服兵役，而那些以先人名義登記的宗族，把一些人吸納到宗族裏，這些人被分配了兵役，而其子孫則利落地從族譜中消

49　根據《佛山忠義鄉志》（1831），卷 7，第 5 頁下—第 6 頁上，贊翼堂是為八圖徵稅而設的。詳情見葉顯恩、譚棣華：〈關於清中葉珠江三角洲豪族的賦役徵收問題〉，《清史研究通訊》，1985 年，卷 2，第 3 頁。

50　《佛山忠義鄉志》，1831 年，卷 13，第 17 頁下。

失。[51] 同樣常見的做法就是把土地撥作宗族財產，讓宗族貸款生息，並且讓宗族以其收入或接受族人的附息捐獻，購買或開墾土地。[52] 此外，為了讓子弟參加科舉考試，宗族也可以獨立向縣政府登記從而建立起來。[53] 晚近的研究發現，很多登記戶口應正名為宗族。[54]

宗族要發揮這樣的作用，只需指認出共同的世系。但是，共同世系的證明不是必要條件。我接觸過一部非常有趣的族譜，是在以下一份 1763 年的合約的基礎上編修而成的：

合約

立合同：麟、鳳、龍、虎各房長子，奕好、天長、雅榮、揚星等，為議立附葬以蓄嘗業事體，得崇真祖原葬於古博都土名那程地面，鼇魚擺尾形，坐艮向坤。綠山場廣闊，恐有恃強陰謀，山前左右欲創村莊，並誕冒塋，是以集祠酌議，就將祖山左右兩脅塋開吉地一十三穴各房子孫闔投附葬，以免後患，至其所得之銀，買賣田收租。待蓄積既厚，須創建崇真祖祠，或在罔州，庶可上報先人之德、下盡來嗣之誠。四房一脈愈久而靡懈矣。特立合同四本，各執一本存焰。[55]

合約後面是簡明的喪葬和公祭規條，以及 13 筆款項的記錄。

這部族譜有趣的地方在於，宗族記錄至 18 世紀合約之時而止。族譜分成三個部分。第一部分包括前言；一份道光七年（1827）的文件，列出自宋至清有官銜的先人；以及祖嘗中持股的

51　《逢簡南鄉劉追遠堂族譜》〔不署日期〕：第 20 頁。

52　葉顯恩、譚棣華：《論珠江三角洲的族田》，廣東歷史學會，1985 年，第 27—33頁。

53　《番禺市橋坊英德堂家譜》（1896），《戶口記》。

54　片山剛，《清代広東省珠江デルタの図甲制について》，《東洋學報》，1982 年，第 63 卷第 3—4 期，第 1—34 頁。片山剛，〈清末広東省珠江デルタの図甲表とそれをめぐる諸問題：税糧・戶籍・同族〉，《史學雜誌》，1982 年，第 4 卷，第 42—81 頁。

55　《南海區氏族譜》（不署日期），中山圖書館館藏手稿。

20 房的名單，附錄文件之後。文件之後是一個僅上溯至元朝的世系表，以及表上人名的行述。第二部分包括以上所引的合約；明朝一位有名的先人所撰的宗族規條；以及珠璣巷的故事。第三部分是與宗族中某一房有關的幾個文件，其中包括一份遺囑，是合約中所見龍氏第一代先人的其中一個兒子留下來的；祭祖規條；以及合約所定的崇真祖嘗的持股人名單。族譜漏掉的正是 18 世紀在世的族人與他們所祭祀的先人之間的世系。對於此書的編修者來說，能證明某房先人（在這個例子中是龍氏的第一代先人）擁有一個之前的直系先人名下的權利，便已足夠。

我花了一些篇幅描述這部族譜，是因為此書看來與其說是一個世系的記錄，毋寧說是用來指示一個地域群體的資格，而這個群體則屬一個為喪葬而設的協同組織。因此，這是一份記錄，記錄了一個細小卻不一定貧窮的宗族與其他同姓群體建立合作協議的嘗試。換言之，這裏的宗族聯盟是一種夥伴關係，形成的方式與商業夥伴關係十分相似。

只要看看珠江三角洲的大宗族，也就是豪族，便可知宗族可以被利用來抬高社會地位、逃稅，以及締結聯盟。從現存的成文族譜中，可以知道很多大宗族，也可略陳其歷史的梗概。沙頭崔氏宗族擁有佛山附近的沙頭墟。崔氏認為自己是由兩個房組成的，其中一房遠溯至宋朝宰相崔與之，他們的祠堂是 1561 年的《廣東通志》南海縣部分所記載的三間當地廟宇之一。[56] 孔邊鄉方氏離沙頭不遠，他們的先人方獻夫，與霍韜所處的時代相若，社會地位也差不多。他們於 1534 年興建祠堂，1539 年編修族譜。祠堂是一個祭祀核心，讓分散在廣州市、新會縣和孔邊的族人匯聚起來。[57]

56　《廣東通志》（1561），卷 20，第 10 頁下。我在 1986 年訪問沙頭，開始對崔氏有所了解。奉祀崔與之的祠堂已經拆毀，但祠堂前面的部分，屬另一房的地方，則依然無恙，並在維修。有關這個宗族的記述，參看《南海縣志》（1910），卷 11，第 23 頁，至於《南海沙頭崔氏永思堂家譜》，則藏於東京大學東方文化研究所。

57　《南海方氏族譜》（1890），第 1 頁；以及方獻夫墓碑上的一則訃文，現存沙頭附近西樵的一間博物館內。

　　這些定居於佛山附近的宗族儘管有那樣的地位，他們的田產與那些豪族在珠江口一帶新開墾的沙田相比，簡直就是小巫見大巫。番禺沙灣為何留耕堂何氏所有，[58] 小欖為何、李、麥三姓所有（建置小欖墟之功歸於何氏）而順德縣治所在地大良則為羅氏和龍氏所有。[59] 這是其中一些互相爭奪開墾權的宗族，這些競爭引起了大量地方糾紛、訴訟，以及村鬥和族鬥。[60] 例如，新會縣三江鄉趙氏把大片濕地開拓為農地。趙氏在明朝以前已經在那裏定居，而很早已經聲稱是宋室之後。由於其為皇親國戚，而無疑也由於財雄勢大，趙氏於 1500 年獲賜士大夫地位，徭役得免，縣學裏也有他們的一席之地。同時，宗族的財富和影響力大概也在開墾土地的過程中發展起來。開墾土地的人力，可能來自「僕」，族譜宣稱，這些作為趙氏的「僕」的宗族，是跟隨開基祖從福建來到新會的。趙氏族人給女兒做嫁妝的田產，可能反映出宗族聯盟的建立，不是以規整的農地為基礎，而是把開墾權授予趙氏的姻親。我們也可以窺見，在明末民變期間地主豪族與屈從其下的宗族之間的社會分化。當代一位趙氏族人所寫的一篇文章，記述了其中一些事件，認為解決的方法乃是少育奴僕，並採取措施防止他們富裕起來，這顯示一些宗族已經繁榮昌盛，但卻不一定脫離了屈處人下的地位。[61]

　　儘管宗族常常在村鬥或族鬥中為了共同利益而團結起來，然而，積累起來的土地卻不是宗族整體所擁有。相反，眾所周知，

58　葉顯恩、譚棣華：《論珠江三角洲的族田》，廣東歷史學會（1985），1985，第33—37頁。

59　西川喜久子，〈《順德北門羅氏族譜》考〉，《法律史學》，1983、1984 年，第 32卷，第 1—22 頁；第 33 卷，第 21—39 頁。

60　今堀誠二，〈清代における農村機構の近代化について ── 広東省香山県東海地方における「共同体」の推移過程〉，《歷史學研究》，1956 年，第 191 期，第 3—17 頁，第 192 期，第 14—29 頁。佐佐木正哉，〈順德縣鄉紳と東海十六沙〉，《近代中國研究》1959 年，第 3 卷，第 161—232 頁。R. Eng, "Institutional and secondary landlordism in the Pearl River delta, 1600-1949," *Modern China* 12.1(1986), pp. 3-37.

61　《趙氏族譜》（1937），第二冊。關於珠江三角洲奴僕背景的問題，參看 P. Ebrey, "The early stages in the development of descent group organization," in Ebrey and J. L. Watson, 1986, pp. 16-61.

宗族裏的個人或群體建立起土地莊園，而宗族裏的產權爭執並不少見。[62] 一方面，宗族的意識形態和禮儀使宗族看起來團結一致，而另一方面，很多族譜清楚顯示，宗族裏的個人或群體都在追求他們自己的經濟利益。順德縣逢簡鄉劉氏的族譜便可以作為一個例子。

逢簡劉氏在 15 世紀後期或 16 世紀初期編修成文族譜，並且在差不多同一時期為整個宗族興建了祠堂。[63] 祠堂的興建人在 1524 年立下遺囑，把他的小部分田產撥作祭祖和繳稅之用，而總數達 1500 畝田地則分給他的七個兒子。另一個族人在 1675 年立下遺囑，把財產分給他的遺孀和四個兒子，而他的遺孀則把小部分撥作祭祖、繳稅和她自己的生活費。換言之，儘管劉氏集體管理祠堂，奉祀開基祖，但宗族內的大多數祖產仍為私有，也就是說，利益並非全體族人均沾。這些財產表面看來是宗族整體的一部分，那是因為通過禮儀，很多同根同源的族人（即使不是全部）互相聯結在一起，而祠堂的存在，則給予這種特殊關係一個客觀的標準。宗族關係涉及財產，便必然引起族裏個人和群體的衝突。逢簡劉氏的族譜記載了一樁自 1721 年延續至 1748 年的官司，案中的土地本由一位先人撥作獎勵學風之用，而與訟雙方在土地控制權上互不相讓。其中一方在未取得土地租賃權之前，試圖奪取收成的作物，可能引發了暴力事件。[64]

一般而言，積累的土地越多，形成的宗族財產可能也越多。這與弗里德曼向來的觀點大有關係，他認為宗族的發展與財產擁有權相聯繫。在這個意義上，不少宗族規條均體現出企業精神。上述逢簡劉氏族譜中那份 1524 年的遺囑，告誡子孫投資堤圍附近

62　Maurice Freedman, *Lineage Organization in Southeastern China*, London: Athlone Press, 1958, pp. 126-140; H. Baker, *A Chinese Lineage Village: Sheung Shui*, London: Frank Case, 1968, pp. 99-131.

63　這間早期的祠堂在族譜裏稱為「影堂」，意即牆上掛上先人的肖像以代替靈位。這種做法在 17 世紀初期族中有子弟考取了功名之後才被糾正過來。

64　《逢簡南鄉劉追遠堂族譜》〔不署日期〕，第 40 頁下一第 54 頁下，第 117 頁上一第 121 頁上，第 163 頁上一第 188 頁上。

的沙田時務須謹慎，因為這些土地易受氾濫影響，而且也要當心官兵的苛索[65]。霍韜和佛山附近另一位進士兼高官龐尚鵬（1524 — 約 1581）的家訓均提出投資和土地管理的意見。[66]陶瓷之鄉石灣的霍氏，其族譜中的規條告誡族人，收藏佛山鐵皮和石灣陶瓷比積蓄現金更有利可圖：「凡人家積錢，不如積貨，所積亦有其方……如佛山鐵版無壞、石灣之缸瓦無壞之類者，可積也。」[67]

　　明清時期的企業精神，也表現在附息股份在財產管理中日益盛行。19 世紀之時，祖嘗之間有時訂立契約，列明每個祖嘗所佔集體財產的份額。不是這些股份所持有的土地可以買賣。[68]宗族分支所持的股份，一般認為衍生自繼承權，附息股份是對這種股份的補充。正如祖產不分割，仍可劃分股份，群體不一定是子孫的組合，也可創造股份。在這個意義上，財產未必只是土地，也可以是土地財產的股份。

　　企業精神加上共有財產的制度、可接受的賦稅登記方式，以及宗族在形式上從屬功名士子的關係，使宗族成為利便協同發展土地的一種工具。明朝中葉以降廣東經濟的急速發展，造就了宗族的崛起。

結語

　　礙於篇幅，本文只能點出宗族歷史研究方面可能和應該採取的方向。無論如何，本文以珠江三角洲為例，印證了宗族是一種文化形式的觀點。[69]但須強調的是，這種文化形式適用於從明朝開

65　《逢簡南鄉劉追遠堂族譜》〔不署日期〕，第 48 頁。

66　霍韜（1529）；龐尚鵬〔不署日期〕。

67　《太原霍氏族譜》〔不署日期〕，卷 3《前後家訓》。

68　我所見過的契約，有些是許舒收集得來的，現已刊於黃永豪所編之書（1987），另一些則由譚棣華編輯整理。

69　Patricia Ebrey, "The early stages in the development of descent group organization," in Patricia Ebrey and James L. Watson eds., *Kinship Organization in Late Imperial China, 1000—1940*, Berkeley: University of California Press, 1986, pp. 16-61.

始出現的經濟和政治目標。珠江三角洲大約在 16 世紀之時出現了一種情況，官式的宗族得以成為宗族組織的模式。這種情況在往後二百年持續發展：16 世紀之時為財雄勢大的宗族所獨有的特點，至 18 世紀已經是司空見慣。許多群體移植了這種模式，它們追溯自己的世系，作為劃分居住權的一種手段。隨着書寫日趨流行，明朝官方的意識形態與地方的意識形態日趨結合，再加上宗族制度有彈性，所以這種模式便普及起來。書寫的擴展，無疑促進了書面文件在土地交易上的廣泛應用，也使通過登記和合約持有土地成為重要的宗族活動。而土地則為禮儀提供資金，以維持宗族的宗教元素。

在宗族發展的過程中，有功名的地方領袖漸被視為宗族權威的支柱。就地域管治方面而言，在佛山這種出過功名士子的地方，他們大抵逐漸控制了地方政治。但是，應該理解到，大多數村落並沒有取得過功名的人，而除了少數功名十分高的人（例如進士）之外，那些功名並不足以凌駕在其他地位認可方式和權力之上。功名士子所處身的社會，宗教關係、居住關係、賦稅關係等種種關係層層覆蓋，而他之所以能成為治人者與治於人者之間的中介，只是由於他周圍的宗族制度造就了他的地位，而宗族之間的制度承認了宗族的獨立地位。佛山的例子顯示出官方意識形態普及所帶來的微妙變化。儘管北帝廟仍是地方組織的核心，但周旋於佛山與政府之間的卻是由功名士子所控制的宗族。

16 世紀至 18 世紀二百年的發展，使功名士子成為地方社會的領袖，但必須記住，這是一種漸變過程，並且即使到了 18 世紀，其亦無獨佔的權力。在這個轉變的過程中，地方群體最初是以祭祀地點為核心而建立起來的，一變而為賦稅登記的群體，再變而為宗族，以士大夫的宗族組織模式為理想。不過，祭祀地點的宗教禮儀和組織並沒有在這個過程中消失。16 世紀以前，與先人無關的祭祀地點成為地方組織的核心；18 世紀以後，這些地點則居於以祠堂為核心的組織之下。因此，宗族的歷史也就是國家權力向地方社群擴展的歷史，而這當然也是中國國家締造史不可分割的一部分。

宗族社會主義與公家掌控：
20世紀二三十年代的潭岡鄉*

　　廣東新會潭岡鄉在村鬥中遭到破壞，1919年該村阮氏在鄉會的贊助下，以借貸方式籌款重建該村。此項工作有一個特色，那就是土地歸公。所有的祖業均須無限期置諸鄉會管理之下，個人財產則定期為十年左右，都有明文規定。所得收入用於償還債款和鄉村福利。鄉會董事定期在香港聚會，鄉務交由一位受僱的司理負責，司理向董事書面報告大小事務。司理的報告或詳或略，此外還有董事局的答覆，這些都可以在董事局的會議記錄中找到。

　　本文以這些會議記錄為基礎。[1]大致而言，除了1941年至1945年戰爭年代的部分付之闕如外，這些記錄從1919年至1948年罕有地連續不斷地記錄了三十年的鄉村生活，以及鄉司理受城中的鄉會遙控監督的獨特安排。那三十年幾乎代表了整個民國時期，中間經歷了初期整治村政府的嘗試、20世紀20年代政黨聯繫的興起、20世紀30年代的經濟困難時期、戰爭，以及若干的

---

*　　原文為："Lineage Socialism and Community Control: Tangang Xiang in the 1920s and 1930s'" in David Faure and Helen Siu ed., *Down to Earth: the Territorial Bond in South China*, Stanford: Stanford University Press, 1995, pp. 161-187.

1　　這些文獻是許舒博士（Dr. James Hayes）在香港一間二手書店發現的，由他和我共同購得。除了會議記錄外，這批資料中還有官司記錄、地契，以及1919年那次籌款的一本小冊子。大多數年份的會議記錄都有副本。許舒博士和我的安排是由我保存所有記錄的副本，以及無副本的影印本。同時，我找到了「宗族復興儲蓄會」（Lineage Restoration Savings Association）的規章的印刷本，以及一封看來與潭岡有關的信，後來我才知道，這些文件正好與許舒博士和我找到的那批文獻屬同一體系。我把這些文件的影印本送給了許舒博士。此外，當我在1989年開始閱讀這些檔案時，許舒博士發現他擁有很多由鄉約編製的潭岡鄉地圖。許舒博士的所有這些檔案都已送給了斯坦福大學胡佛研究所，我的那一批則仍由我保存。

復興。此外，外力施加於鄉村，表明已經在現代社會出人頭地的核心村民對鄉村的影響力日增，而在潭岡鄉的例子中，這些村民基本上是城市裏的商人。[2] 因此，一如所料，潭岡鄉糅合了民國時期出現的鄉村治理新觀點，以及由來已久的俗例和理想。潭岡鄉應該是民國時期社會和政治變遷的一個案例，只是這個變遷並不一定如所想的那麼劇烈。

組織結構

重建潭岡的決定是興族積聚會於 1916 年 9 月 22 日在香港的會議上做出的。出席會議的潭岡代表來自中南半島、香港、澳門、廣州、佛山、廣州外圍的鹽埗、通商口岸江門，以及新會縣城。[3] 會議決定從這些社群之中募集資金，作重建潭岡之用，但是，組織會議在 1919 年 3 月才舉行，地點也是在香港，出席的也僅是潭岡的僑外社群，會上創立了潭岡鄉鄉會，有權管理包括重建在內的鄉務。[4]

興族積聚會的第一次會議規定，重建資金屬於借貸性質，必須償還，而因此也就可以明白為甚麼積聚會的董事參與鄉務從不間斷。不過，他們根據甚麼創立鄉會，由董事局委任和監督鄉司理並擬定鄉務規章，而且正如下文將會看到的那樣不但處理財政事務，也懲治罪犯，還不清楚。嚴格來說，潭岡鄉鄉會的成立並沒有徵詢過潭岡鄉鄉民的意見。然而，受僱於鄉會的司理得到新會縣縣丞的認可（這還將討論到），而且鄉司理須向鄉會董事局報告，並把他們的決定考慮在內，由此觀之，那規章不論其法律地位如何，無疑是可以執行的。

2　關於 20 世紀二三十年代外來村民對鄉村的影響，參看 Yuen-fong Woon, *Social Organization in South China, 1911—1949: The Case of the Kuan Lineage in K'ai-p'ing County*, Ann Arbor: Center for Chinese Studies, University of Michigan, 1984。開平位於新會以西潭江的上游。

3　《新會潭岡興族積聚會規章》，不著日期，不著出版者。

4　《潭岡鄉鄉會董事局議案簿》（以下簡稱《議案》），卷一，民國八年二月六日會員大會。

　　鄉會董事局成立之時，其成員與興族積聚會的成員一模一樣。鄉會和興族積聚會的不同之處，在於鄉會的主席與積聚會的董事長不由同一人擔任，這情況至少維持至 1921 年。我們對鄉會主席、積聚會董事長，或兩會董事的背景了解不多，只是對他們的任職情況還略知一二。記錄顯示，三十年間曾有 44 人任職過董事局，其中一些人長期在位。有一位幫助積聚會籌款，名叫「標基」的中南半島常住居民，顯然在 1921 年被開除出積聚會。[5]他的職位由一位名叫「業英」的人補上，此人的父親是一位香港商人，曾於 1919—1936 年間任鄉會主席。[6]一位名叫「世德」的董事局主席做了 19 年，1937 年成為鄉會主席。無論業英或世德看來都沒有正式支配過鄉的日常事務，鄉務交由司理「續基」負責，這位司理從 1919 年任職至 1935 年。

　　司理有時稱為「司理兼司庫」，有時稱為「辦事所主任」。辦事所連司理在內共有大約八個受薪職員。此外，鄉裏還有自己的保安隊，其中包括一名隊長、一名副隊長、20 名長工和 30 名夜工，全部都是受薪的。鄉裏還聘請了一位校長、一位教師和一位醫生。鄉會董事局的會議記錄給人一個相當清楚的印象，就是為了保證董事局的決定貫徹執行，辦事所必須受緊密監督。這當然包括了司理與董事局之間定期的書信往來，但除此以外，董事局還會派遣特派代表下鄉，目的主要是查賬。

　　首先必須認識清楚的是，董事局與司理之間是明確的僱傭關係。但是，由於鄉會不在新會縣內，司理在 20 世紀 20 年代和 30 年代有不少機會可以尋求縣政府承認他的地位。總的來說，董事局認識到縣裏的任何任命都會削弱他們對辦事所的控制，於是極為謹慎地保證司理從屬董事局之下。

5　《議案》，卷三，第三十五次會議；卷四，第三十七次會議。
6　業英父親的生平見於《潭岡鄉雜誌》19.3（1938），「鄉中記事」，第 3—4 頁。

表　1920—1931 年的收支預算

單元：元

收入			
年份	田租	雜費及租金	合計
1921	17500	1700	18500
1922	24746	2204	28000
1923	24820	2890	27860
1924	24650	3296	28540
1925	32391	3676	35000
1926	32375	3714	36000
1927	無記錄	—	—
1928	31183	7759	38864
1929	30829	4396	36266
1930	30331	5189	36562
1931	31014	5913	37169

支出							
年份	辦事處	保安隊	學校	租金	貸款	改進設施	合計
1920	1464	6000	552	—		4000	17100
1921	1950	6650	500	600	—	3000	16500
1922	2895	6000	550	2300	8000	3000	26635
1923	2970	6000	850	2300	4000	3000	24000
1924	3710	7000	1000	2533	2000	4000	26000
1925	3536	6000	1500	2600	2000	7000	32000
1926	3668	6000	1500	7300	2000	14000	39000
1927	無記錄	—	—	—	—	—	—
1928	4257	7200	1000	9700	2000	2600	35500
1929	4458	7200	1800	9500	2000	3300	35000
1930	4176	6600	2200	9500	2000	3300	39500
1931	4219	7000	2000	8034	2000	3300	36000

注：租金＝租金開支；債務＝償還欠債；改進設施＝興建房屋和購買設備如武
　　器。金額單位為以雙毫（二角銀幣）計算的銀元。

倘要了解董事局的監督能力和辦事所的管理能力，最順手的莫過於查閱會議記錄前 11 年的年度預算（見表）。[7] 顯然，辦事所收入的主要部分來自地租，少量但並非無關重要的一部分來自出租魚塘、養魚和養鴨權的轉讓，以及看管收割地農作物的收費。而總收入在 1921—1925 年間迅速增加，其後穩定下來，也是顯而易見的。

收入相當大的一部分，比如説四分之一，支付給那些把土地交由鄉會管理的地主，餘額用來支付辦事所、保安隊、學校、診所、本鄉重建、購買必要設備、董事局會議，以及償還興族積聚會債務的開支。辦事所的開支從 1920—1930 年儘管上升了兩倍，董事局會議的開支依然未見短缺，付給地主的租金大量增加，償還欠債合共 26000 銀元，用於鄉村建設的達 38000 銀元。[8] 保安隊在這個時期正如下文將會提到的，雖然確實從別的地方得到更多的收入，但鄉村資金中的保安隊年度開支卻沒有增加。預算數字事實上不能顯示不正常的開支情況，而這是意料中事，但問題在於無論這十年中間有甚麼不正常情況，辦事所都已經頗能履行其理財責任。

開頭兩年，鄉會所採用的規章涉及範圍極為全面，處理的事務包括土地管理的稅務事宜、營辦鄉學、製作鄉歌，以至獎懲制度。有些措施例如鄉旗和鄉歌，是民國時期的新事物，但有很多例如出售養鴨權，則是沿襲傳統習慣。[9] 鄉會董事會的會議記錄讓人覺得書面規章有重要作用，能迫使司理遵從董事局的決定，然而，這種看法也遇到很大的問題，那就是任何的服從都不是理所當然的，卻是權力相互作用的結果，其中包括了董事會與司理之間的，和司理與鄉民之間的權力相互作用。

7　可惜的是，1931 年以後的賬目和預算大多不在。

8　記錄裏並沒説明所用的是何種貨幣，但想必是廣東銀元。

9　有人可能會想，究竟書面規章是否必定是民國時期的新事物。這種習慣一定是各處鄉村各處例的，但從新界書面手冊的傳佈情況看來，我傾向於認為晚清時期廣東的鄉村規章多是白紙黑字寫下來的。

鄉政府的工作

鄉政府在重新建村的前兩年，當務之急是建房子讓鄉民居住、分配農地、確保食物供應充足，以及設置鄉村生活的基本設施。到了第三年，工作已上軌道，村務模式也可看出民國時期的社會政治氛圍。

到了第三年，典型的董事局會議議程便包括審議上一次會議的議案、審議上一個月的賬目、討論來信所提出的事項，以及採納諸般事項的決議。例如，1921 年 3 月 13 日舉行的第二十六次會議，審議了司理的三封來信，信中報告了各項建設工程的成本，以及種種事情包括一位鄉民偷了另一位鄉民田裏的蒜頭，他的一房人反而到辦事所鬧事；另一位鄉民未經辦事所批准，建了一道土牆；以及鄰近的梁家村鄉、羅家灣村和天湖村鄉爭奪擺渡經營權。信中又報告，一位潭岡鄉鄉民一直向附近七堡鄉一位鄉民索取一塊抵押給他的土地的地租而不得，他要求解決這宗糾紛；最後，鄉裏其中一個營地的某位鄉民要求一位同鄉在那個營地開辦學校；司理想知道是否應該批准。[10]

董事局在會議上討論到種種問題，議決拆毀土牆；在擺渡權問題上不應退讓；七堡鄉土地糾紛中的那塊土地應由辦事所出租，而租用土地的鄉民應該還債給那位七堡鄉鄉民；而那位教師則應另覓地方辦學，因為正如董事局所言，只有那些教學方式為董事局接受的教師才可在公家學校任教。至於建議的重建工程和蒜頭盜竊案，則沒有提及，然而卻處理了七宗輕微偷竊案。

此外，董事局還通過了很多決議，包括將近的收成不減租；批准沒收無牌運出本鄉的穀物、種種委任工作和薪酬，以及小型工程（例如建一道欄隔開潭岡阮氏和毗鄰黃氏的房舍）；又議決只有那些經董事局批准的醫生才可以在那裏執業。從這個會議的記錄可以看出，鄉政府的工作必定相當零碎，它仲裁糾紛、管理鄉的資源、訓練民團、斡旋鄉與鄉之間的糾紛，儼然國中之國。

---

10 《議案》，卷三。

　　這些對於中國農村社會的研究者而言，應該一點也不會感到奇怪。清朝時期，鄉村和宗族父老在鄉公所或祠堂議事，處理的只怕也不外這些事情。唯其須要解釋的是，如今交由民國行使的權力怎樣與傳統的理想融合，而在潭岡鄉這個例子裏，遙控的監督權何以仍有效力。

仲裁：鄉之於鄉民

　　鄉會及其受僱司理在仲裁糾紛時的參與，可能是一個合適的起點。大量仲裁案件分明與土地糾紛有關，這方面須與鄉裏的土地法律概念一起考察；但是，由於土地權力的行使是整體法律的一部分，所以裁決和執行裁決的權力是鄉政府的基本功能。

　　以下就是鄉會第二十六次會議所考慮的七個個案之一，很能顯示各方在法律程序中的參與：

　　　　原石門里人士甲，其田靠近籠坑里人士乙的田。民國八年秋收後，甲把自己田地的稻草賣給鄰鄉吳村的吳某，價格商定，款項過手，吳某就回自己村子了。數天后，吳某駛船而至，以便收割稻草。可是，吳某誤入了乙的田地而不自知，在乙的田地中收割稻草。這時，乙正好經過，就質問吳某：你為何在這裏收割稻草？你是向誰購買稻草的？吳某說是向甲購買的。乙聽見後，就找甲理論。甲說：「我賣的是我的稻草，不是你的，是買家犯了錯。」乙說：「你是存心設局來佔便宜！」兩人爭執不下，就到村辦事所去。當時村長不在，村保安隊隊長梁某就對甲說：「你有嫌疑。買家怎可能未知會你就自行前來收割稻草呢？你為何不帶他到你自己的田裏收割稻草？即使你不是有心佔便宜，你也肯定是太粗心大意了。如今，無論這錯誤究竟是怎樣造成的，你必須交出五元罰款來賠償乙的損失。」甲不吭聲，這決定就算是做出了。可是，甲一直沒有賠償給乙，因此，直至今天，這案子仍然結不了。雖然此事的對錯仍不清楚，但梁隊長既然做出仲裁、而此仲裁又無人反對，因此，梁隊長的仲裁應該得到維持，我們要求甲向乙賠償五元，以便了結

此事。[11]

事情發生與鄉會裁決之間足有一年光景。先是辦事所然後是鄉會，被拖了進去，但這並非偶然，而是恰當的法律程序。

在這件事情上可以得出幾點結論。第一，事情是由爭議的雙方帶進法律程序的。第二，原裁決是按照故老相傳的習俗，執法與司法不分，經保安隊長即審即決的。第三，董事局是上訴庭，而且以為其決定在鄉的範圍內是終審判決。最後，裁決不單適用於宗族成員：那位來自另一個鄉的禾稈買家並沒有參與訴訟，他既非證人，也非被告。

潭岡鄉的檔案不斷表明，辦事所的權力僅及於宗族成員。要了解這個限制的含義，便必須簡略一看潭岡鄉的地理。潭岡鄉由八個村組成，總人口可能達兩千多，位於潭江以南的沖積土上（見潭岡水邊交界略圖）。[12] 潭岡鄉的西北，沿着其中一個河灣，便是羅坑和陳涌，兩處皆勝過潭岡鄉，而且主導着地方政治，尤其是在墟市和擺渡的事務上。往北一點是七堡鄉，而往南遠去則是三江，這兩處不只在地方上，在新會縣也是舉足輕重，而且擁有大片土地。七堡鄉和三江顯然也佔有潭岡鄉範圍內的農地，潭岡鄉與這兩處地方的關係，必然離不開鄉村之間的周旋。

11　《議案》，卷三，第二十六次會議。

12　鄉會議案稱土地龕附近的房舍群為里。1924 年，鄉會用一至八來命名這些里。（《議案》，卷六，第七十三次會議）然而，第三里卻是由 4 個里組成，因此也可以將潭岡鄉看成是由 11 個房舍群組成。會議記錄沒有提到過人口數量，但從兩個方面可以得到一些概念。首先，八個里之中有兩個有圖樣，其中共有約 300 塊宅地，每塊 4 段。這些圖樣是 1925 年和 1926 年分配宅地時用的（《議案》，卷七，第七十五次會議，以及卷八，第九十三次會議），除了潭岡鄉的鄉民外，僑居城市的鄉民一樣持有這些宅地的所有權。因此，宅地的數目必定多於建成房舍的數目，但是，若説潭岡鄉由數百房舍組成，也不無道理。比宅地數目更為有力的一點，就是那兩個圖樣之中載有 680 個人名。由於一般會認為這些人名把未成年男性也包括在內，所以鄉裏的男性人口頂多不過此數的三至四倍。如果嫌這個估計過高，那也就必須考慮第二個方面，那就是潭岡鄉學校 1938 年的學童名單，刊於《潭岡鄉雜誌》，19.2（1938），第 5—6 頁「鄉中報告」欄。名單內有 221 人，其中九人不姓阮。一般會認為學生即使不是全部，也大部分是男性，而數目應該低於全部學齡兒童的人數。倘説潭岡鄉的人口為 2500 人，其中也許包括 600—700 名學齡兒童，也許並非不合理。

　　至於本鄉附近，則阮氏須對付潭岡北面的緊鄰水邊黃氏，和西面的緊鄰嶺背林氏。林氏在潭岡鄉擁有一個池塘，而水邊黃氏則建了一堵牆把黃氏與阮氏兩姓的房舍分隔開。如前所述，鄉會董事局第二十六次會議的決議之一，就是建一道木欄隔開黃氏和阮氏的房舍，給出的理由表明董事局也不得不承認管轄範圍的限制：木欄晚上關閉，這樣，潭岡鄉民就不能於夜間在黃阮二姓房屋走動，以避免意外。潭岡鄉鄉會的權力不及黃氏或林氏，遑論新會縣的有權勢者。因此，潭岡鄉的裁決僅限於阮氏鄉民涉及其中的事情，例如鄉民租用了外鄉人所擁有的土地便須罰款，而不及於外鄉人在潭岡所做的事。（見潭岡水邊交界略圖）

　　鄉會的權力偶然也會延伸至僑居在外的阮氏鄉民。1927年，鄉會裁決了一宗糾紛，與訟一方試圖根據一張借據索債，不過這張借據是在一位客死香港的阮氏鄉民那裏發現的。司理判原訴人勝訴，但鄉會董事局推翻了這個裁決。這個案例與董事局裁決過的糾紛相比，在法律上處理得更加隆重，這可能是因為被告在香港有法律代表。在這個案例中，借貸在鄉以外的地方進行，看來並不妨礙董事局的裁決權，而案件之所以能成立，乃是因為問題在於借據之中列作抵押品的一幢村屋的所有權。[13]

　　但是，1923年有另一個案例，案中與訟雙方為一間商店的賬目鬧糾紛，這間商店位於奇榜，他們到鄉會尋求裁決，除了因為他們都是潭岡鄉鄉民外，沒有其他理由，而他們接受了董事局的裁決，並據之簽署了一份協議。[14]這裏要指出的並不是鄉會經常把權力延伸至鄉外發生的事，而是鄉會對於其宗族成員所隱含的權力，使之可以把權力延伸。

　　司理即審即決的裁決糾紛，說明執法與日常鄉務管理之間有

13　《議案》，卷九，第一百零五、一百零七和一百零八次會議。司理根據借據上的簽名與原訴人收到的多封信件相似而判原訴人勝訴。這樣的證據相當無力。
14　《議案》，卷五，第六十一次會議。與訟雙方簽署保證書是清朝時期處理法律糾紛的通例。

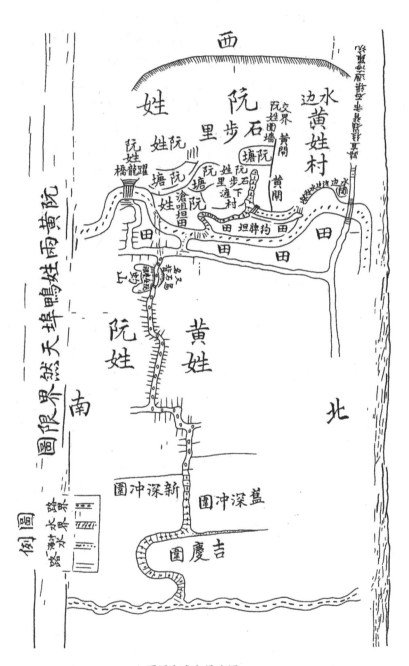

潭岡水邊交界略圖

密切關係，這種情況與清朝時期的管治方式非常相似。[15] 這方面的獨特之處，在於一種微妙的差異，那就是鄉政府對鄉民行使權力，與鄉政府服務鄉民而向他們要求特權回報（往往與地域權利有關）兩者之間的差別。一個例子就是保安隊能夠從執法活動中取得一筆直接的收入，幫補鄉預算中的日常收入。例如在鄉視作其領地的土地上，向阮氏和其他姓氏地主收取禾耕。

切勿對禾耕存有太多想像。無論保安隊在收割時期把農作物看管得怎樣好，禾耕也是當作一種稅項來徵收的。徵收對象是耕種者，而不是地主，範圍是辦事所視作其領地的土地。禾耕收到後，會給耕種者打一張收條，未獲收條者不得收割。除非是根據俗例，否則鄉裏似乎沒有理由索取這種收費。在新會縣政府，甚至在省政府的訴訟中，充分證明此例之訂立乃是為了顯示收費的權力。在新會縣政府的訴訟中，爭訟者與阮氏的文件顯示，光緒時期每畝地收取70文銅錢；而阮氏自己則說，1921年每畝收取三分錢。[16]

並不是阮氏領地內的所有土地都收取禾耕。一般的規例看來是向築有堤圍的沙田徵收，而在一個與阮氏有關的地點，堤圍範圍建了一個保安崗，以便保安員每天值班打收條。由於潭岡鄉的所有土地在民國大部分時間內均由鄉政府管理，故此規定收條只可發給那些付了地租的人。然而，這裏需要注意的，不是保安隊遵照辦事所的規條行事，而是所收費用的一部分直接撥作了保安隊的收入。保安隊的收入有兩種，一種是禾耕收入的一半，而另一種則是擒賊的賞金，擒獲盜賊的保安員可獲一筆固定的賞金（一個例子是五銀元）。[17]

儘管20世紀20年代鄉政府每年的總收入不過1000銀元（20世紀30年代中期增至1600銀元），但這筆收入必定受到重視，

15　晚清時期新會縣的鄉政府參與審訊過程的情況，參看 David Faure, "Custom in the legal process: the inheritance of land and houses in South China, " *Proceedings of the Tenth International Symposium on Asian Studies*, Hong Kong, 1988, pp. 477-488.

16　《議案》，卷十三，第一五二和一五六次會議。

17　貨幣單位見前注。

因為禾耕範圍是不少鄉村糾紛的焦點。儘管在潭岡鄉的記錄之中沒有直接提到保安隊的枉法情況，但在這樣的收費安排之下，這種情況可想而知。[18]

於是，鄉政府便制定兩種法律。一種法律旨在約束鄉民，並且劃定鄉政府保衛的領地範圍。[19]但是，潭岡並非一個自給自足之鄉，因此，約束鄉民的法律必定不足以保衛領地的完整。鄉政府經常要與其管轄範圍以外的人談判資源（主要是土地）開發權。在這些談判中，正如在禾耕的例子中所見，鄉政府是一個提供服務以交換繳費義務的既得利益者。由於談判對手也同樣受到其鄉例或族例所約束，族、鄉和土地的通例也就成為談判的基礎。因此，權力固然重要，但權力的行使在鄉村的環境中也不一定隨心所欲。

土地管理

鄉政府享有某種裁決權在廣東南部地區相當常見，但是，鄉政府負擔起出租鄉裏所有私人土地並收取租金的工作，則可能是潭岡鄉所獨有的。不過，這一點並無新意。從宗族文獻中可以證明，集體管理資源是宗族欲達到的一個願望，儘管難得實現。[20]而就潭岡鄉而言，償還重建借貸的需要可能促進了集體資源管理。

鄉政府掌控土地的一般原則寫在 1916 年為重建而制定的興族積聚會規章之中。規章列明，鄉政府的收入和重建借貸的還款

18　《議案》，卷六，第六十七、六十八、七十二、七十三次會議；卷八，第九十四次會議；卷九，第一百零七次會議；卷十二，第一百三十六、一百四十六、一百四十七次會議；卷十三，第一百五十五次會議；卷十四，第一百六十六次會議。

19　違反法律的最高懲罰是驅逐出鄉，而在潭岡鄉至少有兩個鄉民被逐，一個因為危害辦事所而被逐五年（《議案》，卷五，第五十六次會議），另一個則由於為外姓所收養，看來是永遠被逐（《議案》，卷九，第一百一十次會議）。

20　不分家的理想或族產的慈善事業或許便是這種願望的表現。參看 Patricia Ebrey, "The early stages in the development of descent group organization," in Patricia Ebrey and James L. Watson eds., *Kinship Organization in Late Imperial China, 1000—1940*, Berkeley: University of California Press, 1986, pp. 16-61. 珠江三角洲的情形，參看霍韜：《霍渭厓家訓》（1529），《涵芬樓秘笈》重刊本。

取自工資、貿易以及租金的徵稅。那個時候，已經確立了鄉政府對所有公家財產應該有永久控制權，而對私人財產則應該有期限管理權的原則。鄉政府負擔起把所有潭岡鄉阮氏所擁有的土地出租的工作；在償還積聚會的借貸後，鄉政府保管族產所得的所有租金，而私人產業租金的一個固定份額——按 1916 年的規劃為 30%，規章付諸實行時是 20%——則歸還給所有者。實際上，取自工資或商業稅項的收入很少，鄉政府的大部分收入來自租金。

有人會以為，鄉政府的措施誘使私人地主向鄉府隱瞞其財產，而他們也可能以非阮氏族人的名義掩飾正式的所有權，而間接控制自己的產業。會議記錄顯示了這樣的做法，不過並不常見。鄉政府在意的，基本上是鼓勵阮氏族人使用自己的土地，而不是外姓的土地，以便維護潭岡鄉的領地完整。

有一個原則看來是早已確立了的，那就是出租已發展的農地不同於出租其他的地權，例如養鴨權，或在河上某些地點安裝椿柱網的捕魚權。儘管有明文規定，所有這些都應該是價高者得，但是當準備分配農地的時候，司理報告說由於投標價太高，所以遭到不少鄉民反對，而他未事先徵詢鄉會董事局，便接受了解決辦法，族人每人可分得兩畝良田，固定租金四元。[21] 分配方法沒有受到質疑，也從未重訂過。會議記錄提到私人買賣，有的沒有向鄉政府報告，但是，一直在使用的農地，沒有一塊拿出來招標過。

農地以外其他土地的使用權，除了禾耕徵收權外，的確經常出租給價高者。以這種方式出租的土地包括鴨埠、椿柱網點，以及魚塘。可能包括在內的還有擺渡經營權，這本身儘管不是一種土地權，卻也與土地權密切相關，因為在競投中顯而易見，中標者有權獨家使用宗族的各個渡頭，包括阮氏擁有巨大利益的鄰近墟市的那個碼頭。除了擺渡權外，中標者不一定要是阮氏族人，而有些例子表明中標者並非阮氏族人。

鄉政府在管理土地時看來須維持收入不至脫離實際，但同時

21　《議案》，卷一，第三次會議。

又須為本鄉謀福祉。土地優先出租給自己的族人是可以理解的，因為如果佃戶是族人，那麼辦事所便可以行使較大的司法權。不過，鄉裏土地經營的特性是有大量鄰鄉的鄉民去去來來，因此，土地管理不可能與鄉村政治劃清界限，尤其是在多個社群的共同土地權互相重疊，例如實施禾耕收費的情況之下。

因此，應如所料，鄉政府最在意的是開源。這有時是增加生產，但通常是找機會擴大徵稅權。會議記錄中偶然可以找到一些反對，而我們可以從鄉政府的反應中看出它始終依恃其立法能力。例如，早於 1922 年，潭崗鄉便已確認其有權招標承辦豬糞收集 —— 糞肥的一個恆常來源，一種常見的鄉村權利 —— 然而卻沒有人投標。辦事所並不退讓，反而向鄉會建議設定未經許可收集豬糞的罰則。[22] 在三次會議上提出過這個罰則，其後就再也沒有提起過，而儘管決定已下，但在鄉村環境中，卻不大能夠執行，徒然顯示鄉政府的權力是如何不濟。

一個鄉的政府在徵收租稅方面所享有的優勢，當然就是佔盡了地利與人和。[23] 就潭崗鄉而言，這種優勢以外，還有記錄保存的功夫、立法的能力、民團的建立，以及保證租稅收入的種種措施，加以配合。鄉政府的政策清楚說明這些措施可能是些甚麼：

> 收割稻穀的憑證發出十天之後，為了收取租穀，村辦事所的經理和職員，和保衛隊成員，就會造訪宗族內欠租未交者的家……如果要動用船隻到村中收取租穀［運往市場］，村辦事所會派職員一人、鄉董事會七名代表中的一、二人，保衛隊成員一、二人，到該船隻旁，登記誰運送稻穀、數量幾何。[24]

22　《議案》，卷五，第五十、五十一和五十二次會議。

23　鄉會董事局在第二十八次會議決定，應派出密探查看拖欠債款的佃戶家裏是否儲積了糧食。（《議案》〔1921〕，卷三）有人也許能在這樣的決定中發覺鄉村社群關係緊密，而且感到沒有多少秘密守得住。

24　《議案》，卷三，第二十九次會議。

也有類似的條例針對魚塘的租戶，只是少了售賣糧食的管制。[25] 此外，倘若遇到欠債的租戶是個外鄉人時，司理應該怎麼辦，說得還是含糊不清，那麼以下事件應該可以表明，同樣的原則基本上也是適用的：

> 一年前，本族某個成員開列的田產中，有一塊當地稱為「豬鹿橋」的一畝六分田，原來是沒有被登記的。原因是當該成員上報田產時，他沒有聲明佃農是誰。不久，該成員過世，而他弟弟同樣也不知道「豬鹿橋」這一畝六分田的佃農是誰。直到現在，我們才發現「豬鹿橋」緊挨着梁姓的田產，「豬鹿橋」之前就是租給梁家村某人。「豬鹿橋」的梁姓佃農欠租已經很久了。我們村的某位長老說知道「豬鹿橋」的梁姓佃農是誰，我們就請這位長老和另一位長老一同到梁家村找「豬鹿橋」的梁姓佃農，索取租穀。可是，「豬鹿橋」的梁姓佃農拒絕見他們，梁家村的人甚至不把「豬鹿橋」的梁姓佃農的地址告訴他們。這位長老說，他知道「豬鹿橋」這塊田地在哪裏，日後他會帶同保衛隊到田裏收割租穀。但他擔心收割租穀期間會有糾紛，所以他寫了個狀子，請求開會表決。[26]

司理在下一次會議上報告說：「有關這塊田（「豬鹿橋」），我昨天派人收割租穀，並派保衛隊沿途保護。佃農不敢吭聲。」[27] 在鄉村的環境中，收租也總得有武力和手腕的配合。

鄉政府的收租能力至少對於那些在非由潭岡主導的地區擁有土地的祖嘗司理來說是一種誘因，吸引他們交租給辦事所。至少有兩個例子，是祖嘗與辦事所訂立協議，為辦事所提供產業的資料，以交換部分所收的租金。[28] 從這些例子可見，制定鄉會規章的鄉民，尤其是大地主，看來不會在沒有若干把握的情況下這樣做。

25　《議案》，卷三，第三十一次會議。
26　《議案》，卷三，第三十四次會議。
27　《議案》，卷三，第三十五次會議。
28　《議案》，卷三，第三十五次會議。

但是，大多數潭岡鄉鄉民都不是大地主。潭岡鄉的田產記錄顯示，1919 年，222 個登記地主當中，124 個（56%）有田少於四畝，而只有 40 個（18%）有田多於八畝，最大的地主有田也僅 38 畝。[29] 顯而易見，小地主把他的產業置諸集體管理之下並無好處，尤其是收費高達 60%。此外，由於大多數農地都是以固定租金租出，所以，20 世紀二十年代和三十年代初期的價格上升便形成了壓力，讓地主把產業轉移到集體管理之外。因此，會議記錄中沒有提到其他反對租務安排的聲音，也許是異乎尋常的。

由重建工作開始直至 20 世紀 30 年代後期分別擔任興族積聚會主席和鄉會主席的業英和績基退休之後，一些跡象顯示一股不滿的潛流在 1939 年和 1940 年浮上表面。1939 年，一些較大的祖嘗推動召開了一個公開會議，會上反對把私人土地留給辦事所管理。問題相當嚴重以至縣政府派代表出席，而結果是鄉會同意把管理權交還給所有地主，自願交出管理權者除外。取消租金提成，代之以收費，私人產業三成，祖產四成。鄉會的地位在會上也受到質疑，但仍通過了保留鄉會的動議。[30]

可是，反對鄉會的聲音並沒有就此而止。1940 年，一班鄉民向難得蒞臨潭岡鄉演講的縣長激烈抗議鄉會和辦事所。鄉民的不滿從業英的管治開始。他們指控潭岡鄉的賬目年結並未如原先承諾那樣公佈，董事局也未按規章所定選出。更有甚者，新的司理上任後，索取額外收費，但收入卻沒有確當的記錄。敢於出聲的鄉民都被抓去禁錮起來。私人農地歸鄉管理已經二十年，而鄉政府還要繼續多管七年。很可能是基於前一年所做的決定，縣長可以公開表示鄉會並無越權，然而，這番公然的挑戰看來顯示鄉會以強硬手段管治的時期已經一去不返了。[31]

29　這些數字是從《田過戶綜冊》計算所得，這是潭岡鄉鄉民的田產記錄，可是其中似乎不包括他們所擁有的沙田；據我們所知的一個例子（《議案》，卷十三，第一百五十六次會議），擁有沙田的數目多達 653 畝。

30　《議案》，卷二十一，第二百五十九、二百六十次會議，以及第四次特別會議。

31　《議案》，卷二十二，第二百六十九次會議。

辦事所失去管理權後，恢復了其維持法紀、仲裁，和提供福利的傳統角色。1940 年之時，現實的狀況可能相當嚴酷，以至需要租金收入的三至四成來維持這些服務，但現在已經不是那回事。如果辦事所不再是土地管理人，那麼，它還可能向鄉民索取這樣高的收費嗎？

鄉村關係

以上所述，已可見出潭岡鄉在潭岡及其周遭範圍可以說是一個實在的政治單位。因此，潭岡鄉鄉會董事局會議記錄相當大的一部分，讀來就像外交史，記錄了公職人員代表潭岡鄉與其他鄉簽署協議。例如，械鬥所引致的 1913 年潭岡鄉燒村；地方市集或新近開墾土地（沙田）的爭奪；解決與鄰鄉的捕魚、養鴨和禾耕糾紛；或替鄉民收租，都給人這樣的印象。還有就是，潭岡鄉加入了一個鄉村聯盟的網絡之中，形成一個地域權力構成，也使人產出這樣的印象。

以下董事局會議記錄的一個片斷描述了 1913 年所發生的事情，可以作為例證：

> 民國二年四月三十日，由於羅坑林氏之前侵害沙塘葉氏，雙方爆發械鬥。沈姓縣長與紳耆等下鄉調解。當時，嶺背林氏和潭岡阮氏也有仇怨，因此沈縣長也召集兩鄉紳耆，請他們約束各自子弟，不要訴諸暴力。[沈縣長說，]哪個鄉首先動武，就唯哪個鄉是問。[於是]兩鄉紳耆就締結和約，其中一份寄存縣政府備案。雖然這和約是五月七日所立，但下月日，嶺背林氏就放火燒毀阮氏所在的潭岡北部的一個里，還綁架和殺害了一些人。這是鄉人所共知的。[32]

32　《議案》，卷三，第三十次會議。

我們從另一個記載中得知，嶺背林氏與羅坑林氏聯手，而潭岡捲入其中，則被人看成是羅坑與另一個鄰鄉深仇大恨的延伸。[33]

然而，這種鄉鄰關係之中看不見例如從地權或婚姻建立起來的人際關係。以下是鄉會董事局須仲裁的一個案例，顯示了其中的複雜性：

> 具訴詞人阮業培，謹訴事。為前數月間，因前清時，培歷數十年領耕嶺背鄉林統宗子孫林相裘之田，坐落土名龍坑口雙造田一坵，該稅約八分餘。至光緒初年，林相裘經手將此田典與潭岡鄉承典，後再將田按揭銀式拾餘兩，皆由前時有瓜葛親戚來往之故也。是以該田歷年俱是阮姓收租。而林姓之人，見有統宗祖糧稅柱頭納糧，並不見有田租收益。其林相裘親屬林好，特意查問該鄉林紹邈：「伯歷年為糧長，可以知此事詳細否？」乃林紹邈遂將此田始末緣由說與林好知悉，欲追查原田發賣、贖回典數、割除糧稅起見。偶因培現年小兒等置買本鄉人田產數畝，所以林紹邈查究此田歷年批與培等承耕，必要我將原田說明坐落某處。我為佃人，對他言明亦實情實理，並無奸尻之情。豈料林紹邈、林好等再勸我承買此田，是為兩便。我話須要依正規條，出帖招報數月清楚，才敢承買，正為患於未然。故首先出帖，越十餘天，未見有典數來報，不敢交易。再次出帖，冀其當眾聲明妥協，方敢立契交易。至再標帖，本鄉辦事處執事人等話買受林姓此田。我當時回話此田並無交定銀……[34]

他被控的罪名是提出從林氏那裏買入這塊土地，而儘管他有這番申訴，鄉會董事局仍堅持判他有罪。

司理在對被告的指控中，稱用作證據的按揭契是偽造的。問題的關鍵看來在於買方業培在原來的按揭佔一席位。但是，理據

33　陳象亨：〈陳林械鬥紀事〉，《新會文史資料》，第 1 輯（大約 1963 年），第 11—20 頁。

34　《議案》，卷十一，第一百二十九次會議；討論見第一百二十七次會議。

似是而非。一個姓林的把地按給了阮氏的祖嘗以取得土地，然後租給一個與阮氏祖嘗無關的阮氏中人。抵押雙方是姻親關係，而土地擁有者與耕種者之間則是地主與佃戶的關係。但是，土地既已抵押出去，繳稅的責任儘管仍在地主，但他已失去了土地的掌控權。在這樣的情況下，司理設法把受抵押人剔除出去，也就可以理解。一方面，他可能想保護受抵押人，另一方面，他可能想把稅項轉移給一個潭岡鄉鄉民。

鄉領地經過鄉民的買賣，或擴展或縮減，必定是一個常見的現象。這可能就是鄉會規定鄉民不得賣地給外鄉人，而鼓勵他們從外鄉人那裏買入土地的理由。[35] 我們也可以看到，某人與鄉民合謀，可以把外鄉地主擁有的土地剔除出去。有一個例子，一個姓阮的鄉民試圖佔有潭岡鄉的一塊已經由司理確認為沙塘葉氏所有的土地，這個鄉民稱這塊地是他從陳氏租來的。[36] 在這個例子中，司理的主要考慮似乎是維護第一租戶的權益，而不是服務於地主的利益。顯而易見，鄉政府之間的親善友好關係在所有權的爭訟案中攸關重要。

縣政府怎樣介入鄉村關係，正是如何界定國家權力的一個關鍵問題，而在評估這種介入之時，必須把縣政府使用財力或武力的能力，與其在認受各鄉的行事上所起的作用，清楚地區分開來。20世紀二三十年代是中國大部分地區，也是潭岡鄉及其周遭的多事之秋。這期間，潭岡鄉遇到多宗綁架案，而在1924年，鄉村之間傳言即將發生械鬥，這使嶺背的鄉民遷離本鄉。[37] 早於1919年，縣已派兵維持治安，並且准許鄉民復村。[38]

由於縣所出兵並非無償的，潭岡鄉鄉政府也意識到縣的介入必須減至最低。例如，賦稅應由鄉收取和上繳 —— 如有需要，將由辦事所墊付，因為縣部隊下鄉執勤，要向鄉收費，例如，1924

35　《議案》，卷一，第四次會議。
36　《議案》，卷五，第五十二次會議。
37　《議案》，卷六，第六十六次會議。
38　《議案》，卷一，第五次會議。

年是每天 60 元。[39] 但是，1937 年潭岡鄉與新會豪族三江趙氏就某些沙田發生爭執，便要求縣政府在收割時派兵援助。縣的資源有限：只派出了十個士兵，這一次炫耀武力馬上消除了趙氏的威脅，但卻無法防止阮氏後來的領地損失。[40]

　　縣政府派兵下鄉直接介入，不是常有的事。縣方面根本就沒有資源。在潭岡鄉的會議記錄中所見的，是晚清權力鬥爭的延伸，縣成為爭訟的中心，在緊張時期，則成為動員的核心。會議記錄中有三個例子，顯示出縣怎樣處理爭訟：阮氏與嶺背林氏爭奪雙方交疊地區內的禾耕、與緊鄰的水邊黃氏爭奪養鴨權，以及與三江趙氏爭奪沙田。[41] 阮氏在頭兩件案中得直，在最後一件案中接受縣長的勸諭妥協。在幾個案子訴訟期間，潭岡鄉鄉政府在縣城設置了辦事處，並且獲得法律服務。[42]

　　法律的裁決也許並不如阮氏所強調的那樣。水邊黃氏勢較弱，在訴訟中唯有啞忍。林氏在裁決之後幾乎馬上就拿起武器收取禾耕，直至 1937 年換了頭人，而且阮氏提出了一個正式的禾耕協議，事情才現轉機。[43] 趙氏沒有從阮氏手上買入沙田，卻試圖在阮氏的領地內耕種，而結果阮氏要向縣裏要求派兵。

政治與接受

　　儘管國家看來滲進了鄉村政治之中，但其權威卻並非來自直接的權力行使，而是來自較為隱晦的文化轉變，與民國時期國家結構的演變，及其對鄉領導層法理地位的影響有關。到了 1940

39　《議案》，卷六，第六十七次會議。

40　《議案》，卷十九，第二百三十四次會議。

41　禾耕案，見《議案》，卷十三，第一百五十二和一百五十五次會議；「鴨港」案，見《議案》，卷十一，第一百三十次會議，卷十五，第一百八十次會議，卷十六，第一百九十一次會議；與趙氏糾紛案，見《議案》，卷十三，第一百五十六次會議，卷十八，第二百一十七次會議，卷二十六，第二百三十一次會議。

42　《議案》，卷十九，第二百二十九次會議。

43　《議案》，卷十八，第二百二十、二百二十一次會議；卷十九，第二百二十九、二百三十三次會議。

年，國家對於潭岡鄉周遭鄉村的權力構成，影響已經不大，然而政治語言的確改變了，國家的角色也可能有了新的意義。

潭岡鄉可能從來都不是一個很強大的鄉，又或者是一個由士紳主導的鄉。[44] 政治在潭岡鄉 1919 年重建時起已經有了新的意義，潭岡在周遭地區的影響力可能因而擴大。宗族原則當然是維持了，但鄉會並沒有把自己建立成另一宗族祖嘗。反之，鄉會一面禁賭禁煙，[45] 一面則與其視為墮落的傳統風俗撇清關係。在最初的規章中，「鄉中建築，除孔廟外，不能設立什式廟宇」。[46] 規章並未排斥祠堂，但有一條則說明「回鄉後，只准起太祖祠一間，私夥祖祠不起」。[47] 鄉會董事局至少在其後十年循此以往，1929 年下令廢除某些與鄉村結婚儀式中「玩新娘」有關的習俗。[48]

這些決定可能沒有一個有效。20 世紀 30 年代鄉裏有廟宇，鄉裏並不舉行醮會，但鄉民以睦鄰為由，要求董事局批准從鄰近的醮會巡遊中把神明迎接過來。[49] 到了 1938 年，司理攻擊利用土地神維持地域聯繫的做法。他向鄉會董事局報告說：

> 　　查鄉間陋習，如甲里之人，到乙里居住者，必要其入社，否則來居住者不得在其里中生產或死亡。然入社矣，其要求納費，又無定律，隨其里中之愛憎以為衡。此種流弊，既不便於人民，而於本鄉公有屋地，將來亦受影響，不能流通銷售。故入社這種惡習，非

44　《新會縣鄉土志》（1908）宗族一章並無阮氏；梁藻泉：《新會西南方紳士人名錄》（新會：西南書院，1919）列載了新會縣西南地區的紳士名單，其中姓阮的只有一人，此人是江門而不是潭岡居民。

45　會議記錄給人的印象是這樣的：道德法律在潭岡鄉復村初期較為雷厲風行。鄉會一度把所有鴉片煙民編成名單，全數 35 人，限期戒煙。參看《議案》，卷八，第九十五次會議。

46　《議案》，卷一，第一次會議。

47　《議案》，卷一，第二次會議。

48　《議案》，卷十一，第一百三十三次會議。

49　《議案》，卷九，第九十九次會議。

嚴加取締不可。是否有當，謹請裁奪示遵。[50]

　　潭岡鄉的文化轉變並不在於鄉政府能廢除甚麼，而在於能施行甚麼。

　　鄉政府屬意於舉行年度慶典而不是宗教儀式，以紀念 1919 年的重建。1935 年年度慶典的程序表詳細列明，到會者於下午四時五十分集合，五時十五分祝酒，五時二十分起立齊唱《我鄉吾所愛》，同時燃放鞭炮。[51]鄉會的會議記錄提到，慶典是在農曆三月廿一日舉行；其中包括早上拜祭祖墳，並且分豬肉；而在唱完了鄉歌後，鄉會董事局、鄉政府人員、學校校長和學生、民團、居於潭岡鄉和僑居外地的鄉民代表，依次向祖先靈位行禮。[52]慶典當日，現代文明、民國格式，與祭祖禮儀一爐共冶。

　　在鄉歌和慶典的表面團結底下，是所有政治環境都少不了的爭權奪位和人事紛爭。興族積聚會的主席在鄉會歷史早期已被剔除出去，他試圖在 1921 年退休，並出版了一個小冊子詳細列明他為積聚會所籌得的借貸，以及他把錢存放在甚麼地方，這顯示他基於某些原因希望留下清楚的記錄，而鄉會董事局在他離開後馬上召開會議討論，也證實了雙方關係已經破裂。[53]業英出任積聚會主席，帶來了穩定的局面，但鄉政府與鄉裏各界之間的裂痕也開始出現。

　　第一次爆發是在 1926 年，其時潭岡鄉組織農會。司理先是寫信報告了情況。他說：「近來各鄉農會紛紛成立，一經成立，即與

50　《議案》，卷二十，第二百四十一次會議，1938 年。儘管這裏沒有明確指出是拜土地，但是，外來人之所以不可在那裏繁衍或終老，乃是由於他們與他有關係，則是清楚明白的。

51　《潭岡鄉雜誌》16.3（1935），「鄉中報告」，第 2—3 頁。注意，準確的時間安排並不是傳統的做法：傳統慶典是按照吉時行事，而且不具準確的時間。

52　《議案》，卷二十，第二百一十一次會議；《潭岡鄉雜誌》19.3（1938），「鄉中記事」，第 1—3 頁。

53　《議案》，卷三，第三十一、三十二次會議；《議案》，卷四，第三十七次會議；以及《潭岡興族積聚標基經理之清冊》（1921）。

同鄉之民團起糾紛。」[54] 他在董事局下一個會議上所呈遞的信中報
告說，沙塘縣農會在潭岡墟市上貼出了通告，叫所有沙塘姓葉的
租戶直接把租交給農會。他在這封信中也猜測，牽涉在這些農會
之中的，正是代表一個阮氏祖嘗寫信要求鄉會把祖嘗管理權歸還
給個別族人的那些人。[55]

　　另一次爆發是在 1927 年，司理報告說鄉政府試圖在鄉裏建
立一個國民黨支部，但遭到族人阻撓。這次破壞行動捲入了相當
大量的鄉民，司理所列出的「反動派」同夥達 156 人。他在報告
中說，在鄉裏成立黨支部的目的之一，就是要組織另一農會，而
領頭人被捕後，首先便被送往縣級農會的「聯合辦事處」受審。[56]
這種權力鬥爭看來就是現在所說的農會在廣東的發展，以及清除
農會的極端分子。鄉政府能夠輕易平定騷亂，證明了它在鄉裏的
實力。[57]

　　1928 年之時，縣政府顯然能夠整頓鄉一級政府。[58] 儘管公佈
了一些措施如廢除私塾，但工作的着力點放在重整跨鄉組織和把
保安隊轉換成為民團之上。[59] 新式教育迅速被接受；其實，潭岡可
以說這可以追溯至重建開始的時候。不過，縣一級的要求並未絲
毫改變潭岡鄉一級的權力組成。

　　1930 年，縣要求潭岡與稱為盧苞的六個鄉結合成為新會的第
六個區。潭岡憑其龐大的面積，在自治會中佔有一定的地位，便
試圖以其影響力馬上處理與水邊的糾紛。但潭岡鄉不久 —— 1931

54　《議案》，卷八，第九十六次會議，並參看《岡州星期報》1925.12, pp. 16-17.

55　《議案》，卷八，第九十七次會議。

56　《議案》，卷九，第一百〇一、一百〇二、一百〇五次會議；卷十一，第一百三十一
　　次會議。

57　有關的背景，參看 Fernando Galbiati, *P'eng P'ai and the Hai-Lu-feng Soviet*,
　　Stanford: Stanford University Press, 1985, pp. 203-205, 230-231；以及 Yuen-fong
　　Woon, *Social Organization in South China*, pp. 62-65.

58　《議案》，卷十五，第一百七十六、一百七十八次會議；《議案》，卷十六，第
　　一百九十四次會議。

59　民團的組織，參看《新會縣政月刊》1933. 12, pp. 6-8；廢除私塾，參看《議案》，
　　卷十一，第一百二十六次會議。

年即發現，儘管可以在自治會內向水邊施壓，區只是個仲裁者，並沒有力量來執行自己的決定，潭岡鄉可能仍然感到參與自治會之便，因為辦事所不斷就嶺背的糾紛與縣政府聯繫。而鄉自治會臨時委員會的主席就是鄉會董事局的董事。[60]

然而，自治會內的團結沒能維持一年，因為到了1932年，盧苞某鄉就委派自治會官員事宜負責與縣政府聯繫的某人，最後自己坐上了主席之位，這令潭岡鄉的司理大感愕然。但情況要比這更為複雜，潭岡鄉司理丟失了位子所引起的憤怒，正中鄉會下懷，鄉會根本不想看見司理與縣政府關係過密。結果，潭岡鄉司理拒絕出任自治會副主席，而鄉會則向縣申請完全退出盧苞。申請獲批，而這又再一次表明，潭岡不會與任何其他的鄉共享主權，而且最終的裁決權並不在司理，而在鄉會董事局之手。[61]

如果縣不能憑其合法政府的地位滲進鄉的政治，那麼依靠其微量的資源就更別指望做得到了。首先，自治會的財政有賴鄉民捐獻，而自治會負擔起全部一半的費用，也許正是潭岡鄉實力的表現。因此，司理能夠向鄉會董事局提出退出盧苞自治會，理由就是削減成本。縣看來不能提供財政援助。事實上，自治會的財政問題曾在1936年與縣政府的一次溝通中提出過，但縣的回應只是要求鄉長遵照預算辦事，並在鄉民大會上尋求開源的辦法。[62]

1932—1936年間的一些發展對潭岡鄉有深遠的影響。其中一項就是電話的出現，開始了縣政府與鄉之間的訊息聯繫。[63]另一項則是興建新會台山公路，這項發展讓潭岡鄉政府有權向鄉民徵收人頭稅。[64]

然而，這個時期也是嚴重的經濟困難和貨幣混亂的時期，潭

---

60 《議案》，卷十三，第一百五十二次會議。

61 《議案》，卷十三，第一百六十、一百六十一次會議，以及卷十四，第一百六十七次會議。

62 《議案》，卷十四，第一百六十九次會議，以及卷十九，第二百二十六次會議。

63 《議案》，卷十四，第一百六十九次會議，以及卷十九，第二百二十六次會議。

64 《議案》，卷十二，第一百四十六次會議。

岡鄉的會議記錄顯示，鄉政府最後不得不向財政困難低頭。多項
報告都提到租戶放棄土地，並且有需要籌集更多資金，不只是為
了鄉政府本身，也是為了應付縣政府以防衛為名的需索。[65] 潭岡鄉
一直保存着賦稅記錄，因此，儘管縣裏曾就協調鄉一級的行政舉
行過多次會議，而鄉的民團又是共同作業，但潭岡鄉始終不曾真
正讓步過。積聚會主席業英 1937 年退休，他大概是出於自願，而
且是光榮引退。翌年，他在慶典期間在祠堂給他父親立了塑像。[66]
業英在任期間，鄉政府威望沒有稍減。

　　揆諸會議記錄，難以判斷究竟單純從人事方面，是否足以解
釋鄉政府 1937 年以後的命運，或說明縣長在鄉政府把土地管理權
交還給個別地主時扮演怎樣的角色。然而在這些會議記錄中有一
點非常清楚明白的，就是政治論述的語言在民國時期儘管有所演
變，但鄉與國在鄉村裏的權力關係又重新出現了。

戰後的結局

　　陳象亨〈陳林械鬥紀事〉一文討論了潭岡鄉重建以前械鬥的
情況，總結說：

> 　　但是，儘管如此，各姓的維持會不少人固真心實意為桑梓做
> 事。但是有些人卻假公濟私，又在澳門借救濟□鄉名義，成立甚麼
> 公司之類，包攬祖嘗田地批租等項，造成不少是非糾紛，這也是械
> 鬥後出現的令人傷心之事。[67]

　　從這段話看來，集體管理土地在潭岡周遭鄉村的重建過程
中，並不是潭岡鄉所獨有，而可以想見的是，集體管理權的主張
並非毫無爭議。但是，倘若就此便以為公私利益必定是清楚分開

65　《議案》，卷十五，第一百八十四次會議，以及卷十八，第二百一十九次會議。

66　《潭岡鄉雜誌》19.3（1938），「鄉中記事」，第 1—4 頁。

67　陳象亨：〈陳林械鬥紀事〉，第 20 頁。

的，那麼也未免過於輕率。

從 1945 年以後恢復的會議記錄中，可以看見鄉會的會議結構，從中可見那二十年間潭岡鄉在政治上發生過甚麼事，可以用來做對照。會議記錄由 1945 年在潭岡鄉舉行的鄉民大會開始。會議分為三節，第一節的出席者是父老，即 60 歲以上的男子；第二節的出席者是保長、甲長和壯丁，大概是指保安隊隊員；第三節的出席者則是年輕男子。鄉會一直是鄉的一部分，世德一直是董事局主席，而董事局則一直是在香港開會。只是，董事局的其中三名成員是在潭岡鄉的。

鄉民大會本身以及潭岡鄉居民獲委為董事，看來都表明外來社群不再有全權指揮鄉務管理。而與 1919 年第一次會議所做的決定距離最遠的，則是財政安排。

鄉會失去了私人土地的集體管理權後，只能控制鄉裏的公產。公產分為兩個部分。大多數的農地、墟市和一些捐獻，都以一位共同祖先的名義放在一個祖嘗之內，其餘的則存放於另外一個祖嘗。祖嘗所得的收入如何運用沒有決定，但會議記錄中説明另外一個祖嘗的收入用於支付辦事所的開銷。有一項估算並不歸入撥作辦事所開銷的祖嘗，那可能是向私人土地徵收的稅項，但有關這個問題的討論付之闕如，意味着大多數這些稅項都已經消失。鄉會的產業以祖嘗的面貌出現，而辦事所的角色必已大減。[68] 資源的集中管理，效果不彰，傳統的分散管理格局又再回潮。

結語：宗族社會主義、控制以及文化轉變

潭岡鄉的經驗是奇特的，以至難以找到可資比較的故事。然而，潮流不只在潭岡一鄉翻起細浪。土地集中管理（倘若擁有）、海外鄉民參與鄉裏的政治，有的人為了某些原因而想進行徹底的改革，然而領導階層則緊跟對改革接受程度隨時變化的政府所發

68　《議案》，卷二十四，鄉民大會。

出的國家指引辦事，兩者的意識形態各走各路、鄉歌和鄉旗以至慶典的時間表 —— 這些看來都是民國社會所常見的。正如在其他鄉村一樣，這些潮流看來一時衝毀了傳統秩序的堡壘，但過一段時間又退卻了。終於，理想不敵私人土地所有權的現實，而鄉裏的不同派別激烈爭奪集體權力。這番爭奪所用的語言也就是國家政治所用的語言；而所爭奪的則仍是地方上的土地、地位和權力。

　　按照這樣的情況，國家侵入鄉村社會的現象，大抵是一種錯覺。我們可以認識到，擴展下情上達的代表方式必須與經濟控制權的分散同步，這是鄉會與辦事所之間權力轉移的短暫表現所造成的結果。而且歷史的確是重演了：採用國家認可的政治語言但又沒有拋開鄉村的權力關係，過去曾經出現過。16 世紀宗族的出現，或 18 世紀和 19 世紀地域聯盟的崛起，都可作如是觀。董事局、司理、會議記錄，以及鄉民大會，都是民國的產物，然而，鄉村也可以如同接受祠堂、公所、鄉學和士紳那樣，把它們照單全收。

從

——

華南

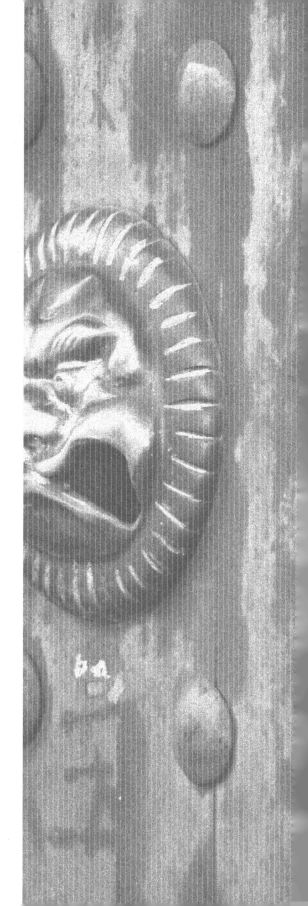

到
——
華北

告別華南研究 *

　　蔡志祥兄希望我可以寫一篇比較理論性的文章，慶祝華南研究會成立十周年。想來想去，覺得理論性的文章很難寫，所以只能以一篇反省個人經驗的報告應付。但是，談到個人經驗，就必須考慮以後的路向，所以題目就變成現在這樣了。

　　談到理論，可以說華南研究深受人類學者弗里德曼和華德英的影響。弗里德曼我個人沒有接觸的機會。華德英則在她去世前一兩年，當我們剛開始新界口述歷史計劃的時候，在香港中文大學任教。在學校中和田野上，我都有得益於她的機會。我相信自己可以從弗里德曼的家族理論轉到社會認知理論，是受她影響的。弗里德曼認為華南社會結構的主體是一姓一村的單位。這個論點，不等於說每一個鄉村只有一個姓氏，而是說一姓一村是鄉村發展的一個共同方向。從這個共同點出發，弗里德曼總結了人類學和歷史學關於中國宗族的概念。長期以來，從很多學者已經發表的有關家族運作的論著，大家都知道宗族、祠堂、族譜和族產，在中國社會有很重要的作用。但是，弗里德曼最強調的是宗族與地方社會的結合。不但如此，更因為說明了宗族與地方社會的結合，他就能夠說明整個宗族概念的運作。地方上的宗族是個控產機構，地方宗族可以連起來建立地方社會以外的宗族組織。所以他把宗族分成地方宗族、中層宗族和高層宗族。宗族的層次越高，越脫離與地方社會的關係。在大城市（例如廣州）建立的

*　原文為中文，載華南研究會編：《學步與超越：華南研究會論文集》，香港：文化創造出版社，2004年，第9—30頁。

祠堂（例如陳家祠），變成小部分人的聯繫機構，而不是鄉村的管理組織。

弗里德曼的理論對西方中國社會史的研究有很大的影響，是有多種原因的。其一，因為在 20 世紀 60 年代後期和 70 年代初期，不少研究者對當時還比較有勢力的「控制論」（例如蕭公權的《中國鄉村》）已經不滿。當時除了弗里德曼外，還有施堅雅對農村市場理論的影響。可以説，20 世紀 50 年代到 60 年代初期，皇權對社會進行「控制」，士紳階層作為皇權的執行者那一套現在已經被淘汰。那個時候，我們這些比較年輕的學者，以魏斐德和孔飛力為首，開始應用弗里德曼和施堅雅的理論來探討縣政府以外的農村世界。受弗里德曼的宗族理論和施堅雅關於市場的概念的影響，我們開始從一個思想架構轉移到另外一個思想架構上來。

我應該説清楚「控制論」與弗／施兩個理論架構的分別。「控制論」令我們不滿的地方，是被統治者往往被描述成被動者。政府制定了政策，人民乖乖地適從，社會由此得以安定。這個理論解釋不了動亂，所以就把動亂説成是失控。這個理論也解釋不了經濟發展，以為經濟發展必然來自政府政策。弗里德曼承認鄉民可以因他們的需要主動地建構宗族，施堅雅掌握了活潑的農村市集的規律。我們那個時期就是憑這些概念開始去了解中國農民怎樣創造歷史。

不過，當時我對這些論點還沒有現在想得這樣清楚。到了近年我才開始了解自己這些年來研究的連貫性。我的博士論文的出發點，不是農村社會，而是農民動亂。還是和其他學者一樣，主要考慮階級剝削的影響。我們當時都不大理會農村社會的地緣關係，更因為忽略地緣關係而簡化了國家與地方的互動。我的博士論文沒有討論地緣關係。我只是在階級剝削的描述上，指出當時的歷史論者沒有注意的幾個現象（例如清末物價變動與動亂的關係）。但是，因為這樣，從此對農村經濟產生了興趣。又因為農村動亂往往摻入宗教的成分，所以也有注意民間宗教的運作。不能誇大當時我對民間宗教的興趣：我讀過的主要還是李世瑜先生的《近代華北祕密宗教》，認識是很膚淺的。

　　我在 1975 年讀完了研究院，回到香港工作。1976 年到中文大學授課。為了上課方便，也因為租金比較便宜，住在大埔墟。當時對民間宗教還是沒有多大興趣。我記得當年盂蘭節，從住的地方拐一個彎便是拜祭的場地，但我也沒有走進去看一下。我對民間宗教開始感到興趣，從而了解其對鄉村社會的重要性，來自兩方面的影響。

　　首先，剛到中大不久，認識了許舒。香港很多同行都知道，許先生是香港政府的高級公務員，也是香港政府公務員中對新界農村最有研究的一位。許先生是一個罕有的收藏家。他收集了很多文獻，而且絕對願意向學者提供利用他收藏的方便。我當時對新界一無所知，但對地方文獻很有興趣。我很記得許先生向我介紹元朗墟大王廟乾隆年間的租佃糾紛的碑記。在 20 世紀 70 年代後期，第一歷史檔案館收藏的刑科題本還未發表，我們研究租佃問題能用的文獻沒有多少。所以，我看見新界有這類的原始資料，便馬上覺得應該有系統地收集。很幸運，當年在中大擔任中國文化研究所所長的是陳荊和教授。陳教授自己曾經把新加坡的漢文碑刻記錄並出版，對我的提議很是支持。當時我的好朋友陸鴻基也在中大任教，歷史系的前輩教授香港史的吳倫霓霞博士也願意參加。所以我們三人便組織了香港碑文抄錄計劃。給我們最大幫忙的是一群熱心的學生。那幾年，尤其是暑假，不論晴雨，他們在香港各地奔跑。我的工作主要是校對，但是也因此帶着碑記抄本走到香港和新界很多廟宇。有關租佃的碑記，我們沒有再發現。不過，碑文抄錄給我初步認識新界農村的機會。

　　碑文抄錄後來變成了口述歷史計劃。其間有我們思想上的發展，也有機緣的巧合。在新界的鄉村，我受到很多衝擊。記得有一次，特別體會到口述資料對生活的貼切。當時我們在邊境禁區內（即羅湖／深圳交界）抄錄碑文。因為到邊境禁區需要警察局批准，我每次都和學生一齊去。又因為當時我還沒有駕駛執照，禁區內公共交通也不方便，每次到禁區都請朋友鄔健冰開車送我們去。那一天，碑文抄完了，還有時間，我們就和村民聊天。在座有位老婆婆，知道我們來抄錄碑記與研究鄉村生活有關，主動向

我們説：「我不會給你們説我的經歷。」一聽她這樣説，我知道她有需要講出來的故事，我們就更不願意離開了，一直等到她講。她講了一個很動人的故事。年輕時，日戰剛開始，她和家人逃難逃到這裏。家裏一無所有。父母同意以十塊錢把她聘給本村一戶人家。先收了五塊。當時沒有飯吃，自己走到未婚夫家門口，請他們結算剩下的五塊。鄉村女孩子在這個場合的感受，你需要聽她們自己講出來才可以理解。和她一起的，有個哥哥或弟弟，是病死的。死前的一陣子，老婆婆發覺已經沒有辦法，問他還有甚麼想要的。他説想吃個橙子。婆婆替他找到一個，他卻已經斷氣了。後來日本人來到鄉村，把她的丈夫帶去。雖然最終逃回來，但是有一段時間，婆婆是個沒有錢的外來人，嫁到這裏，生活不好過。鄔健冰是個心地善良的人，婆婆一邊講一邊哭，她也一邊聽一邊在哭。我的感受是有點憤怒。我們在學校念的歷史捆綁在一個與實際生活沒有關係的系統下，沒辦法把這些重要的經歷放進去。老婆婆的故事是沒有文字記載的。我們不記錄下來，以後就沒有人可以知道。這是我記得我感覺到口述歷史重要的一個經驗。

另外有一次，也是從禁區回來，開車路過粉嶺，看見有人在搭竹棚。我們下車去問了一下。村民很友善，説他們在準備「打醮」，到時候歡迎我們參加。當時我對「打醮」完全不懂，但是這個名詞倒聽過。理由是，大概也是這些時候吧，有一天，蔡志祥兄走到我的房間（他那時還在中大念研究班），告訴我西貢地區有個「打醮」，問我有沒有興趣和他一起去看一下。還説台灣很多學者正在研究這類活動。我們去了。看來那個時候，志祥兄也不大懂鄉村宗教的運作。我們兩人晚上坐公共汽車到了北港村，在醮棚裏面走了一下，和喃嘸先生談了幾句，便離開了。我真正了解到「打醮」在鄉村社會的作用，是在粉嶺 1981 年的醮。

沒有參加過鄉村宗教活動，絕對不能了解鄉村的歷史。最初參加「打醮」，並不明白周圍發生的事情，有一種無所適從的感覺。從開始繪畫場地地圖、訪問喃嘸先生、了解村民對醮會儀式的概念，到自己對「打醮」有點觀感，需要幾年的時間。很感謝

香港新界打醮中的紅頭喃嘸

　　彭炳先生（已故）給我們訪問的機會和讓我們複印鄉村禮儀及「打
醮」時用的科儀文書。從村民的活動，我大致可以了解一點以地
緣關係為根據的組織，但是掌握了喃嘸先生的儀式後，才可以領
會到鄉村社會所常見的大小傳統的配合。

　　我相信自己現在比較了解為甚麼覺得拜祭的活動這樣重要。
在下面還可以多交代。在 20 世紀 80 代初期，我對宗教的興趣主
要是受到抄錄碑文、觀察「打醮」和一點人類學的影響。早在抄
錄碑文的時候，我已經注意到這些文獻具有契約的作用，而且都
是刻在廟宇牆上的石塊上。所以，很清楚的，鄉間的廟宇，就是
一個可以安放公眾文件的場所，有點像現在的報紙。到我們觀察
「打醮」時候，已經很清楚看到鄉村神祇在代表地緣關係上的作
用。在粉嶺的「打醮」，安放在神棚裏面的幾十個神主牌位，主要
都是從各地點請回來的，其中只有一個代表祖先。當時人類學的
書我沒有看過很多，但是對台灣民間宗教的研究倒讀了一點，也
明白了土地神與廟宇神祇的關係、道士正一派的系統等等（這方
面，需要感謝陳永海兄，他比我先了解道士的作用和掌握這方面

文獻的重要性）。我當時的想法比較簡單，大概就是鄉民不會自己寫下政治的體系，他們的政治體系就是在拜祭儀式中表達出來。因為宗教滲透了鄉村每一項活動，有系統地了解了鄉村宗教便可以重構鄉村的政治環境。

很簡單地説，鄉村社會的地緣關係建構於拜祭的對象。拜祭的對象在村民的眼中分為祖先和神祇兩大類，維繫於拜祭神祇和祖先的活動便構成鄉村社會的主要體系的根據。這個説法不等於説宗教是社會的基礎。地緣團體的基礎很可能是土地控制，但是表達控制土地的權限往往包括在拜祭的活動之內。很明顯可以看到這一點的就是「打醮」。「打醮」包括三套不同的神祇：就是戲棚內戲班的神、喃嘸先生的神和村民的神。只有村民的神代表地緣關係。「打醮」的主神通常是鄉村主廟的主神；但是神棚上除了這位主神外，還請來在鄉民活動範圍內各個地點的土地神。所以，雖然粉嶺村作為單姓村，村民都確認同一位祖先，「打醮」所表達的關係還是維繫於神祇祭祀上的地緣認同。這斷然與宗族活動不同。每年在祭祖的場合，例如清明、重九，村民以子孫的身份重構鄉村的團體生活。只要到新界的祠堂和廟宇訪問，很容易可以感覺到這些地點就是鄉村聯盟的核心。同姓的聯盟像宗族，不同姓的聯盟多建立在神祇拜祭上。這樣一來，我們不能像弗里德曼一樣，假設宗族是地方必然的發展目標。

很明顯的，表達地緣關係的標誌，例如神位、「打醮」中的各種遊行，都是超地域的產物。以喃嘸先生在「打醮」的活動為例，「打醮」應用的科儀書，都不是專為那一處地方而寫的。相反的，村民需要喃嘸先生的幫忙，是因為除了「鄉例」外，村民認為還需要有專業禮儀者的「法力」。喃嘸先生的拜祭禮儀，並非起源於鄉民的活動範圍。他們領導的禮儀，有很長的淵源。聽他們講，由龍虎山張天師傳下來。張天師所代表的道統在他們眼中有合法性，並不在於村民的承認，而在於村民以為其合法性已經有廣泛的承認。農村社會史往往表達多個不同的傳統。有部分是鄉民認同為自己的，有部分是他們認為是外在世界的。我們寫歷史的時候，就是需要識別這些傳統，説清楚來龍去脈。

　　大概與我們開始觀察「打醮」的同時，由於偶然的關係，新界西貢區也找我們替當地寫日據時期的歷史。現在想起來，我相信與華德英有點關係。當時她在中文大學做客座教授，跟西貢區的理民府（日後改稱為民政官）認識。當年的理民府 Colin Bosher 原來是念人類學的，所以很鼓勵我們的研究。同時，中文大學當時的學生事務部主任溫漢彰先生是西貢區鄉事委員會的成員，也了解我們的研究興趣。我在中大的同學和好朋友譚汝謙，曾擔任新亞書院的輔導長，與溫先生有來往，當時除了擔任歷史系的職務外，還是學校的東亞研究中心主任。得到多方面的推動，我們正在抄錄香港碑文的幾個人，便在東亞研究中心下開始了口述歷史的工作。

　　老實說，我們都不懂甚麼叫作口述歷史。用這個名詞好像是和譚汝謙討論的結果。問題是，跑到鄉間去，怎樣介紹我們的研究？說「調查」很容易把人家嚇壞。事實上，我們有興趣的歷史，不止書面的，也包括口述成分。後來才知道，在鄉間用「歷史」兩個字來介紹我們的研究，還是有問題的。受過小學教育的鄉民都念過「歷史」，一提到「歷史」，他們便告訴你他們以前讀過的「歷史」而不是他們地方上的經驗。我們後來介紹自己的時候，常說我們有興趣的，是以前的生活，強調我們來自城市的人不明白鄉村的情況。另外一類問題，是用了口述歷史這個名詞後，我們應不應該所有訪問都採用一個很公式化的處理辦法。例如，有些口述歷史計劃很緊張錄音訪問，把錄音每句記下來。我們採取這個處理辦法的困難，是沒有足夠的經費。但是，除此之外，我也以為太公式化的處理對我們的研究不適宜。應用錄音機甚至影響訪問村民對訪問的態度，這也需要考慮。我以為我們的工作方式，不是邀請村民回到中文大學接受我們的訪問，而是我們跑到鄉村裏了解他們的歷史。在他們的地點做訪問有很多好處，周圍的事物就是開口的題材，尤其是牆上掛着的照片和廟宇祠堂裏面的神主牌位。但是，在鄉村的訪問，不能有很公式的程序。我們跑到鄉村去，最實在的問題是：有沒有廟宇，有沒有祠堂，拜祭地點在哪裏，拜祭包括甚麼活動，誰參加誰不參加，誰

有份擔任組織的工作，活動的組織是用甚麼名義？這些問題主要
是弄清楚鄉村組織。再下來，我們需要了解的，是經濟生活、生
產、消費、市場活動之類的問題。最有用的資料是被訪人的生平
履歷。訪問是個摸索被訪人知識範圍的過程。方法不是沒有，其
實可以很簡單地說明。其一，訪問是個學習過程，連語言和名詞
都是學習範圍。你問你的問題，讓被訪人回答。他聽不明白你只
要記錄清楚他聽不明白，千萬不要解釋，否則變了指導被訪人怎
樣回答你的問題。其二，最好的問題是最簡單的問題，也就是「甚
麼」：這是甚麼？用來做甚麼？有甚麼發生？其三，注意被訪人生
平，因為你需要知道他跟你講的事和他的經歷有甚麼關係。但是
你不能要求他給你順序的回答。人談話不一定有系統，你需要讓
他講，你自己來整理。有時候你等半天才講到一句對你寫歷史有
用的資料。注意被訪人用甚麼辦法表達時間：他（她）結婚前後，
父親過世前後，戰爭爆發前後，鄉村某件事情前後。其四，整理
的時候，資料一定需要清楚三方面的來源，就是說：哪些資料是
被訪人自己經歷的，哪些是他聽人家講的，哪些是他自己猜的？
應該能分別出來。其五，一定要做筆記。沒有筆記的訪問資料寫
文章時一定不能用。讓歷史學者不根據筆記寫歷史，就是讓他亂
寫。你的讀者絕對有理由懷疑你採訪的歷史，你最好的保證就是
清楚的筆記。我從來沒有上過口述歷史課，這些習慣都只是從經
驗中學來的。

　　我們記錄口述歷史並非表示我們排除文字材料。相反的，我
們記錄口述歷史，同時也在新界收集書寫資料。我們當然並非收
集鄉村文書的始創者。早在20世紀60年代，港大羅香林教授和
倫敦亞非學院的Hugh Baker博士（現在是教授），已經在新界
收集族譜。此後，林天蔚和蕭國健兩位先生在猶他學會資助下，
繼續了這項活動。我們研究新界史的人，從他們的工作得益不
少。但是他們除了族譜外，沒有收集其他文書（蕭先生一直有注
意碑記，應該一提）。從收集文書方面來說，到我們開始口述歷
史計劃的時候，差不多已經是太遲了。鄉民說也有很多在日治時
期當燃料燒掉。水淹蟲蛀已經毀壞了新界鄉村戰後剩下來的大部

分文書。資料越罕有越感覺寶貴。所以我採用的辦法是，不論內
容，凡是村民願意借給我們複印的文件，我們全部複印。這些材
料，後來裝訂成《新界文獻》，可能有兩萬多頁，我沒有數過。這
是一批研究鄉村歷史很寶貴的材料。從一開始，這批文獻就全部
公開任由複印，放在香港和境外的圖書館。在香港，中文大學聯
合書院、大會堂圖書館和新界沙田圖書館都藏有複印本。香港大
學馮平山圖書館還把它做成二十多卷顯微膠捲。在境外，英國大
英圖書館、美國斯坦福大學胡佛圖書館、日本東京大學東洋文化
研究所都有複印本。

　　文書的收集得到夏思義（P. H. Hase）博士的不少幫助。我
認識夏博士的時候，他是新界沙田地區的理民官。夏博士是研究
英國中古史出身，對英國的教區尤其有研究。我從他的中古史心
得，得到很多啟發。《新界文獻》很大部分是我們一起收集的。也
因為得到他的支持，新界沙田圖書館特別成立了一個鄉村文獻的
部門。部門內現存的海下村歷史文獻，也是夏博士出力募捐來的。

　　我的《中國鄉村社會的結構：香港新界東部的宗族與鄉村》[1]
就是用口述、碑記、文書、觀察等材料寫成的。出版後，所有讀
過的人都說很難懂，所以可能應該在這裏交代一下。這本書出版
的時候，受弗里德曼的影響比較多。寫成的時候，主要的論點是
華德英的論點。我有時候懷疑整本書在替華德英做注腳。

　　寫這本書經過兩個不同的過程。研究開始時，我在追尋新界
鄉村的歷史。我不知道可以追到多遠。香港政府的文件裏面留下
不少大概是 1899 年新界割讓時候的記錄，從這些記錄，我們對
清末新界社會有些基本的概念。這些記錄也是弗里德曼在他第二
本有關華南宗族的書中應用到的材料。加在這個基礎上的，就是
我當時相信可以從禮儀活動重構社會史的觀念下找回來的資料。
從這裏出發，可以重構鄉村聯盟的變遷，相當清楚地知道鄉村聯

1　　David Faure, *The Structure of Chinese Rural Society: Lineage and Village in the Eastern New Territories*, Hong Kong, Hong Kong: Oxford University Press, 1986.

盟是甚麼時候成立，從甚麼背景成立，成立後有甚麼變化（「打醮」往往是鄉村聯盟的文化遺傳）。割讓前，這些聯盟叫「約」，很明顯是太平軍以後團練機構的變形。問題是，假如太平軍以前的鄉村聯盟不是「約」，它可以是甚麼模式？一問這個問題，就引起現在有些書還稱為「五大族」的問題。「五大族」的問題，是 Hugh Baker 首先弄錯，以為新界一直以來有候、廖、鄧、彭、文五個「家族」。這是個後來的觀念。割讓前，新界根本不是一個整體。深圳社學只代表本地人，是個鄉紳的管理機構，其中不止五姓。未有深圳社學之前，沒有一個代表全新界的機構，但是有幾個代表鄉紳的團體。其中一個是上水報德祠。報德祠有新和舊兩個約。舊約不知始創年代，新約創於 1908 年。五個「大姓」是上水報德祠新約的參與者。舊約只有四姓，大概成立於清初。清初海禁後才興起的上水廖姓已經是其中成員。海禁前新界東部勢力最大的龍躍頭鄧姓，於明代中期後興起。明初，龍躍頭鄧姓還是東莞伯何真的部下，田產都依附到何真勢力之下，何真抄家後才收回來。關於田產這點，龍躍頭鄧姓的族譜有記錄，但是因為港大馮平山圖書館把這本書編錯了姓氏，一直沒有人注意。至於何真與新界的關係，傳說之中有好幾個故事。除了傳說外，我還很幸運地在劍橋大學圖書館偶然翻到《廬江郡何氏家記》的記錄。這本《廬江郡何氏家記》是除了很有問題的大廟宋代碑刻外，新界最早的文字記錄。

　　我在訪問過程中，一直在追尋這個故事。我記得很清楚，有一天，大概在 1982 年，我在元朗訪問了兩位老先生，知道了一點有關深圳社學的事情並得到一件打官司的文件，坐上了公共汽車，感覺鬆了一口氣，好像整個新界歷史的脈絡開始有頭緒了的樣子。我的書，原來就是打算把這個故事順歷史時間寫下來。書稿弄過好幾次（那時還未用電腦書寫），才發現不能寫下去，因為讀者不會明白我利用宗教禮儀來找尋社會史線索的辦法。所以，最後把這個歷史重構的部分，歸納到最後一章，整本書的其他部分用來說清楚從禮儀所見的地方架構。裏面還需要補充弗里德曼一個很大的缺陷。弗里德曼雖然提議了區分地方宗族與高層氏族

這兩個概念，但是怎樣區分這個問題完全沒有解決。原因是他沒有把地緣關係弄清楚（一村一姓可以代表地方氏族，但是憑甚麼根據決定某一個群體是一個鄉村？）。我以為要弄清楚這個問題，需要加插「入住權」的概念。就是說，村民是個在鄉村有入住權的人，鄉村就是有入住權的人的群體。入住權包括建房子的權利，也包括開發鄉村荒地的權利，是村民最重要的權利。

弗里德曼對我們了解宗族社會最大的啟發，就是區分了抽象的宗族（即以畫弧線為目的的宗族）與對財產權有控制的宗族。他以「控產機構」（corporation）的概念來表示後者。這個字在英文的字源上，很有來歷。它與 corpse（屍體）一字同源，是由「身體」的概念演變過來。可能有宗教的意味，因為早期的西方控產團體就是教會，即是一個以耶穌的身體共餐作為維繫根據的團體。從這方面來看，與宗族是由祖先身體的氣所產生的概念有相通的地方。另一方面來說，「身體」的觀念，也很明顯代表一個「整體」的意思，所以，到了現在，成立一個控產的「法人」，也可以用這個字來代表，當然這是後話。與入住權的關係，就是弗里德曼既然把控產放到宗族概念的核心，不把入住權和田產分開，就無法說清楚地方宗族與中層宗族的分別。所以，入住權的概念，不是反對弗里德曼，而是補充他的論點。

入住權、地域權、地產權的分別，後來成為我第二本書《貿易擴充與農民生計：新中國成立前江蘇和廣東的農村經濟》[2]的論點。那本書的目的是批評貿易擴展不能改善農民生活的觀點。這三種權利的分別，其實在新界的研究中就已經看出來了。

了解了何謂「產」之後，「控產機構」的概念對我的研究很重要。但是在新界東的書裏面，還未到達這一步。比較清楚的是把歷史發展脈絡的部分搬到最後一章之時，整本書的趨向都改變了。現在的問題再不是地區社會怎樣變化，而是怎樣從禮儀的變

2　David Faure, *The Rural Economy of Pre-Liberation China: Trade Expansion and Peasant Livelihood in Jiangsu and Guangdong, 1870—1937*, Hong Kong: Oxford University Press, 1989.

化上看到社會的變化。

　　華德英在一篇文章裏，對這個問題有個答案。很簡單，就是説，社會認知過程牽涉三套不同等觀念（社會認知，英文 social consciousness，是個人歸屬於哪種社會的答案），其一是我對我的社團的看法；其二是我對我的社團所歸屬的社會的看法；其三是我對周圍的社團的看法。華德英説，在認知發展過程中，一和二的看法越拉越近，而一和三越拉越遠。應用到新界歷史，自從明代以來，通過宗教和宗族的發展，鄉村的制度越來越接近大家以為的大一統的要求，但是同時，村民越來越感覺到族群上的分歧。宗教方面，主要是正一派道教的影響，即是喃嘸先生的傳統。宗族方面，是在家廟祭祀祖先的擴張，也是書寫族譜傳統的擴張。兩方面很有共通之處。喃嘸先生嚮往正統的合法性，但是這個合法性來自正一派的傳統，藉助官僚制度的禮儀。換言之，喃嘸先生做法事的時候，是應用其以為是合法的官僚禮儀。家廟祭祀和科舉功名的演繹很有關係：從明初到清中葉，科舉功名一直增加，新界的家族有向上浮動的趨勢。向上移的家族以自以為代表正統的習俗為依據，與以家廟為核心的家族制度輔承。讀書人就是宗族領域之內的喃嘸先生。國家的傳統從而可以變成鄉土的傳統，這才是《中國鄉村社會的結構》的主題。這個主題也是我以後研究的一個導向。

　　口述歷史計劃在 1980 年、1981 年左右已經開始。1982 年、1983 年我在劍橋大學。我兩本書的初稿是在劍橋的時候寫的。回到香港，先繼續寫作《中國鄉村社會的結構》，大約 1984 年完成，1986 年出版。然後修改《貿易擴充與農民生計》，1989 年出版。《香港碑銘彙編》算是我們碑文抄錄的報告，1986 年由香港歷史博物館出版。我這個時候還是皇家亞洲學會香港分會學報的編輯。雖然工作很忙，在《中國鄉村社會的結構》還未出版、口述歷史計劃也在繼續之時，我已經需要開始考慮研究的方向。我當時的想法大概是這樣子：我可以選擇繼續新界口述歷史的研究，新界還要研究的問題也很多。但是，面對了一個問題幾年，需要想的問題已經想過了。再研究下去只有重複自己的想法。要

找尋新的衝擊，需要新的環境。書既然已經寫了出來，應該在別的範圍下找題目。因為我一直在研究農村社會，便決定研究一下城市的歷史。我的選題是「明清的佛山鎮」（現在佛山市）。

研究佛山鎮的一個考慮就是它離香港比較近。我在中文大學的年代有個古怪校規：留在香港不回校不研究也算工作，離開香港儘管您整天在圖書館看書算休假。所以我可以離開香港到內地研究的時間不多。那個時候和現在不同，從香港到佛山是需要走半天的，不過這樣還是可以應付。在 1985 年、1986 年的時候，我也到過佛山市，對佛山的印象很好。這方面需要感謝當時的佛山博物館館長陳志亮先生。

我認識陳志亮先生是在 1979 年隨王德昭教授到內地訪問的時候。這是我第二次到內地去（頭一次在 1973 年念研究院的時候，和吳茂生、黃紹倫、潘心正一起去）。一起去的，還有中文大學同事吳倫霓霞和陳善偉兩位。我們先拜訪了中山大學歷史系，那是我頭一次跟湯明檖教授見面。當時是「文化大革命」剛過去後再開放的時候，形勢還是有點緊張。湯教授對我很好，知道我特別有興趣農村經濟後，告訴我佛山地區革命委員會出版了一本《珠江三角洲農業志》，建議我到佛山時問一下。我們從廣州到佛山，參觀了有名的祖廟，就在參觀的時候，碰到當時還是副館長的陳志亮先生。我問陳先生有沒有《珠江三角洲農業志》，他不單把這本書拿給我看，還介紹了好幾種剛發現的資料，例如對佛山歷史研究很重要的《太原霍氏族譜》。我一直有印象佛山不但是個歷史重鎮，而且是有豐富歷史研究材料的地方。

從廣州回來，我並沒有對佛山做甚麼研究。1980 年我參加中大同事組織的旅行團到了北京訪問。目的是了解一下有沒有機會到第一歷史檔案館看資料。我去的時候還是早了一點，大概 1981 年或 1982 年開始，一檔已經很開放，但是我在北京的時候，連門也進不了。接下來的幾年，我比較專心新界歷史。到廣州看書主要是 1983 年和 1984 年的事。

頭一次到廣州看書，我記得很清楚。黃永豪兄當時在中大當研究生，許舒剛買到一批撕爛的地契。我把碎片拿回家像砌圖

1986 年科大衛在佛山

一樣把它拼起來。許舒再找人裱好。黃永豪考慮可以拿這批材料做碩士論文研究，但是必須找到與資料有關的族譜。所以我們一起到廣州去。上火車的時候還未確定是否可以進廣東省圖書館看書，所以我們說過，假如進不去，便坐下一班車回香港。到埗時，發現譚棣華、黃啟臣兩位先生已經在車站等候我們。安頓後，譚先生帶我們到圖書館去，辦手續很順利。我們很明顯感到中國大陸歷史研究的條件已經改變過來了。從這個時候開始到1989 年離開中文大學，我每年的假期都有相當時間是在廣州度過的。

到廣東省圖書館看書，有機會便跑到珠江三角洲的鄉村和市鎮去，結交新的朋友，20 世紀 80 年代後期是個開心的時候。我在廣東省圖書館主要是看族譜。譚棣華兄和劉志偉兄給我很大的幫忙和指導。我在珠江三角洲的研究談不上田野調查。蕭鳳霞當時在小欖做田野工作，也發現了可以在沙灣研究。通過她的關係，我倒有幾次訪問地方人士的機會。我跟蕭鳳霞認識，是當她在中文大學任教的時候。她開始小欖田野工作後，可以說是志同道合。佛山去了好幾次。羅一星兄當時在廣東省社科院，也在廈門大學念博士班，佛山的歷史是他的研究題目，我也和他很合得

來，多次一起討論佛山歷史。我在這幾年，可以有點田野的經驗，主要是在 1989 年，得到中文大學的資助，在珠江三角洲找幾個點做研究。這個項目是和葉顯恩先生合作，主要參與者是蕭鳳霞、劉志偉和羅一星。蕭鳳霞與劉志偉在沙灣，羅一星和我在蘆苞。我應該承認主要的田野工作是羅一星做的，我只有跑過去一兩次。另外一次機會是和蕭國健兄合作，與深圳博物館一起研究離沙頭角不遠的屏山墟，這個項目由香港區域市政博物館贊助。我開始考慮到，怎樣從地方史可以歸納到對整個中國歷史有關的結論。我以為辦法是需要多做地點上的個案研究，需要比較不同地點的經驗，才可以脫離一個以長江下游作為典型的中國社會史。可以說這個想法有受施堅雅的文章影響，但是，我們很快便知道與他的說法是有相當分歧的。

　　20 世紀 80 年代後期我發表了兩篇有關珠江三角洲歷史的文章。其中一篇的出發點是我原先考慮研究珠江三角洲的目的，討論佛山鎮在明清時期的演變[3]；另一篇討論宗族作為一種社會制度在珠江三角洲的發展[4]。佛山鎮一文主要利用族譜和《佛山忠義鄉志》作根據，討論鎮內的權利架構怎樣從里甲制之下的頭目（稱為里排）演變到依靠科舉考試爭取社會地位的鄉紳手上。這篇文章彌補了有關明清市鎮行政與社會歷史的不足之處。一直以來，談到明清資本主義萌芽的研究雖然多，都是千篇一律記錄江南市場的發達，而未談到社會結構。羅一星兄《明清佛山經濟發展與社會變遷》[5]與我這篇文章，特別對這個問題有注意。很可惜，我們的著作雖然有其他學者引用，但是大致來講，同行都未注意到我們從宗教活動歸納行政與社會結構的方法。我到了英國工作以後，在這方面再寫了兩篇文章，談江南明代幾個有名的市鎮的組織，也和同事劉陶陶博士合編了一本書，說明中國現代化過程，是把整個明清的鄉族本位的宗族架構移向以城鎮為本位的階級架構。希

3　見本書：〈佛山何以成鎮？明清時期中國城鄉身份的演變〉。

4　見本書：〈宗族是一種文化創造 —— 以珠江三角洲為例〉。

5　廣州：廣東人民出版社，1994 年。

望明年書出版後，可以增多這方面的討論。[6]

　　珠江三角洲宗族制度的歷史則成為我以後十多年研究的開始。回到宗族的歷史，與我跑到佛山做研究的出發目的有點距離。但是，選佛山做研究對象，原來找到了珠江三角洲宗族制度的源頭。要說明這個看法，需要說清楚宗族制度史的性質。早在弗里德曼以前，已經有很多人對宗族制度做研究。這些研究的主要取向，集中在宗族制的作用與運作。它們談到宗族制下的族產、族產收入的應用、科舉制度與宗族的結合等。弗里德曼在這些論點的基礎上，把討論帶回到地域和地緣關係上。但是在很大程度上，他的論點還是個功能的論點。華德英的討論，則超越了功能的問題。她的問題不是地方社會有沒有那個有功能的機構，而是假如地方的人，在認知上相信某類社會機構存在，例如大傳統，是不是需要把他們的活動和這個傳統拉近以助認同。這樣一來，既然地緣關係而非同宗是先決條件，既然同宗只是認同的表現方法，宗族制度變成普遍公認的社會制度只能是個歷史上的產物，宗族制度與其附屬的社會結構必然有其與地緣和認同有關係的發展的歷史。所以，我們特別注意的，不是一個機械性的宗族制度的作用，而是與宗族制有關的標誌，例如墓祭、家廟、神主、族譜如何在一個地域範圍開始與擴大。其間有功能的假設，也有意識形態的假設。

　　佛山的歷史在宗族制度史上的重要性，是因為在明代，這個制度的普及在佛山範圍內有決定性的發展。佛山是明初興起的市鎮，雖然商業發達，很明顯的，嘉靖以前沒有家廟的建設。應該說明，家廟是明代法律規定的建築模式，就是我們在 20 世紀 80 年代還可以在珠江三角洲隨時可見的「祠堂」。明初的法律，限制平民祭祖的代數和祭祖用的建築物，到嘉靖年間，法律改過來，家廟才開始在珠江三角洲周圍興建。因為祭祖的限制，佛山在「黃蕭養亂」後，出現了在祖廟旁的流芳祠，基本上是因為防衛佛山有功、得到政府特別批准、祭祀防衛佛山領袖的神主牌位

6　注：此書是 *Town and Country in China: Identity and Perception*, 2002 年出版。

的機構。這些領袖的後人，憑這個機構，取得佛山的領導權。不到一百年後，流芳祠代表的領導階層，已經明顯地發生變化。嘉靖年間開始，佛山的權力機構中開始出現官職很高的家族。其中最有名的是霍韜。霍韜的家族，是我找到的在佛山及其周圍最早建家廟的團體。在廣東省圖書館看族譜的時候，因為需要弄清楚家廟出現前後的情況，我也一直注意其他在這個時期建家廟的家族，例如南海方氏，即方獻夫的家。也因為蕭鳳霞與劉志偉開始了潮連鄉的田野研究，我有機會去過，也因此而注意到陳白沙的活動（潮連在陳白沙家鄉江門對面）。把這些零碎的事實合起來是個意外。記得有一次，在香港大學圖書館，因為要找湛若水的資料，翻閱了一本英文的博士論文。裏面提到嘉靖年間的「大禮議」。更列出了在這個歷史性的爭辯中支持嘉靖皇帝的幾名大臣：桂鄂、張璁、方獻夫、霍韜、湛若水。我幾乎不能相信，不過一下子整段歷史清楚了。霍韜、方獻夫在家鄉建家廟，不止是個祭祖的活動，也是個政治活動。大禮議牽涉到整個「孝道」的問題，在禮儀上，建家廟變成表達「孝道」的辦法。所以大禮議不單是朝廷裏的鬥爭，而是整個祭祖禮儀上的變化。這樣一來，嘉靖年間宗族的變化可以解釋了。從這個方向去想宗族發展的問題，我聯繫到嘉靖年間魏校在廣東禁「淫祠」的活動、憨山德清以後在廣州復興佛教的影響。

當然，每一個發現只是問題的開始。注意到「大禮議」對我的衝擊，是因為我們 20 世紀 60 年代後期念大學的人，在研究方向上找農民鬥爭來做對象是當年反潮流的表現。發現宗族制度演變的因素不只在民間，而同時在朝廷的政治，使我知道研究社會史不等於逃避政治史。在研究宗族的同時，需要面對族群問題的研究，這個感覺更明顯。

我在新界遇到的族群問題只是本地人、客家人、水上人的分別。在〈宗族是一種文化的創造〉一文中，我開始注意「猺族」的族群認同。在我的學習背景上，有幾件有關的事情可以一提。其中，應該說明蕭鳳霞對族群認同的問題比我敏感。她在研究水上人（也有稱為「疍家」，但這是個對水上人沒有禮貌的名詞）的

時候，已經注意到「水上」的概念，是反映他們沒有入住權。珠江三角洲沙田開發的歷史，包括水上人和陸上人對產權控制從而產生的身份分別。我對於「猺人」認同的觀察，只是這個論點的延伸。另外，在我離開中文大學的前後幾年，族群變成中文大學人類學系的一個研究重點。對我尤其是有影響的是第一次「猺族」的討論會。這是我頭一次接觸到《過山榜》一類的文書。《過山榜》是「猺族」用漢文記載其遷移和入住傳說的文件[7]。這個故事的流傳對我的研究很有作用，是因為在形式上，它和珠江三角洲尤其是南海、順德一帶普遍流傳的珠璣巷故事很相近。「猺人」應用漢字書寫的禮儀，和傳錄《過山榜》令我感到詫異。《過山榜》與珠璣巷故事同源而意異，我在離開香港前發表的《宗族作為文化的創造》開始注意，但是「猺」「族」所以為「族」的來龍去脈，則在來到英國後，參加族群歷史討論會所寫有關明代「猺亂」的文章才弄清楚。

我離開中文大學後，1990 年來到英國。在英國的生活與在香港很不同，不必多説。在這裏，指導研究生的時間比較多，回到珠江三角洲訪問或坐在廣東省圖書館的時間非常難得。在教學方面，我在香港是講西洋史和中國近代經濟史，來到這裏需要講中國近代史，這個轉變使我必須掌握新的資料。也是來到這裏才發生的事，就是對香港史注意比較多。其中包括編著《香港史資料‧社會編》[8]，也替香港公開大學（當時還是學院）編香港史課程。香港史和近代史對我的城市歷史研究很有用，不過這裏不用再提。與華南宗族研究特別有關係的工作則是與學生的共同研究，到了英國以後才開展的台灣原住民研究，和在 20 世紀 90 年代蔡志祥兄組織的華南研究考察。

台灣原住民研究計劃不是我個人的研究計劃，而是我們學系中文部的研究計劃。計劃由我負責。這個計劃得到台灣順益原住

7　我讀到的《過山榜》部分是參加會議的內地團體帶到香港來的，另白鳥芳郎編的《猺人文書》是饒宗頤教授借給我的，特此致謝。

8　*A Documentary History of Hong Kong: Society*, Hong Kong: Hong Kong University Press, 1997.

民博物館和台灣大學歷史系的支持。1995—1997年的三年間，每年暑假我們一群人到台灣去大概一個多月；每年也有台灣學者到牛津大學講學。我從這個關係認識了研究台灣史的黃富三、吳密察教授，和吳密察兄由此合作到其他項目。也因為這個項目，我比較多留意台灣人類學者的著作。台灣人類學和台灣史的著作不容易讀。我們對台灣地理不熟悉的人，很難同時照顧多個不同地點的詳細描述。我是在這幾年，有機會在台灣各地跑過，才開始不覺得這些寶貴和詳盡的研究很陌生。同時注意台灣原住民和「猺族」，很容易發現兩者的差別在「定義」而不在「社會」的實質。現在台灣有強烈原住民身份的人，是清朝稱為「後山」地區（即中央山脈以東）的居民。他們不認為自己是同一「族」的人。現在應用「九族」的概念，也是日本統治下改過來的。他們認為「九族」之中每一族的語言都不同，在有些「族」裏，一「族」不止說一種語言。以人口來算，說同樣語言的人數不過是幾萬。比較來說，在廣東或廣西，「猺族」所包括的人口就比這個數目大得多。儘管在香港開會的時候，「猺族」的代表解釋「猺族」包括不止一種語言而是三種語言，每一種語言的範圍都比台灣原住民的語言範圍大。甚麼是一種語言是個有趣的問題。這兩個地區的分別，表示誰跟誰算是同一族，是個歷史定義的結果。以台灣來說，南部的「族」基本上是清代的政治單位。北部的「族」是後來與外界接觸的後果。「猺族」是個「族」，則是明代稅收的定義。「猺」，就是在明初在廣東和廣西沒有參加里甲登記，也沒有受「土司」所管理的人。也就是到了天順、成化年間，受到廣西土司和登記在里甲內的「民」所攻擊的人。

　　來到英國後，我另一個發展方向是研究商業史。我一直對中國商業史很有興趣。在中大教中國近代經濟史的時候也常提到。1986年，受黃宗智教授邀請，到加州大學洛杉磯分校講一個學期課，晚上無事做，把中國經濟史課程的講文寫出來，才比較清楚多年來講課時的論點（這個經驗教訓大學當局，除非教師有時間消化講課的內容，否則不能有系統地授課）。來到英國後，1993年，蔡志祥兄找我到香港科技大學作專題演講，我選了商業史的

題目，講了三次，後來科技大學華南研究中心以講題《中國與資本主義》[9]為題把它出版。我認為《中國與資本主義》是我發表過的最好文章。我的論點大概是，中國早在 16 世紀已經有資本主義，不過，明代朝廷把資本主義廢除，走到「官督商辦」的路上，而其代價是中國沒有發展出集資的機構（例如銀行），所以到 19 世紀後半期，需要大規模投資的時候，沒有投資的架構。20 世紀的歷史，充分表現出這個架構對經濟發展的重要性。到清末公司法出現以後，這個局面才開始改變過來。

表面來看，商業史跟宗族研究沒有甚麼大的關係。但是，完全不能這樣說。中國商業制度史，絕對是宗族制度史的延續。現時中國商業史研究，太注重商品的流動，而忽視了令商品可以流動的制度。我們知道田產可以買賣，但是我們不問需要甚麼制度存在，田產才可以買賣。我們知道田產買賣應用契約，但是我們對應用契約的環境毫不敏感。商業史上關注的問題，不只是哪種商品運到哪裏出售。商業之所以能夠產生，有賴集資、信貸、會計、管理、匯兌等多方面的運作。我們從中國傳統重農觀點出發，也太注重工、農、商之分歧。從集資到利潤分配都是商業史需要研究的過程，不論利潤來自手工業作坊還是農田。既然糧食是商業的最大宗貿易，田產買賣、田地開墾、甚至租佃關係都有商業的成分。大規模商業需要集資，風險大的商業也需要集資。明清社會沒有保障商業經營的法律，所以商業經營需要依靠法律以外的途徑。西方歷史也曾經過這個過程：中古時代，最重要的集資機構是修道院。這些機構管理來往歐洲與中東的主要道路，為旅客提供旅館服務。明清最大的集資機構是廟宇和家族。在公司法還未出現的年代，在珠江三角洲，這些機構控制田產和墟市。多姓管理的財產，採取共同建廟的辦法。不用另寫合同，共同建廟和拜祭就是合同。換句話說，合同不是用文字寫出來，而是在禮儀活動演出來。同姓的社團，可以利用宗族的禮儀來共同

9　David Faure, *China and Capitalism: Business Enterprise in Modern China*, Hong Kong: Division of Humanities, Hong Kong University of Science and Technology, 1994.

控產。我在〈宗族是一種文化的創造〉一文中討論廣東省圖書館
藏《南海區氏族譜》的契約性。這本族譜記載了區氏一房於乾隆
二十八年與其他幾房成立祖先山墳的一張合同，說明房與房之間
的宗族關係與合作祭祀相輔相成。我還在香港工作時寫的另一篇
文章〈以宗族作為商業公司：中國商業發展中的保護制與法律的
對立〉[10] 把有關的問題說得更詳細。

　　所以，到了英國後思想上的轉變，可以說是興趣比較多面
化。其中，與華南會的成立和蔡志祥兄的努力很有關係。我懷疑
我們從香港研究出發的幾個人，在 1990 年以前，都比較狹窄。
我們一直以來研究香港新界及珠江三角洲，對其他地區沒有很多
了解。1995 年出版我和蕭鳳霞合編的《腳踏實地：華南的地緣》[11]
總結了我們當時多人的研究。書的題目有兩方面的意義。一方面
把地域關係放到主體上，另一方面我們強調把文獻和田野研究結
合才是「腳踏實地」。成書的時間比出版早了一兩年。大概這本
書還在編的時候，蔡志祥兄成立了華南研究會，開始創辦暑期的
會議和田野工作坊。我懷疑田野工作坊開始於陳其南兄還在中大
時候想出來的辦法，就是組織在這方面合作的人到所研究的地方
開會。在珠江三角洲開的會，我參加了在佛山和潮連開的兩次。
風氣做開來，這些對我影響很大。通常開會的幾天，包括田野考
察。我以為的工作坊的作用不在單靠幾天時間來做訪問，最主要
的作用就是由研究這個地區的學者，帶領參觀他們研究的領域，
同時討論他們下的結論和應用的材料。到過這些地方，有利於以
後參看有關這個地方的材料。我是在這些情況下，有機會得鄭振
滿兄和丁荷生兄邀請到福建莆田參觀，得陳春聲兄和蔡志祥兄帶
隊到潮州，梁洪生兄和邵鴻兄由粵北南雄帶到江西流坑村和吳城
鎮。我也應該說，牛津宋怡明（Michael Szonyi）在福州的研究

10　David Faure: "The Lineage as business company: patronage versus law in
the development of Chinese business," Reprinted from *The second conference
on Modern Chinese economic history*, Taipei: The Institute of Economics, Academia
Sinica, Jan 5-7, 1989.

11　David Faure, Helen Siu, *Down to Earth: the Territorial Bond in South China*,
Stanford: Stanford University Press, 1995.

也讓我有機會認識一點那邊的歷史。還有張小軍在中文大學寫的論文〈再造宗族：福建陽村宗族「復興」的研究〉，加上到了台灣幾次，得到吳密察兄引導去參觀台南，我的視野有所擴展。

科大衛與劉志偉、趙世瑜在溫州王氏家廟（2005 年）

科大衛與賀喜在廣東高州訪談（2007 年）

科大衛與陳春聲、蕭鳳霞、劉志偉在新加坡（2014 年）

　　學者交流最好的情況是既有共通的興趣，又沒有競爭的心態。我們這群人在學業上的交往，從沒有出現感情上的衝突。我感覺到我們這群人，有條件去闖新的領域。我對這個新領域的概念，是一個腳踏實地的社會史。我對研究這個社會史的方法概念大概是這樣子：在珠江三角洲，基本上我們掌握了明代宗族制度幾個主要的演變。在明初，通過里甲制度政府承認了地方社會；通過家廟的興建，族譜的傳播，宗族變成了社會上的核心機構；宗族再從核心的地方機構演變為田土開發的控制產權機構。在年份上，里甲發展，主要在明初到「黃蕭養之亂」（約 15 世紀中葉），家廟的興建開始在嘉靖（16 世紀中葉）。我既然假設里甲是宗族制度的前身，所以應該找不同的地方，探討由里甲演變到宗族的過程，從比較中了解這個發展的通義。我們研究莆田、潮州和珠江三角洲三處，剛好可以做這個比較。

　　這個方法沒有真正應用，因為事情發生得很突然，比我們最豐富的想像更奇怪。需要先提及沈艾娣（Henrietta Harrison）的論文。沈艾娣是在我到了牛津第三年的時候來當研究生的。她有興趣民國時期的禮儀。我當時開始考慮禮儀與法律的分別，她的研究給我很多啟發。民國禮儀的變動，反映出禮儀對普羅大眾的行為改變的影響。也反映出我們研究的明初以來一直在創造的禮儀，到此為止已經告一段落。我有興趣的歷史故事，現在有頭有尾，應該可以寫出來。

　　另一個思想衝擊需要說清楚的，是我對禮儀的歷史有興趣，一來因為農村宗教的興趣，也因為宗族的演變，包括了禮儀的成分；但是，同時也因為哈貝馬斯（Jürgen Habermas）的著作開始在外國研究中國史的同行中有很大的影響。哈貝馬斯在學術界的影響，與蘇聯東歐勢力範圍瓦解很有關係。西方學者從他的言論，取了 civil society（民間社會）的名詞，以為這個先決條件可以導致民主制度的發展。所以我們尤其是在美國的同行特別注意中國有沒有民間社會這一回事。也因為他們以為民間社會受紳士的領導，以及紳士的領導與明末清初慈善事業發展有關係，所以用了這些論點來支持清末城鎮紳士階層演變的重要性。姑且勿論

清末的演變與新政有關係（中國整個社會觀改過來由此開始），我以為不談鄉村宗教活動，單以紳士的慈善活動來代表民間社會接近離譜。更甚的是，整個討論根本脫離了哈貝馬斯的論點。他的論點比拿我們以前叫「自願團體」（voluntary associations，例如慈善機構）來當民間社會更重要。他說，「社會」是個概念，創於18世紀，是讀書人用來應付皇帝的工具。「社會」這個概念，源於科學革命以後自然規律的確認。假設人與人的關係都有自然規律，這個東西叫「社會」。中國讀書人也相信自然規律，不過他們沒有把人與人的關係描述成「社會」；從「大禮議」的過程可以看出，他們認為這個東西叫「禮教」。「禮儀」是中國歷史上人與人關係的根據，好像「社會」就是西方歷史上人與人之間的關係的根據。所以，談民間社會談紳士不談宗教，談到紳士離開他們又對禮教的觀念不談，而談他們搞慈善，完全是牛頭不對馬嘴（這裏還有另外一個思想上的線索，就是「社會」的概念怎樣跑到中國來？有關這個問題可以看德里克〔Arif Dirlik〕的著作。我看了以後，和好朋友吳茂生決定需要研究「中國的普羅大眾」〔common man，恐怕沒有一個好的翻譯詞〕。很可惜，我們寫了一章以後，他已經去世。書還是需要寫出來）。

就是大概這個時候，有一次到廣州，劉志偉兄很高興跟我說，剛和陳春聲、蕭鳳霞他們到過莆田（忘了蔡志祥兄有沒有去），氣了鄭振滿兄一把。因為一直以來，聽他們說，看他們的著作，莆田好像也是和珠江三角洲一樣有祠堂，有宗族制度。誰知，振滿兄把他們帶到某祠堂，裏面甚麼神位都有，連和尚也有一個（後來我也有機會到了這個有和尚像的祠堂。它不是一個家廟，是個宋代開始比較普遍建在墓地旁的祠堂，附近還有一所可能就是宋代功德祠演變過來的佛寺）。他懷疑莆田主要的地方機構根本不是祠堂，而是建得比祠堂更宏偉的廟宇。他也說了，很可能這是因為莆田開發早的緣故。在宋代，建立地方機構，根本不會建祠堂。

這個解釋非同小可。它就是我們找了多年地方社會建構的道理。假如我們需要談理論，這個就是我們多年來研究的理論。

出發點可能還是在弗里德曼和華德英，不過到了這一步，我相信可以說我們的理解已經超過他們可以想像的歷史。把劉志偉的話換了來說，地方社會的模式，源於地方歸納在國家制度裏面的過程。國家擴張所用、地方社會接納的理論，就是地方社會模式的根據。循這一方面來走，我們了解一個地區的社會模式，需要問兩個問題。一個是這個地方甚麼時候歸納在國家的範圍？第二，歸納到國家範疇的時候，雙方是應用甚麼辦法？莆田與珠江三角洲的分別就在這裏。南宋把地方歸納到國家的辦法跟明代不同。南宋應用的辦法，是朝廷承認地方神祇。明代的辦法，開始是里甲，後來是宗族禮儀。南宋的轉折點，需要注意勞格文兄（John Lagerwey）有關宋代朝廷由茅山道教轉變到龍虎山道教與其地方禮儀的影響。所以，莆田的發展，包括南宋朝廷加封地方女神天后，到了明代，有加封的神祇演變成國家祀典的部分，所以清除「淫祠」沒有把他們摧毀。反過來，明代的珠江三角洲，嘉靖年間，一方面經歷了反「淫祠」的活動，另方面接受了建家廟的宗族標誌。所以，珠江三角洲的村落，明顯地受到以家廟式的建築物為核心的活動的領導，而在莆田，不是宗族沒有興起，而是宗族制度只是加在一個現有的神祇拜祭制度上面，而尤其是這兩層的禮儀混在同一個建築物的標誌裏面。

在這個概念之下，我們研究這些不同地方的人，曾於 1995 年齊集牛津開會，決定了編三本書：鄭振滿和丁荷生寫莆田，陳春聲和蔡志祥寫潮州，劉志偉、蕭鳳霞和我寫珠江三角洲。目前為止，還未寫出來。想起來慚愧，書還是需要寫出來，我也認為我自己需要把珠江三角洲的社會史更詳細地寫清楚。但是，這兩年開始，我還有另外的打算。

三年前，我五十歲的時候，想到以後的研究計劃。有一方面的意念是很原始的：我感覺到不能一輩子只研究華南，我的出發點是去了解中國社會，研究華南是其中必經之路，但不是終點。從理性方面來想，也知道現在是需要擴大研究範圍的時候。從華南的研究，我們得到一個通論，過來的工作就不是在華南找證據。我們需要跑到不同的地方，看看通論是否可以經得起考驗。

需要到華北去，看看在參與國家比華南更長歷史的例子是否也合乎這個論點的推測。需要跑到雲南和貴州，看看在歷史上出現過不同國家模式的地區（我是指南詔和大理），如何把不同國家的傳統放進地方文化。我們不能犯以往古代社會史的錯誤，把中國歷史寫成是江南的擴大面。只有走出華南研究的範疇，我們才可以把中國歷史寫成是全中國的歷史。

　　我就是這樣決定，現在是我終結我研究華南的時候。後來的學者可以比我更有條件批評我的華南研究。我倒希望他們不要停在那裏。他們必須比我們這一代走更遠的路。我們最後的結果，也不能是一個限制在中國歷史範疇裏面的中國史。我們最終的目的是把中國史放到世界史裏，讓大家對人類的歷史有更深的了解。

韋伯有所不知：明清時期中國的市鎮與經濟發展 *

　　韋伯認為中國與西方的重要分別，在於中國的城市沒有發展出一種城市精英得以獨立自主於國家以外的機制。研究中國歷史的學者回應說，韋伯可能誇大了國家控制的能力，因為中國商人通過行會能夠頂住國家在賦稅和服務方面的壓力，並且的確推進了公共活動領域，讓他們得到發揮城市特性的空間。[1] 然而，我們可以回到韋伯，並看到他在很大程度上引出了有關的爭議。韋伯也許會說，行會被保護性規定包裹起來，這些規定並未推動進入現代國家所必需的資本主義的發展。韋伯也承認，中國政府的權力從未超出縣政府以外。城市界域以外，也就是縣令管轄的範圍以外，便是宗族（韋伯的英譯者用的是 sibs）的領域，而那裏肯定沒有資本主義企業所要求的那種開放性。中國歷史研究者或許會十分同意，他們知道明清兩朝長江三角洲的很多商業都不是在縣城而是在市鎮上經營的；中國的鄉村與城市之間沒有明確的城鄉分界；皇帝定期向商人抽稅，雖不至於必定，卻也有時把他們害得很苦。而爭議似乎也就到此為止。

　　這個複雜的爭議可以分為兩個階段，本文只處理其中一個。

---

*　　原文為："What Weber Did Not Know: Towns and Economic Development in Ming and Qing China, " in David Faure and Tao Tao Liu eds., *Town and Country in China: Identity and Perception*, Houndmills, Basingstoke, Hampshire; New York: Palgrave in association with St Antony's College, Oxford, 2002, pp. 58-84.

1　　William T. Rowe, Hankow, *Commerce and Society in a Chinese City, 1796—1889*, Stanford: Stanford University Press, 1984; Susan Mann, *Local Merchants and the Chinese Bureaucracy 1750—1950*, Stanford: Stanford University Press, 1987.

儘管韋伯十分重視城市對推動資本主義所起的作用，但《經濟與社會》的韋伯不同於早期的《新教倫理》韋伯，他把資本主義追溯到法律、經濟、權力結構，甚至宗教的制度演化，也就是一個不分鄉村和城市的制度。[2] 在這個框架裏，城市環境是資本主義必要的還是偶然的溫床，並不清楚。例如，我們會發現，商人的地位在西方得到政治確認，而在中國則沒有，這可能有助於複式簿記、商業公司、保險或銀行等西方商業制度的創建。然而，這樣說並不表示韋伯主張商業制度必定是在城市而不是在鄉村創建，或者必定是由商人而不是由農民創建。但是，這就把我們帶到韋伯主張中的另一個部分，亦即這些制度發展的前提，是給商業傳統的創建者 —— 在西方是商人 —— 提供一個避風港，保護他們免受國王的壓榨。如果我們由此而馬上把中國的皇帝及其臣僚等同於歐洲的國王和王公，那麼我們也許會認為倘若中國的商人是潛在的商業傳統創建者，他們的市鎮和城市也會需要像西方商人那樣受到保護。畢竟，可以肯定，這樣的思考顯然要求我們以歐洲的經驗看待中國。按照歐洲 19 世紀的進步情況，中國在 16 世紀和 18 世紀的可觀經濟成就給貶降到次要的地位。中國的市集，其促進經濟發展的能力遠遠沒有被恰當地重視，卻被定性為落伍和對進步拖後腿的。

市集與地域社群：華南的例子

政府在市鎮施行太多控制的說法是站不住腳的。明清兩代，政府的力量相當薄弱；尤其在明代，有幾個市鎮只設置了一個官員。不過，我們可以明確地說，明清兩代市鎮的地方組織是受控的。但例子並不多見，因為歷史學家對市鎮的貿易的興趣比對市鎮的權力結構更大。無論如何，市鎮也如鄉村一樣有基於地域控

2　Weber Max, *The Protestant Ethic and the Spirit of Capitalism*, London: Allen & Unwin, 1976; Weber Max, *Economy and Society, an Outline of Interpretive Sociology*, transl. by Guenther Roth and Claus Wittich, Berkeley: University of California Press, 1978.

制的權力結構，不但如此，市集社群從地域社群那裏把市鎮發展
起來的結構接過來。

　　陳春聲對以樟林港（潮州）火帝廟為中心的社群結構的研
究，可以用來說明這種發展。[3] 樟林的港口 —— 18 世紀暹羅入口
大米卸貨的地點 —— 1556 年成為一個寨，而明朝的建制包含四
個社。地方管理可能以建於 1586 年的北帝廟（供奉玄武大帝的
廟宇）為中心，四個社均向此廟捐獻。這裏的市集 18 世紀時稱為
「八街」，當其發展起來的時候，社群組織又再轉移，證據是市集
上建起了火帝廟，成為每年宗教巡遊的焦點。1742 年，市集在縣
令的批准下設立，有一首潮州歌記錄了他主動與鄰近鄉紳所定的
協議。但打理火帝的卻是市集上的店東，店東而非鄉紳成了宗教
儀式組織的中心。

　　廣東以外，梁洪生記錄了從明代至清末位居吳城（江西）中
心地帶的各個神祇。[4] 根據某種說法，吳城是清代四大鎮之一。正
如另一大鎮佛山一樣，吳城那時才在鎮裏設置巡檢司。[5] 在那以
前，鎮務管理並不與任何政府部門而是與各個祭祀地點聯繫，而
在吳城最重要的便是經堂寺、龍王廟和令公廟，全都位於同一鄰
近地區之內。這三間寺廟相信是明代以前創建的，最早的是經堂
寺，所謂「先有經堂寺，然後有吳城」。傳說該寺與海盜有關，
給寺裏付了錢，便可取得吳城泊定的憑證，在鄱陽湖和長江上行
駛。又有傳說，龍王得過宋朝皇帝的封號，而令公廟裏的令公在

3　　陳春聲：〈從「遊火帝歌」看清代樟林社會〉，《潮學研究》，1993 年第 1 期，第
79—111 頁；陳春聲、陳文惠：〈社神崇拜與社區地域關係 —— 樟林三山國王的研究〉，
《中山大學史學集刊》第 2 輯，廣州：廣東人民出版社，1994 年，第 90—106 頁。

4　　梁洪生：〈吳城商鎮發展中的神廟系統演變〉，1994 年 8 月 8—10 日香港科技大學
人文學部「商人與地方文化會議」論文，1994 年；梁洪生：〈吳城商鎮及其早期商會〉，
《中國經濟史研究》，1995 年第 1 期，第 104—112 頁；梁洪生：〈吳城神廟系統與行業
控制 —— 兼論鄉族勢力控制商鎮的條件問題〉，香港科技大學華南研究中心與華南研究
會編：《經營文化：中國社會單元的管理與運作》，香港：香港教育圖書公司，1999 年，
第 244—294 頁。

5　　吳城及佛山巡檢司分別於 1664 年及 1728 年設立。梁洪生：〈吳城商鎮發展中的神
廟系統演變〉，1994 年 8 月 8—10 日香港科技大學人文學部「商人與地方文化會議」論
文，1994 年；見本書：〈佛山何以成鎮？明清時期中國城鄉身份的演變〉。

朱元璋與陳友諒在鄱陽湖上打仗時，曾向朱元璋的部隊顯靈。

經堂寺、龍王廟和令公廟的寺廟群在吳城被認為是頂尖的地方寺廟。吳城分為六個區，每個區都有自己的東嶽廟。吳城的土著宣稱具有與這些寺廟聯繫的特權，這種特權即使在財政贊助轉移後，仍然可以確認。至 20 世紀 30 年代，例如一個叫作萬福堂的組織主持令公廟，而萬福堂則由一個姓左的造紙匠出錢營辦。在籌備令公的年度宗教巡遊時，首先向殷、楊、萬、段四姓募捐，不足之數則由左氏包底。萬福堂承擔慶典的開支，所得的回報就是得以抬着令公的主神像巡遊，並且有權指定誰可以在巡遊中抬着較小的令公神像。我們現在可以從蔡志祥對香港長洲巡遊的細緻研究中知道，遊神活動中的儀式上的尊卑主從，主要反映的就是社會地位的歷史脈絡[6]；而梁洪生對令公巡遊安排正是這樣的描述。

然而，地方家族壟斷吳城，並非沒有遇到挑戰。吳城是個大鎮，吸引了商人和工匠從外地到來。吳城的外地人也如樟林的商人一樣，並不是把他們的捐獻集中在廟宇，而是集中在一個他們自己建立的稱為萬壽宮的機構。傳說吳城有 48 個會館，而江西商人的會館就在萬壽宮內。1870 年，要求拆毀吳城天主教堂的一個通告大致這樣寫道：

> 茲邀七十二行於八月十五日前來萬壽宮開會，共商拆毀天主教堂事宜。來者為君子，不來者為小人、娼妓。

清末民初，萬壽宮在各行各業中間所佔有的中心地位，被木材商人支持的聶公廟所取代。梁洪生懷疑，神衹隨着其贊助者的力量而起落升沉，而吳城商會的正式成立，看來改變了神衹的重要性。

6　蔡志祥：〈族群凝聚的強化：長洲醮會〉，陳慎慶編：《諸神嘉年華：香港宗教研究》，香港：牛津大學出版社，2002 年，第 199—221 頁。

　　問題也許在於，究竟為設寺廟而進行的管理，是否可以與現代歐洲早期的城鎮公司相提並論，而這種公司是得到城市居民和國家認許的。沿海小鎮梅花（福建長樂）的地方志，也許可以提供一個史實的答案，有關的研究最先是由宋怡明（Michael Szonyi）做的。[7]梅花在 16 世紀是福建防禦沿岸海盜的軍事據點之一，至清初，當地人和部隊均動員起來放哨。鄉鎮居民在康熙的遷海令下撤入內地，1683 年取消遷海令後返回。[8]乾隆時期，梅花與一些強鄰之間發生了地域控制權之爭，1818 年時鬧至對簿公堂。1828 年，梅花十個甲（里甲制之下的戶口登記約始於 1784 年）的父老，在縣令的許可下募款舉行稱為「鄉約」的儀式。

　　鄉約很可能是存在已久的村際關係的形式化，因為《梅花志》提到醮會自康熙以來已有舉行。鄉約的創立始於一篇刻在石上的協定，所做的事情除了頒佈聖旨之外，還有緝盜送官，以及與政府的文吏差役打交道。鄉約也把提名地方領袖做董事的程序形式化。鄉約肯定不會容許梅花鎮有超越法律的自主性，但其所引入的形式化卻意味着縣令認可了地方社群的權力架構，而鄉約的公司性質則可能決定了社群成員的權利與義務。在這樣的安排下，政府的授權並不意味着縣令對於地方人民擁有巨大的權力，卻意味着他是在縣內地方社群中間謹慎運用這樣的授權而進行管治的。換言之，縣政府要運作順暢，便須把地方自主納入行政程式。

士人的權力

　　按照上述那樣的案例，我認為地方自主在鄉鎮史上的重要性是無須懷疑的。要回答的問題，恐怕是鄉鎮儘管具有自主性，但為甚麼都這樣相似，也就是說，它們都是在以寺廟和祭祀為基礎，而且根基穩固的群體聯盟的控制之下，而那些領袖（如上文

7　Michael Szonyi, "Village rituals in Fuzhou in the late imperial and Republican periods," Ph. D thesis, University of Oxford, 1995.

8　《梅花志》〔出版日期不詳〕：第 6 頁上所載 1683 年的撤走日期，幾乎可以肯定是錯的。

提到的梅花鎮的父老）則包含了國家所界定的公司性格，部分原因可能是經濟，鄉鎮受惠於一個長期的增長循環，這個循環由進口白銀帶動，而由此強制力役轉化為貨幣稅；第二個影響是科舉考試的推行、由此而形成的上向社會流動，以及社會地位結構所受的衝擊。[9] 簡言之，可以說從明至清，士人文化從行政城市向外擴展，從登第的核心家庭向下擴展，不只是鎮的居民，還有鄉村的居民。如果真的是這樣的話，梅花的案例中士人的臣服，便是形式大於內容 —— 和平的自主性下，是權力與權力之間，以及權力與國家之間經常的競爭和衝突。

我不想停留在那些已經論之甚詳的發展上面，也就是明清時期商業的長足發展，而且這些發展多是在鄉鎮進行的。尤其在長江下游，鄉鎮的數目及其人口從 15 世紀至 18 世紀有可觀的發展。吉爾伯特・羅茲曼（Gilbert Rozman）和劉石吉給了我們一些數字，樊樹志和陳學文還有其他的學者檢閱了書面材料。棉花鎮七寶 1597 年的地方志寫道：「商賈雲集，士人代興，是縣中大鎮之一。」[10] 地方記載也承認這樣的商業發展及其對聚居模式的影響。在產絲地區杭州，17 世紀的地方志論道：

> 村落與市廛不同，村落聚民，市廛聚貨，雞犬桑麻，視鄉井之殷耗，貿遷有無，卜財用之通塞，是在保釐者加意籌之。[11]

與其在鄉鎮散佈的籠統描述上花費篇幅，不如集中於我在（廣東）佛山研究中所觀察到的發展模式上，亦即由明初建立在里甲戶口登記制度之上的鄉鎮領導層，到 16 世紀開始以登第士人為本的顯著變化。[12] 里甲的受命人里長與 18 世紀的登第士人之間產生

9　Myron L. Cohen, "Being Chinese: the peripheralization of 'traditional identity'." Daedalus 120.2(1991), pp. 116-117.

10　樊樹志：《明清江南市鎮探微》，上海：復旦大學出版社，1990 年，第 365 頁。

11　陳學文編（出版日期不詳）：《湖州府城鎮經濟史料類纂》，出版社不詳，出版日期不詳，第 121 頁，引康熙《歸安縣志》（1673）。

12　見本書：〈佛山如何成鎮？明清時期中國城鄉身份的演化〉。

了巨大矛盾，18世紀之時士人佔了上風已經相當明顯。珠江三角洲的情形令我省悟到一個觀點，即16世紀所引入的相當重要的變革，進入了社會生活的多個方面。我把那些變革描述為「宗族的興起」，而變革乃是圍繞着作為地域制度的宗族而開展，這種制度的中心是按規定樣式建造用以表示功名等第的「家廟」。我的意思並不是説，中國在16世紀之前沒有宗族。相反，為了追溯世系而產生的宗族可能一直存在，但以「家廟」為中心構成地域社區則是16世紀的發展。士人關心科舉考試成績和宗族地位，站出來替官場以及自己的家人和親族做點事，又奉行按《朱子家禮》而行的禮儀以表達他們的願望，凡此種種無不表示與舊日的做法脱離。[13]「宗族的興起」不是鄉鎮或城市的特色：它是普遍存在的，並且影響到鄉鎮和村落地域群體呈現出來的方式。16世紀至18世紀國家與地方社會的關係以「宗族的興起」為特色，就此而言，鄉鎮和農村都是在類似的關係中受管治，而且看來並無差異。

江南的鄉鎮管治

除了佛山之外，我還看過珠江三角洲的其他例子。但是，由於有些批評指出從華南地區概括出來的例子應在其他地區得到驗證，我也在長江三角洲和四川盆地尋找過例子，並且在浙江湖州烏青、南潯和濮院三個鎮找到確證。這個地區位處太湖邊，以產絲和稻米著名，從南宋至清有可觀的經濟發展。[14]儘管這些長江三角洲的例子與很多華南鄉鎮比較起來歷史較長，我仍然認為它們的地方組織在明清兩代的發展與華南十分相似。

---

13   Patricia Ebrey, *Confucianism and Family Rituals in Imperial China, a Social History of Writing about Rites*, Princeton: Princeton University Press, 1991.

14   Shiba Yoshinobu, "Urbanization and the development of markets in the lower Yangtze Valley, " in John Winthrop Haeger ed., *Crisis and Prosperity in Sung China*, Tucson, University of Arigona Press, 1975, pp. 33-37.

（一）烏青

　　烏青最初是兩個鎮，烏墩和青墩。明初以前的幾百年，這裏的聚居地是幾個佛寺的所在。密印寺和普靜寺據稱都是南朝梁天監年間（502—519）創建。密印寺是昭明太子（501—531）讀書的地方，他的老師沈約的父親就葬在普靜寺後某個地方。[15] 故事未得證實。沈氏似乎是宋代以前已在那裏定居，而且可能聲稱與沈約有關係。

　　12 世紀末至 13 世紀初，兩個地方神龕曾經重建，一個的名字頗為怪異，叫索度祠，位於青墩那一邊，另一個則是烏將軍廟，在烏墩那邊；兩個龕在當地都叫作「土地」。[16] 1209 年紀念減稅碑石上的一些名字，也出現在 1211 年紀念重建索度祠的碑石上，顯示索度祠至少是地方組織的一個中心。[17] 烏將軍廟在較早前的 1187 年重建。[18] 普靜寺曾在明初修葺，而密印寺則沒有，但兩個神龕似乎完好無缺。

　　我不肯定神龕由誰管理，我懷疑是像在佛山那樣，由沒有士人頭銜的人來做。我們知道有這樣的情況：例如烏氏，據說是一個富裕的絲綢商大宗族，其中沒有一人有功名。[19] 但烏青卻有登第的記錄，始於 1420 年陳序考中舉人，而其子陳觀也在 1492 年中舉。1524 年最早的地方志，其編纂者就是陳觀。[20] 另一個鎮裏的學者施儒，1540 年呈請把鎮升格為縣。[21] 地方志的施儒傳記裏有

15　《重修烏青鎮志》（1601），第 5 頁下，23 頁；《烏青鎮志》（1760），卷 10，第 1 頁下。

16　《重修烏青鎮志》（1601），第 92 頁上—第 97 頁下。

17　《重修烏青鎮志》（1601），第 81 頁上—第 84 頁下。

18　《重修烏青鎮志》（1601），第 91 頁下—第 93 頁上。

19　《烏青鎮志》（1760），卷 12，第 2 頁上。

20　《重修烏青鎮志》（1601），第 10 頁上—第 11 頁上陳觀兒子的傳記顯示陳氏對於五代為儒感到自豪。《重修烏青鎮志》（1601），第 41 頁，第 49 頁下。

21　施儒是一位官員，曾派任廣西桂林，其助手同鄉王濟，把他在南方的經歷寫成一本書，名為《君子堂日詢手鏡》。《烏青鎮志》（1760），卷 9，第 4 頁上—第 5 頁上；《重修烏青鎮志》（1601），第 104 頁上—第 107 頁上兩人合作，意味着強大的南方聯繫。《重修烏青鎮志》（1601），第 63 頁下—第 66 頁下。

一條按語，是對鄉鎮住宅的意識一個有趣的觀察：「按人物例不及村落，而儒疏請設官，為功於鎮甚巨，特附識之。」[22] 1541 年起委派了通判，但官署在 1557 年的起義中被毀。到 1601 年李樂（一位很高級的官員）編修地方志時，士人傳統已經形成了。[23]

我們對於烏青鎮的管理所知的並不很多。那裏的有錢人必定不少，但從地方志裏並不清楚他們是否都有官銜。地方志裏也沒有舉出多少士人參與地方事務的例子。我們不了解軍事組織，儘管我們知道 16 世紀的騷亂。我們有一個關於家僕在蠶絲收成的季節到鄉間去收債，惹上了官司的故事，但我們在其中沒有看到士人的介入。[24] 有兩件事情的確和登第士人有關。大概在 1580 年，一個士人為鹽販出頭，取得許可讓他們得以免卻處理鹽配給的負擔，而這種許可不是特別為鄉鎮而設的。[25] 另一個例子，在 1588 年饑荒期間，文士有份向鎮裏全部九個押店募捐。[26] 順治初年，這個鎮被盜匪控制，人民朝夕受擄掠、拷打、勒索。[27] 烏青儘管富裕，而且曾呈請成為縣治，但它並不是一個士人力量特別強大的鎮。[28]

（二）濮院

濮院的歷史可追溯至宋代，而其起源也與朝廷的封賞有關。濮院主要的道觀看來是元代的建築，而佛寺福善寺的大殿則是由元代一個叫濮鑒的人出資興建，他的名字鑴刻在一條橫樑上。明初，福善寺是一個在濮氏名義之下的登記戶口，須按通常的里甲

22　《烏青鎮志》（1760），卷 9，第 4 頁下—第 5 頁上。

23　李樂自 1568 年起得進士銜，並獲派任江西和廣西的高職。《烏青鎮志》（1760），卷 9，第 6 頁上。

24　《烏青鎮志》（1760），卷 12 舊聞，第 2 頁上和第 7 頁上。

25　《烏青鎮志》（1760），卷 9 人物，第 5 頁下—第 6 頁上。

26　李樂（1986），卷 3，第 137 頁上—第 141 頁上。

27　《烏青鎮志》（1760），卷 12，第 8 頁下—第 9 頁上。

28　《烏青鎮志》（1760），卷 8，第 4 頁下—第 6 頁下記載了烏青鎮在整個清代共出過 8 名進士和 17 名舉人。

制服力役，[29] 但在一塊碑石上有 1601 年豁免力役的記載。[30] 具體的起源沒有提及，這讓我想到這寺廟可能是宋代濮氏持有土地的一種手段，而在元代和明初成為宗教上的三不管地帶。1675 年編修的地方志，含有明代族譜的材料（下文續有談及），其中提到該寺分為七房。地方志給人的印象是，創建人有相當高的士人地位。

玄明觀是濮鑒的兒子濮也先不花所建。地方志發現這個蒙古名字頗為彆扭，便解釋說採用這樣的名字很常見 —— 嘉興縣令叫張也先不花，華亭縣知縣叫郭也先不花。更為重要的是，地方志的編修者可能認為這是必須提及的一個事實，因為也先不花這個蒙古名字也書在道觀的橫樑上，讓所有人看見。[31] 濮鑒據稱曾在饑荒時期捐糧，並獲授淮安路屯田打捕同提舉之銜。結果，在付過一兩白銀之後，他獲准開設「四大牙行」，負責在當時所稱的永樂市場上收集絲織品。[32] 他被供奉於湖州府治烏程縣的天寧寺，他的兒子濮也先不花在元代仍然為官，任兩淮鹽運使。玄明觀的主神就是元明兩代廣為流行的真武大帝，真武又名玄武，道觀因而得名。玄明觀可能是一個市集的中心。1773 年這裏成立了釐會，向所有絲織品收費。[33]

明代建立的祭祖制度就是永安堂，其時家廟式的祠堂在珠江三角洲如雨後春筍。這種建築物的宗教性質有點神祕，而我們不想否定它在其發源地可能相當不同於我在珠江三角洲慣見的地域神祇。永安堂也曾稱為「鎮火庵」，地方志將之與「鎮水庵」並舉。永安堂建在元代祖先濮鑒舊宅的所在地，成了濮氏三朝（大概是宋元明三朝）諸祖祖先牌位的安置所。這裏每年舉行春秋二祭，

29　《濮川志略》（1675），卷 2，第 1 頁下—第 2 頁上，卷 5，第 1 頁下。

30　根據《濮川志略》（1675），卷 2，第 2 頁上，碑石已遺失。

31　《濮川志略》（1675），卷 2，第 4 頁上。

32　《濮川志略》（1675），卷 3，第 10 頁下—第 11 頁上。

33　《重修福善寺大殿碑記》（無日期）提到 1678 年該寺也有過類似安排。《濮川所聞記》（1760），卷 4，第 4 頁上—第 5 頁下。《濮川所聞記》（1760），卷 2，第 15 頁下—第16 頁下。

但鎮裏的其他人對濮氏的廟宇權利有爭議，只是到了 1637 年在有利於濮氏的情況下才得到解決。[34] 永安堂作為濮氏祠堂和鄉鎮廟宇的雙重性質，為明清兩代鄉鎮管治的爭議提供了一條基本線索，應予仔細研究。

　　部分線索也許可以在宗族建築的歷史中找到。濮氏是元末明初的富裕家族，但這個時期要稱他們為宗族，我卻不免有點猶疑。他們給了元末群雄之一的張士誠十萬兩銀子，好讓濮院免遭踐躪。1371 年，他們以濮守清一家三口 —— 夫婦二人與一名五歲兒子 —— 的名義在里甲之中登記。[35] 他們遇過兩次禍患。一次是元末明初（14 世紀），其時湖州以至長江下游其他地方的富戶，均受到張士誠和朱元璋戰事的影響，張戰敗後，他們被迫遷往他方。另一次則是永樂初年（約 1400 年）方孝孺族誅，一些富戶也遭到牽連。[36] 歷史記錄在這裏出現了一片空白。[37] 由一位濮氏族人所編纂的地方志，載有大量關於編纂人一脈的譜系材料，然而基本上並沒有根據族譜記錄追溯到十八世的濮侶莊以前。濮侶莊據指是主要負責在 1637 年興建永安堂的人。[38] 儘管興建祠堂，繼而編纂族譜，顯示編纂者有意把宗族建立起來，但他也只能舉出這一脈與濮也先不花之間一種牽強的關係。

　　也應該指出的是，永安堂位於鎮裏與兩個庵的所在地相當不同的另一處地方。倘若把這些不同建築的地點與宗族歷史一起考慮，那麼，不但地點不同，而且也是由不同的群體開展的。濮院濮氏以外的其他人，在他們不同版本的地方志中，承認他們在濮

34　《濮川志略》（1675），卷 1，第 27 頁下，卷 2，第 5 頁上－第 6 頁下和《濮川所聞記》（1760），卷 2，第 38 頁下－第 40 頁上。

35　應該注意的是，這是實際上規模最小的家庭。《濮川志略》（1675），卷 3，第 2 頁下－第 3 頁上。

36　這裏指的是永樂帝在 1402 年篡位，方孝孺因為忠於被推翻的建文帝而全家被誅。濮氏由於與方氏有姻親關係而受到牽連。

37　《濮川志略》（1675），卷 1，第 1 頁上說得相當清楚所參考過的族譜。那些族譜由十二世、十八世、十九世、二十世、廿一世和廿四世的族人編修，這應該是很穩妥的記錄。

38　《濮川志略》（1675），卷 4，第 6 頁下。

氏之後先後來到濮院：「前有貝劉燕朱，後有楊馮施樂。」[39] 實際上，不同版本的地方志集中於鎮裏不同姓氏的歷史。1675 年的地方志完全集中在濮氏。1774 年和 1787 年的版本包括了以朱氏和楊氏為主的幾個其他姓氏的業績。這兩姓至明中葉以功名自矜，而濮氏卻一點功名也沒有。[40] 楊氏在永樂年間出了一個縣令、一個舉人，成化時（1487 年）出了一個進士。[41]

　　儘管朱氏被指是後來者，但有跡象顯示朱氏也和濮氏一樣，是元代的重要地方群體。朱氏一位先人負責沿岸漕運，並於 1310 年獲授地十萬畝。他的漕運工作由兒子繼承，然而朱氏在明初把他們的土地登記並遷往邊疆地帶。朱氏子孫倉皇離去，只剩下一支。朱氏在 16 世紀時似乎也像濮氏一樣，遭到政府迫害，[42] 但也同樣否極泰來。例如，朱氏在清代建了一座祠堂，名為世宦祠，紀念曾在朝任官的族人。[43]

　　但是，還有一點值得一提的，以免產生過分簡單的理解。永安堂的爭執 1637 年交由縣令審理，地方志內有判決的記錄。縣令發現，堂內各個名稱的匾額之中，「鎮火庵」那一個所署日期為元代，後來的名稱如「永安堂」的匾額，所署日期則為明代。他也注意到，該堂一直由濮氏宗子管理，並且為此繳納過地稅。爭執之所以發生，乃是由於庵內受「異姓」和「有大力者」支持的僧人要控制此庵，甚至把名稱改掉，稱為「天一庵」。

　　縣令判濮氏勝訴，而濮氏一家尊重裁決，但仍保留着天一庵

39　《濮川志略濮川志略》（1675），卷 1，第 6 頁下—第 7 頁上。

40　《濮川所聞記》（1760），卷二有關朝廷任命，提到濮氏有一人獲委一銜，是明代 31 個這樣的頭銜中的一個。《濮鎮紀聞》（1787），卷 2，第 5 頁下—第 11 頁下提到明代 23 個獲授一種頭銜的人之中，濮氏佔了 6 人，而在兩個濮氏中人之後，有這樣的評語：「按前二人本郡人《濮氏家乘》列通籍中，蓋仍郡中所修譜略之舊。夫譜考同宗、志分異地，志略不分郡鎮一姓羅列，似不應復蹈其謬，然吾鎮巨族，城鎮迭居者甚多，既為梓里不嫌並錄，今擇行業章著者書之，餘概從刪，為申其例在於此。」（卷 2，第 8 頁）從這些評語中可知，地方志的編纂者努力為撰寫此章尋找有頭銜的濮氏中人！

41　胡琢纂：《濮鎮紀聞》（1787），卷 2，第 6 頁。

42　《濮鎮紀聞》（1787），卷 2，第 4 頁上—第 5 頁上，第 7 頁。

43　《濮川志略》（1675），第 4 頁下—第 6 頁下。

的名稱，並在「天一庵」的匾額上展示了不少於二百個族人的名字。[44] 在兩個名字之下，加上了這樣的小字：「尚仍朱姓」和「尚仍周姓」。這些按語，到了現在成了理解宗族史的關鍵；把這些文字鐫刻在碑上，展示在堂中，也就好比把有些濮氏中人當時另有他姓的情況公之於眾。這些人當中的一些人，其時在鎮裏名聲日著，而把改姓的事這樣公開展示出來，意味着對他們的告發，影響他們的社會地位。至於這些人有沒有真的改換了姓氏，卻無從由這些記錄中得知。

改姓的確實理由現在只能憑推斷。姓氏的喪失很容易便與淪為奴婢聯繫起來，例如立下賣身契的奴婢。恢復姓氏於是也就意味着地位的完全恢復。因此，濮氏在他們勝訴後，發現他們的姓氏為他姓中人所用，所以又重聲稱他們是鎮裏最強大的群體。

至清代，多姓氏的結合看來已經佔了主導，而在 1787 年的地方志中，永安堂似乎已不再是鎮裏的一個制度。地方志就多姓氏結合宣稱：

> 按：宗祠之立，所繫最鉅，而吾里獨寥寥，則宗譜不講之故。大約有譜之家，十之一二；而有祠之家，千百之一二。非有力者不能辦，且無以善其後也。姑述所見聞以為勸，祠法當自譜法始矣。[45]

世系的紛爭在這段文字中顯而易見。濮氏以外的姓氏已經上升成為鎮的領袖，而他們也記下了他們所聲稱的在鎮裏的悠久歷史。

（三）南潯

南潯的起源記錄在一塊宋代的碑上，而這塊碑成為 19 世紀地方志撰人的爭議點。碑上所署日期是宋德祐元年（1276 年），記

44　《濮川志略》（1675），卷 2，第 5 頁上—第 6 頁下。
45　《濮鎮紀聞》（1787），卷 1，第 35 頁下。

錄了安吉州（後來的湖州）一個地方官向皇帝呈請御賜牌匾，以表揚一個叫朱仁福的人，此人在1120年方臘起義之時因守衛南潯而殉身。碑文出自三人之手，包括兩個是姓朱的，一個是太學生，另一個是守祠生。三人之首大概是一位「長輩」，是「七巷社民」。[46]

根據記錄在朱氏家族文件中的這篇碑文，朱仁福在1120年死後，獲御賜「南林侯中書」之銜，其子孫亦獲准在南潯某地為他安墳。他的長孫是淳祐（1241—1252）進士，次孫是舉人，二人一起為他建了一座祠。1269年，這座祠進行修建，以便靠近他們父母亦即朱仁福之子和媳婦之墓。就在此時，地方官員發出了一紙蓋印文書，於是墓和祠便可以由他們的後代來負責維修，代代相承。1276年新帝登基之時，便向皇帝呈請御賜牌匾。此項呈請的理由是朱仁福「查原文」皇帝在諭旨中稱朱仁福為「土地神」，而廟宇則稱為朱土地祠。[47]

其他的家族記錄卻與碑文有異。一個文件指朱仁福的長孫和次孫（文中稱「子」），分別死於1260年和1267年，而祠堂則在1269年由第三個孫兒重建，第四個孫兒當上了僧人，以便在祖墳祭祀。兩人在墓旁有一陋房，裏面供奉着祠像，而他們也分得留給他們的土地，以及賦役。[48]

朱仁福的歷史需要一些謹慎的闡釋，然而，也應首先看看嘉應寺，那顯然是明代南潯的一個社群中心。嘉應寺特別有意思，因為它的傳說與朱仁福的傳說之間，在結構上有所類似。類似的程度使我認為那是一種複製，用以降低宗族關係的重要性，並讓嘉應寺的歷史被接受成為一個多姓氏社群開基創業的傳說。

嘉應寺的歷史也像朱土地祠的神龕一樣，記錄在寺內的一塊碑上。碑上記錄了宋帝的一道諭旨，乃是回覆同一個地方官員的

46　范鍇：《南潯紀事詩》，《南林叢刊》（1936），出版社不詳（周延年輯），1982年重印，杭州：杭州古舊書店，1836年，第6頁下—第7頁上。

47　《南潯鎮志》（1841），卷5，第1頁下稱為「朱土地祠」。

48　范鍇（1836），第7頁上。

呈請，這個官員得到一位名字十分相似的父老支持（碑上作華元吉，而朱土地祠的神龕作華元升）。在這個故事裏，崔公和李公兩個神祇曾在方臘起義期間協助地方。他們帶領鄉丁保衛地方，並在饑荒之時捐出糧食。因此，「七社」的人在市內建廟，按照他們的樣子給他們塑像，並安立衣冠冢。他們也求雨，或在疾病流行時祈求解救，而所求都一一應驗。兩位神祇在各個時期均曾大顯神威：1215 年的蝗災、1240 年由旱災所致的饑荒、1254 年鹽梟的襲擊，以及 1261 年饑荒災民的湧至。官員在新帝登基時奏請御賜匾額給嘉應寺，結果准奏。[49]

這些故事得力於創作的想像甚大。據稱，宋高宗 1128 年「泥馬渡康王」逃出金人勢力範圍的傳說，即來自嘉應寺。[50] 但所有的地方志都指高宗到杭州的途中經過南潯之說荒謬不經，不過種種跡象顯示這些故事流佈頗廣。我們只能假定，這種關係之所以形成，是由於故老相傳幫助高宗的神祇姓崔——例如在種種神仙傳記中所見的，而把他說成一定就是嘉應寺裏那位同姓的神祇，只能是想像力所發揮的作用。[51] 儘管從這個與地方情境有關的故事中難以獲得甚麼結論，但仍可以得出這樣的觀察，即皇帝在鄉村的情境中出現，可能是地方社會吸納全國性的官僚傳統的一個反映。[52] 另一個故事說，兩位神祇原是徽州人。一位地方志撰人可能是對的，他指這只不過是徽州商人的吹噓，給嘉應寺提供祭品的土地顯然是他們所有的。[53]

地方志的撰者無疑注意到朝廷兩道頒令之間的相似，而其中之一，或全部二者都是假的。皇帝在同一年因應同一個官員就同

49　范鍇（1836），第 23 頁下—第 24 頁上。

50　范鍇（1836），第 12 頁。

51　可參看例如《繪圖三教源流搜神大全》所載元槧《新編連相搜神廣記》，上海：上海古籍出版社，1990 年，第 522—534 頁。

52　見本書：《皇帝在村：國家在華南地區的體現》。

53　《南潯鎮志》，《南林叢刊》（1936），出版社不詳（周延年輯），1982 年重印，杭州：杭州古舊書店，1841 年，卷 5，第 1 頁；《南潯鎮志》1863，卷 9，第 1 頁上—第 3 頁下。

類事情的呈請，給兩間不同寺廟賜予匾額，不大可能。他們的結論是，朱土地祠的匾額是假的。他們指出，日期全錯了，孫兒在120年後仍活着而且在考進士，而在朱仁福死後150年還在修葺廟宇。另一個撰者亦指，把先人等同於土地神是荒謬的。[54]

不過，這些懷疑所引起的問題卻是，如果朱土地祠的碑是贗品，那麼這就是一個一無是處金玉其外的贗品。朱氏在南潯赫赫有名，是著名作家朱國禎的家族。倘若那是贗品，問題便在於，在那道諭旨裏把那間廟宇稱為土地廟有甚麼好處？因為到了晚明時期，眾所周知土地神與祖先不屬同一等級。更為重要的是，把一位神祇接納為地方社群的保護神，而縣令由此而上奏皇帝承認，在宋代是常見的做法。兒子負責打理父母墳墓旁邊的祠堂，並且與一位父老在地方呈請者的署名中領銜，看來都符合明初而非宋代的做法。父老姓華，其家族在元代與地方政府有關，並且曾在元明改朝換代期間保鄉衛家。其後，華氏族人可能被收編進衛所，並調往北京，但有關的描述並不清楚。凡此皆顯示這篇文章可能是假扮宋代的，而作於明代初年則較為可信。

南潯除了朱氏和華氏之外，其他姓氏之中董氏尤其有財有勢。1541年，董份考中第一名進士，董氏名聲漸顯。他曾屢任高官，但終於在1565年辭職。他返回家鄉，並專注建立宗族。他頗有錢財，據說曾經從蘇州運來一塊五十尺高的巨石裝點他的花園。[55] 他不但在南潯，而且在鄰近地區也取得土地。他的兒子和孫兒都是進士。佐伯有一概括了他家族的地位：董氏在這個時期獲得大量的土地，婢僕眾多，而且董份本人與湖州知府之間形成了複雜的關係，終於引發了1593年民眾對董氏的一場抗議。結果，

54　范鍇：《南潯紀事詩》，《南林叢刊》（1936），出版社不詳（周延年輯），1982年重印，杭州：杭州古舊書店，1836年，第7頁下；《南潯鎮志》（1863），卷16，第1頁上。

55　范鍇：《南潯紀事詩》，《南林叢刊》（1936），出版社不詳（周延年輯），1982年重印，杭州：杭州古舊書店，1836年，第12頁下—第13頁下。

董氏可能失去了半數財產，而一些婢僕也可能坐了牢。[56]

　　朱氏的歷史不同。董氏在明初還是相當貧窮的時候，據朱國禎說朱氏自宋以來一直當官。然而，在 1589 年朱國禎考到功名以前，我們不大聽聞到朱氏的家史。朱國禎 1613 年修葺過祇園寺，1618 年修葺過報國寺，兩間都是鎮裏最重要的寺廟。這些工作顯示在晚明董氏沉寂以後朱氏地位突出。[57]

　　要弄清楚兩塊碑是甚麼時候立的已經不大可能。兩塊碑所隱含的要點，就是朱氏聲稱朝廷認可的一位土地神是他們的先人，而支持嘉應寺的人無不聲稱朝廷認可兩個姓氏，但他們並不是顯赫的家族。如果説這個故事是朱氏在晚明時候杜撰出來的，那也不大可能，因為聲稱自己的先人是土地神，與當時的正統背道而馳。如果這種説法出現的時間較早，那麼那可能是在朱氏獲得突出地位的時候。這有兩種可能。他們可能是在董氏名重南潯之時這樣説的，也可能是在更早之前説的。我想兩者都有可能，都顯示朱氏説是針對鎮裏其他社群的利益而發的。可能曾經有過一個時期，這個鎮認識到自己的多姓氏特性而覺得朝廷只認可其中一姓不可接受。嘉應寺是一個服膺大多數利益的解決辦法，而其背後也許就是影響力的角逐。

一些評論

　　因此，我認為，烏青、濮院和南潯，顯示了「宗族的興起」的總體傾向。但佛山的例子有些不同：那裏的豪強從元以來分佈在三個鎮，但在明初，有些人被政府飭令移走 —— 而政府的控制是以如此強硬的手段加諸富人，以至大部分長江下游地區的富人都可能不得不遵從里甲制。但是，家廟式的祠堂在 16 世紀流

56　佐伯有一：〈明末董事之變〉，原刊於《東洋史研究》，1957 年第 16 期，第 1 頁，中譯收入劉俊文編：《日本學者研究中國史論著選譯》，北京：中華書局，1993 年，第 304—340 頁。

57　范鍇：《南潯紀事詩》，《南林叢刊》（1936），出版社不詳（周延年輯），1982 年重印，杭州：杭州古舊書店，1836 年，第 19 頁上—第 22 頁上。

行起來。在這種情況下，單姓氏村莊可能會把他們的組織集中在
祠堂，但包括了所有鄉鎮的多姓氏聚居地會把廟宇作為組織的中
心。在濮院和南潯，我們看到主導的宗族與暴富的宗族之間的鬥
爭，主要是試圖控制地方廟宇。爭奪廟宇控制的隱性目的，當然
不止於地方上的聲望，也在於控制地方資源。

　　在濮院和南潯這兩個爭奪最激烈的鄉鎮，政府的力量應該說
是最弱的。濮院在明代並未派駐政府官員，而南潯儘管在元代似
乎設有一個巡檢司，其下有一名部屬和 18 名士兵，但明初之時
地方志上並無着墨，可見這股微弱的力量已經消退。[58] 烏青是有名
的問題之地，盜賊私梟如毛。那裏的衙門附屬有一支相當大的力
量，其中有人員 49 人、武裝力量 164 人。[59] 我不會單憑單一例子
作證據，便認為強大的政府力量會削弱宗族的影響，但沒有強大
的政府力量，必定意味着地方群體的組織越強大、宗族成員的官
位越高，便越有可能爭取到他們自身的利益。

禮儀領袖

　　當我們看到廟宇和祠堂不但在鄉村重要，在鄉鎮也同樣重
要，我們也就認識到「禮儀領袖」比起韋伯假設的私人提供的社
群服務，角色更為重要。禮儀也有非常明確的宗教意義，這個意
義也就是這些領袖侍奉神祇，而由於他們的工作，神祇便可能護
佑社群。明清社會史主要表現為侍奉神祇的競爭，以及神祇之間
護佑社群能力的競爭。

　　這些競爭的其中一部分，就是由官員所進行的一個禮儀清洗
的持續過程。在明代，尤其是在嘉靖時期（1522—1566），一些
清洗措施是針對佛寺和特別是「淫祠」而做出的，那些「淫祠」
所供奉的是法令中沒有具載的神祇。佛寺在萬曆時期（1573—

58　《南潯鎮志》1863，卷 2，第 1 頁下。
59　爭議之處可能在於烏青是一個十分特殊的例子。1540 年烏青呈請升格為縣不果，但
卻添設了一名六品通判。《烏青鎮志》（1760），卷 3，第 13 頁下—第 14 頁上。

1619）復蘇，一直存在至清初，成為強有力的土地管控者。但是，社會的宗教秩序在這段時間至少在某種意義上改變了，因為16世紀宗族興起而佛寺衰微，地方家族和宗族以佛寺捐獻之名所擁有的土地，被拿回並放在宗族基金之中。很多鄉鎮初期處於佛寺的威勢之下，明初則廟宇（多供奉真武大帝）與之爭雄並取而代之，我認為這並非意外。濮院和南潯所爆發的爭執，正是在這個框架之中展開的。[60]

　　佛山和本文所提及的三個鄉鎮顯示，商人與紳士（或學者）之間的差異是何等微不足道，但是，與明初里甲地位劃分所顯示的禮儀秩序相聯繫，以及與明代中葉的科舉功名相關的法律地位差異，卻往往是真實不虛的。劉志偉提供了這種差異的一個出色的例子，填補了我在佛山研究中的遺漏。[61] 在佛山，自明初開始，北帝（真武）廟即已取代佛寺成為鎮組織的中心，而每年均舉行北帝巡遊。到了18世紀，紳士透過他們的文人結社以及與官僚機構的聯繫，控制了廟宇的地產，他們與廟宇節慶主事者之間的分歧已經呼之欲出。（紳士階層所撰的）地方志記載18世紀正月初六的北帝巡遊時指出，「愚者謂以手引輿杠則獲吉利，競擠而前，至填塞不得行」。這段文字的文人作者又評論說：「此極可笑。」同一天，「紳士集崇正社學修文帝祀事」。

　　這種有關文人與大眾之分別的描述，與弗里德曼以來一直流行至今的見解不符，這種見解低估了文人信仰的大傳統與大眾信仰的小傳統之間的差異。[62] 正如很多對中國社會的概括描述一樣，在描述精英與大眾之間的文化聯繫時，往往沒有把理想與現實分清。弗里德曼正確指出，現實就是紳士和大眾信奉同樣的宗族，

60　江蘇青浦縣朱里鎮（又名朱家角）和廣東南海縣九江鎮是另外兩個例子。《朱里小志》（1815），重印於《中國地方志集成》，卷2，以及馮栻宗纂《九江儒林鄉志》清光緒九年（1883）刻本。

61　劉志偉：〈神明的正統性與地方化——關於珠江三角洲地區北帝崇拜的一個解釋〉，《中山大學史學集刊》第2輯，1994年，第107—125頁。

62　Maurice Freedman, "On the sociological study of Chinese religion," in Maurice Freedman, The Study of Chinese Society, Essays by Maurice Freedman, selected by G. William Skinner, Stanford: Stanford University Press, 1979, pp. 351-369.

然而，紳士應該高踞大眾之上的理想則充分傳播，以影響社會行為。佛山的紳士是個有地位的群體，須表現出紳士氣派，而看來他們是選擇在大眾神祇的巡遊中這樣做。

這樣的文化特性，並非出於鎮與村的差別。在禮儀領袖中間，禮儀是影響力的競爭。禮儀與崇拜的傳播，與貿易路線、遷徙和朝廷認可的關係，大於與地域社群之間差異的關係。

值得注意的是，廟宇的滲透性影響不但跟大眾與士人之間的差別相對立，也與它立足於其上的明代禮儀秩序相對立。明代的禮儀秩序以皇帝君臨天下的理想為前提。實情是，在明代，國家透過認可眾多的地方風俗，把社會吸納進來。不妨一再指出，例如可說是明初整體社會構造核心的里甲制，是皇帝頒令給地方社會的一套規條，但其施行卻實際上是以認可地方制度為前提的。以稱為「社」的地方神龕為中心的地域社群，遠早於祭祀神龕的人們被整編到里甲之內，就已經在長江下游如福建、廣東出現了。由皇帝下旨把神祇和餓鬼的定期拜祭加諸這個結構之上，以及讓縣令負起拜祭的職責從而使禮儀系統化，都沒有如明代皇帝所料，形成一個嚴密的祭祀層級。相反，里甲演變為宗族，而鄉村宗教在鄉村祭司的默許之下，採納了很多縣令職權範圍內的做法。不但連城隍也不能限定在縣城之內，就是堅持執行法律的皇帝自己也不能。洪武皇帝以外，明代的皇帝或信奉佛教，或信奉道教，於是士大夫便制定了正統的信條，並將之維持下去。造成明代地方社會不得不多元化的，不是朝廷的權威，而是明代流佈的士人文化，這並非出於選擇，而是環境使然。在清朝治下，縣政府強大起來了，但多元化已經成為一種生活方式。

倘若認為明代地方社會可能謀求獨立自主於國家之外，那麼我們便必須提出廣狹二義的行政國家。韋伯心目中無疑只有狹義的行政國家，即由地方政府機關官員及其僚屬所維持的國家。以這每個意義上的國家來說，韋伯有關城市弱化影響的描述，比他所想像的還要正確。我們不應把蘇州和杭州視為明清兩代的典型城市；它們顯然是行政城市，也是工商業鄉鎮。更為典型的大型明清城市可能是淮安，位於清初一個人口約 10 萬的縣（1911 年

人口達 69 萬），是一個在運河上的朝廷漕運行政中心，其中城市人口的相當部分或多或少與政府有關。但是，按照明清的標準，淮安可算是大的了。運河往北的德州，是個軍事重鎮，18 世紀後期人口可能達 7 萬，其中 5 萬 5000 人為軍戶。這些數字應該拿來與長江下游的鄉鎮人口比較。清初（17 世紀），盛澤鎮可能有人口一萬戶，黎里二至三千戶，烏青、南潯和濮院據稱都有「約一萬戶」。長江下游的一個鎮，並不比一個縣市小，但狹義上的鎮政府卻要小得多。[63]

但在廣義上，朝廷的影響力與縣政府規模的大小無關。朝廷的管轄是一個籠統的用語，在這個用語之下，地方社群各自表忠，而我們可以分辨出忠於朝廷和忠於各自傳統的多重標準。地方志記載了有功者拒絕趨附官僚，甚至在進城時列出自己在科舉考試中所獲的殊榮。國家權力施行的一個有趣的例子，就是登第士人徐溥奏請朝廷表揚他對宜興祖產的捐獻，因為國家權力具有法理地位，而且也很可能把土地所有權確立下來。[64]徐溥直接向戶部，而不是向地方官員，呈遞了龐大產業的記錄，並奏請皇上賜他一紙文書，以便在地方知府和縣令處備案。事實上，尤其在晚明時期，宦官定期由朝廷直接來收取新稅項，但朝廷與地方之間較為常見的來往卻是地方社群以一種外觀上為官僚所接受的方式活動。鄉鎮生活的大多數領域，朝廷均沒有介入，而只是把現狀法定化，也不大可能是變革的根源。

比較研究本身可以令人耳目一新，問題是比較研究者太容易墮入為比較而設定的框架之內。西歐的環境是這樣的，以至資本主義，特別是那種讓銀行和商業公司得以演化的形式，肇始於鄉鎮和城市，然後與工業聯結起來，於是鄉鎮和城市看來便反而是工業的溫床。在中國，16 世紀的商業發展產生了宗族，而這鋪墊了很多地方社群與國家交往的社會結構。鄉鎮當然是存在的，但

63　傅崇蘭：《中國運河城市發展史》，成都：四川人民出版社，1985 年；劉石吉：《明清時代江南市鎮研究》，北京：中國社會科學出版社，1987 年。

64　《宜興縣志》（1797），卷 2，第 36 頁上－第 37 頁下。卷 8，第 47 頁下－第 48 頁下。卷 10，第 7 頁下－第 9 頁上。

並未製造出一種意識形態，開啟鄉鎮與村分化的空間。相反，明清兩代的禮儀秩序，讓無論鎮或村的地方社會都得以採納國家的語言，而地方權力由此也基本上仍握在地方手中。

山西夏縣司馬光墓的土地與宗族筆記 *

　　據說，宗族是華南而不是華北的特色。然而證據卻是，儘管
祠堂並不常見，但標準的慣例是新年之時在「家廟」的一幅畫前
舉行祭祖儀式，這幅畫代表了歷代祖先靈位。因此，華北地區通
常沒有祠堂的情況，看來不是根據《朱子家禮》的條文而對祭祖
的儀式有差異，而是由於鄉村構造的慣例不同。造成這種差別的
原因可能很多，但無論如何，都可以假設在祠堂裏舉行祭祀的基
本做法，其歷史發展是相類似的：祠堂祭祀，或在圖像前祭祀，
在明代某個時期被士人家庭廣泛採行之前，是一種常見的貴族慣
例。宗族祭祀最初則受習俗規限，繼而受明代法律約束的「家廟」
式祠堂盛行之前，大概是在墓地舉行的。宋代為祭祀之便而建立
的佛寺，地位突出，有時即使鄰近有祠堂，也被其遮蔽過去了。
於是，祠堂的出現往往也就迫使佛教組織轉化為宗族組織，以及
墓地祭祀和祠堂祭祠的分離。這個過程可見於自宋以來即有人聚
居的部分珠三角地區。我在 1999 年夏天造訪山西省，相信我在夏
縣司馬光墓遇到了大同小異的情況。

地點

　　墳墓的所在地現已按博物館規格管理，這個地方的主要特徵
無疑是宋代的，儘管後來經過朝代的改變。墓地整齊地劃分為三

* 　原文為："It Takes a Sage…: Notes on Land and Lineage at Sima Guang's Grave in Xia County, Shanxi Province"，《民俗曲藝》，2001 年 5 月第 131 期，第 27—56 頁。

個部分，左面是墳墓，不只是司馬光的，還有他的父親、兄長和兒子。中間是祠堂。現在所見的祠堂是乾隆時期所建，這座建築物的興建記錄和一幅圖，見於光緒六年刊行的《夏縣志》[1]。現在留存下來的是建築物的內進，但縣志的圖畫顯示，這座建築物按照家廟方式興建。不過，《夏縣志》表明，這座建築物是 1762 年由縣令建造的，取代較早前位於現時入口處右方的祠堂。[2] 祠堂位於佛寺的另一面，見於縣志的圖畫，所在之處現在仍清晰可辨。無論這座建築物有何特色，這些不同部分的位置配套卻有其特性：北宋以來，祠堂往往與墓地毗鄰，而稱為功德院的佛寺，則獲撥地修建，以打理墓地。

那個建築群雖然有趣，但我得把話題轉到那裏發現的一塊 1746 年的碑石上面去。這幾乎是一塊完整的碑石，碑文記載了佛寺的重建，並且簡述了司馬光死後司馬氏的遭遇。碑文說，宋室南渡之時，官員也隨行，因而司馬氏全族也就遷離了夏縣。山西在金朝治下，後歷經明而至清初，墓地一直由僧侶打理。其時，遷移到了浙江的司馬氏族人，已經不知道墓地的所在。明嘉靖年間（1522—1566），御史司馬相被派往山西。他在那裏聽說了那個墓地，便專程前往祭祖。他雖然沒有定居夏縣，但在臨終時吩咐兒子，他的一脈必須有一些子孫回去打理墓地。然而到 1567 年，才有兩個他的後人回到夏縣辦理此事。他們提出取回墓地的方式十分有趣：他們攜帶了戶口登記記錄和一幅畫像。縣令已撥了地作祭祀司馬光之用，而兩位後人到來後，縣令又在縣城建屋給他們居住。此外，出現在夏縣的幾個人看來相當有出息：兩個考中縣試，實現了一些當地人夢中的預兆。這就是碑文上所記墓地祭祀的恢復情況。

碑文歷述了六代人，也就是一直到清代的故事，以至佛寺的修繕。縣令許日熾（按縣志為 1728 年的縣令）為這次重修捐出了他的官俸。太谷縣縣令司馬灝文的到訪是另一件值得記住的事

1　《夏縣志》（1880），卷 3，第 55—56 頁。

2　《夏縣志》（1880），卷 3，第 21 頁。

情，時間不能確定，但不出 1728 年至 1746 年。司馬灝文在縣城捐資修繕紀念司馬光的祠堂，並指這可能會稍稍延緩墓地旁祠堂的修繕，卻不會影響到佛寺，說服了僧侶為修繕而每年出售小麥若干石，為期五年。售賣共得收入五十兩，另一族人司馬衍為佛寺看管這筆錢多年，將之累積至一百兩。他在那段期間還把鄰近晁村的父老拉進來，可是他卻沒來得及看見工程迅速開展。一個僧侶接手，募捐了三百兩，變賣佛寺花園的樹又得一百兩，完成了重建工作。完成之時，在佛寺立碑為記。[3]

其他記錄所載的故事更長。我們且從司馬灝文說起，據 1746 年碑文的記載，他曾到該處，並詳盡記述了他的所見。他說，佛寺在那裏，需要修葺。那裏有好幾塊石碑，他全給它們起了題，或作了內容提示。那裏並不如我們今天所見的整齊。他親眼目睹了司馬光及其父兄乃至幾個家人的墳墓，墳墓西面是十一個墳，看來很古舊，而且已經塌陷。由此看來，墓地有一段時間曾為司馬氏後人所用。祠堂似乎是一座一進建築，入口處的牌匾是嘉靖時期一位巡按御史所贈，裏面供奉的不是靈位，而是司馬光的父親、三個兄弟、司馬光、一子和一孫七個人的人像，都穿官服、戴烏紗。司馬灝文所見到的一副對聯，印證了這種置於背後的想法：

> 父子祖孫聚一堂，儼若生前對話；
> 禴祠蒸嘗舉三獻，依然膝下承歡。

根據司馬灝文的說法，祠堂之前可通佛寺。從側門進入佛寺，有一幢坍塌了的三進房子，裏面有一座司馬光的石像。房子由金代一位縣令所建，他把司馬光死時皇帝御賜的碑石殘片嵌在牆上。這就是他所說的佛寺的情況。縣令許所修建的牆，旁邊的一株松樹已不知去向，他希望他的親戚司馬衍可以另植一株。墓

3　《重修餘慶山院碑記》（1746），司馬光基旁，科大衛與陳永升 1999 年夏季記錄。

地並無河流環繞，他付了三十兩給鄰近晁村的村民挖河，引水流
入。他的文章並沒有讓人覺得那裏非常殘破待修，但也沒有顯示
那裏使用頻繁。[4]

建社

　　要了解發生過甚麼事情，必須從頭開始。我們慶倖在一部族
譜中獲得大量資料，其中包括 1527 年司馬相到夏縣要求取回墓地
權時的文件，以及他自己的行程記述。[5]

　　據他說，司馬氏中人在元代受到貶抑。至明代，司馬光列為
儒家（文中用「道學」一詞）大師，與孔子同受尊崇。在朝廷的
此一決定之下，司馬光後人得免徭役。這裏，他指出夏縣已找不
到司馬光的後人，因而浙江一脈便蒙豁免徭役之恩。到了第十一
代，某個叫司馬朱的奏請皇帝建立司馬光廟。司馬相說，直至此
時才有一間廟宇作祭祀之用。司馬朱的兒子司馬恂考取功名，任
官禮部，而他在前往山西潞州途中，拜謁了司馬光墓。這就是浙
江的後人對墓地興趣之始，隨後便是恂的侄兒塱前往，塱其時任
職「行人」。[6] 塱後來一直心繫夏縣，於是「命令」他的兒子采前往
夏縣，娶當地望族裴氏之女為妻，以便在當地應考科舉，打理墓
地。可是，如意算盤沒有打響，採藉口父親已死，竟一去不返。
司馬相在數十年後，1526 年（即他撰寫他的文章的前一年）任職
刑部期間，在前往北京途中到訪了墓地。文章接下來說明他如何
找到髒亂不堪的墓地。這也不難理解，那不但因為子孫並不住在
附近打理墓地，更因為沒有甚麼理由讓一個外邊住的人覺得有需
要遷移到那裏去。

4　司馬灝文：《祠墓記》，《夏縣志》，卷 1，第 17 頁下—第 19 頁上。

5　司馬相：〈司馬文正公積德事狀〉，司馬晰：《涑水司馬氏源流集略》（1670），重印
於《四庫全書存目叢書》，史 84，1996 年，卷 8，第 20 頁上—第 21 頁下。

6　"新科士子往往廁身其間，官階儘管卑微，卻是晉身高位尚佳的一塊踏腳
石。" Charles O. Hucker, *A Dictionary of Official Titles in Imperial China*, Stanford:
Stanford University Press, 1985, p. 245.

司馬相的文章畢竟使人注意到國家行為與該墓地的關係，並洞察出直至他到達之前夏縣的情況。顯而易見，在司馬相到達之前，墓地已獲得某種彰揚。事實上，司馬光去世的時候，宋哲宗給他的墓賜予了一塊石碑。然而，由於司馬光涉入王安石變法的鬥爭之中，他在身後遭人上奏抨擊。他的政敵奏請毀墳，但皇帝不同意，只是欽准把御賜石碑拿下。1148 年，金代的王廷直上任夏縣縣令之時，發現石碑碎成了六塊，其座下的石龜旁長出了一株杏樹。王廷直希望把石碑復原，但由於部分碑文已經漫漶，他便須找一份原文補回，而他終於從司馬光的兩位後人那裏找到了。問題在於與當地父老和佛寺僧侶商討怎樣重建，而出於方便的考慮，遂決定把石碑安立在佛寺旁。此外，一個僧侶在司馬光墓前焚香起誓，由佛寺出資在該寺大殿後面建一座堂，裏面立一尊司馬光像。由此可見，儘管司馬光的後人不難隨時插手，但佛寺在司馬光死後多年對墓地維修之事顯然涉入甚深。[7]

祭祀既由僧侶照管，也由夏縣縣城學校附近的官員照管。現存的記錄見於 1307 年，其時已是元代，縣官在擴建縣裏的孔廟時，在學校裏立了一尊司馬光像，因為一名官員死後附祀在學校或社之內乃是古例。他特別從當地人那裏搜購與司馬光有關的碑文，然後將之裝置在祠堂的牆上，那麼，他說在學校裏立司馬光像，便大概是指在附近的一個偏廳。[8] 1319 年，河東御史也先不花來到夏縣，往祠堂行禮，他批評不可能徒然「瞻仰」而不立像。此次事件的筆錄者李稚賓在文章中解釋為何需要立像：

> 祠堂之設，蓋思其人而不得見，故立像以想其平生歲時。

這種想法可能頗為普遍。夏縣縣令受到御史批評後，詢問父老的意見，而他們都說儘管不敢向縣令提出此議，但這正是他們

---

7   王廷直：〈重立司馬溫公神道碑記〉，《涑水司馬氏源流集略》，卷 4，第 4 頁下—第 7 頁下。

8   侯均：〈司馬溫公祠堂記〉，《涑水司馬氏源流集略》，卷 5，第 5 頁下—第 6 頁下。

心中所想。籌得費用後，事情就在一個月之內完成了：

> 慶成之日，人大和會遠近聞者相率而來，觀之莫不咨嗟歎息，
> 如公（司馬光）復生，以手加額，至於流涕，不減前日自洛赴汴之
> 時也。

很難說元代官員對理學道統的堅持有多少是出於政治宣傳的
考慮。從洛陽到開封的這句記錄，便是司馬光入朝為相之時得到
百姓擁戴的故實。即便如此，李稚賓的文章接着敍述了司馬光光
輝的一生中他認為重要的事情，而他所持的是「積德」的觀念，
到了明代司馬光的後人返回夏縣提出拿回墓地的時候，這個觀念
又重新冒出頭來。他寫道：

> 公之為人也，篤學力行，清修苦節，左規右矩，罔不如禮。故
> 言而君信之，行而民悅之。不用則獨善其身，用之則功利被於天
> 下。兒童走卒無不知其姓名，敵國遠方莫不畏其威德。此豈聲音
> 貌之所能得哉？其德積之也厚，故其及之也遠爾。

李稚賓預期在司馬光像豎立起來後，縣裏的人每年都來祭
祀。他們仰則可以看見司馬光的莊嚴容貌，俯則可以讀到他治民
之書。他們會感到他還活着，而且激勵他們修己慎行。換言之，
司馬光的墓祭已經由宗族事務轉變為政治社群的事。[9] 1344 年，
國子監內建起一座崇祀儒家聖人的殿堂，司馬光亦位列其中，把
佛寺照管的宗族祭祀提升為國家崇拜的過程至此完成。[10]

另一份關於興建學校的材料，是夏縣知縣姜洪在 1490 年寫

9　李稚賓：〈司馬溫公祠堂塑像記〉，《涑水司馬氏源流集略》，卷 5，第 3 頁下—第 5
頁下。李稚賓在文章開首即指出，祠堂建在縣學左方，表明那就是侯均所建的那一座。
但他接着說，縣裏的人三百年來一直祭祀司馬光，這可以理解為祠堂屹立當地已經三百
年之久。按照侯均的文章，這是不可能的。

10　《元史》，北京：中華書局，1976 年，第 557 頁。

的。他說，在元代之時建了一間學校，並且任命了一位山長。明
洪武初年又建了文會堂（未發現更多的材料），而到了他那個時
候，已經倒掉，或已經被用作私人住宅。但他也指出，「舊祠」仍
在縣學的右方，後面有一所名為知足齋大概是書室的房子。學校
左方還有一座供奉文昌帝的祠堂。[11] 這樣看來，由元至明初，學校
一帶出現了一個建築群，其中包括一個書室、祭孔的祠堂（「學
校」）、任命了山長的學校（類似其他文獻中常見的「書院」），
以及一間供奉文昌帝的廟宇。姜洪認為祭祀聖人沒有問題，但
不能祭祀文昌帝。（他寫道：「文昌乃蜀之土神，於吾道乎何所
補？」）與唐代狄仁傑毀「淫祠」、韓愈排佛教一樣，姜洪毀了文
昌帝的像 —— 儘管當地人告訴他文昌帝乃「掌管祿命，並主士人
的榮枯得喪」。姜縣令把「舊祠」改為學校，旁邊的塑像除安放
了司馬光外，也安放了商代的巫咸父子和唐代的諫議大夫陽城。
巫氏父子和陽城跟司馬光一樣，都是夏縣人。巫咸墓在《夏縣志》
裏有記載，而陽城在此之前則供奉在一當地廟宇中，[12] 而由於他們
都與異端的傳統有關 —— 巫咸可能是第一個被政權吸納的巫，而
陽城則因樣子醜陋而須在廟宇重建時改容易貌 —— 他們奉祀於社
內很可能是地方妖魔轉化為地方神祇的又一個例子。[13] 新的堂稱為
萃賢堂。[14]

明代的司馬相準確抓住了何以要追溯聖人世系的原因，而原
由當然就是為了可以寬免徭役。有關的證據俱在，都見諸司馬采
上奏一事，據本文所引司馬相的文章，司馬采向皇帝上奏，是在
他受父司馬塈之命來到夏縣的時候。這個奏疏乃是關於地權和祭
祀的恢復，扼述於山西布政使司成化十三年（1477）正月二十四
日的頒令中。奏疏重提了 1436 年寬免司馬光後裔徭役的聖旨。山

11　根據李稚寶的文章，學校左方是司馬光的祠堂，但並無其他詳情，這個分歧毋庸
深究。

12　參看《夏縣志》（1880），第 15 頁下—第 16 頁上的地圖。

13　姜洪：〈遷溫公書院記〉，《涑水司馬氏源流集略》，卷 5，第 6 頁下—第 8 頁下，
馬化龍關於陽城廟的文章載於《夏縣志》卷 7。

14　《夏縣志》（1880），卷 3；這裏有一行文字顯示姜洪把萃賢堂的祭祀與墓地上神靈
的祭祀區分開來。我的手抄本裏有闕文，因而文意不清，我會在下結論之前予以核實。

西布政使司奉旨行事，並吩咐夏縣縣令遵行。縣令回報稱收到縣教諭和司馬里里長的申訴，又說這兩人在私下到訪該地時發現文廟東面的司馬光祠完好無缺。祠堂是三進建築，裏面有兩塊元代的石碑，司馬光像望之令人肅然。祠堂每月舉行祭禮。這番描述也確實適用於縣城的祠堂。但是，他們也跑到了縣城以西三十里的古墓去，那裏還有松樹和石像，但顯然欠缺打理。此外，還有一堵斷垣，附近的古寺有三間祠堂。這裏已經被樵夫和牧人糟蹋得不堪入目。他們查問司馬光各支脈的後人何在，但發現一個都沒有住在那裏。不過他們找到一個領學俸的學生，這個學生說他的父親1391年出外到浙江山陰縣做生意的時候遇到過幾個司馬光的後人，問他墓地和祠堂是否還在那裏。他記不起他們的名字，但縣學學生和他所屬里的父老卻為他的這個彙報作保證。

山西布政使司盡忠職守，把這件事轉給浙江，山陰縣縣令找到了司馬采，並在衙門錄下了他的證言。司馬采的證言與數十年後司馬相的文章並不完全相符。司馬相以為司馬采是司馬望之子司馬軫之孫，其兄司馬恂曾經到過夏縣，但在司馬采的證言中，並無提及有任何人曾經從浙江到夏縣，而司馬采則是司馬軫之子、司馬望的兄弟的官職不是行人而是侍御。因此之故，也鑒於宋代的一道聖旨可以為證，山西布政使司命司馬采在夏縣司馬里登記，而在他的姓名加入黃冊之後，則知會山陰註銷其名。[15]

然而，司馬相指儘管司馬采在夏縣娶了親，但他並沒有留下來。這件事情發生於1477年，浙江的司馬氏恐怕會由此警覺到他們的祖墳何在，但他們看來到山西去不緊要。1524年，河東巡鹽侍御史朱實昌來到夏縣，他付錢更換了御賜石碑，並且迫使縣令撥地給縣城的祠堂。[16]朱實昌所立的石碑至今仍在，屹立於墓地外一個添加的建築之內。石碑高8.3米，寬1.75米，厚0.45米。墓地管理員說這是亞洲最大的石碑，我無法證實，但不太相信。著

---

15 《涑水司馬氏源流集略》，卷8，第35頁上一第38頁上。

16 《涑水司馬氏源流集略》，卷4，第15頁上一第18頁上有當地人馬㷕〈粹德碑狀〉一文，文中指在侍御朱寔（實）昌到來之前，另一位侍御丘道隆也曾到來，也希望修復該地。

名理學家呂楠記述過這件事情，並指出在墓地上有兩座祠堂，一個是司馬光及其父親的，另一個則是司馬光兒子的。朱實昌認為以司馬光的地位，兩間祠堂未免有點寒酸，便命夏縣縣令另建一間三進祠堂，並把兩間祠堂拆建而成兩間「廡」。其結果很可能十分接近一間「家廟」。可是，朱實昌對佛寺的影響力很不滿，倘若不是呂楠提出僧侶在司馬氏後人南遷之後一直負起祭祀之責，佛寺已被朱實昌拆掉。於是，朱實昌便建了一堵牆，把佛寺和祠堂分隔開來，又在寺外修築了一條路，開端之處有一道拱門，上題「仰德」二字。其中一間廂房是讓文人學士休息的地方。大堂上則安放了司馬光及其父、兄和侄孫的像。這令人想起司馬灝文在 18 世紀 30 年代左右所見的情況。[17]

　　朱實昌在記述這件事的時候，也和呂楠一樣提到同樣的建築，但他說在「仰德」門之前有另一道拱門，縣令付錢建的，上題「司馬故里」，而由於有了牆和拱門，「人不知有佛室矣」。排佛的立場確鑿無疑，朱實昌說呂楠覺得難以表達對佛徒的排斥，但他卻可以指出其所以然。

　　　　今餘慶禪院乃得依其祠墓，縣志謂公之初意，余則以為非信筆也。

　　不是佛徒，而是當地人，記得司馬光的功業，向他燒香頂禮。據他所知，佛寺不過是託庇於朝廷恩賜給司馬光的金牌。故而司馬采到來之時，據朱御史所言，正是由於其故里已為佛寺所佔，他便沒有棲居之所。重心落在社群之上，把墓祭之責倒轉過來了：宋代是由佛寺帶頭，明代則是社群居於主導地位。[18]

17　呂楠：〈修復宋相文正溫國公司馬先生碑記〉，《涑水司馬氏源流集略》，卷 4，第 7 頁下—第 11 頁下。

18　朱實昌：〈司馬故里訪碑記〉，《涑水司馬氏源流集略》，卷 4，第 11 頁下—第 13 頁下。據馬驌的文章憶述，當地認為餘慶禪院利用司馬光得到金牌，而且僧侶在 1148 年出力修復朝廷的石碑。佛寺得到社群的支持，大於官員的支持，也是可能的。

　　朱侍御推動的修繕工作幾乎不能完成，另一件工作又在縣城的祠堂開展。這項工作始於1527年，由另一位與解州鹽政有關的巡鹽御史初杲負責。至嘉靖年間，高級官員在前往解州鹽田途中，過境夏縣，並拜祭司馬光，似乎已成為慣例。司馬光是在與「大禮議」論爭有關的奏疏中曾被多番引述的權威，而官員對他的那種拜祭可能是派系忠誠的一種表示，不過，話也得說回來，這個方面並不見於紀念文章之中，所以只屬猜想。[19]無論重建的理由是甚麼，爭議之處在於看見初杲祠堂破敗，想把它搬走，於是在縣城東北找到一個新址，建了一個大型建築：大堂五進，正寢亦五進，兩條通道通往中央大堂，每條通道均含兩進，以及多進的廂房。呂楠也為此事寫過紀念文章，他指出「視舊祠殆十倍焉」。這些都是初杲以縣城的罰款支付的，為數達二百兩。此外，他撥出90畝官地作以支付祭祀費用，「將俟他日司馬氏後至而歸之也」。有了土地，司馬氏返回故里的可能性大大改變了。[20]

　　還有其他的重建，主要是縣令王言大1561年搬遷並重建了縣城的祠堂。現存的建築在1555年受到地震破壞，另覓新址重建。新的建築顯然是縣學的一個組成部分，除祠堂之外，還有36間講堂和30間房間。王縣令也重建了萃賢堂，他在自己的紀念文章中說，這個堂的木主須搬走，以便興建新的建築，但他沒有說司馬光之靈究竟是由一個牌位還是由一個人像來代表。這個建築本身顯然是一項大型工程，不過直至明代，夏縣的里甲制仍可提供必要的力役，這一點相當重要：王縣令要求該縣36個里，各出10天力役。他又藉此抽取豆行兩成收入（每石三升），當作縣學學生的學俸。這些以外，就是縣令所發放的一筆充公自非法開採銀礦而得的不明款項。他說，起初當地人有意見，但他以國治為由說服他們，而且說必須有某種手段激發縣學學生的士氣，他所指的

19　見 Carney Fisher, *The Chosen One, Succession and Adoption in the Court of Ming Shizong*, Sydney: Allen & Unwin, 1990, 此書認為司馬光之所以被引述，乃是由於他認為多數人的意見最能代表宇宙秩序的觀點。紀念文章着重的不是他的主張，而是他與王安石力抗的性格，以及平民百姓對他的感情。

20　呂楠：〈重建溫公祠記〉，《涑水司馬氏源流集略》，卷5，第8頁下—第10頁下。

無疑是崇奉司馬光。縣令也不是單獨行事,在他上任夏縣縣令那一年,一位巡鹽御史路過,當地人就要求過資助維修。[21]

確定世系

司馬氏的確回去了。司馬相是在縣城的祠堂維修,而且已經有土地撥出作祭祀之資那一年回去的。[22]

呂楠親身經歷了這件事情。新年翌日,呂楠向巡按沈公拜年,沈公告訴他司馬相抵達了管轄河東鹽的運城。第二天,司馬相來到,呂楠説:

> (司馬相)容貌古樸,心神開朗,一握手間忘形骸出肺腑,契如金蘭,戚若骨肉。初,公查獲在官水田百餘畝,籍之官版以為祭需,俟司馬氏後至而歸之南畹。子曰:「菲泉其定居矣,時在不可失,事在不可疑。」菲泉子曰:「相豈為此田來哉?」予遂歎曰:「果若古語,非聖賢子孫何有此言。」

有趣的當然是其故意把隱含的批評岔開了。當時的人知道,回來的人是為土地而來;為甚麼獨有司馬相不然?那句評語説明了一切。他們當然知道如果有土地的話,那也是歸於祖先的,但要把土地接收過來,則須證明其世系。[23]

21　王諍:〈重建司馬文正公祠堂書院記〉,《涑水司馬氏源流集略》,卷5,第10頁下—第12頁下,以及王言大:〈重建司馬溫國文正公祠堂書院記〉,《涑水司馬氏源流集略》,卷5,第12頁下—第14頁下。

22　當地人馬巒指司馬相到過夏縣四次,期間安排了這些事情。但他的功勞卻被他後來的失德敗壞了。參看,《涑水司馬氏源流集略》,卷5,第20頁下—第21頁上。

23　呂楠:〈積德之什序〉,《涑水司馬氏源流集略》,卷8,第1頁上—第4頁上。序文題目的意義在文中有解釋。巡按沈公舉行了一個宴會,司馬相在宴上出示了司馬光的著作,其中有「積德冥冥之中以為子孫長久之計。」沈公為宴會準備了一部紀念詩集,拒用「象賢」和「光裕」(顯然是「光前裕後」的縮略)為題,而用了「積德」。他希望司馬光的功勞會在司馬相身上開花結果,遂建議題為「積德之什」。

　　從後的文章中得知，司馬相並未在夏縣居住下來。他惹了官司，致使丟掉了公職。[24] 1567 年到來取回土地的是他的第三子司馬祉和他的孫兒司馬晰（司馬相長子的第三子）。他們有備而來，據當地名人馬化龍的記述，他們帶回了一幀司馬光畫像，像中描摹出司馬光的特徵，還有多道上諭，以及一部由司馬相所撰家譜。馬化龍提到他細看過「洛陽耆英圖」畫卷，司馬光便在其中：

　　　　暇日出圖示予，予焚香啟匭，見諸公皆衣冠偉然，令人蕭然起敬。第卷中張景元、趙南正、馮肅之三公面目剝落，莫可辨識，其他亦或間有毀裂，而司馬公、文富二公及張昌言、王安之、席君從、王君貺、楚正叔、王不疑數公之容猶幸無恙，以故公之鄉後生如不肖輩始獲睹公真容，見公遺物。自謂稀世奇觀，幸莫大矣，然亦不能無感於斯也。

　　馬化龍還說到為何得確定司馬光的世系在夏縣：當時的人誤以為司馬光家在洛陽，但畫卷所見，他是在洛陽與同僚相會，不是在那裏安家落戶。畫卷已經還鄉，司馬光的家顯然在夏縣。[25]

　　那些上諭和司馬相所撰的家譜還有一些可以一談的地方。現存的司馬氏家譜，著錄於《四庫全書存目》當中，為司馬晰於 1587 年所編。[26] 其中並無家譜常見的世系圖，但從司馬光父親、其本人、兄弟、兒子、侄兒，還有一個孫兒和曾孫司馬伋的傳記中，卻可以勾勒出一個輪廓。司馬伋被視浙江一脈的開基祖，但在他以下則付之闕如，直至第十二世的司馬恂才重新接上。司馬

24　《涑水司馬氏源流集略》，卷 8，第 22 頁上—第 26 頁上。

25　《涑水司馬氏源流集略》，卷 7，第 20 頁下—第 23 頁下。那個畫卷於天啟（1621—1628）年間刻印在夏縣縣城祠堂的七塊石板上，拓本載於胡聘之撰：《山右石刻叢編》（1899），太原：山西人民出版社，1988 年重印，卷 14，第 28 頁下—第 37 頁下，其所在地載於夏寶晉撰：《山右金石錄》（1847），重印於顧燮光輯校：《顧氏金石輿地叢書》，杭州：金佳石好樓，1929 年，索引第 4 頁下及正文第 8 頁。

26　重印於《四庫全書存目叢書》，台北：莊嚴文化，1996 年的版本係北京大學圖書館所藏 1607 年司馬露的增補本。

恂據説是第一個 —— 儘管並不可信 —— 從浙江來到夏縣的墓地拜祭的人，第二個是司馬相，然後就是司馬祉和司馬晰，再後就是司馬相的兒子司馬初。[27]這些名字之後的幾頁據云已經掉失，但重要的是沒有提及在司馬相之前到過夏縣的司馬采。因此，家譜所記偏重於單一世系的傳承，並不全面。可想而知，上諭所見的也是同樣的情形，即從司馬光、司馬伋、司馬恂到司馬相的一脈。[28]

同樣應予重視的是，司馬祉和司馬晰的「還鄉」得到當地望族的支持。看過司馬光畫像的馬化龍是《夏縣志》的編修者，1576 年的舉人，其家自 15 世紀中葉以降，每一代均有子弟登科。他的曾祖父馬驥曾撰文記述侍御朱實昌於 1524 年修復御賜石碑。[29] 1886 年的《夏縣志》還記載司馬祉和司馬晰來到夏縣時，被一位名叫解智的接待達六年之久。[30]六年這段時間是重要的，因為在這六年裏，也就是 1574 年，司馬祉和司馬晰正如有人夢中所示，考中了縣試，成為監生。翌年，司馬祉更晉升進士。[31]一年後，司馬祉病重，他無後，於是司馬晰「與其他族中人」（夏縣不可能有族中人）一起在祠堂（大抵是司馬光的兩座祠堂之一）稟告祖先，並宣佈過繼予司馬祉。但是，司馬祉康復過來，後來又離開了夏縣，司馬晰留了下來，至少有一次從巡鹽御史林公和多個不知名的官員那裏得到一百多兩銀子維修司馬光墓和祠堂以及恢復春秋二祭。馬化龍的女兒自小也就許配給了司馬晰的兒子。[32]

司馬晰死於 1592 年，一年後，提督學校山西等處提刑按察司副使下令，要把司馬光與山西另一名人薛文清公的後人都找出來，以便其嫡派子孫得享廩賜，司馬晰之子司馬露膺此殊榮，時

27　《涑水司馬氏源流集略》，卷 1，第 9 頁上。

28　《涑水司馬氏源流集略》，卷 2。

29　《夏縣志》（1880），卷 7，第 31 頁下—第 34 頁上，第 38 頁下。

30　前引書，卷 7，第 41 頁下。《夏縣志》，第 7 頁，第 30 頁下提到永樂年間一個五代同堂的解氏，但不清楚是否與解氏有關。

31　有關此夢的記述，見《重修餘慶山院碑記》，1746 年。

32　梁綱：〈明故癸酉解元雲鶴司馬君墓誌銘〉，約 1593 年，《涑水司馬氏源流集略》，卷 8，第 41 頁上—第 54 頁下。

年十六歲。1607 年，司馬露向巡按監察御史康公取得墓地附近
30 畝田地。[33] 因此，家譜乃司馬晰於 1587 年所編，而由司馬露於
1602 年增補。

結　語

　　前文提過，18 世紀初司馬灝文來到這個地方的時候，墓地和
祠堂仍待修葺。在他所見的石碑中，其中一塊記述了 1607 年康御
史捐地 30 畝，產權歸司馬露所有。另外只有一塊石碑提到該處的
重建，那就是 1704 年由一位河東巡鹽御史負責的一次。1746 年
修繕餘慶寺之時，是由僧侶出資。1752 年，縣令陳佩問及縣學附
近的廢地，被告知祠堂所有產業均屬司馬氏所有，但這不妨礙他
把地拿來給縣學學生建房子。[34] 1762 年，祠堂由餘慶寺的東邊搬
到西邊，也是由僧侶出資。司馬氏似乎並未在夏縣發家；佛寺倒
是存留下來了。

　　司馬光墓的歷史說明了神龕的發展。這個歷史顯示神龕在宋
元兩代由佛寺負責，而明代則成立了對立的建制。明代的發展既
有國家的密切介入，也包含了地方宗族的建設，至少在形式上是
這樣。國家對祭祀儒學大師的規定、豁免力役，以及撥出土地供
給祭祀之資，這些都是子孫後代維持宗族結構的條件或誘因。當
時的記述，尤其是呂楠的著作，記錄了 16 世紀此地的一些事件，
顯示宗族建設不局限於名人之後。從他的文章中，可以看到山西
各個地方鄉約的社群安排、族譜的編修，以及嚴格依照明代法律
規定的「家廟」建築而興建的祠堂。但是，今天到山西一看，當
可發現這些建制無論如何並沒有像在華南地區如珠江三角洲那樣
強大而且風格突出。在司馬氏的例子當中，建立神龕的推動力一
直以來主要是來自政府的資助；沒有地方宗族負擔起財政和維修
的工作。

33　以上諸事的官方文牘，收錄在《涑水司馬氏源流集略》，卷 8，第 41 頁上—第 54
頁下。

34　《夏縣志》，卷 2，第 7 頁上—第 8 頁上。

　　祭祠司馬光墓的原因是偶發的，因而與外來壓力的關係，大於地方力量，幾乎每一次均與河東巡鹽御史有關。呂楠在一篇文章中提到，河東是 16 世紀其中一個以設立儒學自豪的地區。當然，河東也是好些信仰的所在地，其中尤以關羽為突出。初步的假設是，司馬光祭祀的興衰基本上與 16 世紀理學的高潮有關。而對這個假設的進一步探討，將可再次驗證把地方禮儀的悠長歷史並置起來，是否會比「地方」或「大眾」宗教所包含的意義，更能擴闊我們對歷史進程的理解。

動亂、官府與地方社會：
讀《新開潞安府治記碑》*

近年，筆者多次在山西省進行實地調查，了解地方歷史和鄉村社會的演變。2000年夏天在長治縣上黨門見到嘉靖十二年（1533）的《新開潞安府治記碑》，該碑刻的內容對了解明末山西東南部地方的社會變動提供了有價值的線索。謹原文抄錄如下：

新開潞安府治記
夫事莫成於循平，莫敗於幸倢；夫心莫寧於凶耀，莫競於浚取。任獨□，則激通情；激通情，則覆道軌。其凶害乎，比善者捄之，害已過半矣。臣乎。可不慎動與。

初，青羊之民，習於盜而恃其險。聚則鳥叢，散則鼠伏。持挺爲器，潛剽村虛，出沒潞、懷、衛相之交，將及五紀。非有弓矢戈騎之利，破城殘邑，一有司可制之。嘉靖丁亥，賊劫恩村及黎之郊。山西憲臣益大其事，覬成奇績，反敗於賊。殺官疊屍。戊子秋，朝廷遣將，合冀豫之兵征之。河南憲臣潘公塤，取謀用間，始入其阻。已共肆厥伐。旬日底寧凶，凶鏃之費。

皇上至明大仁，志存安輯，又命兵科都給事中，今大宗伯夏公言奉詔勘實，止狂劉，革冒賞，降實德。夏公已上議，謂潞本嚴郡，古號上黨。大都偶邦，勁卒起凶，唐皇嘗爲別駕，今建州置官，體勢尚輕。盜居幽左，靡所密統。任其穴於要害，凡皆未宜。今當升州曰府，立縣青羊之陀王峽虹梯，竝立二關，蟠溪、王斗、

* 原文為中文，原載《中山大學學報》2000年第2期，第66—73頁。

白雲各設巡檢。我固是險，寇披其腹心。又四年，爲壬辰，內外謀協，盡行是議。

上錫府名曰潞安。舊統六縣，復增其二。附郭曰長治。青羊曰平順。官署備府制，惟減附縣之學。癸巳春，中丞陳公達命，知府宋圭氏刻石紀由。曰茲舉也，明主之抑倖功，大宗伯之發石畫，瀎恩長算可泯登載乎！

夫潞土狹而農勤，厥地高寒，歲止一人。業於機杼之攻，商操盈利。藩姓蕃息，軍校錯居，各修其所。尚俗故儉，漸流則奢。性本堅，易之則悍。御之得道，可以衛京師，控河朔。御之失道，亦以資霸強蔽姦宄。開府之計，將以選受循良，慎封美化，一之於中和。夫政，御民之轡也。禮運，轡之手也。是故上本下末，可與守儉．道廉興讓，可與言恭。正之學，以用其堅。齊於制，以定其錯。故龔遂數農桑，而渤之亂理矣。文翁興教學，而蜀之陋變矣。

朝列大夫南京國子祭酒奉旨致仕相臺崔銑撰

本府同知孟奇通判衣軒冕推官孫簡　同立石

碑陰記：

嘉靖十二年十五日經歷劉禎照磨馬督工庠生饒誼篆書石工常相鑴

山西碑刻《嘉靖新開潞安府治記》（攝於 2002 年）

　　碑記明顯包括了三部分內容：1.「青羊山之亂」[1]；2.建立地方社會；3.潞安府與藩府的關係。以下結合《明實錄》和其他文獻的記載，就這三個部分，分別展開討論。

「青羊山之亂」

　　「青羊山之亂」是地方上的動亂，通常不會申報朝廷。《明實錄》在嘉靖六年（1527）十月記載了這件事，是因為山西巡撫都御史常道上奏出兵招撫不利，請朝廷命河南巡撫加兵會剿討伐。朝廷雖然馬上下了命令，但會剿的計劃沒有執行。以後的幾個月間，地方官員分成了兩派。山西黎城知縣王良臣親自到青羊山遊說招撫，他的努力得到山西巡撫御史穆相的支持，而巡撫都御史常道則堅持會剿的計劃。[2]

　　延至嘉靖七年（1528）九月，朝廷的官員也分成主撫和主剿兩派。桂萼主撫，張璁主剿，爭持不下。首輔楊一清請嘉靖皇帝親自決定。皇帝接納楊一清提議，支持出剿。嘉靖七年（1528）十月，山西、河南官兵分三路進攻，陳卿等遂敗。陳卿降，其父及妻子家屬皆被捕。夏言於此時，才上奏參常道罪，參其「撫剿失宜」，又「未嘗與賊會戰，乃飛章告捷」。這個奏摺得到朝廷接納，夏言被委派到山西視察。[3] 嘉靖八年（1529）二月，夏言回奏，請割壺關、潞城、黎城三縣建潞安府，「青羊山之亂」所遺土地，「盡給良民為業」。設兵備官，以澤潞泌州民壯，半守潞城，半駐青羊山。[4]

　　「青羊山之亂」，參與的人數不多。嘉靖七年六月報告估計，「陳卿之眾，僅八百餘口，除妻孥孱弱外，能戰者，不過四、五百

1　本文各處提到的「青羊山之亂」、「動亂」等用詞，都是古籍原文的表述，絕不意味着作者認為其本身是「亂」，望讀者鑒之。

2　《明世宗實錄》，卷81，第13頁；卷85，第8頁；卷86，第4—5頁。

3　《明世宗實錄》，卷94，第2—3頁。

4　同上，卷98，第19頁；卷99，第11—12頁。

人」[5]。不過，官軍圍剿之時，陳卿等就「逼脅近山居民，籍記其姓名，編成甲伍」。如此召集的隊伍，共一千七百多人，分別對抗山西、河南官軍。[6]夏言的奏摺，説明搜獲「賊中文書冊及賊名籍」。夏言審訊後的結論是：「方卿猖獗時，近境小民，多被脅擄，籍記姓名，編為總小甲」，這些人「非真盜可擬」。[7]

這些脅從的男女，「約計不下二千餘人」。如何安置這批亂後的流離之眾，夏言提出了幾個不同的方案。似乎他最主張的辦法，是開發青羊山的往來道路，使投降的人仍繼續依山居住，「編為甲伍，照舊納糧當差」。假如不能開發青羊山，便唯有「審量地方廣狹，踏勘田畝多寡，相擇高平原阜，建置官府，以為防禦。大則設一千戶所，小則立二、三巡檢司。控扼要害，長年戍守，以為百年元事之計」。他考慮到應付巡檢司、千戶所所需的經費，認為「若可設千戶所，則將山間徵糧田地，計畝從寬起科，給予該所官軍依山屯種。卻將附近衛所屯田抵兌酌量數目，略如井田之制，分授降人戶，每人田若干，隨處安插耕種。俾為永遠世業。官司仍量行賑貸，以為廬舍、牛種之資」。但是，「若立巡檢司，則將附近州縣民間拋業地土分給耕種。不許徵糧起科。若一處不給，則散置各縣地方，造冊編管。仍以山間田地，召募有力無田之人，僉充該司弓兵」。[8]這些建議，都反映在碑記之中。

建立地方社會

嘉靖三年（1524），呂楠路過「青羊山之亂」所影響的地方，對附近東火村的鄉約發展有很精彩的描述。在他的〈鄉約集成序〉，先説明了大概：

5　同上，卷89，第18頁。
6　同上，卷94，第2頁。
7　同上，卷99，第4頁。
8　《皇明經世文編》卷202，第14—15頁。

　　予往年謫解時，過潞州東火村，見仇時茂率鄉人舉行藍田呂氏鄉約，甚愛之。至解州，選州之良民善眾百餘人，仿行於解梁書院。而諸□王二上舍主之，方恨其無定規也。而時茂以其所行鄉約條件一書見寄，且請校編。於是遂併舊所抄略，於會典中諸禮參附之。而第其篇次，節其繁冗，以附仇氏。凡十四篇。若修身齊家之旨，化民成俗之道，則先提學周秋齋先生序之篇端矣。[9]

　　東火村所行的鄉約，顯然甚得呂楠讚賞。有關他路過參加鄉約聚會的情況，記錄在〈送仇時聞北還序〉中：

　　嘉靖三年七月，予自史館謫解，過潞州，玉松子仇時茂邀予至其里雄山鎮，獲見家範鄉約之美。是日，宴予於禮賓堂。石岩處士時聞以醫官致仕。烏帽角帶，與其諸兄列坐其旁。予初藐焉，以為恆人也。及談古今人物，辨南北風俗，或探至諸經，或波及群史，時聞皆能挈其微而刺其顯，揚其行而抑其辭。予甚訝之而未難也。及與之究程朱之奧，講孝弟之實，言則親切而意無窮，志有定向而不力倦。予當筵歎曰，此從事正學者二十年之功也。[10]

　　從這兩段材料，可見呂楠一方面感覺到東火仇氏有讀書人的氣質和表現，但是另一方面也對他們的修養感到驚奇。

　　仇家除了鄉約外，還有一個類似宗族機構的同心堂。從呂楠〈仇氏同心堂記〉，可見仇氏是個「考鐘而食」的大家庭：

　　鐘八聲，內外升有序堂，聽訓。鐘九聲，丈夫則食於同心堂矣。

9　《涇野先生文集》，卷4，第8頁。
10　同上，卷5，第8頁。

　　介於家庭和鄉約之中，仇氏又建有書院。呂楠〈上黨仇氏新建東山書院記〉說：

　　　　時茂自其父祖及兄時濟樀輩與其子孫同居者，蓋四世矣。又嘗修藍田呂氏鄉約以化鄉人者，蓋三百餘人矣。與建義學於其舍旁以教鄉人之子弟者，蓋五七十家矣。

　　仇氏以此猶未足，另建有先師祠，即東山書院。書院附有教師住所以及藏書的尊經閣。仇氏所為可謂符合理學對地方組織的要求。所以，呂楠為此事感歎說：

　　　　或曰：何以為規？曰：即家範以教家，而家道皆可正矣。即鄉約以教鄉，而鄉俗皆可美矣。即義學以教子弟，而子弟皆可材矣。蓋先師夫子及諸賢之道，實不外此。士能於此，雖以治天下邦國有餘也。[11]

　　此段話歸納了理學有關地方統治要旨。

　　但事實與理論並不完全一致。有關仇氏的鄉村建設，還需要詳細分析呂楠〈明誥封亞中大夫宗人府儀賓玉松仇公墓誌銘〉一文。玉松就是仇時茂的別號。仇時茂生於成化四年（1468），「從致仕教諭陵川姬先生彰學，有志科目」。封於潞州的潘藩內的恭僖王「聞而愛之，遂選為上艾縣主儀賓」，即把女兒下嫁給他。但是，仇氏家族並沒有功名。他的弟弟考到監生。他一個妹妹，嫁「潘陽衛指揮張準」，而他還要「時周給之」，看來妹夫的家庭也不見得富有。一個從弟和兩個從叔，據呂楠描述是位「義官」。祠堂和家範就是這批人弄出來的。呂楠說：「他日，叔父義官鶴得鄭氏旌義編、於從叔父，義官鸞常議欲推行，未就而卒。乃同宿州吏目兄樀皆群從弟，以禮葬叔父畢，即謀計其志。遂立祠堂，述

11　《涇野先生文集》，卷14，第28頁。

家範」。關於建立祠堂的年代，呂柟〈明義官仇君時淳墓誌銘〉記載仇鶴死於弘治十六年（1503），而本文載他於文章寫成二十年前去世，相當吻合。

祠堂建立的歷史不是很長，因此家族也未真正有很強的傳統。所以呂柟對自己觀感的描述很矛盾，所謂「此行忽身入夷惠之里，目睹時雍之俗矣」。呂柟嘉靖三年（1524）參加過仇氏的鄉約聚會，細讀他的描述，他參與的宴會是仇氏家族的活動。他說：「接見同會老幼二百餘人已，而宴於禮賓堂，諸弟侄子孫皆侍。時茂洗爵酌獻於予，謂諸弟侄子曰：此公而至吾家，止為有家範耳。諸子弟如不能守訓，痛祖先於地下，辱名公於四方矣。」至於鄉約的規條，「明年時茂訪予於解州，留數日，聯榻於運城王生之書館而別歸，遂重訂鄉約集成，請刪改序題」。由此所見，《鄉約集成》並不單是呂柟為解梁書院鄉約所編，而同時是為仇氏鄉約所修訂。再「明年創建雄山書院，請為記」。仇時茂大概就是這個時候去世的。

必須指出，呂柟到訪的時候，仇氏的地方組織不是鄉約，而是家族的一種類型。也就是呂柟把它規劃成「考鐘而食」的實際情況。

仇氏開始以家族模式表達鄉村組織的做法，亦可以從呂柟文追尋到根源。呂柟文章說：

> 正德六年五月間一日，忽迎養祖母陳於城中。至六日，而流賊奄至，大劫東西火。其前一日，合家婦女亦就陳母得脫去。潞人皆以為孝誠所感。賊漁獵臨莊婦女，間亦有不從賊而死者，趙女、袁女、焦婦、王婦四人。兄歎曰：此輩若不激揚，風俗自此污矣。於是具四婦女事，實同會友四人，呈諸巡撫王公，獲給葬銀，奏聞豎碑建祠，載在祀典。其後，聞風而起者，又有二焦、平、丁四烈女婦焉。初，流賊之初至也，索馬，否則火其家。兄曰：放火，一家之害，與馬，賊害及四方矣。乃不與馬，卒火其家而不恤。

　　這些孝義的經歷，使仇氏家族得到官府的承認。在聲望提升的同時，仇時茂從瀋藩府所得的俸祿，亦從物質上鞏固了他在族內的地位。呂柟談到此事，以「兄於斯祿，以宗室漸繁，得之，亦未嘗獨享」來描述他對族人的資助。詳細情況包括：「正德五年秋，支二百金遠近族人。人給銀五錢。以百金糴米，遇時艱食，依原價糶給鄉鄰之困乏者。因流賊兵火，八年，又支百金族人如前，各給錢一緡。鄉鄰為酒食，大會三百餘人。嘉靖四年（1525），奏准祿米折支河東鹽，又得二百金，二從叔母及族人置上衣一襲。是歲同會百七十六人，皆置深衣各一襲，布履各一事。有例，許併里分。本鎮六里，人多雜處，數年借貸、差稅不便。兄謂義官弟樸曰：若併作一里，此先宿州兄志也。於是，費百五十金有奇，而里併」。嘉靖四年（1525）併里的舉措，已經超越了家族的範圍，而進入鄉村整合的領域。[12]

　　弘治十六年後的興建家族活動，還可以從〈明義官仇君時淳墓誌銘〉得到補充說明：「弘治十六年七月，義官君卒。兄弟三人，哀號盡禮，葬後，同處一室。正德五年，乃議立家範，舉行呂氏鄉約，原遵約得二百六十餘家焉。置深衣巾履各一，立勸懲簿，以憑賞罰，設義廩以便斂散。」有關併里事：「本都六里人，舊窘差稅久逋。郡公君使人諭與禮義，稅得完納。太守欲犒花紅，則辭以祖母之服。是後有例，許併里。分君與儀賓費百五金，併為三里。自此二稅諸役必以本家銀貨，依官價代輸後，收原本，不取其息。人皆使便。」關於鄉約的範圍，該文也有記錄：「西火霍村平家莊、趙家莊，遠而陵川之南泊，壺關之柏林，皆從約也。」[13]值得注意的是，並不是該範圍內所有的鄉村都在約內，這個鄉村聯盟有相當大的選擇性。

　　還有一點值得注意的，就是正德五年的流賊，與嘉靖七年的「青羊山之亂」有很大的差別。仇時茂遺著《貞列唱和詩集》中有一篇序言指出，正德五年的那批人，是從「青、兗、彰德西上太

12　《涇野先生文集》，卷24，第3—8頁。
13　《涇野先生文集》，卷39，第22—24頁。

行」的[14]。青羊山位於東火村和西火村所在的太行山，夏言的報告特別提到賊眾包括「妻孥孱弱」，陳卿降後，其父親、妻子、家屬被孥，表明所謂動亂的民眾，也就是當地人。

所以，呂楠歷次記載提到的人口數位，並非沒有根據。幾次不同的地方活動，也作了幾次不同的人口登記。東火村建鄉約，依靠人口登記，而青羊山賊巢也發現有人口登記冊籍。《新開潞安府治記》說，青羊之民「習於盜而持其險」，可以由此推斷地方上有長期的矛盾。為甚麼這一帶的地方組織，被區劃為「賊」，當與其時禮儀的變動、地方領袖與官府的關係的維持，有很大的關係。有關這方面的問題，需討論地方政府與藩府的關係。

潞安府與藩府的關係

「青羊山之亂」，受影響的人數並不多，但是驚動到朝廷。廷臣屢為此事上奏，結果因為平定該次動亂，升潞州為潞安府。以後每論及潞安府的創建，必先述及「青羊山之亂」。「青羊山之亂」可以說是潞安府的「根基傳說」。「根基傳說」得以流行，不但是因為配合歷史事實，也因為配合歷來的思想潮流。

潞州為府的理由，夏言在嘉靖八年（1529）〈改建潞州府治及添設兵備憲臣疏〉中說得很清楚。理由之一，是上黨地區在軍事上的重要性：

> 其地極高，與天為黨，因名上黨。山川峻險，地里遼曠。盤踞太行之上，為天下之脊。當河朔之喉，東帶雁門、寧武、偏頭等關。屹然為京師屏蔽，益古今要害。中原必爭之地也。[15]

在當時的情況下，這些話絕非沒有道理。山西宣化、大同一

14　光緒《長治縣志》，卷4，1933年重印本，第3132頁。有關當年華北的動亂，參看湯綱、南炳文：《明史》，上海人民出版社，1985年，第349—354頁。

15　《桂州文集》，卷13，第65頁。

帶，常受蒙古俺答部的威脅，嘉靖七、八年邊患尤甚。[16]《新開潞安府治記》載：「御之得道，可以衛京師，控河朔」，反映的就是這類思想。

不過，潞州雖然位於山區，卻是一個繁榮的城市。夏言説：

> 臣初抵潞，觀其城郭宏大，民□□□，□衢廣衍。西北諸郡鮮有此比。況以□□之眾，口益繁盛。自沈簡王位下，今分封為陵川王府者十有六，為鎮國府者六十有三，為輔國者七十，為奉國者二十有二。有潞州衛，有瀋陽護衛，兵民雜居。

雖然如此，藩府對於地方的保衛，毫無作用：

> 潞州城周回一十九里，廣三丈，高三丈五尺。代更歲久，無人以時修葺。磚土剝落，間有缺陷中穿之處，遂成徑竇，人畜可通往來，晨夜無所防禁。本衛雖有指揮十六員，鎮撫千百戶共七十員。率多□茸非才，太半緣事。原伍旗軍五千七百九十四名，而逃亡事故者，三千三百餘名。三關輪班操備，二千二百五十五名，而不赴者常半。騎操馬一千二百九十八名，見在者八疋而已。武備費弛，未有甚於此者。
>
> 夫以軍城重地，百萬生靈鱗集，蟻附宗藩邸第。其佈星羅，府庫錢糧，積巨萬計。而城池弗固，武備不設，蕩然無守。譬之巨富之家，金帛盈積，乃獨居曠野，無垣墉局鑰之固，無子弟奴僕之強，無挺刃器械之防，而主人又復屭弱不振。如此而不為盜賊所窺者，未之有也。
>
> 昨當山賊猖獗之時，城中宗室大家俱欲鑿壕自防，倉皇無計。念之可謂寒心。

16　《明世宗實錄》，卷85，第13頁；卷86，第17頁；卷87，第1頁；卷92，第10頁；卷93，第12頁；卷96，第2頁。《明史》，北京：中華書局，1974年，第5382—5383頁。

這個情況之下，政府需要組織防衛。但是，除非它委派的官員有相當的實力，否則難以控制藩府及其家人：

> 以一知州，官秩既卑，權力有限，縱使才能，亦難展佈。誠不足以禁制奸豪抗抑權勢。佐貳之職，類皆雜流末品，殊不足以分理。政務宣佈，德澤兼之。僻在一隅，上司大吏，按部有時。力小任重，付託弗堪。是以教化不行，法令不振，此歲青羊山蛇鼠之盜，遂不能制，頗費支吾。萬一有意外，則官府束手，宗室震驚，恐不免重貽朝廷大憂。為今之計，改府立縣，誠有不可緩者。況稽之眾論允合，詢之人情大順。諸王聞之，亦復欣然同願。[17]

所謂諸王同願，應該說明嘉靖初年，他們處於弱勢。潞藩莊王，即明太祖第二十一子沈簡王模孫，年幼嗣位，正德十一年（1516）卒。其子恭王詮繼嗣，嘉靖六年卒，孫允栘攝府事。允栘九年卒，「無子，再從弟憲王允栘攝府事，凡十年乃嗣封。當是時，沈府諸郡王勛湆、詮㛄並爭襲，帝皆切責之，而令允嗣」。[18]所以當時是沈府群龍無首的時候。

此時，藩府的官吏所採取的態度，變得很政治化。而其實呂楠也不是不了解其中的奧妙。其〈斷金會序〉記載了仇時茂等五名藩府儀賓興俗活動，也記錄了這些態度的演變：

> 斷金會者，沈府賓相仇、牛、郗、栗、宿五君子之所為也。予往過潞州時，五君子者，皆枉顧予，時已皤然老矣。予過潞已三年，而此會益堅不改。可知其斷金矣。易曰，二人同心，其利斷金，蓋參之以三人，則難也。況於五人乎。

至於斷金會的宗旨：

17　《桂州文集》，卷13，第65—67頁。
18　《明史》，北京：中華書局，1974年，第3606頁。

　　　　蓋聞五君子之為會也，以俗之趨利也，則尚義以振之。以俗之
　　無防也，則崇禮以正之。以俗之廢恥也，則敦節以警之。或分財以
　　周困厄，或歌詠而陶性情。道有所在，身無不行。蓋老師宿儒不易
　　能，而五君子飄然高舉而不以為難也。[19]

　　實際上，此五君子支持了潞州升府以前知州張萱的改革，其
事記錄於長治縣名宦祠內碑碣：

　　　　張君守潞之明年，晉官湖廣僉事，潞民皇皇如失父母。及出
　　祖，攀轅而號泣者數萬人。乃為木主，大書曰：僉事張公，置於名
　　宦祠，春秋祀之。儀賓仇時茂五人者之義交也。三晉莫不聞。

　　地方上出頭的人需要與官方打交道，應該算是平常的事。唯
獨支持張萱的五人是藩府的儀賓，而張萱得以紀念於名宦祠的理
由，則是他反對藩府對人民的荷徵。

　　　　潞綢之售於上官也，荷於賦。驛輿里夫之役於藩府也，密於傳
　　命。張君格焉，可以為強矣。遞馬之徵，列民為三等，而酌取之，
　　可不謂平乎？[20]

　　藩王濫用權勢，侵佔財產，而被朝廷士大夫批評，時有所
聞。而仇時茂等斷金會五名儀賓卻為爭取名聲，結交呂楠一類名
士，支持朝廷的政策，限制藩府的權力，這樣的表現就比較特別。
　　藩府方面，也支持嘉靖年間的禮儀改革。其中的表現，可以
見於其處理反對張璁、桂萼的官員胡侍的手法。

19　《涇野先生文集》，卷4，第38頁。
20　《長治縣志》，卷3，第40頁。

　　胡侍，寧夏人。舉進士。歷官鴻臚少卿。張璁、桂萼既擢學士，侍劾二人越禮背經。因據所奏，反覆論辯，凡千餘言。帝怒，命逮治。言官論救，謫潞州同知。沈府宗室勛注以事憾之，奏侍試諸生題譏刺，且謗「大禮」。逮至京，訊斥為民。[21]

也可以見於藩府本身對家族禮儀的提倡：

　　恭王詮鉦，莊王子，待宗人用家人禮。[22]

　　泌水莊和王允樬，簡王五世孫也。嘗著家範三卷以訓。[23]

　　陵川宗人府鎮國將軍詮鉸，字孤松，詮鍒，字孤岩，詮鉼，字孤雲，並康肅王之孫也。創行宗約，建會所，敦請名士，訓其同宗子弟，意主修齊吉凶之禮，一準於古。故約中子弟，恂恂秉禮，多篤行君子。其著者有勛溴，字雲崖，工詩善書；勛滄，字雲峰，深於經學；勛淦，字雲岫，留心經濟；勛瀾，字雲溪；允撐，字敬軒；允□，字敏軒；允梢，字遜軒，並《嫺吟詠人有一集》；又有勛汛，字雲階，勛浯，字雲山者，老而嗜學，子夜書鐙熒然，時人罕識其面，皆表表者。[24]

　　所以，仇時茂等五人對禮教的推崇，並不是孤立的活動。他們的活動不但配合嘉靖年間的潮流，也配合藩府內部的演變。但是，事實可能還更複雜。

　　嘉靖六年，恭王去世時候的鬥爭，《明世宗實錄》有詳實記錄：

───────────

21　《明史》，北京：中華書局，1974，第5007頁。
22　《長治縣志》，卷6，第6頁。
23　同上，卷6，第61頁。
24　同上，卷6，第65頁；又卷4，第17—19頁。

　　初，沈王嫡孫胤橓生，六歲而王病。草恐諸郡王為患，預奏以
橓主府事，令母妃郗氏保護，長史承奉等輔導，以俟其成。及王
薨，宿遷王詮鏘遽請命靈川王胤杉攝國政。於是，郗氏奏，請如王
初意。禮部議，言王國宗祀嫡孫承重，固為正禮。然母妃與事，亦
當預防。請令胤橓主喪，統府事，母妃止令在宮保護。府事皆聽長
史等檢束，郡王、將軍及宗人不得奏擾，長史等亦宜盡心輔導。有
不奉職者，巡按及守巡以下察舉。從之。[25]

　　郗不是一個很普通的姓氏。斷金會五人中的郗賢，相信和郗
氏有家族關係。郗賢在嘉靖六年到九年的藩府鬥爭中有何作用，
尚不得而知，但是在這些動盪的時候，與禮教聯盟應該是對官府
有影響的行動。

　　最後還應該注意正德六年後藩府的財政困難。材料記錄於陵
川鎮國將軍孤雲的墓表：

　　正德辛未，葫寇流劫，頻年不穀。宗室歲祿積逋二千萬石。宮
　　眷窘乏，官廩屢空。所司暴斂淫取，辦於僅存之家，翁〔即孤雲〕
　　惻然。草疏娓娓千餘言，直陳民瘼。奏以河東餘鹽十萬引折祿代
　　租，民困賴蘇。[26]

　　上引呂楠〈明誥封亞中大夫宗人府儀賓玉松仇公墓誌銘〉提
到嘉靖四年仇時茂有「祿米折河東鹽，又得二百金」，相信就是這
類安排的延續。

結論

　　《長治縣志》還有兩篇有關明代潞安建府的碑記，內容與現

25　《明世宗實錄》，卷77，第5頁。

26　《長治縣志》，卷6，第62頁。

存上黨門的碑記大同小異。[27] 潞安府創立，與「青羊山之亂」密切相關，但上黨門的碑記，有特別暗示動亂後的民間軍事組織的作用。《長治縣‧建置志》記錄當地兩處村鎮的土城，都認為與「青羊山之亂」有關，可見這個「根基故事」不僅適用於城市，也適用於鄉下[28]。實際上，這些山區村落，也長期有民衛組織。《陵川鎮國將軍孤雲墓表》記錄嘉靖二十一年（1542）蒙古入侵時事：「潞有民衛，衛兵皆先期戍邊，臨敵無備，城中洶洶。翁［孤雲］倡約登城，諸子若侄皆爭出伏健卒要害，虜聞先聲而躡境引去。」歷次變亂增強了地方上的軍事武備，是很可能的事，但是將軍事和行政發展歸咎於某次動亂，與事件的「根基故事」的作用很有關係。

　　「青羊山之亂」的緣由，由於資料不足，已無從考究。「青羊山之亂」作為潞安建府緣起的解釋，只能當成部分的理由。潞安建府是官僚系統在禮儀上加強代表性的後果，也是藩府過渡到地方政府制度的過程。其中，與藩府有強有力關係的人，利用禮儀，表達其接受官僚制度的要求，從而改變身份，在新制度下找尋活動的地位，理學在這個過程中起了很大的作用。

27　同上，卷3，第7—9頁。
28　同上，卷3，第5—7頁。

從
——
身份
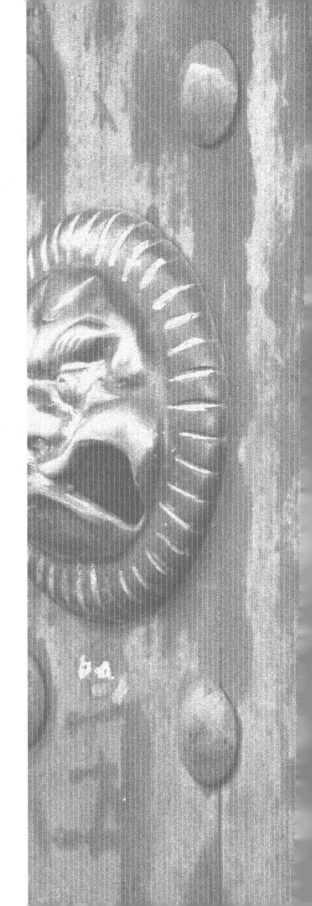

到——

禮儀

明中葉的「猺亂」及其對「猺族」的影響 *

1465 年（明憲宗成化元年）的「大藤峽之役」頗具傳奇色彩，哲學家陳白沙的名聲也是如此。韓雍在廣西大藤峽打敗「猺民」。其後二十年，陳白沙在廣東新會教授他的心學和實際的行政管理。這兩件看來毫不相干的事情，卻在陶魯這個低級官員身上聯繫起來了。陶魯在 1462 年間任新會縣丞，1470 年後聲名鵲起。他在縣丞任上表現突出，抵禦了「猺民」對新會縣治的襲擊。巡撫葉盛應地方父老所請，讓陶魯留任，並獲朝廷欽准。陶魯 1463 年擢任新會知縣，1477 年任廣東監察御史。[1] 他在平定廣東的「猺亂」中，把軍事行動與教化政策相結合，表現突出。陳白沙稱許陶魯，而陶魯也發現陳白沙的思想很有助力。陶魯的戰績加上陳白沙的心學，廣東珠江三角洲的土著在 16 世紀被整合到了中國之內的過程相當順利，以至讓人覺得整合是國家權力自然擴張的結果。然而，我要在此指出，儘管國家和地方利益的結合使珠江三角洲的「猺民」漢化了，但卻沒有改變廣西「猺民」的土著地位。

整合到了中國之內的珠江三角洲土著，成為朝廷之「民」。我在另一個地方說過，整合的過程以里甲的戶口登記，以及遵行由宋代理學家朱熹奠立、並得明朝法律認可的禮儀為標誌。戶口登記雖然自明初即由法律規定，但我不認為戶口登記在 15 世紀中葉

* 原文為："The Yao Wars in the Mid-Ming and Their Impact on Yao Ethnicity," in Pamela Kyle Crossley, Helen Siu and Donald Sutton eds., *Empire at the Margin: Culture, Ethnicity, and Frontier in Early Modern China*, Berkeley and Los Angeles, CA: University of California Press, 2006, pp. 171-189.

1　見本書：〈皇帝在村：國家在華南地區的體現〉。

「黃蕭養之亂」所引起的社會動盪之前，就已在珠江三角洲很多地方實行了。當地人在「亂事」之後登記了戶口，開始遵行正統禮儀。1480 年，陳白沙與友人新會知縣丁積刊印了一本冊子以便普及這些禮儀。後來，富有的宗族開始建設宗祠安放祖先牌位，祭拜祖先之靈，文化轉型逐漸在建築中顯現出來。沒有人會把一個按官方認可方式登記戶口並建造祠堂的家族誤認作南方土著的。做了朝廷之民的珠江三角洲居民，倘若不是土著，便是用這樣的辦法顯示他們是從北方遷移過來的。

　　陳白沙是珠江三角洲及其鄰近地區一位名儒，於 1500 年去世。他生前兩度被召入京，但直到去世後約二十年，他才成為一個受人景仰的人物。他的學生，特別是湛若水，1520 年才位居要津，這時湛若水與廣東同鄉方獻夫、霍韜在「大禮議」事件中支持嘉靖皇帝，也積極投入當時的思想運動。方獻夫以王陽明的追隨者自居，而霍韜的兒子則是湛若水的學生（後來成為著名文人，並憑實力升任高官）。[2] 基於門戶的考慮，也想把自己的老師推至與王陽明同樣顯赫的地位，儘管他們也意識到二者的哲學思想的不同。16 世紀的珠江三角洲是個向上流動的社會，完成了里甲登記的家族愈發在爭取獨立的朝廷官僚架構中發揮影響力。珠江三角洲社會急速整合到國家之中，即此變化的結果，而廣西「猺族」的情況有所不同，那裏發生了「猺亂」。

「猺亂」

　　「猺民」在明代以前已是居住在華南山區的土著。1430 年以前，他們對西南地區並不構成嚴重的軍事威脅：劫掠是有的，但廣東或廣西的通志都未有「猺民」威脅的記載。兩廣交界地區最早的一次「猺民」襲擊事件發生於明英宗正統二年（1437），其

2　關於「大禮議」及其與王陽明的關係，參看 Carney T. Fisher, *The Chosen One: Succession and Adoption in the Court of Ming Shizong*, Sydney: Allen & Unwin, 1990, pp. 163-173.

時廣西流寇糾集「猺民」突襲新寧縣治，把當地洗劫一空。[3] 黃佐纂修的《廣東通志》（1561），記載了有關的「猺民」起義的故事。[4]

1440 年，情況變本加厲。不過，儘管有零星的騷亂報告，朝廷顯然並未打算進行甚麼重大部署，1445 年還將廣西駐軍調離了本省。1449 年，珠江三角洲爆發了「黃蕭養之亂」，廣西官方要求調回駐軍，惶恐之間，奏稱地方騷亂迫在眉睫，還述及寇盜襲擊村莊、殺戮鄉民、擄人勒索。[5]

朝廷原初的反應，是責成廣東或廣西的軍事指揮官來平亂，但直到 1452 年，才派王翱以總督都御史身份主理廣東軍務。而王翱不到一年便離任，由馬昂接任。馬昂在 1456 年在兩廣進行首次重要部署，針對瀧水的「猺民」。[6]

這個階段還談不上有甚麼軍事政策。明初對「猺民」採取寬大的政策，《明實錄》中載有不少例子，「猺民」首領自明初即向朝廷效忠，入京進貢，並得明帝獎賞。[7]眾所周知，外省軍隊不易適應「猺民」等「蠻族」居住的地區，朝廷的政策是招募土著加入軍隊，由他們的首領任指揮。這項政策在朝廷給王翱的詔書中說得一清二楚：「如果官軍調用不敷，即拘各部土官，宣明朝廷優待、授以爵祿之意，量加獎勞，令起狼家軍士，相兼官軍調用。」[8]

3　黃佐纂修：《廣東通志》，嘉靖四十年 [1561] 刊，香港：大東圖書公司，1977 影印，卷 7，第 18 頁上，總第 167 頁。以下簡稱《嘉靖廣東通志》。

4　「宣德間（1426—1449），賜諸猺敕諭，數十年間稍得休息。其作亂則始自正統間（1436—1449，引者）。」《廣東通志》，卷 67，第 4 頁下，總第 1794 頁。

5　特別值得參考的是于謙《少保於公奏議》，卷 3，第 1 頁上—第 7 頁下、第 44 頁下—第 48 頁下、第 48 頁下—第 53 頁上。廣西駐軍 1445 年調離本省之事，見《明實錄·英宗實錄》，卷 131，第 3 頁下—第 4 頁下；卷 136，第 7 頁上。

6　《廣東通志》對有關情況僅僅陳述梗概。于謙《少保於公奏議》，卷 3，第 60 頁下—第 64 頁下可見長遠政策的跡象，王翱的任命見卷 4，第 19 頁下—第 21 頁上，王翱的上奏見第 21 頁上—第 23 頁上。

7　《廣東通志》（1561）提到若干情況，此外亦可參看劉耀荃編、練銘志校補：《〈明實錄〉廣東少數民族資料摘編》。

8　《廣東通志》，卷 7，第 22 頁上，總第 169 頁。

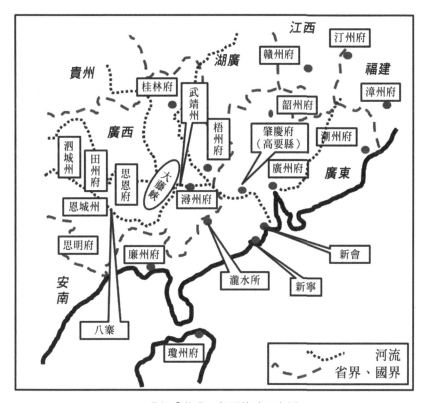

16 世紀「猺亂」相關地點示意圖

明代將廣西土著組編而成的軍隊稱為「狼兵」，而這些正是馬昂用以部署的軍隊。

軍事策略直至 1458 年葉盛任廣東巡撫時才開始成形。軍事策略對於他來說，也許是環境逼出來的。西江南部，「猺民」對瀧水的襲擊與由廣西進入廣東的苗民有關。西江北部，明軍與湖南廣西交界的苗民周旋十年以上，苗民的威脅已經由湖南沿湘江伸延入廣西。那是從北面進入廣西的主要通道，經過著名的靈渠，先後經過桂林和柳州，然後來到西江。這條西南線稍向下游方向，與西江接合的地方，便是大藤峽；那裏生長的大藤越過峽谷，宛如弔橋，「猺民」攀藤而過。據說這是西江兩岸「猺民」的基本通途。從明軍看來，大藤峽是「猺民」行軍的中樞：「猺民」由此可

達柳州或桂林，或可南下至瀧水。[9]

　　葉盛1458年制定的策略要求兩廣聯軍，其中包括大批「狼兵」（由遠在大藤峽西面的田州知府岑鑒率領），攻擊瀧水和全州（桂林附近）的「猺民」，打勝之後，翌年進至大藤峽。[10] 可是計劃並未實現，這次失敗顯示明軍的指揮官對於「狼兵」的依賴程度，儘管他們應該只佔25萬左右官軍中的5000。[11] 田州知府是個土官，在葉盛進軍瀧水之時遭自己的兄弟殺死。「狼兵」沒有如約出現，而沒有他們的支援，官軍慘敗，直至任命出另一個指揮官，才再展開了新的部署。另一方面，官軍敗後，「猺民」的襲擊深入到了廣東新會。[12] 據載，新會父老曾於1462年向接替馬昂的葉盛呈請留任陶魯，以表揚他保衛新會之功。[13]

　　在有關「猺民」侵襲和對他們用兵的眾多文獻中，以下這個有關廣西潯州府平南縣出身的進士張廷綸的故事值得詳盡引錄，以見某些軍事行動的真實情況：

　　　　（張）天順四年進士。時兩廣弗靖，諜報某村落附賊，參將范信列村落名，欲屠者識以白圈，否者黑。當死者無慮數千人，實皆良民。公（張廷綸）以進士家居，有以其事奔告公者，曰：明發進兵，竟齏粉矣。公即夜叩軍門告變。信出見，公曰：聞將軍欲剪屠村落耶？曰：然。公曰：不可。信咈然曰：聞公剛腸疾惡，今乃欲為附賊地耶？公曰：不然。民實不附賊，公無過聽。天子命將欲弭寇以安民，今乃誣民以為寇，民不死於寇即死於兵，等死，且將從

9　大藤峽直至1465年韓雍的軍事部署後才知名，在此以前儘管已見於文獻，但有關其戰略意義的討論卻不多。葉盛《兩廣奏草》（1551），卷1，第3頁下—第4頁上提到他在1458年到任廣東最初幾個月所打的一場仗，但據《廣東通志》（1561），卷67，第6頁下—第7頁上記載，1457年的戰役並不是在大藤峽打的，而是在較接近兩廣交界的瀧水和岑溪。

10　葉盛《兩廣奏草》，卷3，第5頁上—第9頁上。

11　同上書，卷2，第7頁下—第11頁上。

12　葉盛《兩廣奏草》，卷4，第1頁上—第4頁上、第5頁下—第8頁上；卷9，第3頁上—第4頁下；卷12，第11頁下—第14頁下。

13　同上書，卷13，第6頁上—第7頁下。

賊以苟活。是驅民從賊也，亂且弗戢。信曰：公敢保此曹果不從賊乎？公曰：願以家族百口保之。信大屈服，立下令已其事，且拜公曰：數千人死命賴公而生，信有死罪賴公而免，敢不拜公之賜。[14]

大藤峽之役終究是一場屠殺，其殘暴程度和范信原計劃不相上下。

然而 1465 年，派任平定「猺亂」的新指揮官韓雍及其部屬舉行了一次會議，從中清楚可見處理「猺亂」手段之殘暴。韓雍與部屬之間，就下一步所採取的策略有不同的意見。他的部屬建議分散部署，哪裏有亂事便撲擊哪裏。韓雍則堅持認為廣西禍患之根在大藤峽，於是想以該地為攻戰目標。兵部把賊勢猖獗歸咎於「綏靖」政策 —— 亦即把土著招募為官軍的做法。有些説法甚至指「猺民」是嬌縱孩兒，合該笞之而後可。[15]

韓雍領兵三萬南下，至廣西與 16 萬大軍會合。他首先攻擊支援大藤峽「猺民」的村落，然後兵分兩路，從北和東兩面進攻。他擒獲了一個叫候大狗的，還有 780 多人。在其後的文獻裏，候大狗是一個滋事分子。另外，韓雍又砍了 3200 人的頭。他更把峽谷的大藤割掉，大藤峽從此改名斷藤峽。「猺民」的侵襲於是停息。[16]大藤峽之役後，換來了二十年的和平，期間雖有軍事衝突，但明帝再派遣遠征軍南下平定地方，卻是大藤峽之役後 60 年的事，由王陽明帶兵，進軍田州府。

用兵田州乃肇因於岑姓土官之間的互相殘殺。他們是岑伯顏的後人，岑伯顏在歸順明太祖後成為田州知府。這是世襲的封號，其後多年引起不少爭鬥。這些封號以及連帶土地的爭奪，成為朝廷的隱憂，因為一些土官如田州的岑伯顏和他的後人，是派往廣西作戰的指揮官的親密盟友。1459 年，伯顏的玄孫岑鑒被

14　《廣西通志》（1599），卷 28，第 23 頁。

15　這些故見於田汝成：《炎徼紀聞》（1558），在其他明代著名文章，例如張萱的權威著作《西園聞見錄》中，也有述及。

16　據田汝成《炎徼紀聞》和《廣西通志》（1599）。

殺，把葉盛弄得狼狽不堪。官軍追捕兇手，並把岑鑑的封號賜給他的兄弟岑鏞（岑鑑的兒子已死）。岑鏞死後，由他的兒子岑溥襲位，但戰事不久即爆發。1480 年，恩城和泗城州的土官攻打田州，趕走了岑溥，並分佔了他的土地。1490 年，岑溥由明軍奉回田州，明室授予他冠帶，並着他把部分軍隊歸梧州管轄。[17]

　　這一段歷史須加以敍述，原因有二。首先，岑溥在 1499 年為兒子岑猇所殺，但岑猇旋又自殺，岑溥的位子於是由另一個兒子岑猛來繼承。[18] 從猛開始，一系列的事情導致了後來的王陽明「平亂」。第二，這段歷史有助於提醒我們廣西情況之複雜。直至朝廷被拖入岑氏的家族糾紛之前，當時的文獻是把戰事說成是朝廷官員與土著之間的矛盾，土著「叛亂」，而朝廷「平亂」。但是，隨即可以看出，事情遠為複雜，而佔優的往往是土官。

　　岑猛在他父親被殺至 1527 年去世期間，先是受他的遠房叔父思恩知府岑濬監護，後來則受朝廷監護，當上了田州府同知。據說，他重得封號，是由賄賂太監劉瑾得來的。尤其重要的是，他在帶領親軍征戰江西時引人注目，其後成為廣西一股不可忽視的力量。他是否真的反叛，並不清楚。但廣西官員有意改土官（世襲頭目）為流官（朝廷派任），似乎就是有感於岑猛有這樣的企圖。但是，岑猛尚未來得及大展拳腳，就被他的岳父殺了。[19] 他一死，田州和思恩的頭目「叛亂」，王陽明受命鎮壓起義。他利用手段，說服這些頭目投降，然後動員叛軍轉向大藤峽和上游的八寨，即當時「猺民」的基地。這次行動據稱部署了 20000 人，而被斬首的「猺民」達 600 人。根據其後升任廣西高官的田汝成所說，此次戰事後大藤峽南部太平無事。[20] 王陽明在這次軍事行動後，不但建議留任田州的土官，更推薦岑猛之子邦相當州判。

17　《明史》，第 8239—8240 頁、第 8244—8247 頁；《廣西通志》（1599），卷 31，第 34 頁。

18　《廣西通志》（1599），卷 31，第 34 頁下和《明史》第 8246 頁指岑溥死時岑猛只有四歲，如此則岑猛似乎不大可能建立後來的功業。

19　田汝成：《炎徼紀聞》，第 1—2 頁。

20　同上書，第 2—3 頁。王陽明自己的記錄見《王文成公全書》，卷 14。

他也暗裏承認岑猛另一子邦佐在大藤峽附近的武靖州當知州。可是，1537 年大藤峽北部再度發生戰事，而邦相束手無策。

這番概括的描述，足以顯示土官之間的仇怨，與朝廷的政策一樣，也是「猺亂」的一個因素。但是，原因卻遠為複雜，因為其中除了涉及土著頭目之外，也涉及朝廷內部的政治鬥爭。

政治鬥爭

當時的人都知道，1465 年、1526 年和 1537 年三次對「猺」用兵，並不如表面所見那麼簡單。例如，1537 年的那一次並不僅僅是由於岑猛無力控制局面。對「猺」用兵是一個藉口，以振朝廷對大藤峽土官的天威。在這次戰事中立下軍功的翁萬達，倡議向安南王炫示明朝的軍力。這番炫示相當成功，不久之後安南即稱臣，明朝未費一兵一卒。[21]

主理軍務的將領受到推崇，而征討之策也被說成為地方太平奠定隆基。1526 年田州「猺亂」後，霍韜呈請表彰王陽明，他強調廣西獲勝對廣東的重大意義。他特別指出，早期的用兵耗費達 50 萬兩，陣亡無數士卒，而王陽明則不用分文，也沒有動用半點兵力。霍韜提到 1465 年韓雍戰勝換來了五十年太平（並非實情），暗示王陽明也會帶來同樣的效果。他列舉出王陽明的八項功勛，其中之一便是王能夠利用他在田州收編的包括田州和思恩土官在內的人馬，轉作進攻大藤峽之用。霍韜最後還提到王陽明平定了正德十四年（1519）的「宸濠之變」而從未獲得表揚，可能是遭楊廷和所忌，而楊廷和自「大禮議」以後一直是霍韜的對頭。[22] 因此，這份奏議不僅僅是一篇頌詞，更凸顯了那次對「猺」用兵的意義，而且把王陽明歸到了霍韜的一邊。[23]

21　翁萬達的主張見《明史》，第 5244—5245 頁「本傳」。

22　「宸濠之變」和王陽明平變，可參看 Mote and Twitchett eds., *The Cambridge History of China*, pp. 423-430.

23　霍韜：《霍文敏公全集》，卷 2 下，第 52 頁上—第 58 頁下。

　　眾所周知，那次並沒有打勝仗。據田汝成的《炎徼紀聞》（須知此書乃於 1558 年即王陽明用兵後三十年始刊行），廣西父老提起王陽明之事，無不歎息再三，而在王陽明彌留之際侍立在旁的翁萬達，則聽到王陽明説：「田州之事非由衷所願。累代以後，其誰知我？」知王陽明者，田汝成也；並且田提出了他的理由。薦任王陽明的，是在「大禮議」中名聲甚著的桂萼。[24] 桂萼想打一場勝仗，但不是對田州，而是對安南，並希望王陽明到廣西勘察形勢。田汝成認為，派遣王陽明前往，也可能是因為傳言岑猛未死，正在聯合安南，準備來襲。封地在桂林的靖江王一家，聞謠言而大驚，正打點行裝他遷。皇帝接到上奏，抨擊廣西巡撫姚鏌無能，龍顏震怒，於是私下罷了姚鏌的官。這時桂萼才上奏薦任王陽明。王到廣西後，向叛黨盧蘇和王受讓步，然後把他們的兵力轉向大藤峽。王陽明呈請就任田州知府的岑猛之子，其時不過十四歲，大權於是落入盧蘇之手。王陽明不久即死去，但他的措施仍為朝廷所接納（儘管不情不願），而且由他的後任和指派人林富在廣東推行。[25]

　　倘若對當時的情況還有甚麼疑問，那麼從盧蘇、王受與王陽明的談判中，便可清楚看出，明朝充其量只能以和局收場。下文清楚描述了廣西人記憶中的事情：

　　　　公已定議招撫，遣人說盧蘇、王受投降，凡數四往諭。方聽命，復生疑沮。公不得已，許帶甲來見。既薄城下，復要郡倅為質，且請軍門牙卒，咸易田州人。公又不得已，悉許之。酋遂擁眾入，甲馬幾填市巷。酋更與其眾約，即事不測，各放炮反。酋既入見，公命發門外杖之百。行杖者皆田人，微示數而已。眾聞杖酋，愕不省何謂，遽鼓噪放炮，炮三爇不發聲。會聞酋杖亡恙，眾遂定。方鼓噪時，公坐廳事，佯為不聞，唯命牙兵速畢杖。[26]

24　桂萼及其在「大禮議」中的事跡見 Fisher, The Chosen One.

25　田汝成：《炎徼紀聞》，第 7 頁上。

26　汪森：《粵西叢載》（廣文書局印行），卷 8，第 7 頁上。

　　因此，與「叛黨」的談判無異於為朝廷爭面子。為了使其接受談判結果，王陽明同意由他們控制大藤峽。田汝成清楚知道，除了象徵式的貢賦之外，後患無窮。在韓雍打敗「猺民」之後數十年，曾經批評軟弱無能的巡撫陳金，也同意讓「蠻人」徵收漕運鹽稅。後來，這些「蠻人」威脅會殺死不繳稅的商人。大藤峽沿河的徵稅點，收入必定相當可觀。當王陽明報捷之時，那些新頭目便以平息大藤峽「猺亂」為口實，收取他們的戰利品了。[27]

　　韓雍之役比王陽明早六十年，其背後的政治鬥爭並不了然，但在許多方面都令人瞠目結舌。要了解這次用兵的意義，便必須了解，任命第一個統軍對付「猺民」的指揮官王翱，顯示了朝廷政策的重大轉變。

　　王翱獲兵部尚書于謙舉薦出任指揮官。于謙在 1449 年的「土木堡之變」後力挽狂瀾，贏得後世景仰。在「土木堡之變」中，正統皇帝被蒙古人擄去，在不可一日無主的情況下，于謙助景泰皇帝登位。于謙這樣做，使他成了朝中一派的骨幹分子，這一派的利益與景泰皇帝一脈的延續緊密聯繫在一起。而當于謙積極支持以景泰皇帝之子代替正統皇帝的當然繼承人（後來的成化皇帝）的時候，他已經踏上了不歸之路。正統皇帝回來後，于謙被處死。[28]

　　《廣東通志》的編纂者黃佐的祖父黃瑜，對廣東和京城的政治情況均有所了解，他在敍述「土木堡之變」等連串事件中，為我們記錄了一段廣西的事情。1451 年，思明府（位於廣西安南交界）的土官黃㻞遭其兄黃玹殺死，廣西巡撫李棠下令緝兇，但在「黃蕭養之亂」中，巡撫廣東侍郎揭稽卻呈請維護。揭稽在這次事件中佔了上風。他在平定「黃蕭養之亂」中所取得的進展，為朝廷所看重，而他也隨即聞名。他認為，黃玹是潯州府的指揮官，負起抑制寇盜之職，他的被捕使廣西寇盜乘機沿西江侵襲廣東。告

27　田汝成：《炎徼紀聞》，第 21 頁。

28　「土木堡之變」，可參看 Mote and Twitchett eds., *The Cambridge History of China*, pp. 322-331.

訴我們這段故事的黃瑜認為這個理由說不過去，而他提到，黃玹並沒有把自己的命運押在揭稽的奏章之上，而是派人到了北京。毫無疑問有一人收了錢。黃瑜告訴我們，黃玹把希望寄託在支持景泰皇帝之子登位的一派之上。黃玹是廣西土官，是第一個奏請此事的人，所以倘若最終要有人頭落地，那肯定不是他師長的人頭，而是他自己的人頭無疑了。正統皇帝回來的時候，黃玹已死，但也被開棺鞭屍。[29]

在這樣的政治背景下，王翱在被派遣遠征廣西的時候，獲授兩廣總督之銜，便不是偶然的了。他在廣西須與都督軍務李棠周旋，李棠為一省巡撫，王翱需要一個凌駕李棠之上的頭銜。同樣，韓雍在被派到廣西之後，處決了黃玹之子，並轉而尋求田州和思恩知府岑氏的支持，便也不是偶然的了。在黃玹的時期，大藤峽很可能落入潯州府指揮官即黃玹本人手中，因此，該處是廣西當地兩姓的必爭之地，而兩姓與明朝的官員均有密切關係。[30]

廣西關係牽涉進朝廷政治，結果是把一些在遙遠的廣西本來十分地方性的事情帶到了朝廷，而又把一些朝廷最可信賴的軍事將領帶到了地方。王翱、馬昂、韓雍，乃至後來的王陽明，在被派任廣西之前，都已經是聲名顯赫之輩。在王翱、馬昂，尤其是韓雍的經略下，整個世代的地方指揮官在廣西嶄露頭角，而這些人之中，很多先後被派到廣東，並且與後來在朝廷中激起了風浪的整個世代的文臣合作無間。陶魯就是這個世代中一個較早的代表人物。他出自一個廣西家庭，襲父職任新會縣丞；這個職位是他父親因在安南有功而獲賜的。[31]同屬一個世代的另一個有名的廣西人是劉大夏，他的父親是都督李棠的下屬，曾在黃瑀被殺後擒

29　黃瑜：《雙槐歲鈔》，第 84—85 頁。

30　從于謙《少保于公奏議》，卷 4，第 19 頁下—第 21 頁上可以看出，王翱的任命意味着對時任廣東副總兵都督武毅的貶抑。王翱任廣東都督期間所下的一道嘉獎黃盡忠效命的詔書，見《少保于公奏議》，卷 4，第 21 頁上—第 22 頁下。韓雍處決黃之子一事，見《明史》，第 8236 頁。

31　陶成、陶魯父子的生平，見《廣西通志》（1599），卷 25，第 37 頁、卷 28，第 9 頁上。

獲黃玹。劉大夏在 1500 年升任兩廣總督，1502 年推辭不就兵部尚書之職。他後來終於接受該職；弘治皇帝問他為甚麼先前辭而不受，他說宦官當道，任何努力都屬徒勞，無怪乎給他作傳的人說他得罪了宦官。[32]

與宦官對抗，令人想起陳白沙，這倒不是因為他寫過甚麼著作，而是因為他提到江西吳與弼是他的老師。吳在 1440 年和 1450 年曾多次獲薦出仕，但終於還是回鄉執教，此後嘗有言道，唯有宦官與佛徒盡去，世道始可恢復。[33] 陶魯支持丁積和陳白沙是再清楚不過的，但劉大夏私下也為陳白沙所認識，而且支持陳在新會崖門建廟奉祀宋帝昺的母親。陳白沙是那群在 16 世紀 20 年代聲名鵲起的高官們的老師，他的門生不但包括來自珠江三角洲的湛若水和霍韜，也包括一位後起之秀吳廷舉。吳廷舉是廣西人，曾在廣東三水附近與「猺民」作戰。他也是在陳白沙生前第一個為陳刊行著作的人。與劉大夏相似，他因得罪了宦官劉瑾而下獄。至於霍韜和方獻夫，他們聲稱與陳白沙關係密切，在思想上接近王陽明，而且在政治上支持王（這在霍韜於田州之事後就王陽明的功績所上的奏章中可見一斑）。[34]

那麼，明人把韓雍和王陽明在大藤峽的功績相提並論，也就不足為奇了。韓雍本人與陳白沙並不相識，但他的後任朱瑛則不然。而正是在朱瑛和陶魯治下，陳白沙和丁積所傳授的正統愈顯重要。儘管他們在哲學上有差異，陳白沙的門生在官場上仍支持王陽明。王陽明的思想無論如何必須取勝，方能配合在「大禮議」事件中支持嘉靖皇帝的一派。王陽明現象和陳白沙現象的出現，都非偶然，也不純粹是思想運動。那是與一個具有強大南方關係的政治集團得勢時，齊頭並進的政治意識形態。

32　《廣西通志》（1599），卷 25，第 15 頁、第 16 頁—第 17 頁上、第 28 頁下—第 29 頁上。

33　黃瑜：《雙槐歲鈔》，第 138—139 頁。最後推薦吳與弼的是石亨，石亨曾在 1457 年支持英宗登位。

34　吳廷舉及其弟吳廷弼的事跡，見《廣西通志》（1599），卷 28，第 25 頁下—第 27 頁。

誰是「猺民」?

明白了明中葉的政治狀況,對了解「猺族」有甚麼幫助?

問題在於怎樣看明代初期到中葉華南社會的構成。必須知道,若干因素自明初以來即已在起作用。1449 年「土木堡之變」以及珠江三角洲「黃蕭養之亂」(王翱派任廣西的導因)開始之前,對於當地社會影響深刻的重大措施包括里甲登記、認可當地的土地神和以之為中心的社區,以及推行科舉考試。臨近 1520 年,發生了「大禮議」事件,這次事件使任命王陽明出兵田州的一派勢力抬頭,於是意識形態和管治手段產生了變化,謀求整齊劃一鄉村的禮儀,終致祠堂的出現,成為鄉村組織的核心。在里甲登記制度創立後,至祠堂出現之間,里甲登記本身性質有所改變。[35] 在明初,地方政府是按照非常純粹的賦役意義理解里甲戶口的;至明中葉,已經沒有多少里甲戶口願意提供賦役,這時地方政府也視里甲為稅冊,可個別也可整體訂定,但都與賦役無關。明初的里甲制度把大量原先沒有登記的戶口納入國家的範圍。這些戶口後來試圖擺脫賦役,而且通過與政府合作平定「黃蕭養之亂」等「暴亂」,或參加科舉考試,晉升成為能夠在祠堂祭祀祖先的中等以至高等階級。至明中葉,向上流動的戶口不再在里甲登記,卻轉而以法定的「家廟」方式建造祠堂。[36]

這些向上流動過程的線索隱藏在族譜之中。珠江三角洲大量的族譜研究表明,有可能透過這些線索重構其中的一些過程。至於廣西的族譜,研究還不十分理想,我們只能假設那裏也有類似的過程。但可以肯定的是,明代初期里甲制度對珠江三角洲周圍山區的影響很小。被稱為「猺民」的非登記人口四處流離,而在以山多著名的廣西,這些非登記人口可能會更多。

因此,一些在明初納入登記戶口的人口,在登記前被當作是「猺民」。以下這段出自《明實錄》1416 年的文字,是這種情況

35　有關里甲制度施行情況的討論,見劉志偉《清代廣東地區土家之中的「總戶」與「子戶」》和《明清珠江三角洲地區里甲之中「戶」的演變》。

36　見本書:《皇帝在村:國家在華南地區的體現》。

的典型描述：「廣東肇慶府高要縣猺（猺）首周四哥等來朝，籍其屬八十七戶，男女二千二百四十口，願入版籍，供賦稅。」[37] 從這一則記載中，並不清楚例如周四哥這樣的人是否必定登記為「猺民」。1561 年的《廣東通志》記錄了肇慶府登記戶口的總數，可是並沒有細目。更為重要的是，究竟在這樣的登記中，納入國家範圍的戶口是否必定以跟這位「猺族」頭目相同的方式登記。這關係到這位頭目是否被承認為世襲土官，以及把他帶進國家範圍的戶口是否為他勢力的一部分。登記，或藉助於登記，是參加科舉考試的前提，因此，在登記過程中所突顯的頭目與其部族成員之間的差別，即誰包括或不包括在內，便會使社會地位固定下來，影響到日後的社會流動。我們無須假設這些人的機會必定均等，但是，家族之中世代存有的某種教育機會，對社會一體化有決定作用，珠江三角洲很多地方的「猺民」和其他當地的土著由此而消失。

要了解戶口登記的影響，無須以戶口登記完整或有系統為前提。大概在晚於 1520 年的時間，沈希儀清楚指出了其中的一些影響。沈希儀是廣西一位出色的指揮官，得到來自大藤峽的「狼兵」的支持：

> 狼兵亦猺獞也，猺獞所在為賊，而狼兵死不敢為賊者，非狼兵之順、猺獞之逆，其所措置之勢則然也。狼兵地隸之土官，而猺獞地隸之流官。土官法嚴，足以制狼兵；流官勢輕，不能制猺獞。莫若割猺獞地，分隸之旁近土官，得古以夷制夷之策，可使猺獞皆為狼兵矣。或慮土官地大則益難制，土官富貴已極，自以如天之福，不敢有他望，又耽戀巢穴，非能為變。即使為變，及其萌芽圖之，易也。且夫土官之能用其眾，倚國家之力也。不然，肘腋姻黨皆敵矣。臂指之勢成，則兩廣永無盜賊之患矣。[38]

37　引自《明實錄》，參見劉耀荃：《廣東少數民族》，第 21 頁，又見劉耀荃編，練銘志校補：《〈明實錄〉廣東少數民族資料摘編》，廣州：廣東人民出版社，1988 年。

38　《南寧府志》（1564），《日本藏中國罕見地方志叢刊本》，卷 9，第 10 頁下。

　　根據沈希儀的説法，關鍵在於土地如何登記。但是，按這番話的意思，土官所擁有的土地與流官即知縣所擁有的土地之間的差別，有可能被誇張了。流官做的登記，可能近似我們所熟悉的珠江三角洲和其他地區的情況：地主有責任繳税，儘管眾所周知的是，税收工作本身可能有種種包收安排。然而，也許有人會説，明初的社會里甲戶籍的權重很大，承認土著頭目的另一種地位，也是相當自然的事。不過，從意識形態和應用層面上説，安排里甲官員輪流在縣府任職，和保持世襲土官的地位分別不大。其後的發展表明，里甲退化為一種行政核算制度，與里甲戶籍沒有關係，但廣西土官的地位卻不但因為朝廷插手干預，也因為沈希儀等地方官員的關係，而保持了下來。

　　因此，在明朝初年，把「猺」（即非繳税的山民）與「民」（即皇帝的子民）區分開來，並不是一個迫切的問題。這種區分是由戶口登記而來的，而且也只是在那以後，明朝的官員才需要把土官治下與非土官治下的土著區分開來。這就是為甚麼像大藤峽那樣的軍事行動在種族標籤問題上變得逐漸重要起來，因為是否讓地方頭目當土官的權力，始終掌握在朝廷之手，而這是土官之間的地方政治 —— 前線政治，只不過明朝的地方政府與之盤根錯節，並加以利用罷了。出兵大藤峽的決定，有很大的隨意性，並非出於明朝官員所理解的種族構成的考慮，卻是由於一個廣西頭目的偶然介入，他為了保住自己的性命，成了朝廷派系鬥爭的工具。但是，大藤峽一旦被定性為「猺民」的基地，便成為當地土官爭奪的地方，而大藤峽以北的範圍，也就變成了內部疆界。

　　明朝官員心目中有個內部疆界。他們腦海裏這個廣西內部疆界的地圖，是在韓雍與王陽明的六十年之間形成的。霍韜在寫到治安措施與兩廣地理的關係時，對此相當清楚。在北面，韶州有時可能遭到襲擊，但諒無大礙。在西面，江西人收税引起連山和陽山的騷亂。在新寧和新會附近，殘餘的瀧水盜賊造成不寧，這裏必須做人口登記，並設置庠序。往內陸一點的羅旁和瀧水，須實施軍事行動以蕩平寇患，而且也應使當地人民掄起斧頭，跟隨官軍砍伐樹木，讓盜賊巢穴無所遁形。在西南面，則應建立團

練，儘管霍韜尚未拿定主意是招募狼兵還是招募移居者。深入到廣西，大藤峽便須需要地方團練，因為他們了解當地盜賊的聚居地和盜賊經常出沒的路線。田州在土官治下，這些人並無大害，但土著之間的土地和其他事情的紛爭，則在意料之中。這個地理形勢背後隱藏着一套方略，把珠江三角洲以西的大片地方劃分為三個地區。在珠江三角洲，村落完全屬朝廷的範圍，村民全數整合成為「民」。在大藤峽西面，村落在土官控制之下，而村民後來則成了壯族。而在這兩個地區之間的，便是從廣西伸展至湖南的「猺」山，居住在那裏的人尚未登記戶口，因此仍是三不管之民。大藤峽是「猺」區的一個象徵性標誌，是廣西內部疆界的一個符號。[39]

追蹤清代初年正統傳承的脈絡，是頗為有趣的。至乾隆年間，岑氏已經在興建祠堂，而且岑家出過重要的官員。[40] 然而，更為有趣的是莫敬誠後人忻城知縣土官莫氏的歷史，據土著說，他們曾招募人馬攻戰大藤峽。莫氏自稱漢族，而且也像岑氏一樣參加科舉考試，並出過官員，更曾在 1744 年興建祠堂。不過，清朝時候，土官儘管興建學校，但容許其家族成員接受教育。這是一個兩層社會，上層可以容易成為漢族，而下層則仍然是壯族。[41] 連陽廖氏的情況則又不同，他們在清代初年聲稱自宋代起即已向八排的「猺民」收租。他們看來已經失勢，因為「猺民」在其頭目治下，反過來向他們收取保護費。18 世紀初期，清軍要求「猺民」交出那些頭目，並設立官署維持「猺」區治安，而且要求他們至少聽取上諭，以示服膺朝廷。這時，「猺民」已經成為一個種族範疇，具備明確的稅收和區域意義；而這在「大藤峽之役」時也曾如此。[42]

誰是「猺民」的問題，顯然引起兩個問題，一個與風俗有關，一個與土地和社會地位有關。無論在明代或現代，凡把「猺族」

39　霍韜：《霍文敏公全集》，卷 10 下，第 1 頁上—第 19 頁上，「兩廣事宜」。

40　楊仲興：《世襲土田州知州岑君山公墓誌銘》（1753），第 364—365 頁，簡略述及了岑邦相後人的歷史，岑邦相曾得王陽明薦任田州知州。

41　覃桂清：《廣西忻城土司史話》，南寧：廣西民族出版社，1990 年。

42　李默、房先清編：《連南八排瑤族研究資料》，第 29—31 頁，第 179—277 頁。

視為一種族範疇的學者，無不試圖尋找「猺族」與其他種族風俗的不同。但是，研究「猺亂」的人須認識到，不同是源自明中葉以後固定下來的社會地位的限界。16 世紀之時，正統在廣東廣西大行其道，出現了正統與非正統之間的分界。大藤峽是這個分界的象徵，甚至可能促成了這個分界。

祠堂與家廟：從宋末到明中葉宗族禮儀的演變 *

　　中國社會史研究者往往對建築史缺乏足夠的敏感；建築史的研究者，也不見得對社會生活的演變有深入的認識。多年來，從社會史的角度對宗族的研究，注意力集中在宗族的功能上。中國歷史學者注意到宗族制度維繫族群的作用；日本學者則把宗族團體定義為「共同體」；而西方人類學以弗理德曼為代表的宗族理論，亦脫離不了把控產定為宗族運作的核心制度。問題不在於這些論點用來描述某一時期的歷史現象是否具有普遍性，即使明中期至清代珠江三角洲宗族制度的普遍程度足以與其吻合，從功能的角度來描述宗族的發展仍不能說明制度演變的前因後果。族群的維繫、「共同體」的建立、甚至財產的控制，都不只是明中期至清代才出現的問題。要理解宗族在明中期至清中期的功能，它為何可以成為維繫社會和推進經濟的制度，必須與禮儀的運作聯繫起來，了解禮儀在同一時期的發展。我們研究禮儀變化的歷史材料，除了文獻上有關禮儀程式的記載外，尤其值得重視的，是地方社會建築象徵的演變。華南的所謂大族，不只是通過修族譜、控族產，更通過張揚的家族禮儀來維繫。家族禮儀的中心，就是後來人們一般所稱的「祠堂」，而在明代制度上稱為「家廟」的建築物。家廟成為地方社會的建築象徵的過程，對於我們了解明代以後宗族發展具有重要的意義。

*　　原文為中文，原載《歷史人類學學刊》2003 年第 1 卷第 2 期，第 1—20 頁。

家廟、祠堂與嘉靖年間的禮儀改革

　　在中國，自古以來，祭祀禮儀，是國家制度的重要組成部分，有相當嚴格的禮制規範，所以，用作舉行祭祀儀式的建築物如何去構建，成為一個法律問題。一直以來，王朝的禮制只認可皇帝、貴族、官僚對祖先有不同權利建廟祭祀祖先，而平民（庶人）沒有這個權利。乾隆年間秦蕙田概括了從《禮記》以來有關建祠祭族的觀念，指出在「廟」、「壇」和「墠」致祭祖先的權利，因身份的差別而異：王立七廟一壇一墠，諸侯立五廟一壇一墠，大夫立三廟兩壇，士立二廟一壇，官師一廟。比較近世的祖先在廟裏致祭，隨着代數的替換，遠祖先祧到壇，再祧到墠。廟祭有饗嘗，壇墠祭有禱無饗。從壇墠祧去，無餉無禱，祭祀乃止。以秦蕙田的説法，去壇（或墠）為鬼。而由於庶士、庶人無廟，所以他也説他們的祖先「死曰鬼」。[1]

　　究竟秦蕙田這段話是否完全正確，究竟這段話是描述某一局部地區的習慣，還是執行不一的政府法令，不在本文討論的範圍。我們比較可以確定的是，整個明清時期有關祠祭、廟祭的討論，都把建廟視為法定行為，而法律只允許皇帝、貴族和官僚建家廟。在宋代，在比較認真實行國家禮儀的地方，平民不建廟來祭祀祖先，而把祖先的畫像、泥塑像或神主牌位供奉在佛寺裏。這類建在墓旁的佛寺非常普遍，在宋代籠統稱為「功德祠」。[2]南宋時期，朱熹及其他人的禮儀改革針對的就是這些廣泛流傳的佛教通俗禮儀。朱熹認為雖然廟制不見於經，但是「士庶人之賤，亦有所不得為者」。故此，把士庶祭祖的場所，不稱為「廟」，改稱「祠堂」。其原則是：「君子將營宮室，先立祠堂於正寢之東。」其制為：「三間，外為中門，中門外為兩階，皆三級，東曰阼階，西曰西階。階下隨地廣狹，以屋覆之，令可容家眾敍立。又為遺書

1　秦蕙田：《五禮通考》（《文淵閣欽定四庫全書》版），卷58，第53頁下—第54頁下。

2　竺沙雅章：《中國佛教社會史研究》，東京：同朋舍，1982年，第三章，《宋代墳寺考》。

衣物祭器庫及神廚於其東，繚以周垣，別為外門，常加扃閉。若家貧地狹，則止為一間，不立廚庫，而東西壁下，置立兩櫃，西藏遺書衣物，東藏祭器亦可。正寢謂前堂也，地狹，則於廳事之東亦可。凡祠堂所在之宅，宗子世守之，不得分析。」朱熹也規定，祠內放四龕，供奉先世神主。[3] 這點符合五服戴孝之禮，也說明用神主或用畫像代表先靈之別。司馬光《書儀》《喪儀》篇，《祭》段：「凡祭用仲月，主人及弟子孫皆盛服親臨筮日於影堂外」，「主人主婦共詣影堂，二執事者，舉祠版笥，主人前導主婦，主婦從後，眾丈夫在左，眾婦女在右，從至祭。所置於西階上，火爐之西向。主人、主婦盥手帨手，各奉祠版，置於其位」。[4] 就是在一所既有牌位（司馬光稱之為「祠版」）又有畫像的建築物中進行。朱熹反對用畫像，所以特意把這個建築物稱為「祠堂」。

　　明初關於祠祭具有法律意義的規定，見於《明集禮》。《明集禮》中《品官家廟》一章引用了《周禮》的規定，即天子七廟，諸侯五，大夫三，適士二，官師一，庶士、庶人無廟，祭祖禰於正寢之例，同時也汲取了後世的修改，重點放在朱熹「創祠堂之制，為四龕以奉四世之主」之建議，認為「至今士大夫之家，遵以為常」。但是在引用朱熹的規定時，加上了「凡品官之家」幾個字。所以，《明集禮》所規定的祠堂制度，與朱熹提倡庶人祭祖的一套並不完全一致。《明集禮》的規定是：「凡品官之家，立祠堂於正寢之東，為屋三間，外為中門，中門為兩階，皆三級，東曰阼階，西曰西階，階下隨地廣狹，以屋覆之，令可容家眾敘立，又為遺書衣物祭器庫及神廚於其東，繚以外垣，別為外門，常加扃閉。」同段又云：「國朝品官廟制未定，於是權仿朱子祠堂之制，奉高、曾、祖、禰四世之主，亦以四仲之月祭之，又加臘日忌日之祭，與夫歲時俗節之薦享，至若庶人，得奉其祖父母、父母之祀，已有著令，而其時饗於寢之禮，大概略同於品官焉。」在《品官家廟》章後，《明集禮》更加插了兩段資料，清楚地說

3　朱熹：《家禮》（《文淵閣欽定四庫全書》版），卷 1，第 1 頁。

4　司馬光：《書儀》（《文淵閣欽定四庫全書》版），卷 10，第 1 頁、第 4 頁。

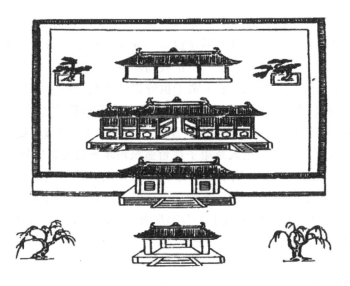

《明集禮》家廟圖（取自《明集禮》，卷6，第15頁）

明家廟的模式。頭一段是個《家廟圖》（見《明集禮》家廟圖），
明顯表示一座有中門、兩階等特徵的三進建築物，前有四柱、石
階、入中門，三進，廟脊彎曲作「龍舟」狀。圖後附有引錄朱熹
原話的《祠堂制度》。第二段資料是《品官享家廟儀》，就是四時
在祠堂裏舉行的拜祖禮儀。這兩段話指的祠堂，都明顯是圖中的
家廟。由此可知，《朱子家禮》中的「祠堂」，就是《明集禮》中
所説的「家廟」。[5]

　　《明集禮》雖於洪武年間修訂，但至嘉靖九年（1530）才公開
印行。萬曆年間王圻纂《續文獻通考》概述了明代典章的演變，
其中記載洪武六年（1373）詔定公侯以下家廟禮儀及當時採納了
禮部官員對品官祭祖的建議，大致與《明集禮》的規定相同；至
嘉靖十五年（1536）夏言上疏時這些規例才改變。《續文獻通考》
所提到的夏言上疏見於夏言的文集中，疏中有三議，其一是「定
功臣配享」，二是「乞詔天下臣民冬至日得祀始祖」，三是「乞詔

5　《明集禮》（《文淵閣欽定四庫全書》版），卷6，第11頁上—第27頁上。

天下臣工建立家廟」。[6] 第一事與本文沒有多少關係，且不論。有關始祖祭祀，夏言先引述程頤的提議，認為「家必有廟，庶人立影堂……冬至祭始祖，立春祭先祖」是一種定例，進而認為「至朱熹纂集家禮，則以為始祖之祭，近於逼上，乃刪去之，自是士庶家無復有祭始祖」，是朱熹對此例之修訂。夏言以「報本追源」、「禮當通於上下」為理由，提議應回覆到程頤的主張上。不過，他認為，儘管庶人也是「冬至祭始祖，立春祭始祖以下高祖以上之先祖」，但表達的形式，「皆設兩位於其席，但不許立廟以逾分」。祭祀沒有在廟中供奉的祖先的辦法，通常是把名字寫在紙上，儀式完畢後燒掉。夏言這個提議，對確立庶人祭祖的合法性有影響，但是不一定與庶人建立祠堂合法化有關係。

夏言的第二個提議，則對祠堂興建產生了直接的影響。《續通考》在引用他的奏疏前，作了如下解釋：「閱大明集禮，國朝品官廟制未定……若庶人得奉其祖父母父母之祀，已有著令，而其享於寢之禮，略同於品官。」這一段話，出於《大明會典》卷九十五，禮部五十三，《品官家廟》條。夏言以相當長的篇幅，概括了歷代有關七廟、五廟、三廟的觀點，但是重點放在程頤所云：「自天子至於庶人，五服未嘗異也，皆至高祖服。既如此，則祭亦須如此。」他認為：「庶人祭於寢，已無可說矣。」但是，他求皇帝下詔，除去一切三廟、二廟、一廟、四世、三世、二世、一世之制，「使大小庶官皆得擬而為之」。最後一句話中「大小」兩字非常重要。以往的討論，停留在三品、四品官建家廟之分別。現在的提議，是所有品官都可以建家廟。這樣一來，夏言奏疏在實際效果上對後來祭祖禮儀產生了重大的影響。只就法例條文上看，明代後期好像改變不大，萬曆《大明會典》仍然沿用正德《大明會典》的文本，還是和《明集禮》一樣，在《品官家廟》章內規定了對庶人祭祖的限制，其中「祠堂制度」「時祭儀節」「家廟圖」等內容都是原原本本照搬《明集禮》。可見，經歷了嘉靖年

6　王圻：《續文獻通考》（萬曆刊本），卷115，第22頁上—第27頁上；夏言：《夏桂州先生文集》（崇禎刻本），卷11，第70頁上—第78頁上。

間夏言奏請改革祭祖禮制之後,在法律上仍然保留着品官可以建家廟,庶人只可以在正寢祭祖的規定。但在實際應用中,在夏言奏議改制之後,情況完全不同了,政府放寬了建家廟的條件,各地建立家廟的數目也明顯增加了。

夏言疏議改變有關祭祖和建立家廟的禮制規定之後,品官建家廟獲得了明確的合法性。雖然從字面來看,這個法律沒有賦予庶人建家廟的權利,但是我們須明白這個法律可以被很巧妙地運用,只要可以找到一個五代前有資格建家廟的祖先,即使庶人,亦可以這個祖先為核心,建立有合法依據的家廟。

宋明之間珠江三角洲地區的「祠堂」

探討嘉靖禮制改革對地方上的影響,需要先從宋末開始了解祭祖的概況。珠江三角洲地區的廣泛開發主要在明代以後,比中國很多地方都晚,所以,珠江三角洲的居住點保持了比較典型的明代社區發展的特徵。雖然早在宋代,朱熹的《家禮》已經在廣州刊行,[7] 但普及的時代,相信必比這個時候遲,弘治八年(1495)任廣東右布政使的林同還需要「勸民行呂氏鄉約及文公家禮」。[8] 珠江三角洲的居民點,沒有一處在明代以前興建祠堂或家廟。即使離珠江三角洲較遠的地方,例如粵北,開發雖比三角洲早,但好幾處自認在明以前有宗族發展的地方,不論根據傳說還是文獻,都沒有建祠堂或家廟的記錄。曲江紀念唐張九齡的風度樓(始建年份不詳,嘉靖十九年〔1540〕重修)和宋余靖的風采樓(弘治十年〔1497〕建),紀念被珠江三角洲麥姓奉為始祖的麥鐵杖的鐵杖樓(明成化十四年〔1478〕建),都並非祠堂或家廟。甚至到清初,曲江人廖燕還說:「韶俗家不立祠堂。」[9]

在珠江三角洲及其附近地區,文獻上有比較詳細記載的早期

---

7   黃佐:《廣東通志》,卷48,第28頁下—第29頁下,〈廖德明傳〉。

8   黃佐:《廣東通志》,卷50,第28頁,〈林同傳〉。

9   廖燕:《二十七松堂集》,卷7,〈改舊居為家祠堂記〉。

建祠事例是祭祀南宋廣東著名學者崔與之的祠堂。崔與之卒於南宋嘉熙三年（1239），他任四川制置使時，「以攻為守，威功甚著，朝廷賴之」。嘉定十四年（1221）曾被封開國子加食邑。[10] 他還在世時，在四川和廣東已有建生祠之議。嘉定十七年（1224），他剛離開四川的時候，四川人提議為他建生祠，朝廷不允。在廣東，端平二年（1235），「廣人奉菊坡像生祠之，先生拒之峻，不能止也。」他去世後，淳祐元年（1241），主張在廣東建生祠的人，為他建祠於南海蒲澗，李昴英為文記其事：「菊坡祠二，在蜀仙遊閣……在南海蒲澗。」[11] 到淳祐四年（1244），廣東經略方大琮「祠公與張文獻九齡於學，號為二獻」。[12] 咸淳九年（1273），廣東經略劉應龍又為他建祠於廣州城高桂坊。最重要的，可能還是嘉熙二年五月（1238）宋理宗「詔崔與之提舉洞霄宮，與之未嘗造朝，帝嘗虛位代之。至是始得奉祠，任便居住」。[13] 所以在宋朝的時候，崔與之的祠祭一直都是和地方、朝廷兩方面的擁戴有很密切的關係的，祭祀他的「祠」並非一所家族建立的祠堂。

到了明代，崔與之的祠堂漸漸變成一所家族祭祀為主的祠堂，這一轉變的過程，我們需結合政治上和禮儀上的變化來了解。

最早有關崔氏子孫把崔與之作為祖先拜祭的祭祀儀式的記錄，是元大德八年（1304）的祠祭祝文。原文如下：

> 維大德八年歲次甲辰十二月巳酉朔越二十有一日己巳，嗣孫崔繼祖等昭告於宋丞相少師崔清獻公。嗚呼！公之事業在邊陲，言行在天下，勳名在奉常，在太史。蜀人愛之，祠於仙遊，廣人愛之，祠於蒲澗。至於毓靈所降，宦轍所之，莫不廟。奕然貌儼然，蓋舉天下祠之也。繼祖，等藐是諸孤，遭家多難，幸逢聖世，通祀先

10　《宋丞相崔清獻公集》，外集前，第 1 頁上，外集中；第 9 頁上。

11　李昴英：《文溪存稿》，楊芷華校點，廣州：暨南大學出版社，1994 年，卷 5，第 57—58 頁，〈書菊坡先生蒲澗生祠記後〉。

12　《永樂大典》，卷 2741，引自廣州市地方志編纂委員會辦公室編，《元大德南海志殘本》，廣州：廣東人民出版社，1991 年，第 124 頁。以下簡稱《大德南海志》。

13　《資治通鑒節要》，引自《宋丞相崔清獻公集》，外集中，第 11 頁上。

賢。憲府清明，俾仍舊貫，爰修故第，塑像妥靈，涓吉薦鬺，用伸
虔告，尚饗。[14]

　　除了這篇祝文外，當日舉行的儀式，還留下兩段很重要的在
祭禮時用過的文獻。
　　一篇是《常祭祝文》，全文如下：

　　常祭祝文（路學儒官姓名）
　　惟公嶺海，間生廟堂，偉器清節，高風流芳。百世既祠學宮，
復祠故第，茲以仲春秋揭虔與祭，尚饗。[15]

　　另一篇是《祠堂詩序》，為「前（即南宋）進士」何成子作。
因篇幅所限，不便全引。其中二句把崔與之與唐張九齡並列，道
出了當時人的心態：「唐之中否，天生文獻，將以扶之不能也；宋
之將微，天生清獻，亦將以扶之，又不能也。」[16]
　　大德八年（1304）崔與之祠祀與南宋最後一代儒學之士有關。
在《常祭祝文》中有「路學儒官姓名」一語值得注意。在元大德《南
海志》中，「路學」指元朝廣州路的學校。「儒官」，似乎不是指
元朝的官吏，而是元代儒戶的代表。宋蔣之奇《廣州州學記》，記
元祐元年（1086）建廣州儒學事言：「釋老二氏，尚能尊師，豈伊
吾儒，曾是弗為。」[17]可見，在宋代，儒是和佛道對立的概念，是
學術宗派的分野。廣州儒學的建立，始於北宋慶曆中，在學校建
立之前，廣州已有夫子廟，廣州儒學的傳統，不會比建孔廟早多
少。兩百多年後，據元《大德南海志》載：「至元丙子，天兵下廣，
重屯於學，毀拆殆盡，所存唯一大成殿，學士尋亦解散。」至延

14　《宋丞相崔清獻公集》，外集後，第 15 頁。
15　《宋丞相崔清獻公集》，外集後，第 15 頁下。
16　《宋丞相崔清獻公集》，外集後，第 16 頁。
17　《永樂大典》，卷 21984，引自《大德南海志》，第 159 頁。

祐六年（1319），廣州的儒學才重建。[18] 從元初到延祐年間，廣州的儒官，基本上是宋朝後得到功名的家族。所以元《大德南海志》中收錄的宋代的《舊志進士題名》很重要。這個題名錄記錄了宋代一直到咸淳十年（1274）的廣州路的進士，而前引《祠堂詩序》的作者何成子，就是南宋最後一科的進士。所以，如《奉祠祝文》所記，大德八年，「幸，降聖世，通祀先賢」，逢這個機會，廣州路的儒戶藉祭祀崔與之表達了他們和新王朝的妥協。[19] 序文特別強調，雖然宋代的皇帝十數次發出御旨詔崔與之上朝，他「熟知進退存亡得喪之節，尚以曲江張九齡之出為戒」。崔與之之「賢」，在於能存其節，這裏把元代儒士不能做官的處境，説得相當貼切。

很明顯，這次祭崔與之，與後來的家族祭祀完全是兩回事。祝文很清楚表明，當時的祭祀儀式，供奉的是崔與之的塑像。祭祀的地點，肯定是在他的「故第」裏，基本上還是宋代的禮儀。大德八年，他的嗣孫在他的塑像前念祝文獻祭，隨後是當時廣州路儒官（相當於士）的代表。值得注意的是，在同一年，官府也恢復了其他祭祀。元大德《南海志》載：「大德八年，總管府奉上司行下：『照得至元八年 [20] 欽奉聖旨，內一件，該自古春秋二仲戊日，祭社稷於西南郊，立春後酉日，祭風師於東北郊，立夏後申日，祭雨師雷師於西南郊。欽此。』當年，遷社稷壇於州之西南郊，立風師壇於東北郊，雨師、雷師壇於西南郊。」[21] 儒士們對崔與之的祭祀，很可能就是在地方官府重建儒學禮儀正統秩序的氣氛下舉行的。

到了明初，崔與之祭祀才逐漸通過修墓建祠轉變成為家族禮儀。明初陳璉撰的《祠堂記》中記載，在明初的時候，在廣州供奉崔與之的祠堂被人佔為私第，祀事遂寢。「歲戊寅（洪武三十

18　《大德南海志》，第 58—59 頁。

19　「儒」在元代是戶籍類別，不是籠統的稱謂。參看蕭啟慶：《元代的儒戶：儒士地位演進史上的一章》，收於蕭啟慶：《元代史新探》，台北：新文豐出版公司，1983，第 1—58 頁。

20　按：當時元兵還未到達廣州。

21　《大德南海志》，第 48 頁。

年，1398），公五世孫子瓘始於所居季華堡肇建祠堂，塑公像祀之，仍割私田以供私費，一依朱文公所定禮，率族人行之有年。」這個祠堂，與以前在廣州的祠堂不同，是由子孫在鄉村中建立的。不過，儘管崔家的祭祀已經以朱子家禮為禮儀的規範，但在祭祀的時候，還沒有遵照《朱子家禮》的規定把祖先的象徵從塑像改成神主牌位。把祠堂從廣州改建到家族聚居的鄉下，意味着崔與之的拜祭，開始脫離了朝廷官僚的專門祭祀，成為地方宗族的祖先崇拜儀式。

崔與之祭祀的轉變，並不是特例，他的門人李昴英，初時也只是供奉在廣州的生祠。後來的拜祭，也和崔與之一樣，一直局限於官府的禮儀，到明朝中期才和家族祭祀連上關係。

李昴英在世的時候，曾捐資在廣州城南的海珠石上建慈度寺。該寺後世有「文溪祠堂石刻遺像」留存，後人因此認為在海珠石上曾有李昴英的祠堂。咸淳九年，曾將李昴英與崔與之合祠祭祀。正德十三年（1518），廣東按察司副使汪鋐在海珠石修復李的祠堂，「乃撤其居而新之，肖其像而妥靈焉」。湛若水為此寫了《修復李忠簡公海珠祠像記》。到嘉靖七年（1528），廣州城內大概建了供奉他的家廟，家廟建成的時候，城中士人，包括極有地位的黃佐、倫以諒，都參加了祭祀。在李昴英《文溪存稿》附錄中，保留一份當時的《家廟成通省士夫祭文》。嘉靖十五年（1536），黎民表等「闔郡舉人」上書請求，由廣州府在廣州城西建李昴英的祠堂。不過，這時的祠堂仍然是官府供奉的。萬曆二十八年（1600），太監李鳳在廣州徵稅時，祠堂被用作稅廨，士大夫不滿。結果，由布政督學袁茂英召集「李氏子孫」修復，為「久遠堂」，其中安放了李昴英碑刻像。「兩廂房為子姓書社……右旁陳地，列構小房，為子姓應試公館。」到這時，祠堂似乎才與李氏宗族掛上鈎。不過到清初，這個祠堂被尚可喜收入為尚王府。後來的官方祭祀仍然在海珠石上的李忠簡公祠舉行。而宗族的祠堂則建在順德的碧江、陳村和番禺的沙灣、石壁、市橋。由此可見，從宋到明，在廣州建立祭祀李昴英的祠堂，都是官府與地方人士拜祭的地方，而後來在鄉下建立的祠堂才是地方宗族的

拜祭中心。[22]

　　從南宋至明初，文獻上有幾個關於在鄉間建立祭祀祖先祠堂的例子，但可以說，沒有一個祠堂可以很確定是用家廟的形式。例如，宋人侯晉升《比部李公廟記》載：

　　　　公諱英，字子厚，其先守端州，其後因家高要縣橫石村遷修里。祖邵公喬，皆不仕。忠招公（其子）與夫人南恩陳氏之魂，葬於陸村，即其故宅基，構祠堂，歲月浸久，棟宇敝壞。表（其從弟）乃革故取新，重堂廣廈，塑像繪壁，落成於元祐七年（1092）九月望日。其族姓鄉黨，因而時享。[23]

　　這座位於高要橫石村的祠堂，看來很像一間明中期以後常見的家族祠堂。但是，要注意，侯晉升文在這幾句前有云：「神宗皇帝，聞而悼之，自守臣以下加恩有差，追贈公為比部郎中，錄公之季子忠為班行。又詔下端州，錄其近親，表其從弟也。以其嘗從公覆末，由是得為三班。」文章最後云：「吏效死而不敢出者，朝廷報而不忘，恩及其親，以忠錄之也。」這幾句話道出了早期祠堂的一種作用。這類的祠堂，並不是平常老百姓可以興建的，而是朝廷的特別賞賜。

　　又元代陳庚《竹隱梅外二先生祠堂記》記載另一座李氏的祠堂，也與後來祭祖的模式不同：

　　　　庚戌（至大三年，1310）春仲丁，邑博士率諸生有事於竹隱祠，李氏子弟咸與俎豆。卒事，孫同文進而言曰：吾大父竹隱祠，廣東憲劉叔子創於宋咸淳己巳，遞至元丁酉，邑人復繪先人梅外像於祠，歲月浸遠，祠未有記，願以為請⋯⋯[24]

22　以上敘述，參見前引李昂英：《文溪存稿》。

23　吳道鎔輯：《廣東文徵》，香港：香港珠海書院出版委員會，1973年，卷55，第411頁。

24　吳道鎔輯：《廣東文徵》，卷55，第431頁。

　　竹隱和梅外就是李用和他的兒子春叟，宋末人。李用，「著《論語解》，梓行天下。廣東提刑周梅叟後奏於理宗，特賜御書竹隱精社匾，咸淳中，廣東提刑鎦（劉）叔子命祠於邑學，用明經講學，為時名儒。」春叟的事跡除有文名而得朝廷賜號梅外處士外，還有，宋末東莞人熊飛起兵勤王，敗歸，「時，邑之士民多逃竄遠鄉者，飛揭榜，限三日回家，否則發兵戮之。春叟號哭，諫飛，飛乃止。」「至元丁丑（1277），元兵至廣，欲遣兵剿東莞，春叟扁舟往謁其帥，以死爭一邑，事遂已。人德之，繪像祀於竹隱祠，號二先生祠。」[25]

　　這兩所祠堂不一定是由子孫修建，在祠內舉行的祭祀，也不必是宗族的祭祀。這些祠堂的祭祀，還看不出具有明清宗族祠堂那種收族的意義。重要的是，祠堂中的祖先祭祀，不是根據《朱子家禮》——在祠堂中設置的祖先牌位前進行。可以説，在宋代，建祠堂供奉祖先的做法不少，但是，當時的祠堂不一定是後來《明集禮》規定的「家廟」模式，也包括形形色色的其他場所。[26] 從宋末到明初，有如這兩例一樣，在祠堂內只安放一個有着特殊地位的祖先塑像或畫像；亦有把供奉的祖先神位，安置在佛寺、廟宇裏面；也往往有子孫和地方上其他人一起舉行祭祀。明初以後，地方社會和祖先祭祀的關係才確實開始發生變化。

明代珠江三角洲家廟式祠堂的演變

　　明初珠江三角洲建有祠堂的家族不多，其中包括了極少數的明朝新貴，例如東莞伯何真、東莞人黎光等。何真在洪武五年（1372）建立了珠江三角洲最早的祭祀多位祖先並且不是位於墓地的祠堂。他「率族人建祠置田以祀群祖」，又「以惠州城西私第為

25　黃佐：《廣東通志》，卷 58，第 26 頁下—第 27 頁下。

26　宋代珠江三角洲及附近地方祭祖場所，可參見譚棣華、曹騰騑、冼劍民編：《廣東碑刻集》，廣州：廣東高等教育出版社，2001 年，第 698—699 頁，肇慶市郊黃崗鄉渡頭梁氏宗祠：《宋嘉定十五年安定郡祠志》；同治十二年重刻《巨鹿顯承堂重修家譜》，第 46 頁上—第 52 頁下。

義祠，斥所置田百餘頃為義田，俾宗子主祀」。[27] 文獻沒有記載這個「義祠」的建築模式，是否一座「家廟」，無從考究。但是明洪武七年（1374）趙宜訥為黎光的東莞潢涌黎氏祠堂寫的碑記，則一開始就說清楚這個祠堂的法定地位：

> 祠堂之制，非古也。古者，大夫三廟，視諸□□□□□□；□□二廟，視大夫而降其一；官師一廟，視大夫□□□□□為者。後世諸侯無國，大夫無邑，其制未免有同□□□□□度。尊祖者，及褻而不嚴；事親者，又厭而不尊，□□□□□□禮始盡矣。士庶人有所不得為者，以祠堂名之，以寓報本反始之誠，尊祖敬宗之意。此廣東東莞黎氏宗祠之所以建也。[28]

黎氏在元代已經建有祠堂，但是黎氏祠堂不代表普遍的現象。相反的，這個碑記說明黎氏祠堂還不是「家廟」。

潢涌黎氏在宋元時期已經是個有儒學傳統的家族，但是新貴之中包括不少元末得賜官階的地方土豪，這些沒有宋代儒學傳統，接受明初里甲登記承擔賦役的家庭，對宗族和譜系都很留意。這是當時法律上的要求。但同時，文化上的變動，也影響到他們祭祖模式上的變化。他們的宗族記錄，包括不少和宋末至元末的歷史拉上關係的入籍傳說。例如，《新會蔡氏族譜》關於宗月祖的記載將明初編「疍戶」入籍的政策投射到宋末故事中：

> 五世祖宗月，字光大……丙子，值宋迄錄，乃棄官歸。幼主自福建遷於新會之岡州，元伯顏、張弘範引兵追之。時宋餉屢絕，援兵不至。詔民間輸粟起義勤王，公奮然輸軍餉一千餘石。以公充本縣水界提督，自歧亭管至官塘外海，起民兵入衛。又歲辦疍銀三百餘兩，以供軍需，朝廷義之，特授總管，食邑一千戶，敕令同

27　何崇祖：《盧江郡何氏家記》，《玄覽堂叢書》本，第 62 頁上。

28　該碑記承楊寶霖先生抄錄，謹致謝。

守本縣土，境至祥興……公貌魁梧，自建一祠，肖其像居中，待後世子孫歲時奉祀不廢。[29]

蔡氏家族在元末為逃避戰亂離村，洪武二年（1369）才「攜老扶幼，復歸鹿洞」，之後，「除舊更新，增置田業，家道復振。」在黃蕭養亂後，他們的戶籍似乎也受到影響。所以該族關於明初及以前的記述，只能作為一種傳說。唯關於守月公「自建一祠，肖其像居中」的記載，接近前代的做法，而不是明中期以後的宗族行為。

順德逢簡劉氏也記錄了祠祭的歷史。十二世孫克孝（明末清初人）的《重修祠堂記》曰：

> 我雄州公祈姓劉氏，系出陶唐，派自漢軍。本宣皇帝之後，高皇帝三十八代孫也。當公之刺雄州也，正宋季多事之秋，知大勢之不可為，遂飄然而去，家於南海之逢簡焉。故逢以南，世為劉氏宗也，公之設也。後松溪公祠其堂曰影堂而光大之，用以妥神靈而永孝思，綿綿世世，賴以不朽。夫非尊祖敬宗之第一義哉。[30]

該文是作者在天啟元年（1621）和其他二十幾位族人重修祖祠時撰，「時堂壁重新，樓門繼起」。但是這個祖祠的前身，其實是松溪公的影堂。影堂是只有獨門之家廟式祠堂，容後再述。這裏可以說明的是，明初逢簡劉氏的鼻祖祠，和新會蔡氏一樣，以畫像作為祭祀對象，並非日後流行以神主代表祖先神靈的家廟。

丘濬為南海亭岡黃氏祠堂寫的一篇記文，一方面說明朱熹提倡在祠堂祭祖以取代影堂祭祖的改變，另一方面解釋了為甚麼這個制度在明前期漸漸普及。照丘濬的描述，這所黃氏祠堂「一堂三屋……堂之前有亭，翼以庖廚、齋沐之所。外為三門，繚以周

29　《新會蔡氏族譜》，抄本，廣東省中山圖書館藏，無頁碼。

30　《馮簡南鄉劉追遠堂族譜》，抄本，本文作者藏，第4頁。

神祖牌位　　　　　　　　祖先像

垣，樹以松柏」，就是一所如《明集禮》規定的家廟式的祠堂。這所建築物建於天順四年（1460），丘濬的文章寫於成化五年（1469），可見這是一座比較早期建成的家廟。丘濬亦明白士大夫追求以朱熹提倡的辦法來祭祖，以「閩、浙、江、廣」為多，「中州人士蓋鮮也」。黃氏於宋代亦有官銜，故以種種理由認為黃氏建祠合法。但是，最後他還是說清楚：

> 按禮，士有大夫田則祭，無田則薦，是有土者，乃得廟祀也。古者有田則有爵，今有爵者未必有田，而有田者往往多在編民。今世撥土於民，苟服章縫，習詩禮，是亦古之士也。[31]

在這裏，問題不在於黃氏是否品官家族，而是丘濬接受了編入里甲並考取科舉的家庭，等同於以前的士大夫。這亦意味着建祠的習俗已經漸漸普及，雖然在法律修改前，祠堂還沒有真正平民化。

31　丘濬：《南海黃氏祠堂記》，吳道鎔輯：《廣東文徵》，第 4 冊，第 455—456 頁。

　　更清楚地顯示嘉靖年間禮儀改革影響的例子，是《東莞張氏如見堂族譜》中永樂十四年（1416）、宣德五年（1430）和弘治四年（1491）三次修祠堂的記錄。這三篇記錄精彩之處，在於其反映出每次修祠時的建築面貌，以下是這三篇文字的摘錄：

　　　　古者，有田則祭，無田則薦，今歲時薦於寢，以未嘗有田故也。於是首捐己資，倡族人置祭田若干畝，復創建祠堂於種庵公墓左，以奉先世神主。肇工於永樂十四年九月，訖工於是年十二月。祠之制，同室而異龕，一遵徽國朱文公家禮規制。

　　　　　　　　　　　　　　（永樂丙申〔1416〕，《初建祠堂記》）

　　　　祠堂之設，古未有也。古者……庶人無廟，祭先於寢，其制秩然而不可紊。迨宋紫陽朱子以義起家禮，始有祠堂之制，後人仿而作之者甚眾。東莞張氏，系出唐相文獻公九齡弟九皋之後……宣德庚戌之冬，十世孫忠惠繼承先志，復捐地數畝，取祀事餘資，同叔世良鳩工聚財，廣堂之制，作廳於前，創室於後，作廡於左右。門牆庵宇，罔不具備。不隘不奢，堅好完美。於是奉先有堂，宴會有所，上得以致其將事之敬，下得以篤其一族之情。昭穆以之而明，尊卑以之而序。其用心之仁而厚也，彰彰矣。

　　　　　　　　　　　　　　（宣德庚戌〔1430〕，《增修祠堂記》）

　　　　永樂丙申歲，縣尉九世孫前戶部司務志遜與其從兄德玄、觀善、侄亮賓等議，以人道莫大於報本，報本莫大於祭饗，首捐己資，倡族人置祭田若干畝，復建祠堂於種庵公墓左，用妥先世之靈。歲時率諸子孫舉行祀事惟僅。祠之制，一依文公家禮，不侈不僭。十世孫忠誠等，相繼屢加修飾。然子孫日益繁碩，顧惟舊祠狹隘，不足以容。忠誠等復相與謀，以祭田所入，自供祀事外，儲其餘，擇十世孫舒潛掌之。潛即司務公之孫也。久而得錢若干貫，遂市材鳩工，增創前面一座。並以其僕者植之，欹者正之，撤朽易堅，葺敝為完。門堂寢壁，黝堊丹漆，舉以法，煥然一新，大稱後人報本之意。尤慮無以傳示久遠，乃以書，命其十二世孫，南宮國子監助教昕，請予記之。昕，曩者典教於莆，與予相知甚悉，義不可辭。惟先王之制，自天子至於官師皆有廟。秦壞先王典禮，務尊

君卑臣，於是天子之外，無敢有立廟者。漢世，公卿多建祠堂於墓所。魏晉以降，漸復廟制。唐侍中王珪，以不立廟為執法所糾，自是貴勢之家皆有廟。至五代蕩析，士民求生有所未遑，禮類教墜，廟制復廢。宋慶曆初，詔文武官立廟時，士大夫溺於習俗，安於簡陋，亦未見其有能立之者。朱子以廟非賜不得立，遂定為祠堂之制。於是人皆得建祠堂，以伸其報本之敬矣。然非孝子仁人之用心，亦豈能舉行之耶。

張氏服習詩書，秉行禮義，歷數百年，而代有聞人。此祠堂之建，所有作於前而繼於後歟。斯堂之設，匪直為灌獻之所而已。為張氏之子若孫，登斯堂者，尚其夙夜祇懼，無忘先德，不以尊而陵其卑，不以貴而驕其賤，不以富而輕其貧。冠婚有慶，死喪有弔，患難有救。若是者，豈為無忝祭將受福焉？於焉而壽考維祺。於焉而子孫繩繩登科，躋膴仕近，續先人之休無窮。蓋明德乃格神之道，祖宗父子本同一氣，惠之則神欽而福降矣。因重其請故推本祠堂之制，與夫所以感格神明之道，俾歸而刻諸石。非徒以示其子孫，使善繼而不忘，亦將以為世之勸也。

（弘治辛亥〔1491〕，《增創祠堂記》）[32]

這三段記錄反映了在夏言上疏以前不同時期祠堂形式的演變。先是永樂年間在墓旁立祠，宣德年間於廳前創室，廳改作廡，弘治年間「完門堂寢壁」。三次大修後，墓旁的小祠便變成了一座宏偉的建築物。東莞張氏似乎十分熟悉明朝的禮法，所以在文中處處十分注意為自己辯護。弘治時所撰一文尤其申明他們的做法是「不侈不僭」。他們也知道「朱子以廟非賜不得立，遂定為祠堂之制，於是人皆得建祠堂以伸其報本之敬矣」。他們為自己行為的合法性辯護的理據，就是他們祭祖用的建築物，儘管有門樓、有廳堂、寢室，還只是祠堂而非家廟。

新會潮連盧氏的《舊祠堂記》，也有類似的記錄：

32　《東莞張氏如見堂族譜》（1922），卷31，第1頁上—第4頁上。

　　余初祖宣教翁，宋末，自南雄遷居古岡華萼都三圖四甲潮連鄉蘆鞭里。迄今十三四世矣。九世孫永雄，獨慨然祖祭無所，願立祠焉。和之者，七世孫荃也、九世孫永祿也、錦也。爰集眾議，僉是之，永祿翁遂捐己輸該蒸嘗之資，率眾購地於鄉社之左。成化丁未臘月，四翁督工，建一正寢祠焉。為間者三，崇有一丈九尺，廣與崇方則倍其數。爰及弘治甲寅，九世孫宗弘者、璧者，慨未如禮，又購地建三間焉。亦如之。外設中屏，東西兩階。至正德戊辰，十世孫協者，又鑿山建一後寢焉。廣方與正寢稍狹階級之登正，崇與正寢八尺有奇。廚兩間，東西餘地若干。其董治之勞，輟家事，冒寒暑，日旦弗離，經畫忘疲，且費無靳色。若七翁者，不可謂不重本也。麟（本文作者——引者）幼學於給事中余石龍先生之門，議及初祖之祠，請撰一記。先生曰：庶人此舉，僭也，弗許可。麟退而考諸群書，及司馬影堂之說，與一峰羅氏，亦祖程氏以義起之云。蓋與朱子疑禘之說，並行不悖。誠所謂報本反始之心，尊祖敬宗之意，實有家名分之守，而開業傳世之本也。乃知不遷之祠，未為不韙也。[33]

　　這裏說得很精彩。在正德三年（1508），私人建家廟還是非法的，但到撰寫此文的嘉靖三十三年（1554）時，已經是合法的了。可見在珠江三角洲一帶，民間對有關建祠堂家廟的法律規定是有相當清楚了解的。

　　同樣反映了建祠性質上轉變的，還有霍韜在他的《霍渭厓家訓》對建祠表示的態度。霍韜的族譜並沒有明確記載他建大宗祠的年份，只記錄了「大宗祠原係淫祠，嘉靖初年奉勘合拆毀發賣時，文敏公（按：即霍韜）承買建祠。」拆毀「淫祠」當是魏校任廣東提學的時候，在嘉靖元年開始採取了一個行動。[34] 同時，族譜又載與大宗祠不同的霍氏家廟建於嘉靖四年，奉祀始祖及二、

33　《盧敦本堂修祠徵信錄》（1933）。
34　見本書：《明嘉靖初年廣東提學魏校毀「淫祠」之前因後果及其對珠江三角洲的影響》。

三、四世祖。旁邊的石頭書院亦同年建。所以，大概嘉靖四年，霍韜已經有相當完整的建立家族計劃，於家廟內奉祀始祖。《霍渭厓家訓》中，有多處關於在祠堂舉行祭祀的規定。[35] 從其中《合爨男女異路圖説》，把一座有大門、中堂、寢室的三進房子放到三列住宅中間，可以看到，在他的觀念上，鄉村是圍繞祠堂建立的。這幅《合爨男女異路圖説》可能是最早表達宗族同姓村落格局的文件。霍韜在致廣東總督林富的一封書信中說：「生復擴充執事之教，聚吾同祖而下兄弟子孫百口共食，粗立綱紀，俾嗣有守焉，亦執事惠教之及也。聚居圖一幅奉覽，後有家規、學規、鄉約，大率潤澤前哲之成訓者，俟梓完奉上，領終教之幸。」[36] 可見霍韜建立祭祀祖先的家廟，與他當時在鄉下實行的一系列措施一樣，都是當時地方官員和本地士紳一起在鄉村中推行教化，建立儒家禮儀秩序的重要環節。

　　明嘉靖以後建家廟式的祠堂的例子，數不勝數。在嘉靖初年石頭鄉霍韜的祠堂創建之後三十年，佛山一帶以往沒有祠堂的家族都紛紛建祠，例如：嘉靖十年（1531）順德沙滘陳氏建大宗祠未成。[37] 嘉靖十三年（1534）南海西樵方氏建方氏大夫祠，其規模，「前為捲蓬一座五間，大堂一座五間，額為惇敍堂，前為頭門一間。」「冬日則祀始祖參知政事公於中堂，而以武節府君配饗焉。」武節大夫方道隆是本祠「永為不祧」之祖。[38] 嘉靖二十年（1541）嶺南冼氏順德大羅房建羅江冼氏祠堂，理學家呂柟為之記敍。「祠在居第之東，其制，後構寢堂三間，中立四龕，奉安四代神主；前構正堂，為遷主而祭之所。中作捲蓬，以入前堂。東西

35　霍韜：《霍渭厓家訓》，收於《涵芬樓秘笈》，卷 1，第 10 頁下：「凡會膳以教敬，朔望昧爽男女具謁祠堂」；卷 1，第 13 頁下：「凡不冠於祠堂者，不許共膳，不許陪祭」；卷 1，第 26 頁下：「凡人家童子，始能行能言，尊者朔望謁祠堂或寢室，引童子旁立，使觀尊者拜揖之節，然後漸教隨班後拜。」

36　霍韜：《文敏公全集》，卷 6 下，第 12 頁。

37　《陳氏族譜》（道光二十八年抄本，廣東省中山圖書館藏，無頁碼），《八世東山傳》《九世艮齋傳》《陳氏先祠基始》。

38　《方氏家譜》（光緒十六年刻本），《祠墓》，第 1 頁上。西樵方氏就是與霍韜同時參與大禮議成名的方獻夫之家族。

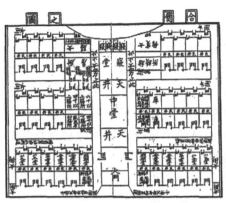

《霍渭厓家訓 —— 合爨男女異路圖說》

廣東南海石頭鄉霍氏宗祠（左邊的
建築物就是上圖中間的祠堂之位置）

各置鋸櫃，東藏遺裳書物，西則祭器
受焉。堂前數武為重門，外為大門。
環以崇垣三十丈有奇……大門前繼建
石坊一座，前匾曰……後匾曰……」[39]
嘉靖三十一年（1552）佛山鶴園冼氏
建大宗祠，門扁題「冼氏家廟」，湛
若水書。建築物規模包括「寢室、頭
門二座六間」。冼氏為「義舉大宗祠
田、立宗法以行家訓事」，報廣東承宣
布政使分司，獲得執照。[40] 嘉靖三十八
年（1559）南海弼唐鄉龐氏建孝睦祠。
取這個名字的意思是：「廣孝聯一族之
人，而共事於一廟之中」，很能夠代表

石頭霍氏祠嘉慶碑記

39　呂柟：《羅江冼氏祠堂記》，載於《嶺南冼氏宗譜》（宣統二年刻本，廣東省中山圖
　　書館藏），卷3之30，第2頁下—第3頁上。

40　鶴園冼氏家廟見於《鶴園冼氏家譜》（宣統二年刻本，廣東省中山圖書館藏），卷4
　　之1，第1頁上—第4頁下。《嶺南冼氏宗譜》，《練園房（即鶴園房）》段載該房「天啟
　　二年，聯宗建廟，始改稱練園」，可能指另外的祠堂。

當時珠江三角洲建祠的觀念。[41] 大概這個時候，小欖何氏九郎房也修建祖廟。[42]

到明末清初，建祠活動在珠江三角洲的發展更加迅速，以至到康熙年間，屈大均說，嶺南著姓大族，「大小宗祖禰皆有祠，代為堂構，以壯麗相高」。他說：

> 每千人之族，祠數十所。小姓單家，族人不滿百者，亦有祠數所。其曰大宗祠者，始祖之廟也。庶人而有始祖之廟，追遠也，收族也。追遠，孝也；收族，仁也，匪諂也，匪諛也。[43]

從這個時候開始，一直到清代，家廟模式的祠堂，成了珠江三角洲鄉村社會的明顯標誌。

結論

限於篇幅和時間，本文把焦點放在了珠江三角洲地區，但我們考察嘉靖年間禮儀轉變的廣泛影響，還可以把視野拓寬到珠江三角洲以外的地區。例如，在福建莆田，石庭黃氏宗祠就是一所原先建在墓旁的祠堂，到了明代，漸漸變成類似家廟的建築。[44] 山西省夏縣司馬光家族墓地，至元代，由佛寺打理祭祀，至嘉靖年間，才在墓地附近成立家族。[45] 山西省代縣鹿蹄間村楊氏（即楊家將家族），現在還存留了嘉靖三十五年（1556）碑記，記錄當

41　《南海弼唐龐祠》，見道光十五年《南海縣志》，卷 11，第 17 頁上—第 19 頁下。該祠制：「為堂三間……後為寢，間如堂之數。」

42　《小欖何氏九郎房祠》，見《何氏九郎族譜》，香港排字本，出版年份不詳，第 28 頁下—第 29 頁上，《九世祖與順傳》。建祠年份不詳，但建祠者與順祖生於成化四年，卒於嘉靖二十一年。

43　屈大均：《廣東新語》，香港：中華書局，1974 年，第 464 頁。

44　鄭振滿：《明清福建家族組織與社會變遷》，長沙：湖南教育出版社，1992 年，第 157—159 頁，第 227—241 頁。

45　David Faure, "It takes a sage… : notes on land and lineage at Sima Guang's grave in Xia county, Shanxi province"，《民俗曲藝》2001 年第 131 期，第 27—56 頁。

時族人以歷代保存了祠祀、家訓、族譜為理由,向官府申請承認他們的家族組織。[46]一直以來,華北建家廟沒有南方那麼普及。但是,時至今日,華北還保留着於貼在牆上寫有祖先名字的紙張前進行祭祖的習慣。細看一下,這些祖先名字,就寫在畫出來的牌位裏,而牌位也畫在一個類似家廟的建築物裏面。(見「河北省蔚縣上蘇村蘇氏祠堂祭祖用圖」)由此看來,人們拜祭祖先的儀式,在觀念上還是在家廟的規制下舉行的。這就是嘉靖年間宗族禮儀的核心改變。

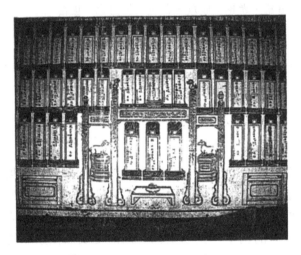

河北省蔚縣上蘇村蘇氏祠堂祭祖用圖

　　宗族發展與地方權力演變是相為表裏的兩個過程。家族制度當然不是明朝以後才出現的現象,我們的目的也不是要討論珠江三角洲地區在明代以前有沒有宗族組織的問題,而是在已有的家族組織之下,宗族制的形式以及正統禮儀普及化的問題。其中牽涉到在宗族組織形成過程中,族與族之間的外在矛盾以及族人之間的內部矛盾等等問題。我們以為,在明代前期,家廟式的祠堂

46　嘉靖丙辰《表忠閣碑記》,筆者於原地抄錄。

是十分罕見的，族譜的編撰則漸趨普遍化，但這是與里甲登記聯繫在一起的。明中葉後，地區組織逐漸強化，家廟式的祠堂普及化，地方上的鄉族組織以宗族形式來擴張。

　　家廟式祠堂普及化和正統化的過程，同時也是一個士人在鄉村中的地位合理化的過程。當然，要了解禮儀的演變，不能只從建築的模式來探討。禮儀本身的變化，尤其是不同禮儀傳統的融合，文字與口述傳統的貫通，不僅僅反映皇權與地方的關係，更表達個人對社會、團體的意識。然而，建築的變化，儘管是外在的表徵，觀看者也必然會產生一種直接的反應。珠江三角洲從明中葉罕有家廟的環境，到明末清初，「每千人之族，祠數十所。小姓單家，族人不滿百者，亦有祠數所」，在建築上給觀看者的印象，不只是以堂皇的建築顯示地方的威勢，而且這種顯赫威勢的表現方式，是合乎皇朝禮制的。地方社會就是這樣通過成功地改變禮儀，拉近了地方社會和王權的關係。[47]

47　附識：本文承中山大學歷史系劉志偉提供部分資料並協助修改，謹表謝忱！

現代中國的國家與禮儀：評「民間社會」論爭 *

引言

　　在晚近有關中國「民間社會」性質的爭議中，中國歷史學家又再如瞎子摸象般，作想當然的描述。但這一回卻是一頭十分龐然的大象。據我的理解，論據是這樣的：「公共空間」，也就是士紳階層以大眾的福祉活動於其中的場所，自晚明以來一直在發展，慈善機構的發展便是證明。[1] 而且，獨立的志願組織在明清兩代有悠久傳統，它們的活動形成了一個「民間社會」，組成了「公共空間」。[2] 清代末年，報紙的出現和立憲運動的推行，使地方士紳（至少是在上海）涉入了國家事務的爭議，他們的眼界也擴闊到了鄰里以外。[3] 儘管如此，「民間社會」的獨立性也容易被誇大，因為直至民國，即使在上海，也沒有商人或志願組織有自由管理自身的事務。他們的自由沒有法律的保證，而或明或暗的政府干預卻相當突出。[4]

---

* 　原文為："State and Rituals in Modern China: Comments on the 'Civil Society' Debate"，載王秋桂、莊英章、陳中民編：《社會、民族與文化展演國際研討會論文集》，台北：漢學研究中心，2001 年，第 509—535 頁。

1　Mary Backus Rankin, "Some observations on a Chinese public sphere, " *Modern China* 19.2(1993), pp. 158-182 引 Fuma 1983.

2　William T. Rowe, "The public sphere in modern China, " *Modern China* 16. 3(1990), pp. 309-329.

3　Mary Backus Rankin, Elite, *Activism and Political Transformation in China, Zhejiang Province, 1865-1911*, Stanford: Stanford University Press, 1986，及前引文。

4　Frederic Wakeman, "The civil society and public sphere debate: Western reflections on Chinese political culture, " *Modern China* 19.2(1993), pp. 108-138.

　　我發現有關的討論，至少據我的理解，不盡如人意。第一，我發現討論中所用的詞彙很有限。儘管嘗試把晚清的事件置諸明代的脈絡，但慈善卻是一根十分脆弱的線，難以提挈「公共空間」。第二，有關的討論借來了哈貝馬斯的論見，卻遺漏了其中相當基本的一點。哈貝馬斯相當令人信服地指出，18 世紀西歐的公共空間，與社會獨立於政府之外的觀點，同步發展。哈貝馬斯借用了人的總體活動即「民間社會」乃受自然律法而非人為律法規管的傳統立場，斷言「民間社會」讓其倡議者得到一個他們可據之限制國王行為的平台。[5] 傳統智慧把「社會」視為給定的，而哈貝馬斯的新意在於他把「民間社會」認定為一種智性建構。很多問題由此而展開，其中少不了的一個，就是「社會」或「民間社會」的理念是一個曾經影響過中國的建構。第三，有關的討論把適用於中國範圍內關於國家 —— 社會的傳統論見，即地方社會整合到中國的國家，拋諸腦後。國家與其組成部分的關係，其實是哈貝馬斯不曾探討的一個領域，這方面可視為他論見中的一個弱點。如果有人辯稱（無論怎樣沒有說服力），歐洲的國家規模遠小於明清時代的中國，因而中央與地方的關係也沒有那麼複雜，這是可以理解的；但就中國而言，國家的範圍從宋代至清代一直在擴展，任何置整合地方社會於不顧的論見，都不能說是從整體上把握了中國。

　　我之所以有這樣的看法，主要是因為我一直在研究的中國地區，鮮有用上述「民間社會」的詞彙來談論。曾經有過一個時期，任何根據珠江三角洲的研究成果，反對把中國社會概括為一個整體的看法，都無人理會，理由是珠江三角洲是一個例外。但時移勢易，我認為我們現在對江南地區已有足夠的了解，明白到有關這個地區的研究是如何的貧乏，而對於蘇州或上海的研究能給予我們這兩個地方以外制度變遷的知識又是如何的少。至目前

5　　Jürgen Habermas, *The Structural Transformation of the Public Sphere: An Inquiry into a Category of Bourgeois Society*, trans. by Thomas Burger with the assistance of Frederic Lawrence, Cambridge: Polity Press, 1989.

為止，沒有就任何一個江南城鎮作過研究，以顯示其管治事務如何運行，而儘管晚明江南地區的宗族和士人常被提及，但還沒有一個研究把他們與土地持有和商業、廟宇和神龕這些社會環境廣泛聯繫起來。我們這些研究珠江三角洲的人與研究莆田的人有着共同的目標，但看到根據散亂的資料對江南地區，而很多的時候是對江南地區以外的整個中國社會，所做的粗略概括，便不免感到沮喪。地方志特別是鎮志，基本上無人理會，而很多江南的族譜也無人問津，目前至少已有可能把材料的閱讀與造訪當地結合起來，倘若還只是把江南地區當作僅存在於紙上來撰述江南社會史，那真可算是一個奇跡。

我的研究同行和我自己仍在嘗試掌握珠江三角洲的社會史，在這篇文章中，我希望在珠江三角洲社會史一種說法的基礎上，顯示有關國家涉入民間社會的討論可以是如何大大的不同，並將歸結到對不同研究取向的一般意涵所做的若干考慮。

「國家」在珠江三角洲地區的演化

珠江三角洲一直至宋代都被稱為瘴癘之地，罕有人煙，移居者難望存活。在這個地區的耕地開墾，主要是在明清兩代，但早期的跡象可追溯至南宋。在那以前，廣州頗顯突出，與周遭相當不和諧，是個重要的海港，朝廷官員在那裏收關稅、下命令，而此外則所知不多，已知的也被視作奇風異俗。從南宋至明代，中國的這個地區引入了一種新型的政府，逐漸把地方社會整合到國家中。在這種政府之下，地方資源（人丁和賦稅）歸朝廷管理，朝廷勢力影響地方關係，而地方權力結構基本上一直保持其地方性。這個已往有關中國國家中央與邊陲關係的研究成果，不會令人感到陌生，但華南研究卻將之超越了。華南研究者認為，禮儀組織是這個整合過程的一個重要方面，因為中央 —— 邊陲關係的協調，以及地方社會的重新界定，是在禮儀轉變中達成的。我在珠江三角洲的研究中，着重強調禮儀轉變的過程，而這個過程可以概括為四個階段。

（一）學校與從屬於官方的禮儀

1044 年，廣州遵照全國各縣辦學的命令，開設了學校。珠江三角洲那時並無文人傳統，學校也是設在「番坊」裏。學校其後二十年搬遷過兩次，而地方文獻中沒有提及學校的建築樣式。到了 1071 年，當地一個富人打算把學校擴建，加建一座大殿和幾間側室，廣東轉運使陳道安遊説他捐錢，因為他的擴建不合規格。另一位知州程師孟曾擴建了學校，但 1087 年廣州知州蔣之奇主持釋奠禮時卻發起牢騷，説那裏只有一個空空如也的狹小殿堂，他於是準備加建一座大殿。他也奏請皇帝表揚十名曾派任廣州的官員。學校按照正式規格建設、舉行釋奠禮，以及祭祀地方官員，凡此皆標示着禮儀傳統中的主要人物是官員，而非地方上的人。這與學校由地方力量來照管的情況似乎截然不同，因為學校大抵是在「番坊」裏。可是，這個傳統沒有長期持續下去，不久即為書院的出現和地方文人階層的發展所取代。[6]

（二）理學在珠江三角洲的出現

理學出現於珠江三角洲的時間歷歷可考。廣東的第一所書院是珠江三角洲北部韶州的相江書院，約 1150 年由理學家張栻所建。張栻的父親是朝廷大員，被派任韶州附近的連州，張栻也就隨着父親來到。[7] 1183 年擴建相江書院的韶州教授廖德明是朱熹的學生，1211 年或 1212 年之時，廖德明任職廣州知州，刊行了朱熹的《家禮》。[8] 13 世紀上半葉，廣州及其周遭地區出現了一群地方文人，他們與官員關係密切，而且以理學之士而自豪。領頭人是崔與之（1159—1239），他位至尚書，封「開國公」，並南

6　《永樂大典》，卷 21984，以及《元大德南海志殘本》，廣州：廣東人民出版社，1991 年，第 156—164 頁。

7　關於張栻與朱熹的事跡，參看 Hoyt Cleveland Tillman, *Confucian Discourse and Chu His's Ascendancy*, Honolulu: University of Hawaii Press, 1992, pp. 24-82.

8　《廣東通志》（1561），卷 48，第 28 頁下—第 29 頁下，以及 Patricia Buckley Ebrey, *Confucianism and Family Rituals in Imperial China*, Princeton: Princeton University Press, 1991, p. 146. Ebrey 指出這個版本「改正了先前廣州版的錯處」，這意味着《家禮》先前有過其他版本。

海縣食邑。崔與之的仕宦生涯不在廣東，只是到 1323 年才退休回
到廣州，他憑自己的威望團結廣州城抵抗圍攻的叛軍，因而贏得
地方擁戴。他與理學家交往稀疏：他自稱是廖德明的學生，而在
其著作中也僅得一封寫給朱熹的信。[9]不過，與他一起抗逆的學生
李昴英（1225 年進士，1257 年卒），與廣州的理學家卻過從甚密。

　　1226 年，李昴英為陳淳的《北溪字義》作序，該書是一部理
學文集，由諸葛玨帶到韶州，諸葛玨前任番禺（廣州的一半位於
番禺）縣令，其時為韶州知州。[10]另一個與崔與之有關的人是許巨
川，1214 年進士，向慕程朱，在東莞縣令任內，重建縣學。據李
昴英云，他為重建縣學於 1237 年收地 183 畝、備銀 50 萬，縣學
為當時廣東最富有的學校之一。[11]李昴英也與理學家兼廣州知州方
大琮熟稔，方大琮死後，李昴英奏請表揚他恢復釋奠禮和鄉飲酒
這些地方禮儀之功。[12]

　　理學例以學問承傳判定士人的淵源。就此而言，須注意到在
崔與之的一代，張栻和朱熹的學生有的依然在世：有一個名簡克
己的，廖德明任廣州知州時，他年事已高。然而，比這種關係更
重要的是確立於禮儀之上的譜系。11 世紀末廣州知州蔣之奇尊
崇的十名剛直官員，讓位給了理學家神龕裏的祭祀。這個轉變的
第一個標誌，是 1170 年相江書院祭祀周敦頤的制度，根據朱熹
所寫的一篇紀念文章，二程亦在所祀者之列。宋末重建的東莞縣
學，其中有一個神龕，代表珠江三角洲及其附近地區追源溯流的
譜系：周敦頤、二程、張橫渠、朱熹和張栻，附祀張九齡、余靖
和崔與之。[13]蔣之奇 1087 年有關州學重建的一篇文章，提到唐代

9　李昴英:〈崔清獻公行狀〉，吳道鎔纂輯:《廣東文徵》，香港：珠海書院，1978 重
印，卷 68，第五冊，第 406—407 頁。

10　陳淳《北溪字義》的英譯本，參見 Wing-tsit Chan, *Neo-Confucian Terms Explained
(The Pei-hsi tzu-i) by Ch'en Ch'un 1159—1223*, New York: Columbia University Press,
1986. 李昴英序言，見該書頁第 209—210 頁。

11　李昴英:〈東莞鄉學經史閣記〉，吳道鎔纂輯:《廣東文徵》，卷 55，第 424—425 頁。

12　李昴英:〈請謚李韶方大琮狀〉，吳道鎔纂輯:《廣東文徵》，卷 2，第 1 冊，第 41 頁。

13　《廣東通志》（1561），卷 19，第 9 頁上、卷 30，第 24 頁上—第 25 頁上，以及卷
38，第 11 頁上—第 14 頁下。

的張九齡是廣東學者的先輩，歆饗於韶州，據悉他在當地修路翻越大庾嶺通往江西，仁宗（1023—1063）時獲朝廷表揚。可能由於這個關係，他的後人——包括張栻和他的父親——每年均到他的墓前祭掃。[14] 但是，在立祀之時，即儂智高（1052）起義結束之後，張九齡的祭祀與余靖（1000—1064）的祭祀合併，後者在亂事期間捍衛韶州。余靖死後一兩年，他居住的地方建了一座祠堂，而皇帝在 1137 年授予他祭祀之禮。[15]

　　理學家把他們的廣州師長加入他們的學術先輩之列，並附以崔與之時，乃相當有意建立起一個傳統。我們有清楚的證據證明，他們在 1244 年廣州確立鄉飲之禮時自覺到自己新近建立的地位。鄉飲之禮過去偶然舉行，但從李昴英的記述看來，情況並未確定。他提到，在集合之前開了一個會，知州方大琮也有出席。會議討論採用何等的禮儀，方大琮說他支持沿用周禮。鄉飲舉行時，席間有 230 名主禮者，另有 230 人，全都盛裝赴會，因早已知會他們衣飾舉止均不得怠忽。儀式異常莊嚴，進行了幾乎一整天，祭器規矩擺放，古樂高奏。結束之時，官員宣講禮之重要。廣州後來並無舉行鄉飲的記載，不應以為後來舉行過。[16]

　　廣州 1276 年淪於蒙古人之手，大概三十年後，即 1304 年，廣州的文人趁崔與之的祠堂重新開放之機，聚集拜祭。應該注意的是，祠堂有私人性質，因為他生前居住於此。祭祀的主祭，是崔氏的一位男性後裔，對於仍活在人們記憶裏的歷史人物而言，這樣的祭祀安排也是名正言順的。但是，這次祭祀卻不是私人性質的，而是元政府批准舉行的，因為在這次拜祭舉行的同一年，朝廷下令恢復地方祭祀。除了崔與之的後人外，在一篇與祭品放

14　《廣東通志》（1561），卷 16，第 38 頁下、卷 18，第 34 頁下；《宋史》，卷 105，第 2560 頁。

15　《廣東通志》（1561），卷 30，第 23 頁、第 23 頁下—24 頁上。

16　李昴英：〈廣帥方右使行鄉飲酒記〉、〈諭鄉飲酒行禮者〉和〈諭鄉飲酒觀禮者〉，吳道鎔纂輯：《廣東文徵》，卷 55，第 4 冊，第 425—426 頁及卷 81，第 6 冊，第 359 頁。《廣東通志》（1561），卷 57，第 25 頁載有一名賓客的傳狀。

在一起的文章中，還有一份廣州「儒官」的名單。[17] 這些名字可與大德年間 —— 即這次祭祀舉行之時 ——《南海縣志》所載的登科士子名單參證。1274 年，宋代舉行了最後一次科舉考試，[18] 還活着的登科士子，也許還有他們的後人，當包括在出席崔與之祭祀的儒官之中。因此，這次祭祀是這個世代的最後一次政治表白。

（三）明初的里甲制和禮儀轉化

珠江三角洲在元末明初經歷了巨大的社會動盪，這巨大不但在於兵連禍結，也在於地方群體在戰火中形成，而且往往聲言是受命於朝廷，而並未追本溯源到宋末的文人團夥。科舉在元代幾乎完全廢弛，可能是文人傳統中斷的原因，但這種説法恐怕不免弄錯了時間，因為應該搞清楚，文人的突出地位在宋末才剛確立起來，而其影響也只及於廣州和若干以行政職能為主的城市。文人的影響力伸延至鄉村，主要還是明代的事。

明代前半期鄉村轉型的關鍵在於里甲制的實施、科舉的恢復，以及在推行這些措施時突出世系。這是一個複雜的問題，須重溫對明代制度史的理解才能加以掌握。

首先，只有拋開里甲制必定是自上而下施行的看法，才能理解社會轉型。也應該注意到，里甲制並不是一旦公佈即全國推行，而自 16 世紀起日益發展的貨幣經濟所帶來的變化也不一定代表其衰落。明代法律本身清楚表明，里甲制及其相關的賦税和力役制度，與地域上的土地社祭祀密切相關。[19] 其實，「一甲十戶」的制度不過是一個理想；事實上，地域社群保留了他們的權力結構，而登記制度可能就是移植於這個結構之上。換言之，無論有無政府規定，拜祭土地都是定期舉行的；因此，政府的規定斷非自上而下強加一個結構，而是承認通過祭祀確立的權力關係，並

17　〈奉祠祝文〉和〈常祭祝文〉，載於《宋丞相崔清獻公全錄》，1976 年香港重印，外集後卷，第 15 頁。

18　《元大德南海志殘本》，第 67—76 頁。

19　《大明會典》（1587），卷 94，第 15 頁下—第 20 頁下。

將之變成一個把國家帶進鄉村的渠道。數百年來，明代法律中所載的經文逐漸成了鄉村祭司的文本，而祭司把明代的法律攪混了，把自己當成是國家在祭祀上的代理人，國家禮儀的範圍於是擴大了。因此，里甲制的擴展在這個意義上與賦稅關係不大。而恰恰是國家和地方禮儀的結合，亦即兩種做法的結合，讓權力結構得以維持不變。

不過，土地是社會轉型的核心，因為土地擁有權、世系和地域關係在 16 世紀的禮儀轉型中乃是三位一體的。這是現時的中國社會史研究尚須抓住的一個範圍，我們的研究領域太受以祠堂為中心並受宗族規條管理的宗族財產籠罩，以至認為直至 16 世紀沒有多少平民家庭維持這些傳統，而維持這些傳統的少數幾個家庭，也並沒有維持多久。明初的獨特之處正是在於里甲登記規條應用之廣泛；而與之並行的是世系的規條，要強調的是，這些規條並非生硬地依附於主要的法律條文，而是以具有創意的方式，堵塞政府賦稅寬免所出現的種種漏洞。

最好還是舉出一個例子來描述複雜的情況。為免累贅，讓我以一個單一（卻絕非唯一）的例子，來說明賦稅規條怎樣與世系規條混合。[20]

關敏（1349 年生）在明太祖時代參軍，陣亡，死時二十歲。準確地說，他屬廖永忠部下，而廖永忠受太祖命平定廣東。關敏死後，朝廷給他諡號，並為他建祠堂，頒令每年舉行祭祀。他的父親有三個女兒，而他是唯一的男丁。為了延續香火，一個堂（表）兄弟的兒子過繼給了他。他家裏想必有一些田地，因為他的姐妹出嫁之時，也有田地做嫁妝，而祭祀的規定之中很可能包括授田。他的姐妹出嫁以後，也許他的過繼兒子也就成了財產受益人。

然而，從過繼方面思考土地問題，也就是將之視作禮法問題。社會框架可以更清晰地顯現權力關係。為了弄清楚這一點，

20　以下例子取自廣東省圖書館一冊藏書，此書書名佚失，卻被誤題為順德盧氏族譜。

必須研究族譜。關敏的祖父在元代才遷進那個村莊，而這個家庭是登記為民籍的。他祖父有三個兒子，為了方便起見，我以甲、乙、丙稱呼他們。甲是長房，有一子一女，兩個養子（稱為育子）。重要的一點是兩個養子都要服兵役：買男丁回來服兵役是明初常見的避稅方法，但在這個例子中，長房看來至少連續服了三代兵役。[21] 次子乙有兩子一女，長子死時並無後嗣，次子則有兩個兒子，我稱他們為戊和己，戊無子，己則在死後過繼給關敏。己有六個兒子，一個過繼給戊，以續其香火。

那麼，土地由誰掌理？二房顯然是贏家。服兵役的擔子落在長房身上，己的兒子則繼承了所有那些沒有服役記錄的分支。如無意外，情況應該是這樣無疑了。乙讓他的一個兒子繼承他的兄弟，並負起祭祀關敏之責，因而排除了所有外面的支脈干預他的一支和財產的可能，並且把自己的勢力擴展至關敏的分支。關敏的祠堂在明初很可能就是這個家族唯一的祠堂，如此則乙可能連長房的祭祀地位也取代了。可以説，乙控制了一切。

倘若仔細研究家族的安排，並將之聯繫到祭祀 —— 再到土地擁有，便可以看到相對於地方政府的朝廷，在政府與分散的鄉村的關係之中，佔主要的位置。有一點必須指明，政府與鄉村之間的關係並不一定和諧，而社會生活複雜得遠非行政條文所能説明。行政條文為法律目的而設，並賦予家族管治以法律意義。因此，戶籍登記可能是土地授權的一種手段。然而，把法律定義加諸戶口，影響到繼承權，而過繼的做法結果成為操弄土地財產的一個因素。同時，由於繼承權之中包含了祭祀的責任，這一重法律關係也就可以，而且往往是從禮儀的角度來討論。從關敏祠堂的例子可見，定期祭祀一位列載於族譜內的親屬，對於國家與鄉村的關係具有遠遠超乎象徵的廣泛意義。

里甲登記制度及其對土地擁有和世系的意義，為權利和義務的協商提供了一套語言。及至 16 世紀，這套語言已是眾所周知。

21　其他的例子，見於志嘉：《明代軍戶世襲制度》，台北：學生書局，1987 年，第 55—56 頁。

不過，珠江三角洲是直到 15 世紀中葉才普及。這套語言之普及起來，與叛亂時期的效忠歸邊，以及由此而產生的政治宣傳大有關係。里甲登記範圍在珠江三角洲的擴大，以及與之相伴隨的禮儀語言的傳佈，是 1449 年的「黃蕭養之亂」和 1465—1526 年的「猺戰」所造就的。

　　在此不宜詳論「黃蕭養之亂」，這裏要説的是，「土木堡之變」由於某些尚未明瞭的原因，與華南多個地區的叛亂同時發生。在珠江三角洲，「黃蕭養之亂」帶來一種危機意識。朝廷把注意力集中在叛亂上，陷於大小衝突之中的鄉村須向朝廷表忠，形式是鄉村結成聯盟，積極尋求朝廷認可它們的武裝。這些聯盟得到正式的表揚，在亂事平定後獲准使用「忠義鄉」的頭銜；而在佛山，結盟的戶口在地方廟宇內附祀配饗。為在亂事中戰死的成員而設的祭祀組織，成了那裏類似里甲制的地方公職制度的一部分。其結果是形成某種鄉村組織的形式化，這是研究珠江三角洲農村生活的學者耳熟能詳的：鄉村聯盟以一座廟宇為重心，定期的祭祀由各個鄉村輪番管理，這套管理制度，則經常利用里甲制度的概念（又以佛山為例，當地人稱為「里圖」）。[22] 這種組織的出現帶來里甲制微妙的變化。里甲登記不再像人口和財產的一個點算記錄；里甲登記戶一下子成了一個賦稅單位，因此一個賦稅戶實際上可能包括了整個宗族，甚至幾個姓氏的後人。里甲戶演化為宗族，予人里甲沒落的印象。但情況絕非如此，明朝初年設計的里甲制，不過是選擇性的實施（基本上是實施於軍戶和「疍民」）。里甲制在珠江三角洲廣泛延伸之時，里甲戶是大家族（即「宗族」），而課稅財產與事實上的土地擁有權也很不相像。然而，里甲提供了一套語言，地方組織可以據之獲得政府的認可，而賦稅登記也強化了一種把戶口界定為財產持有者的想法。而這正是籠罩中央地方關係的思想氣候變化的大背景。[23]

22　見本書：〈佛山如何成鎮？明清時期中國城鄉身份的演變〉。

23　劉志偉：《在國家與社會之間——明清廣東里甲賦役制度研究》，廣州：中山大學出版社，1997 年，尤其是第 237—275 頁。

　　反映社會現實的意識形態並沒有把祠堂或祭祖置諸地方組織的中心，卻把鄉村即地域社群視為中心，然而又吸收《朱子家禮》以容納宗族元素，儘管是所謂「四禮」即祭婚喪冠的簡易形式。這些簡易的禮儀文本最早的版本，據我們所知是唐豫所撰，他的兒子在「黃蕭養之亂」時身處佛山，而文本的流佈因而可能與禮儀轉型有關。[24] 但是，較為有名的版本卻是哲學家陳白沙與及亦師亦友的新會縣（陳的居地）縣令丁積在 1479 年所編。[25] 這個簡手冊後來由黃佐擴充成為《泰泉鄉禮》（泰泉即黃佐）。所有這些文本的鄉禮精義，均遵循明朝的法律，但不過延續了一代，便全為「家訓」所取代，例如霍韜的《霍渭厓家訓》或龐尚鵬的《龐氏家訓》。[26]「家訓」頗為集中於實用的宗族事務管理方面，較不着重禮儀，而且往往附於族譜之內，不獨立出版。

　　至於 16 世紀的「猺戰」，也非在此所能詳述，但重要的是要給有關事件的標準說法加入一些修訂，以便就這些事件對地方社會整合進國家的影響提供相關的背景。「猺民」不是那些散居珠江及其粵北和廣西支流的廣大範圍，不在里甲登記之內，不受土司管轄的人，他們是土司地域劃分的受害者，而朝廷對他們發動戰爭，帶來多種重要影響。其中一種影響，就是珠江三角洲的村落被羅致成為朝廷的活躍夥伴，從而幫助平「猺」，而與此相關的是朝廷認可陳白沙和丁積所教授的思想，視之為可行的教化力量。因此，在「鄉禮」的流佈底下，也就包含了把明確的族群分際具體化的盤算，那些歸化的就成為民，否則就仍然維持原來的族群身份地位。這個做法始於「黃蕭養之亂」，「疍民」得聚居在後來成為順德縣的廣大地區，「疍民」的身份也得取消；按此，則「猺民」與里甲制內的民之間的區別也就突出起來了。[27]

24　《廣東通志》（1561），卷 59，第 47 頁下—第 49 頁上。

25　《新會縣志》（1609），卷 2，第 46 頁上—第 53 頁下；陳白沙：《陳獻章集》，北京：中華書局，1987 年，第 34 頁。

26　霍韜：《霍渭厓家訓》，1529 年，重刊於《涵芬樓秘笈》，上海：商務印書館，1924年；龐尚鵬：《龐氏家訓》，1571 年，《叢書集成版》。

27　我對這些問題也曾論及，見本書〈皇帝在村〉和〈明中葉的「猺亂」及其對「猺族」的影響〉兩文。

　　所以，珠江三角洲之整合進朝廷，從明初到 14 世紀末已經遠不止於崛起了一批文人。一套與里甲制相關的語言普及起來，而這套語言與一套標準禮儀的擴展又密切相關，鄉村——也就是地域社群——也就被政府認可為一個有效的管治單位，縱使政府實際上並沒有委派外來人員到鄉村去。以此，地方權力層級得以保留，而朝廷的秩序也被帶進了鄉村。

（四）禮儀的淨化：宗族的興起及其禮儀

　　地方史學者在嘗試了解禮儀轉變時，必須有心理準備，以免對這些來自外界的轉變感到意外。16 世紀初，珠江三角洲已經具備禮儀轉換的成熟條件，可以讓宗族，而不是鄉村，成為地方組織的中心，然而這要到嘉靖年間發生「大禮議」才真正實現。

　　「大禮議」對於宗族的影響不在於宮廷鬥爭的核心帝位繼承的辯難，反而在於一班支持皇帝的個人意願而力拒幾乎全體朝廷重臣之議的官員地位的攀升。皇帝的支持者之中有三個廣東人：霍韜、方獻夫和湛若水。湛若水是陳白沙與其時的後輩之間的思想橋樑，而霍韜和方獻夫則在珠江三角洲興建了第一座特權階層以外以祠堂為名的祠堂。這座祠堂（建於 1525 年，實際上屬霍氏）[28]之所以是第一座以祠堂為名的祠堂，因為其他的平民在他們之前也曾興建祠堂，只是沒有以祠堂為名，而以祠堂為名的祠堂是平民中間的一個新傳統，因為特權階層一直以來都可以興建這種建築物。必須清楚了解的是，所謂祠堂，即明朝法律所規定的一種「家廟」式建築。法律規定，平民不得建家廟安放祖先靈位，因為不同身份地位的家庭可以祭祀多少代先人有嚴格的規定。在這方面，明朝的法律以《朱子家禮》為依歸。按照這些規條，平民得在自己家中建立神龕供奉上一代的先人，並且上墳拜祭，但在「家廟」裏祭祀卻是特權階層的專享的權利。這不表示在鄉村裏沒有這樣的建築物：若干姓氏（例如趙氏）自稱是特權階層，甚至是

28　方氏的祠堂建於 1534 年。見《方氏家譜》（不著印行日期和印行者），廣東省圖書館 K/0.189/438。

皇族之後，有些則攀附十分疏遠的姻親關係，也有些聲稱他們並不知道興建這些建築物是違法的。1529 年夏言奏請允許五品或以上官員為祖先立廟，三品及以上可供奉五代先人，四、五品及以上可供奉四代先人，法律才終於改變了。霍韜的祠堂可能在法律更改之前已經興建了，而這與他桀驁不馴的性格頗相符合。[29]

　　無須鄙視「大禮議」論爭中的用語。那些爭論影響極大，因為所涉及的是王室與國家的關係。這個憲政問題（借用西方法律的觀念）肇始自北宋末年，經歷過一個漫長的演變過程，皇帝個人的信條逐漸與國家宗教分離，而官員則越發認同後者，而非前者。在「大禮議」中，大多數朝臣都認為，如果要鞏固朝廷的權威，就不可以改變皇帝的世系，這與那種視天下為皇家所有的保守觀點接近，而嘉靖皇帝及其支持者，則認為皇帝必須對其本生父母盡孝道，由此強調國家與皇帝統治的聯繫。即是如此，對禮儀的影響也無關輕重。這場爭議所透露的消息，在雙方的論見中呼之欲出，那就是士大夫是朝廷禮儀的捍衛者，即使皇帝也不能隨意更改。此外，自理學家倡導禮儀改革，已歷數百年的變遷，高官大僚獲准興建「家廟」式的祠堂，功名對於祭祖的重要性被形式化了，這實際上意味着任何富裕門第只要能在其族譜中追溯出一位同宗的高官大僚，便可為自己興建這樣一種建築物。

　　霍韜的祠堂建於 1525 年，他的宗族是其時珠江三角洲唯一的一個宗族，擁有一座無須假託特權階層的關係而建的祠堂。過了一代，佛山鄰近地區（霍韜祠堂的所在地）不少大宗族都建了祠堂。祠堂的興建以及與之相關的祭祖基金的設立，成為一時風氣。由於宗族須追溯高官大僚，宗族也就與國家聯繫起來了。又由於引入鄉村的祭祖活動沿襲特權階層的傳統，這也就意味着大批農村家庭的士紳化。不能就此斷定明朝沒有幾個家庭能以兒子考得功名而自豪，而卻有很多能攀附為高官大僚的親族；士紳地

29　閻愛民：〈「大禮議」之爭與明代的宗法思想〉，《南開史學》，1991 年，卷 1，第 33—55 頁，以及 Kai-wing chow（周啟榮），*The Rise of Confucian Ritualism in Late Imperial China: Ethics, Classics and Lineage Discourse,* Stanford: Stanford University Press, 1994.

位因而與個人無關，只關係宗族。但是，也要看到，農村的這個廣泛的變化，並非由一個漸進的經濟發展過程帶來，毋寧是一種政治主張的結果。霍韜及其友儕，尤其是嘉靖初的廣東提學魏校，是理學的極端派。他們不但試圖把宗族推到社會關係的中心位置，更不惜為此而把他們眼中的奸邪的所有制度除掉，特別是那些未得朝廷頒令許可的鄉村宗教，以及尤其是佛教。魏校對付邪教之役，可能是有明一代廣東牽涉範圍最廣的一次舉措，而在尾聲之時關閉的佛寺，它們所失去的土地被祭祖基金買去，至少在霍韜的例子中是這樣。在宋代，佛寺是珠江三角洲的大地主，在元代可能也是一樣；在魏校之後，它們完全喪失了這個地位。從那時起，珠江三角洲的大地主無疑是宗族。[30]

到了 16 世紀某個時間，珠江三角洲的農村社會開始形成那個我們由研究 19 和 20 世紀初的材料而熟知的形態。單一姓氏集團爭相開墾沿岸土地，而他們依附於祠堂舉行的公開祭祖活動以確立身份認同。這些祠堂富有特色——包括具有獨特柱子、石階和偏殿的門樓；獨特的拱頂；三進結構，第三進安放祖先靈位——成為珠江三角洲鄉村的標誌。這些標誌不但起辨別作用，也起排他作用，因為不許在拓殖的土地上居住的「疍民」沒有祠堂。

社會規範與禮儀規範，孰輕孰重？

在珠江三角洲的社會史，特別是在這個地區從宋到明整合到國家的歷史過程中，我認為禮儀改革構成了國家社會關係的重要部分，而且可能是邊陲地區整合到國家的過程中最重要的元素。珠江三角洲的歷史至少在某個方面符合哈貝馬斯關於「公共空間」的出現與「民間社會」的語言二者相互關係的描述：以禮儀捍衛者自居的文人，獲得了一個可以一申己見之地以約束帝王的「妄想」，而就這方面而言，禮儀之於中國就像「民間社會」之於歐

30　見本書：〈明嘉靖初年廣東提學魏校毀「淫祠」之前因後果及其對珠江三角洲的影響〉。

洲，為限制君權提供思想論爭的場所。

　　明末清初關於禮儀的文字，對禮儀在公開辯論中所起的作用至關重要，這方面（Chow kai-wing）已有所論及。艾爾曼（Benjamin Elman）在最近的一篇文章中，狠批周啟榮誇大了禮儀促進政治或社會統一的用途，然而，撇開這篇文章整體的洞察力不談，我相信艾爾曼沒有抓住問題的關鍵。[31] 禮儀很可能可以讓差異得以彰顯，但是，把共同的禮儀建基於一套共同的語言之上，卻可以把差異包含在禮儀統一的外表之下。

　　問題的重點包括了方法論。我非常同意艾爾曼指出包括周啟榮在內的思想史家在述及社會討論之時，沒有充分考慮到社會史，但艾爾曼也像其他思想史家那樣，不大藉助於江南地區的社會史，反而是採用了根據蘇州和上海而得出的扭曲看法，沒能看見到了清代，禮治主義 —— 即相信禮是社會或政治的穩定力量 —— 已成明日黃花。到了清代，周啟榮所研究的那些知識分子究竟怎樣說宗族，對於大多數的祠堂建造者和祭祖參與者都已無關痛癢。有影響力的思想討論，是明代的方孝孺和夏言等官員的作為，周啟榮在他的背景研究中有所主張。然而，周啟榮發掘出來的材料對研究江南社會史的學者，應該十分有吸引力：方孝孺（1357—1402）對於浙江的祖先牌位不以為然，因為那不合法，而同樣在浙江，兩個世紀以後，張履祥（1611—1674）看到佛、道和很多其他的神祇與祖先安放在一起。張履祥的友人陳確嘗試統合兩個「從不繫屬」的宗族支派，為他們尋找一個共同的初祖，奉祀在一個祖墳旁邊的一間重建的祠堂裏。周啟榮是思想史家，他把方孝孺、張履祥和陳確視為知識分子，他們的著作形成了一套「論述」。社會史家的反應也許會相當不同，因為無論甚麼「論述」，不但在紙張中傳佈，更在他們所眼見和描述的事件中傳佈。應該說，周啟榮已經較大多數搞理學的思想史家更認真對待社會

31　Benjamin A. Elman, "Five 'frames' for Confucianism in China and East Asia'" 發表於 1998 年 12 月 24 日「中研院近代史研究所」的一個研討會。我尊重艾爾曼要求，在未得他許可之前不可引述他的文章，可是卻發現難以做到，因為文章已經被放在了網上。

史，但基於目前江南社會史的文獻，以及其中可能獲得的自滿，無法期望他能對禮儀的實際形式和特性有充足的敏感度，從而明白到，如果他能把張履祥和陳確的描述放回到它們所由來的地方史中去考察，尚有大量材料有待發掘。

思想史家可以剖析禮治主義，而社會史家則可以重構其運作，雙方可以互換心得，也可以與歐洲史的同行交流意見。在某些方面，理論的實質內容可能顯得關係重大：18 世紀的中國也許與西歐同樣商業化，而中國的城市也可能表現出與西方民間社會同樣的特色，但是，問題始終在於，思想家究竟能否提出反思商業活動的觀點，對民間社會有別的理解。中國政府也許其實是不干預主義者，這是一個觀察；但中國思想家究竟是否曾經提出過一套可以針對市場的國家不干預主義理論，又是一個問題。區別就在這裏。但是，只要禮治主義像「民間社會」的論爭那樣，畢竟可以作為創建「公共空間」的出發點，則那套成為聚合點的語言和符號，便較應該作為行動指引的實質內容重要。清朝治下，反對思想幾無立錐之地。到其統治末期情況有所改觀，「社會」獨立之西方思想在中國始得寸進。從甲午戰敗到辛亥革命短短十五年間，社會理論助成了一種反對聲音。但是，在革命之後，社會理論為國家所劫持以支撐各個革命政府。20 世紀的中國，沒有一個反對聲音本身不是一股政治力量。因此，通過禮儀表達順從，默默藏在禮儀背後，永遠是最好的保護行動自由的辦法。禮儀以及爭論禮儀，能夠創造出某種公共領域，但並不能夠創造出一套有關公共領域的自發的理論。

國家與禮儀：宋至清中葉珠江三角洲地方社會的國家認同 *

　　人類學注意儀式，與儒家提倡禮教在一定程度上表現出相同的傾向。人類學作為一門學問，假設人與人的關係表現於「儀」；儒家作為一種學說，認定人與人的關係根本於「禮」。兩者的共同點在於把「儀」或「禮」放到理論的核心。但是，人類學討論的「儀」，指的是文化產生的設定程式，近似於戲劇的劇本；而儒家所指的「禮」，則源於天理產生的必然定律。所以，假如還是用劇本來比喻設定行為的程式的話，在天理的安排下，劇團演來演去只能演一齣劇本。

　　自宋到清中葉，儒家教化的目的，就是推廣這一齣劇本，以天理規範的禮教取代地方的風俗。在珠江三角洲，這個目的並沒有完全達到，但推廣禮教的結果，卻扶持了一群以保障「禮教」為己任的士人，發展了一些為國家所認可的地方禮儀。通過這些禮儀，邊緣的地方得以歸入國家「禮教」的秩序之中。

　　在珠江三角洲，從北宋到清中葉，這個禮儀的演變過程，可以分為四個歷史階段。

　　第一階段始於北宋元祐二年（1087），廣州知州蔣之奇初到任，行釋奠禮，見廣州學宮簡陋狹隘，新而廣之。[1] 10 年後，章楶在紹聖三年（1096）記其事，説明這次興辦學校的來龍去脈。

---

*　原文為中文，原載《中山大學學報》，1995 年第 5 期，第 65—72 頁。

1　廣州市地方志編纂委員會辦公室編：《元大德南海志殘本》，廣州：廣州人民出版社，1991 年，第 156—160 頁，引《永樂大典》之《蔣之奇撰廣州州學記》。

原來慶曆中（1041—1048），仁宗詔天下興學，當時廣州只有西城蕃坊裏的夫子廟，「其制度迫陋，不足以容生徒」。後有郡人劉富，不但捐資，而且親自建學。但到「始將完」之時，轉運使陳安道卻「陋其卑陋，止富勿修」，動用官款另建學校。[2] 蔣之奇行釋奠禮的地點，相信就是這裏。可見自慶曆至元祐的 40 年，廣州的學宮一直在擴大。據《宋會要》載，仁宗朝多次詔州縣興學。[3] 轉運使陳安道、知州蔣之奇興辦學校可以從這裏得到解釋，但夫子廟建在蕃坊，郡人建學宮被止二事，卻需要作進一步的考析。

　　關於這一點，我們在章楶有關廣州文化狀況的論述中，可略見端倪：

　　　　四方之人，雜居於市井，輕身射利，出沒於波濤之間，冒不測之險，死且無悔。彼既殖貨浩博，而其效且速，好義之心，不能勝於欲利，豈其勢之使然歟？[4]

　　北宋時，廣州是個繁榮的海港，蕃坊就是商業繁榮的地方。劉富是否蕃人我們無從可知，但他是個富有的人，則應該沒有疑問。更值得注意的是，蔣之奇除了興學外，還「取前代牧守有清節者……十人，繪其像，建十賢堂祀之」。[5] 從禮儀的角度來看，行釋奠（即祭孔夫子），建學宮，建十賢堂以崇祀有功的官僚，禁止當地人隨便建學宮這幾件事都有異曲同工之處，就是官僚機構把祭祀視為一種專利，把興辦學校、祭祀孔夫子和前代賢吏變成一種官方的宗教活動，可以把辦理這些事務的權利收回。這是禮儀演變的第一階段。

2　前引《元大德南海志殘本》，第 160—164 頁，引《永樂大典》之《章楶撰廣州府移學記》。

3　《宋會要輯稿》，卷 56，台北：新文豐出版公司，1976 年，第 2174—2175 頁。

4　前引《元大德南海志殘本》，第 160—161 頁。

5　黃佐：《廣東通志》（明嘉靖四十年刻），卷 47，廣東省地方史志辦公室，1997 年，第 54—55 頁。

　　然而，祭祀前代賢吏並沒有成為廣州讀書人所實行的禮儀的一個很重要的部分。從宋末至明代，廣州讀書人關注的主要是廣東出身的士人，而並非外來的賢吏。廣州士人按照自己的一套正統觀念，所祭祀的先賢可上溯到唐代的張九齡、北宋的余靖、南宋的崔與之和宋末的李昴英。這樣的正統觀念和崇祀先賢的序列，與理學在廣東的發展有很深的淵源。理學在廣東的出現，標誌着珠江三角洲的禮儀演變的第二階段。

　　珠江三角洲的張九齡崇祀，由來已久。蔣之奇《廣州州學志》便提到張九齡的名字。在蔣之奇興建儒學以前，即大中祥符年間（1008—1017），韶州知府已經建立了紀念張九齡的風采樓。[6]熙寧三年（1070）儂智高亂後，余靖也因為保障韶州而得到崇祀。[7]蔣之奇在廣州興建儒學，比這些事情要遲，但理學在廣東的開始，則又比蔣之奇興建儒學晚了 50 年，大約始於紹興十六年（1146）張浚被貶至連州之後，浚子栻在粵北開始推廣理學。明黃佐《廣東通志·張栻傳》記：「浚為書院於嘉魚池之左，栻亦開書堂以講學。」其後，浚遷湖廣，栻隨之，「廣州學者多從之遊。」[8]從張栻學的學者，可考的有好幾個，如簡克巳，南海人，曾「遠遊湖湘，師事南軒張栻者數年，講性理之學，以真知實踐為事功。」[9]又如黃執矩，高要人，「厭科舉之文，慕濂洛之學，從胡寅、張栻遊，講明正道，參訂《中庸》《大學》之義以訓後進。」[10]可見張栻在廣東、湖南講學，培養了一些以傳授理學自居的學者。

　　在禮儀的轉變方面，比較關鍵性的發展是韶州相江書院的建立。相江書院乃韶州知州周舜元於乾道六年（1170）建，教授廖德明淳熙十年（1183）增修。主祀周敦頤，配享程頤、程顥。增修時，朱熹為之記其事，其中一段記錄廖德明致朱熹函如下：

6　前引嘉靖《廣東通志》，卷 16，第 38、4 頁。

7　前引嘉靖《廣東通志》，卷 30，第 23—24 頁。

8　前引嘉靖《廣東通志》，卷 53，第 34—35 頁。

9　前引嘉靖《廣東通志》，卷 57，第 21—22、22—23、22 頁。

10　前引嘉靖《廣東通志》，卷 57，第 21—22、22—23、22 頁。

詔故名郡，士多願愨，少浮華，可與進於道者，蓋有張文獻、余襄公之遺風焉。然前賢既遠，而未有先生君子之教，以啟迪於其後。雖有名世大賢來官其地，亦未有能摳衣請業而得其學之傳者，此周候之所為惓惓焉者，而德明所以奉承於後而不敢怠也。[11]

由此可見，理學師承的正統，與前朝崇祀賢吏，完全是兩回事。

廖德明在嘉定四年至六年（1211—1213）任廣州知州，「立師悟堂，刻朱熹家禮及程氏諸書」。[12] 有關這段時間廣州理學興盛的概況，黃佐在《廣東通志》的《簡克巳傳》中有如下記載：

崔與之自倅邑，淚被召往來謁見，皆執弟子禮，北面再拜，克巳受之。廖德明師廣，日往見之，時延至郡齋講論舊學，每諦聽，必拱立。其為名流所重如此。[13]

這段資料的真實性值得懷疑。崔與之在廣州最有名望的時候，是他在嘉定十五年（1222）退休回來以後。到端平二年（1235）崔鋒軍之變，他已經能夠登城和他們「論禍福」。[14] 廖德明在廣州的時候，崔還在外面做官。不過，這段資料卻如實地反映了明中葉廣州士人對本地理學的演變的看法。南宋初年，廣東理學以韶州為中心，至南宋末，廣州的地位則愈見重要。雖然崔與之自己寫的理論文章不多（差不多沒有），但他極力支持理學的活動。例如，他對李昴英等學生加以提拔，又鼓勵東莞知縣許巨川修建東莞儒學。崔在嘉熙三年（1239）去世，兩年後，理學家陳淳門人諸葛珏任番禺知縣，建番禺縣學，印行陳淳的講學筆

11　前引嘉靖《廣東通志》，卷38，第11—12頁。

12　前引嘉靖《廣東通志》，卷48，第28—29頁。

13　前引嘉靖《廣東通志》，卷57，第21—22、22—23、22頁。

14　《宋丞相崔清獻公集》（道光三十年重刻本），外集後卷，香港1976年版，第7—10頁；李昴英：《崔清獻公行狀》。

記。[15] 淳祐二年至七年（1242—1247）方大琮任廣州知州。方大琮在元祐二年為《朱子家禮》作序，在廣州期間，恢復鄉飲酒禮。廣州遂成為理學在廣東的中心。[16]

元大德二年，崔與之家祠建成，廣州「路學儒官」前往致祭，宋末進士何成子為此事寫了祭文，其中有云：

> 唐之中否，天生文獻，將以扶之不能也；宋之將微，天生清獻，亦將以扶之，又不能也。二公皆以直道落落於時，而清獻所遭之時，抑又異夫開元之際矣。自端平更化，當寧虛轄，白麻造門，中使絡繹幾千里，公辭至十數，竟不起。此其胸中熟知進退存亡得喪之節，尚以曲江之出為戒。夫豈以富貴利達動其心。榮其子孫，耀其鄉邦，如前所云者。[17]

何成子在元朝寫下這些話，無疑是對時局有感而發。現存最早的珠江三角洲地方志《大德南海志》，就是在這樣的情景下編纂出來的，其目的也是記錄類似的心態。

元末社會動盪不安，加上科舉中斷，對士人的社會觀造成很大的衝擊。針對重建社會秩序的需要，明太祖一方面恢復科舉，另一方面則提倡里甲制度。中國歷史的里甲制度，往往很容易被人誤解。首先，我們應該明白，里甲不能在短時間內在全中國馬上得到推行。另外，對認為傳統中國是中央集權的歷史觀，我們也應該抱有一點懷疑的態度。翻閱里甲的法令，我們很容易會有一種錯覺，以為整套制度都是由中央頒佈，地方按法令予以實施。其實，如果我們把《大明會典》禮儀的部分和里甲的部分相

15　李昴英：《文溪存稿》，見《題諸葛珏〈北溪中庸大學序〉》，暨南大學出版社 1994 年版。

16　前引嘉靖《廣東通志》卷 58，第 19—20 頁；卷 48，第 43 頁；吳道鎔：《廣東文徵》卷 35《李昴英東莞縣學經史閣記》，香港珠海書院，1997 年，第 424—427 頁；方大琮資料見 Patricia Buckley Ebrey, *Confucianism and Family Rituals in Imperial China*, Princeton: Princeton University Press, 1991，第 48 頁注 13。

17　前引《宋丞相崔清獻公集》外集後卷《祠堂詩序》，第 16 頁。

互參照，我們便明白，與其把里甲看作中央下達到地方的政策，不如把它看成是中央對地方拜祭團體的承認的結果。宋元以來，地方上的社神祭祀，已經很清楚地界定了地方社會的合作範疇。明朝規定對地方神只定時拜祭，也同時肯定了地方拜祭範疇的合作安排。所以，明初的鄉和村 —— 我們可以統稱為地域社會（日本學者稱之為「共同體」）—— 在里甲和地方宗教上有很清楚的概念。在珠江三角洲，關於這一點的歷史資料，明代的比較多見，宋、元者則絕無僅有。[18]

不過，空泛地討論地域社會，很難說明地方與中央在禮儀方面相輔相承的關係。以下通過一個稍為複雜的例子，可望能夠清楚地闡明這個論點。這個例子就是元末明初廣東士豪，後來被明太祖封為東莞伯的何真的部屬關敏家族的經歷，其中反映了田產和祭祀密不可分的關係。

關敏傳見黃佐《廣東通志》。[19]洪武元年，明朝征南將軍廖永忠授他巡檢銜，未授官，「賊銜之，乃聚眾復圍其鄉」。敏在鄉戰死。這句「賊銜之」到底反映了當地人對他的巡檢頭銜有甚麼看法，現在已不可考。但是，他死後，明政府賜他敦武校尉兵馬指揮司副指揮，「表其鄉曰忠義，令有司立祠，歲時祀焉」。另《廣東通志‧輿地志》有順德黃蓮鄉忠義鄉亭的記載。亭有匾，題「忠義鄉」三個字。[20]孫蕡《黃蓮鄉敦義祠紀事》是當代立祠的記錄。[21]據關氏族譜載，關敏至正九年（1349）生，洪武元年（1368）卒，即他死的時候只有20歲。

關敏沒有子女，父親只有一子三女，所以由另房過繼。[22]因此，要了解他聚居地的家族關係，需要從他祖父一輩開始。

18　有關明代里甲制度，見劉志偉《在國家與社會之間 —— 明清廣東里甲賦役制度研究》，廣州：中山大學出版社，1997年，第92—118頁。

19　前引嘉靖《廣東通志》，卷59，第8頁。

20　前引嘉靖《廣東通志》，卷16，第4、38頁。

21　前引《廣東文徵》卷56，第439頁。

22　廣東省圖書館光緒二十三年抄本，編號K/0.189/789，誤著錄為《順德盧氏族譜》。

　　據族譜載，他的祖父良辰原居南海山南鄉，「元朝遷居黃蓮茅諭里，今貫順德縣東涌鄉，都黃蓮堡，九圓六甲民籍，戶名繩武，世居黃蓮忠義鄉忠國坊報功里」。良辰以下幾代的世系如下圖（長幼次序從右往左排列虛線表示過繼關係）所示：

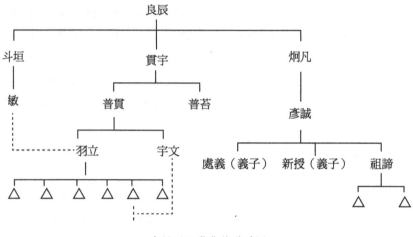

良辰以下幾代的世系圖

　　這個以良辰為始祖的家族在第二代以後分為三房，長房的四世祖諦（1369—1425）「屢蒙旌獎……洪武二十七年（1394）倡大義（垛）集碣石衛軍」；二房三世長子普苔（1346—？）「因逆犯抄（沒）田地二十一項入官，後逃亡，故絕」；三房三世敏無子女，但因協助明朝政府平定廣東，由朝廷立祠奉祀，同時，關敏一房顯然有相當規模的恆產，他妹妹出嫁時也有奩田隨嫁。因此，在這個家族中，同時立有祠廟祭祀和財產較為豐厚的是關敏一房，此時，由於家族祠堂還沒有建立，家族祭祀很可能是以關敏的祠廟為中心。但由於關敏早故無後，有可能繼承其祭祀香火和財產的只有長房和二房下面的羽立一支。但長房的嫡子被垛集為軍戶，似乎另外立籍了，兩個義子或另立戶籍，或充軍北京。於是，關敏的祠廟祭祀和財產，顯然都由過繼的羽立繼承下來。同時，由於羽立的次子過繼給其兄宇文，該家族貫宇和斗垣兩房的財產和以關敏祠廟為中心的家族祭祀，遂控制在羽立一支的子

孫手中。這個例子反映了繼嗣關係、土地控制與祭祀的禮儀之間
有密切的關係。

　　第三個時期的禮儀變化，就是由明初到成弘年間（14世紀中
到15世紀末），在里甲體制的主導下，以地方和中央在稅收和財
政的關係為核心，族譜、田產、拜祭的相互發展。珠江三角洲士
人在這個變動之內，以禮儀思想維繫地域社會，但是也因為受到
動亂的衝擊，景泰年間以後又產生了比較大的變動。當時所用的
術語，這類禮儀的規範一般稱為「鄉禮」。「鄉禮」這個名詞並不
代表沒有家族的成分，關敏的例子已經說明控制田產與家族承傳
的關係。而珠江三角洲最主要的「鄉禮」，即新會知縣丁積和新會
名賢陳白沙合編的《禮式》，主要的內容還是《朱子家禮》。[23] 比《禮
式》早的，有《唐氏鄉約》，比它晚的，有黃佐的《泰泉鄉禮》。[24]
在《泰泉鄉禮》以後，比較普遍的鄉村禮儀手冊就稱為「家訓」，
其中比較有名的有《龐氏家訓》和霍韜的《霍渭崖家訓》，以及很
多只收在本家族譜的不同版本的家訓。[25] 這類書籍的演變是很有代
表性的，因為到了嘉靖年間，禮儀的模式又出現了很大的變動。

　　在討論嘉靖年間禮儀的演變之前，值得一提的是動亂對禮儀
的影響。我們研究歷史，談到地方和中央的關係，往往都從動亂
出發，好像地方和中央的關係完全被徵稅和抗稅的矛盾所控制。
其實情況並非如此，動亂——不論是元末的動亂，還是後來在珠
江三角洲很有影響的「黃蕭養之亂」或之後的「猺亂」——最主要
的作用，就是製造出地方與中央互動的行政和文化根據。通過動
亂時期的分化，地方上異軍突起的新興階層，依靠中央可以接受
的理據來決定地方上的權益。[26] 在廣東尤其是「猺亂」對禮儀推廣

23　《新會縣志》（萬曆三十七年）卷2，第46—53頁。

24　《唐氏鄉約》見於前引《廣東通志》卷59，第48頁。《泰泉鄉禮》收於《四庫全書》
經部。

25　《霍渭崖家訓》收錄在《涵芬樓秘笈》，1924年；《龐氏家訓》收在道光《嶺南遺書》，
有《叢書集成》版。

26　有關明代里甲制度，見劉志偉《在國家與社會之間——明清廣東里甲賦役制度研
究》，廣州：中山大學出版社，1997年，第92—118頁。

很有影響。但是,「猺亂」是個複雜的問題,問題不在於「猺人」為甚麼叛亂,而在於「平猺」製造了推廣「教化」的機會。成化年間,廣東「猺亂」至烈的時候,「平猺」很成功的陶魯,就是支持「除寇賊,化之為先,殺之,不得已也」的主張的。[27] 陳白沙之所以成功,就是因為他以禮教配合陶魯。但是他和丁積的鄉禮,並沒有超越朱熹的《家禮》。家族的演變,發生在禮儀變化的第四個階段。

第四個階段就是在嘉靖年間發生的宗族制的正統化。在這一段珠江三角洲的歷史中,一方面有魏校任廣東提學時的毀「淫祠」活動,同時也有士人興建「家廟」的發展。毀「淫祠」部分目的是為了反對佛教。到萬曆年後,因為幾個高僧的活動,基本上把儒佛的關係倒過來。但是,宗族修譜建祠的活動,一直延續到清代。我們現在所認識的所謂「傳統中國」的「傳統」,很大部分就是這個演變的創造。[28]

一直以來,地方官禁止「淫祠」的例子屢有所見。魏校禁「淫祠」獨特的地方,在於他的全面性。他禁的是沒有列入明朝「祀典」(也就是明朝的法律)的地方神祇和佛寺。在他禁風俗的一段論述中,字裏行間對巫覡和僧道儀式作了一定的區別:

> 禁止師巫邪術,律有明條。今有等愚民,自稱師長、火居道士及師公、師婆、聖子之類,大開壇場,假畫地獄,私造科書,偽傳佛曲,搖惑四民,交通婦女,或燒香而施茶,或降神而跳鬼。修齋則動費銀錢,設醮必喧騰閭巷,暗損民財,明違國法。甚至妖言怪術,蠱毒採生,興鬼道以亂皇風,奪民心以妨正教,弊故成於舊習,法實在所難容。爾等愚昧小民,不知死生有命,富貴在天,且如師巫之家,亦有災禍病死,既是敬奉鬼神,何以不能救護;士夫之家,不祀外鬼邪神,多有富貴福壽。若說求神可以祈福免禍,

---

27　有關這個問題,可參見本書〈皇帝在村:國家在華南地區的體現〉。

28　見本書:〈明嘉靖初年廣東提學魏校毀「淫詞」之前因後果及其對珠江三角洲的影響〉。

則貧者盡死，富者長生，此理甚明，人所易曉。今我皇上，一新正化，大啟文風，淫祠既毀，邪術當除。汝四民合行遵守庶人祭先祖之禮，毋得因仍弊習，取罪招刑。[29]

　　由此資料看，修齋和建醮都是浪費，「興鬼道」乃是「亂皇風」。當然，鄉間佛教、道教和所謂邪術有很多重疊的地方，但是，從這一段來看，反巫覡活動和建立正統是有關係的。佛教在萬曆年間回復以前的興盛後，士人在理論上反對巫覡活動的態度基本上沒有改變。

　　家廟和家族的發展則比較複雜。我們首先要明白，慎終追遠並不是家族唯一的目的。家族的禮儀，是《大明律》根據朱子家禮規定的。朱熹等儒學家在南宋提出家禮的年代，庶民不能為祖先立廟。地方上的廟不是神祇的廟就是貴族（或皇族）為祖先所立的廟。庶民供奉祖先的地方，有的在墓地，有的在佛寺（所謂功德祠），也有的在家裏。當時的祠堂，不是在鄉村裏建立的獨立的廟宇，而是在墳墓旁建的小房子。又因為代表先靈的象徵不一定是牌位而是畫像，所以拜祭的地方亦有稱為影堂。宋儒的改革，實際上就是針對這些形形色色的祖先拜祭辦法，把祖先和神祇的供奉嚴格劃分。朱熹主張「君子將營宮室，先立祠堂於正寢之東」。他對這一句話的解釋說明他用祠堂這個名詞來代表祖先祭祀的地點，完全是因為配合當代的法律：「古之廟制不見於經，且今士庶人之賤亦有所不得為者，故特以祠堂名之。」朱熹主張祠堂的格式，即「三間外為中門，中門外為兩階，皆為三級，東作阼階，西作西階，階下除地廣狹以屋覆之，令可容家眾敘立」這幾句，收錄在明初編的《明集禮》，作為祠堂的規模。[30]然而，宋儒所提倡的我們可以稱為家廟式的祠堂的建築物在當時尚未有法定

29　前引《泰泉鄉禮》卷3，第17—18頁。

30　《朱子家禮》，引自《朱子成書》，元至正元年刊，見 Patricia Buckley Ebrey, *Chu Hsi's Family Rituals*, Princeton: Princeton University Press, 1991, pp. 184-212。「祠堂」部分見於184—185頁；另，徐一夔：《明集禮》，見《四庫全書珍本》。「祠堂制度」見於卷66。

地位，所以到嘉靖十五年（1536）夏言上疏請「詔於下臣工建立家廟」，「品官家廟」才制定，規定「官自三品以上為五廟，以下皆四廟。為五廟者，亦如唐制，五間九架，廈兩旁隔版為五室。中祔五世祖，旁四室祔高、曾、祖、禰。為四廟者，三間五架，中為二室，祔高、曾，左右為二室，祔祖禰。」萬曆《大明會典》「品官家廟」項下，就是根據這次詔令寫的。與此同時，夏言亦疏准許天下臣民於冬至日祀始祖。至此，祭祖的法定地位才得到確定。[31]

嘉靖年間的法律改革與當時的「大禮議」很有關係。霍韜、方獻夫等在「大禮議」中支持嘉靖維護孝道的官員，同時也支持在地方上毀減「淫祠」。這些官僚中有好幾個是廣東人。明中葉後，因為得到這些人的推動，家族制度在廣東發展得特別快。其結果就是庶人（平常人的家族）可以像明初的貴族家庭運用同樣的禮儀拜祭祖先。[32]

有關這個過程在珠江三角洲的演變，比較精彩的記載有以下新會潮連鄉嘉靖三十三年（1554）「舊祠堂記」一段：

> 余初祖宣教翁，宋末自南雄遷居古岡華萼都三圖四甲潮連鄉蘆鞭里，迄今十三四世矣。九世孫永雄，獨慨然祖祭無所，願立祠焉。和之者，七世孫荃也、九世孫永祿也、錦也。爰集眾議，僉是之，永祿翁遂捐己輸該蒸嘗之資，率眾購地於鄉社之左。成化丁未臘月，四翁督工，建一正寢祠焉。為間者三，崇有一丈九尺，廣與崇方則倍其數。爰及弘治甲寅，九世孫宗弘者、璧者、慨未如禮，又購地建三間焉。亦如之。外設中屏，東西兩階。至正德戊辰，十世孫協者，又鑿山建一後寢焉。廣方興正寢稍狹階級之登正，崇與正寢八尺有奇。廚兩間，東西餘地若干。其董治之勞，輟家事，冒寒暑，日旦弗離，經畫忘疲，且費無靳色。若七翁者，不可謂不重

31　王圻：《續文獻通考》（明萬曆刊本），卷 215，第 24—27 頁。
32　有關「大禮議」可參閱閻愛民：〈「大禮議」之爭與明代的宗法思想〉，《南開史學》1991 年第 1 期，第 33—55 頁。

本也。麟（本文作者 —— 引者）幼學於給事中余石龍先生之門，議及初祖之祠，請撰一記。先生曰：庶人此舉，僭也，弗許可。麟退而考諸群書，及司馬影堂之說，與一峰羅氏，亦祖程氏以義起之云。蓋與朱子疑禘之說，並行不悖。誠所謂報本反始之心，尊祖敬宗之意，實有家名分之受，而開業傳世之本也。乃知不遷之祠，未為不韙也。[33]

從這段資料看，從成化到嘉靖，新會潮連盧氏一直擴建一所符合《朱子家禮》所定的典範的祠堂。但是，遲至嘉靖初年，請人寫記文的時候，還是被認為是不合規格。「僭」就是有超越社會等級的意思。然而，到了嘉靖三十三年，這段經過已經可以記錄下來了，因為到了那個時候，不僅品官家廟已經合法化，而且建家廟已經變成了一個切合時尚的活動。

鄭振滿的《明清福建家族組織與社會變遷》一書，對宋至明建祠的演變有很詳盡的研究。他說，從南宋至明初，建祠活動尚未普及，祠堂的規制也不統一。明代前期的士紳階層，對建祠活動還頗有懷疑，長期為祠堂是否合於「禮」而爭論不休。他引用弘治二年（1489）的碑記來說明時人也注意到家禮的影響：

昔者，程子嘗祀始、先祖矣。紫陽夫子本之，著於《家禮》，後疑其不安而止。我太祖洪武初，許士庶祭曾、祖、考。永樂年修《性理大全》，又頒《家禮》於天下，則遠祖祖祀亦通制也。然設位無尊祠。今莆諸名族多有之，而世次盦位家自為度。[34]

這是嘉靖年間以前的事。到了嘉靖以後，同書說：「明中葉前後，由於建祠之風盛行，福建沿海各地的依附式宗族得到了普遍

33　《新會潮連蘆鞭盧氏族譜》卷 25（上），第 2 頁。
34　鄭振滿：《明清福建家族組織與社會變遷》，長沙：湖南教育出版社，1992 年，第 159，165 頁。

發展。在規模較大的聚居宗族中，祠堂已被視為不可或缺的統治工具。」[35]

　　為甚麼禮儀在社會中扮演了一個這樣重要的角色？我認為是因為在傳統社會中，宗教和法律的結合往往是通過禮儀表達出來的。經濟的演變、賦役制度的更替、社會發展的歷史趨勢，都推動着禮儀的修改。通過接受禮儀的改動，中央和地方相互之間的認同得到加強。從南宋到明中葉，禮儀改革是權力交替理化性的表現。地方社會依靠接受以中央為核心的士人政權以延續其本身的發展。以往中國禮儀歷史的研究，沒有注意具體的、地方性的和歷史的因素。我們現在提倡的禮儀研究，是建立於已有多年學術傳統的地方史上的。在這方面，我們從已故的梁方仲教授和傅衣凌教授的研究中已經得到不少啟發。配合社會經濟史的研究，我們可以了解禮儀的演變如何表現了整個社會在形式上對各方面的反應。例如，在嘉靖年以後，家廟和宗族變成一個控產機構，在沒有公司法的年代，扮演了一個商業團體的功能。這樣的方法之所以可行 —— 如果我們用現代的觀念解釋的話 —— 主要是因為祖先變成了控產的法人，也就是說，一個宗教的觀念，變成了一個法律的觀念。[36]

35　同上。

36　有關這個問題，可參閱拙著：David Faure, "The lineage as business company: patronage versus law in the development of Chinese business", *The Second Conference on Chinese Economic History*, Taipei: Institute of Economics, Academia Sinica, 1989.

後 記

　　圖書出版之前，出版方要我加一個後記。首先要說的話，是感謝令這本書得以出版的幾個人：卜永堅、曾憲冠、李子歸、陳博翼、宋旭景。沒有他們熱情地幫忙，這本書不會出現。也感謝賀喜，曾不厭其煩地替我修改過書中某些篇章的中文。

　　我也可以說幾句有關翻譯的話。我從來都相信出版物有其自己的生命，作者不應該對其獨立的生命有甚麼影響。我生長在雙語的環境，但是因為種種原因，英語寫作比中文流利。可以有機會把我的英語文章翻譯成中文，讓廣大的中文讀者可以批評我的思想，是我很值得高興的事。但是，應該聲明，譯文我沒有好好讀過。

　　中文學界對「歷史人類學」的概念，看法不一，我相信名詞並不重要。我基本上是個歷史學者（我的博士學位是修讀社會學的），但是對人類學者的田野活動很有興趣，也有幸得到人類學者朋友的指導與幫助。我並不相信我懂多少人類學，也對現在人類學的後現代主義追求一點興趣都沒有。我非常相信研究中國社會史需要結合田野的觀察與文獻的解讀。我相信不走出書齋的歷史學者（借用賀喜的一句話）不能了解中國社會。

　　問題不在於田野中有甚麼特別的資料去收集，問題在於怎樣以田野的眼光來讀文獻。

　　歷史學者研究的文獻，來源於田野；田野可以在鄉村，也可以在達官貴人的官邸。文獻怎樣產生，怎樣流傳，甚麼文獻保留下來，甚麼文獻沒有，都在某類田野經歷過一定的時間。它活在

田野之中，有的，仍然活着。歷史學者若不能從文獻看到田野，他或她只是一個抄襲的機器。從田野的角度讀文獻，文獻的內容是一層一層的，原來某句話經歷過解讀，又放了另一篇文獻之內，如此轉手多次，才到達歷史學者的視野。您有興趣知道的，是文獻的哪一層呢？您又有多少田野的幻想，幫助您看出其中的變化？我們這些城市長大，五穀不分的人，不跑田野，怎樣可以有看透文獻的想像力？

　　跑田野，才能認識中國是怎樣地大物博。您以為明太祖一聲令下，天下四方便自然遵循嗎？真的有「猺（瑤）亂」，皇朝出兵去「平亂」嗎？天地會的兄弟，真的密謀等待時機來推翻朝廷嗎？多少我們以為是實體的名詞，只不過是思想上的認同。但是，認同有它的動力，國家、社會就是靠認同產生的。誰認同誰、憑甚麼去建構認同，在甚麼時候、甚麼環境、可以利用甚麼概念來做建構的根據，就是研究者在田野永遠不能離開的問題。

　　我不知道本書的文章能不能足夠展示跑田野、讀文獻的樂趣。我只希望，讀過本書的讀者，下一次到廟裏，可以帶着去圖書館、檔案館的心情。鄉村的老廟，就是一本內容豐富的地方史，講的是老百姓的生活。生活的苦樂，村民在這裏報告過。您聽到了嗎？

科大衛

2016 年 7 月 7 日於香港

明清
社會 和 禮儀

科大衛　著

曾憲冠　譯 / 李子歸　陳博翼　校

責任編輯　余雅君 / **裝幀設計**　霍明志
排　版　陳美連 / **印　務**　周展棚

出版　中華書局（香港）有限公司
香港北角英皇道四九九號北角工業大廈一樓 B
電話：（852）2137 2338
傳真：（852）2713 8202
電子郵件：info@chunghwabook.com.hk
網址：http://www.chunghwabook.com.hk

發行　香港聯合書刊物流有限公司
香港新界荃灣德士古道220-248號
荃灣工業中心16樓
電話：（852）2150 2100
傳真：（852）2407 3062
電子郵件：info@suplogistics.com.hk

印刷　中華商務彩色印刷有限公司
香港新界大埔汀麗路36號中華商務印刷大廈14樓

版次　2019 年 9 月初版
2024 年 4 月第二次印刷
© 2019 2024 中華書局（香港）有限公司

規格　16 開（240mm×160mm）

ISBN　978-988-8573-41-7

本書繁體字版由北京師範大學出版社授權出版